中国纳税实务指南

行业纳税指南

总策划　刘太明　　主　编　李易红

中国税务出版社

图书在版编目（CIP）数据

中国纳税实务指南. 行业纳税指南／李易红主编.
--北京：中国税务出版社，2017. 3
ISBN 978-7-5678-0526-2

Ⅰ. ①中… Ⅱ. ①李… Ⅲ. ①纳税-税收管理-中国
-指南②企业管理-税收管理-中国-指南 Ⅳ.
①F812. 423-62

中国版本图书馆 CIP 数据核字（2017）第 046744 号

书　　名：**中国纳税实务指南—行业纳税指南**
作　　者：李易红　主编
责任编辑：刘淑民　孙晓萍
实习编辑：马学刚
责任校对：于　玲
技术设计：刘冬珂
出版发行：中国税务出版社
北京市丰台区广安路 9 号国投财富广场 1 号楼 11 层
邮政编码：100055
http：//www. taxation. cn
E-mail：swcb@ taxation. cn
发行中心电话：（010）83362083/86/89
传真：（010）83362046/47/48/49
经　　销：各地新华书店
印　　刷：保定市中画美凯印刷有限公司
规　　格：787 毫米×1092 毫米　1/16
印　　张：26. 25
字　　数：597000 字
版　　次：2017 年 4 月第 1 版　2017 年 4 月第 1 次印刷
书　　号：ISBN 978-7-5678-0526-2
定　　价：68. 00 元

税法体系的复杂性、税收政策的流动性，以及税款征收的强制性和时效性，使纳税人会因知法能力及守法能力不足而面临各种风险。这套《中国纳税实务指南》采用新的思维、新的视角，以及科学的方法，使复杂的纳税过程变得简明、清晰，易于掌握及操作。

谨以此书奉献给广大纳税人及涉税工作者。

2017年5月于北京

《中国纳税实务指南》
编委会

编写说明

《中国纳税实务指南》的编写初衷是，为广大纳税人以及涉税工作者，针对具体的税收问题，快捷、准确地查找到正确答案和政策依据提供指引。本书的编写方法是，根据我国现行有效的税收法律法规、部门规章、税收规范性文件，按照纳税实务问题对政策进行提取和归集，并注明所依据文件的名称、文号以及失效废止状态。《中国纳税实务指南》共分为 4 册，分别是《中国纳税实务指南—税收管理指南》《中国纳税实务指南—税收政策指南》《中国纳税实务指南—行业纳税指南》《中国纳税实务指南—特定事项纳税指南》。

《中国纳税实务指南—税收管理指南》适用所有纳税人，分为税收征管、税务行政许可、税收行政处罚、税务行政复议、行政诉讼、涉税刑事责任、纳税人权利维护等 7 个部分。税收征管包括，税务登记、账簿凭证管理、税收票证管理、纳税申报管理、税款征收、税务检查与稽查、纳税信用管理、纳税评估、对外支付备案管理、纳税人管理、税收协定相互协商程序等方面的内容；税务行政许可、税收行政处罚、税务行政复议、行政诉讼部分，对与税务相关的行政许可、处罚、复议、诉讼的程序性规定方面的问题作了详细的介绍；涉税刑事责任部分，对 17 个涉税的罪名，从定罪、处罚两方面作了介绍；纳税人权利维护部分，就纳税人享有权利方面的问题作了详细介绍。

《中国纳税实务指南—税收政策指南》包括增值税、营业税、消费税、企业所得税、个人所得税、土地增值税、耕地占用税、城镇土地使用税、房产税、车辆购置税、车船税、船舶吨税、契税、印花税、资源税、城市维护建设税、烟叶税等 17 个税种，对每个税种，从纳税人、征税范围、应纳税额、税收优惠和纳税管理 5 个方面进行归纳整理。基于各个税种的侧重点不同，个别税种强调的重点有所不同。

《中国纳税实务指南—行业纳税指南》包括交通运输业、邮政服务、电信服务、建筑服务、金融服务、现代服务、生活服务、销售无形资产、销售不动产、农林牧渔、采矿业、电力能源业等 12 个行业。涉及每个行业的各个税种的规定，在本指南中都有体现，只要在《税收政策指南》里找不到的行业性规定，可以在本指南中查找。

《中国纳税实务指南—特定事项纳税指南》包括特殊企业、特殊个人、特殊单位、特殊项目、特殊产品、特殊销售形式和特殊区域7个部分。在《税收政策指南》和《行业纳税指南》里找不到的内容，可以在本指南中查找。

《中国纳税实务指南》丛书的使用建议：第一，读者可以通过全书阅读，完整、系统地了解税收常见问题的政策规定。第二，读者可以针对特定问题，通过目录检索查阅获取问题的政策规定，步骤是，先在《税收政策指南》中查阅，再对应相关行业在《行业纳税指南》中查阅，最后看是否属于特定事项，如果属于可以在《特定事项纳税指南》中查阅。第三，读者可通过每一个问题的解答文字下附列的文件名称、文号，查阅文件的全文内容。推荐通过中国税务出版社税收法规库（http：//www.taxation.cn）或国家税务总局网站查阅文件全文。

由于税收政策的复杂性及更新变化频繁的特点，为保证读者及时掌握政策变化情况，我们将通过中国税务出版社官网开辟“中国纳税实务指南”专栏，介绍每月最新税收政策动态以及政策更新修正情况，为读者持续性提供政策追踪服务。敬请读者关注。

李易红

2017年4月

目　录

1 交通运输业

1.1 增值税

1.1.1 征收范围

1.1.1.1 提供交通运输服务，增值税的征收范围？

■交通运输服务，是指利用运输工具将货物或者旅客送达目的地，使其空间位置得到转移的业务活动。包括陆路运输服务、水路运输服务、航空运输服务和管道运输服务。

《财政部　国家税务总局关于全面推开营业税改征增值税试点的通知》附件1　营业税改征增值税试点实施办法　附：销售服务、无形资产、不动产注释一　财税〔2016〕36号

1.1.1.2 陆路运输服务，增值税的具体征收范围？

■陆路运输服务，是指通过陆路（地上或者地下）运送货物或者旅客的运输业务活动，包括铁路运输服务和其他陆路运输服务。

铁路运输服务，是指通过铁路运送货物或者旅客的运输业务活动。

其他陆路运输服务，是指铁路运输以外的陆路运输业务活动。包括公路运输、缆车运输、索道运输、地铁运输、城市轻轨运输等。

出租车公司向使用本公司自有出租车的出租车司机收取的管理费用，按照陆路运输服务缴纳增值税。

《财政部　国家税务总局关于全面推开营业税改征增值税试点的通知》附件1　营业税改征增值税试点实施办法　附：销售服务、无形资产、不动产注释一　财税〔2016〕36号

1.1.1.3 水路运输服务，增值税的具体征收范围？

■水路运输服务，是指通过江、河、湖、川等天然、人工水道或者海洋航道运送货物或者旅客的运输业务活动。

水路运输的程租、期租业务，属于水路运输服务。

程租业务，是指运输企业为租船人完成某一特定航次的运输任务并收取租赁费的业务。

期租业务，是指运输企业将配备有操作人员的船舶承租给他人使用一定期限，承租期内听候承租方调遣，不论是否经营，均按天向承租方收取租赁费，发生的固定费用均由船东负担的业务。

《财政部　国家税务总局关于全面推开营业税改征增值税试点的通知》附件1　营业税改征增值税试点实施办法　附：销售服务、无形资产、不动产注释一　财税〔2016〕36号

1.1.1.4　航空运输服务，增值税的具体征收范围？

■航空运输服务，是指通过空中航线运送货物或者旅客的运输业务活动。

航空运输的湿租业务，属于航空运输服务。

湿租业务，是指航空运输企业将配备有机组人员的飞机承租给他人使用一定期限，承租期内听候承租方调遣，不论是否经营，均按一定标准向承租方收取租赁费，发生的固定费用均由承租方承担的业务。

航天运输服务，按照航空运输服务缴纳增值税。

航天运输服务，是指利用火箭等载体将卫星、空间探测器等空间飞行器发射到空间轨道的业务活动。

《财政部　国家税务总局关于全面推开营业税改征增值税试点的通知》附件1　营业税改征增值税试点实施办法　附：销售服务、无形资产、不动产注释一　财税〔2016〕36号

1.1.1.5　无运输工具承运业务，是否按交通运输服务征收增值税？

■无运输工具承运业务，按照交通运输服务缴纳增值税。

无运输工具承运业务，是指经营者以承运人身份与托运人签订运输服务合同，收取运费并承担承运人责任，然后委托实际承运人完成运输服务的经营活动。

《财政部　国家税务总局关于全面推开营业税改征增值税试点的通知》附件1　营业税改征增值税试点实施办法　附：销售服务、无形资产、不动产注释一　财税〔2016〕36号

1.1.1.6　根据国家指令无偿提供的铁路、航空运输服务，是否征收增值税？

■根据国家指令无偿提供的铁路运输服务、航空运输服务，属于用于公益事业的服务，不征收增值税。

《财政部　国家税务总局关于全面推开营业税改征增值税试点的通知》附件2：营业税改征增值税试点有关事项的规定一　财税〔2016〕36号

1.1.1.7　机场向驻场单位转供自来水、电、天然气，是否征收增值税？

■四川省机场集团有限公司向驻场单位转供自来水、电、天然气属于销售货物行为，其同时收取的转供能源服务费属于价外费用，应一并征收增值税。

《国家税务总局关于四川省机场集团有限公司向驻场单位转供水电气征税问题的批复》　国税函〔2009〕537号

1.1.2　应纳税额

1.1.2.1　提供交通运输服务，增值税适用税率？

■纳税人提供交通运输服务，增值税税率为11%。

《财政部 国家税务总局关于全面推开营业税改征增值税试点的通知》附件1：营业税改征增值税试点实施办法第十五条 财税〔2016〕36号

1.1.2.2 航空运输企业的销售额如何确定？

■航空运输企业的销售额，不包括代收的机场建设费和代售其他航空运输企业客票而代收转付的价款。

《财政部 国家税务总局关于全面推开营业税改征增值税试点的通知》附件2：营业税改征增值税试点有关事项的规定一 财税〔2016〕36号

1.1.2.3 一般纳税人提供公共交通运输服务是否可选择简易计税方法计税？

■一般纳税人发生公共交通运输服务，可以选择适用简易计税方法计税。

公共交通运输服务，包括轮客渡、公交客运、地铁、城市轻轨、出租车、长途客运、班车。

班车，是指按固定路线、固定时间运营并在固定站点停靠的运送旅客的陆路运输服务。

《财政部 国家税务总局关于全面推开营业税改征增值税试点的通知》附件2：营业税改征增值税试点有关事项的规定一 财税〔2016〕36号

1.1.3 减免税

国际运输服务

1.1.3.1 国际运输服务的范围？

■国际运输服务，是指：

（1）在境内载运旅客或者货物出境。

（2）在境外载运旅客或者货物入境。

（3）在境外载运旅客或者货物。

《财政部 国家税务总局关于全面推开营业税改征增值税试点的通知》附件4：跨境应税行为适用增值税零税率和免税政策的规定一 财税〔2016〕36号

■起点或终点在境外的运单、提单或客票所对应的各航段或路段的运输服务，属于国际运输服务。

从境内载运旅客或货物至国内海关特殊监管区域及场所、从国内海关特殊监管区域及场所载运旅客或货物至国内其他地区或者国内海关特殊监管区域及场所，不属于增值税零税率应税服务适用范围。

《国家税务总局关于发布〈适用增值税零税率应税服务退（免）税管理办法〉的公告》第三条 国家税务总局公告2014年第11号

1.1.3.2　境内单位和个人销售的国际运输服务，如何征收增值税？

■中华人民共和国境内的单位和个人销售的国际运输服务，适用增值税零税率。

■按照国家有关规定应取得相关资质的国际运输服务项目，纳税人取得相关资质的，适用增值税零税率政策，未取得的，适用增值税免税政策。

《财政部　国家税务总局关于全面推开营业税改征增值税试点的通知》附件4：跨境应税行为适用增值税零税率和免税政策的规定一、三　财税〔2016〕36号

■以水路运输方式提供国际运输服务但未取得《国际船舶运输经营许可证》的；以公路运输方式提供国际运输服务但未取得《道路运输经营许可证》或者《国际汽车运输行车许可证》，或者《道路运输经营许可证》的经营范围未包括"国际运输"的；以航空运输方式提供国际运输服务但未取得《公共航空运输企业经营许可证》，或者其经营范围未包括"国际航空客货邮运输业务"的；以航空运输方式提供国际运输服务但未持有《通用航空经营许可证》，或者其经营范围未包括"公务飞行"的跨境服务免征增值税。

《国家税务总局关于重新发布〈营业税改征增值税跨境应税服务增值税免税管理办法（试行）〉的公告》第二条　国家税务总局公告2014年第49号（自2016年5月1日起全文废止，详见国家税务总局公告2016年第29号）

■自2016年5月1日起，属于以下情形的国际运输服务，免征增值税：

（1）以无运输工具承运方式提供的国际运输服务。

（2）以水路运输方式提供国际运输服务但未取得《国际船舶运输经营许可证》的。

（3）以公路运输方式提供国际运输服务但未取得《道路运输经营许可证》或者《国际汽车运输行车许可证》，或者《道路运输经营许可证》的经营范围未包括"国际运输"的。

（4）以航空运输方式提供国际运输服务但未取得《公共航空运输企业经营许可证》，或者其经营范围未包括"国际航空客货邮运输业务"的。

（5）以航空运输方式提供国际运输服务但未持有《通用航空经营许可证》，或者其经营范围未包括"公务飞行"的。

符合零税率政策但适用简易计税方法或声明放弃适用零税率选择免税的国际运输服务，免征增值税。

《国家税务总局关于发布〈营业税改征增值税跨境应税行为增值税免税管理办法（试行）〉的公告》第二条　国家税务总局公告2016年第29号

1.1.3.3　境内单位和个人销售的航天运输服务，是否适用增值税零税率？

■中华人民共和国境内的单位和个人销售的航天运输服务，适用增值税零税率。

《财政部　国家税务总局关于全面推开营业税改征增值税试点的通知》附件4：跨境应税行为适用增值税零税率和免税政策的规定一　财税〔2016〕36号

■符合零税率政策但适用简易计税方法或声明放弃适用零税率选择免税的航天运输服务，免征增值税。

《国家税务总局关于发布〈营业税改征增值税跨境应税行为增值税免税管

理办法（试行）〉的公告》第二条　国家税务总局公告2016年第29号

1.1.3.4　境内的单位或个人提供程租服务，如何适用增值税零税率？

■境内的单位或个人提供程租服务，如果租赁的交通工具用于国际运输服务和港澳台运输服务，由出租方按规定申请适用增值税零税率。

《财政部　国家税务总局关于全面推开营业税改征增值税试点的通知》附件4：跨境应税行为适用增值税零税率和免税政策的规定三　财税〔2016〕36号

■境内单位和个人向境外单位提供的程租服务，免征增值税。

《国家税务总局关于重新发布〈营业税改征增值税跨境应税服务增值税免税管理办法（试行）〉的公告》第二条　国家税务总局公告2014年第49号（自2016年5月1日起全文废止，详见国家税务总局公告2016年29号）

1.1.3.5　境内的单位和个人提供期租、湿租服务，如何适用增值税零税率？

■境内的单位和个人向境内单位或个人提供期租、湿租服务，如果承租方利用租赁的交通工具向其他单位或个人提供国际运输服务和港澳台运输服务，由承租方适用增值税零税率。境内的单位或个人向境外单位或个人提供期租、湿租服务，由出租方适用增值税零税率。

《财政部　国家税务总局关于全面推开营业税改征增值税试点的通知》附件4：跨境应税行为适用增值税零税率和免税政策的规定三　财税〔2016〕36号

1.1.3.6　台湾航运公司从事海峡两岸海上直航业务在大陆取得的运输收入，是否免征增值税？

■台湾航运公司从事海峡两岸海上直航业务在大陆取得的运输收入，免征增值税。

台湾航运公司，是指取得交通运输部颁发的“台湾海峡两岸间水路运输许可证”且该许可证上注明的公司登记地址在台湾的航运公司。

《财政部　国家税务总局关于全面推开营业税改征增值税试点的通知》附件3：营业税改征增值税试点过渡政策的规定一　财税〔2016〕36号

1.1.3.7　台湾航空公司从事海峡两岸空中直航业务在大陆取得的运输收入，是否免征增值税？

■台湾航空公司从事海峡两岸空中直航业务在大陆取得的运输收入，免征增值税。

台湾航空公司，是指取得中国民用航空局颁发的“经营许可”或者依据《海峡两岸空运协议》和《海峡两岸空运补充协议》规定，批准经营两岸旅客、货物和邮件不定期（包机）运输业务，且公司登记地址在台湾的航空公司。

《财政部　国家税务总局关于全面推开营业税改征增值税试点的通知》附件3：营业税改征增值税试点过渡政策的规定一　财税〔2016〕36号

1.1.3.8　提供的往返香港、澳门、台湾的交通运输服务，如何征收增值税？

■以公路运输方式提供至香港、澳门的交通运输服务，但未取得《道路运输经营许可证》，或者未具有持《道路运输证》的直通港澳运输车辆的；以水路运输方式提供至台湾的交通运输服务，但未取得《台湾海峡两岸间水路运输许可证》，或者未具有持《台湾海峡两岸间船舶营运证》的船舶的；以水路运输方式提供至香港、澳门的交通运输服务，但未具有获得港澳线路运营许可的船舶的；以航空运输方式提供往返香港、澳门、台湾的交通运输服务或者在香港、澳门、台湾提供交通运输服务，但未取得《公共航空运输企业经营许可证》，或者其经营范围未包括“国际、国内（含港澳）航空客货邮运输业务”的；以航空运输方式提供往返香港、澳门、台湾的交通运输服务或者在香港、澳门、台湾提供交通运输服务，但未持有《通用航空经营许可证》，或者其经营范围未包括“公务飞行”的，适用增值税零税率。

适用简易计税方法，或声明放弃适用零税率选择免税的往返香港、澳门、台湾的交通运输服务以及在香港、澳门、台湾提供的交通运输服务，免征增值税。

《国家税务总局关于重新发布〈营业税改征增值税跨境应税服务增值税免税管理办法（试行）〉的公告》第二条　国家税务总局公告2014年第49号（自2016年5月1日起全文废止，详见国家税务总局公告2016年29号）

■起点或终点在港澳台的运单、提单或客票所对应的各航段或路段的运输服务，属于港澳台运输服务。

《国家税务总局关于发布〈适用增值税零税率应税服务退（免）税管理办法〉的公告》第三条　国家税务总局公告2014年第11号

1.1.3.9　纳税人提供交通运输跨境服务，如何签订跨境服务书面合同？

■纳税人向外国航空运输企业提供空中飞行管理服务，以中国民用航空局下发的航班计划或者中国民用航空局清算中心临时来华飞行记录，为跨境销售服务书面合同。

纳税人向外国航空运输企业提供物流辅助服务（除空中飞行管理服务外），与经中国民用航空局批准设立的外国航空运输企业常驻代表机构签订的书面合同，属于与服务接受方签订跨境销售服务书面合同。外国航空运输企业临时来华飞行，未签订跨境服务书面合同的，以中国民用航空局清算中心临时来华飞行记录为跨境销售服务书面合同。

《国家税务总局关于发布〈营业税改征增值税跨境应税行为增值税免税管理办法（试行）〉的公告》第五条　国家税务总局公告2016年第29号

1.1.3.10　纳税人提供跨境服务，如何确定收入是否从境外取得？

■纳税人向境外单位有偿提供跨境服务，该服务的全部收入应从境外取得，否则，不予免征增值税。下列情形视同从境外取得收入：

（1）纳税人向外国航空运输企业提供物流辅助服务，从中国民用航空局清算中心、中国航空结算有限责任公司或者经中国民用航空局批准设立的外国航空运输企业常驻代表机构取得的收入。

（2）纳税人向境外关联单位提供跨境服务，从境内第三方结算公司取得的收入。上述所称第三方结算公司，是指承担跨国企业集团内部成员单位资金集中运营管理职能的资金结算公司，包括财务公司、资金池、资金结算中心等。

（3）国家税务总局规定的其他情形。

《国家税务总局关于重新发布〈营业税改征增值税跨境应税服务增值税免税管理办法（试行）〉的公告》第五条　国家税务总局公告2014年第49号（自2016年5月1日起全文废止，详见国家税务总局公告2016年第29号）

1.1.3.11 纳税人提供免征增值税的国际或者港澳台运输服务的，是否办理备案手续？

■纳税人提供免征增值税的国际或者港澳台运输服务的，应到主管税务机关办理跨境服务免税备案手续，同时提交实际发生相关业务的证明材料。

《国家税务总局关于重新发布〈营业税改征增值税跨境应税服务增值税免税管理办法（试行）〉的公告》第七条 国家税务总局公告2014年第49号（自2016年5月1日起全文废止，详见国家税务总局公告2016年第29号）

1.1.3.12 以无运输工具承运方式提供的国际运输服务，是否免征增值税？

■境内的单位和个人以无运输工具承运方式提供的国际运输服务，免征增值税，但财政部和国家税务总局规定适用增值税零税率的除外。

■境内单位和个人以无运输工具承运方式提供的国际运输服务，由境内实际承运人适用增值税零税率；无运输工具承运业务的经营者适用增值税免税政策。

《财政部 国家税务总局关于全面推开营业税改征增值税试点的通知》附件4：跨境应税行为适用增值税零税率和免税政策的规定二、三 财税〔2016〕36号

1.1.3.13 铁路运输服务适用增值税零税率实行免抵退税办法的，计税依据如何确定？

■（1）以铁路运输方式载运旅客的，退（免）税计税依据为按照铁路合作组织清算规则清算后的实际运输收入。

（2）以铁路运输方式载运货物的，退（免）税计税依据为按照铁路运输进款清算办法，对“发站”或“到站（局）”名称包含“境”字的货票上注明的运输费用以及直接相关的国际联运杂费清算后的实际运输收入。

《国家税务总局关于发布〈适用增值税零税率应税服务退（免）税管理办法〉的公告》第六条 国家税务总局公告2014年第11号

1.1.3.14 航空运输服务适用增值税零税率实行免抵退税办法的，计税依据如何确定？

■以航空运输方式载运货物或旅客的，如果国际运输或港澳台运输各航段由多个承运人承运的，退（免）税计税依据为中国航空结算有限责任公司清算后的实际收入；如果国际运输或港澳台运输各航段由一个承运人承运的，退（免）税计税依据为提供航空运输服务取得的收入。

《国家税务总局关于发布〈适用增值税零税率应税服务退（免）税管理办法〉的公告》第六条 国家税务总局公告2014年第11号

1.1.3.15 铁路、航空运输服务以外的其他服务适用增值税零税率实行免抵退税办法的，计税依据如何确定？

■铁路、航空运输服务以外的其他实行免抵退税办法的增值税零税率应税服务，退（免）税计税依据为提供增值税零税率应税服务取得的收入。

《国家税务总局关于发布〈适用增值税零税率应税服务退（免）税管理办法〉的公告》第六条 国家税务总局公告2014年第11号

1.1.3.16 提供国际运输服务，申请办理出口退（免）税资格认定，需要提交哪些资料？

■提供国际运输服务适用增值税零税率的，向主管税务机关申请办理出口退（免）税资

格认定，提供以下对应资料的原件及复印件：

以水路运输方式的，应提供《国际船舶运输经营许可证》；

以航空运输方式的，应提供经营范围包括“国际航空客货邮运输业务”的《公共航空运输企业经营许可证》或经营范围包括“公务飞行”的《通用航空经营许可证》；

以公路运输方式的，应提供经营范围包括“国际运输”的《道路运输经营许可证》和《国际汽车运输行车许可证》；

以铁路运输方式的，应提供经营范围包括“许可经营项目：铁路客货运输”的《企业法人营业执照》或其他具有提供铁路客货运输服务资质的证明材料；

提供航天运输服务的，应提供经营范围包括“商业卫星发射服务”的《企业法人营业执照》或其他具有提供商业卫星发射服务资质的证明材料。

采用程租、期租和湿租方式租赁交通运输工具用于国际运输服务的，应提供程租、期租和湿租合同或协议。

《国家税务总局关于发布〈适用增值税零税率应税服务退（免）税管理办法〉的公告》第九条　国家税务总局公告2014年第11号

1.1.3.17　提供港澳台运输服务，申请办理出口退（免）税资格认定，需要提交哪些资料？

■提供港澳台运输服务适用增值税零税率，向主管税务机关申请办理出口退（免）税资格认定，应提供以下对应资料的原件及复印件：

以公路运输方式提供内地往返香港、澳门的交通运输服务的，应提供《道路运输经营许可证》及持《道路运输证》的直通港澳运输车辆的物权证明；

以水路运输方式提供内地往返香港、澳门交通运输服务的，应提供获得港澳线路运营许可船舶的物权证明；以水路运输方式提供大陆往返台湾交通运输服务的，应提供《台湾海峡两岸间水路运输许可证》及持《台湾海峡两岸间船舶营运证》船舶的物权证明；

以航空运输方式提供港澳台运输服务的，应提供经营范围包括“国际、国内（含港澳）航空客货邮运输业务”的《公共航空运输企业经营许可证》或者经营范围包括“公务飞行”的《通用航空经营许可证》；

以铁路运输方式提供内地往返香港的交通运输服务的，应提供经营范围包括“许可经营项目：铁路客货运输”的《企业法人营业执照》或其他具有提供铁路客货运输服务资质的证明材料。

采用程租、期租和湿租方式租赁交通运输工具用于港澳台运输服务的，应提供程租、期租和湿租合同或协议。

《国家税务总局关于发布〈适用增值税零税率应税服务退（免）税管理办法〉的公告》第九条　国家税务总局公告2014年第11号

1.1.3.18　提供国际运输服务、港澳台运输服务，办理增值税免抵退税申报，应提交哪些资料？

■提供国际运输服务、港澳台运输服务，实行免抵退税办法需填报《增值税零税率应税服务（国际运输/港澳台运输）免抵退税申报明细表》，并提供下列原始凭证的原件及复印件：

（1）以水路运输、航空运输、公路运输方式的，提供增值税零税率应税服务的载货、载客舱单或其他能够反映收入原始构成的单据凭证。以航空运输方式且国际运输和港澳台运输各航段由多个承运人承运的，还需提供《航空国际运输收入清算账单申报明细表》。

（2）采用程租、期租、湿租服务方式租赁交通运输工具从事国际运输服务和港澳台运输服务的，还应提供程租、期租、湿租的合同或协议复印件。向境外单位和个人提供期租、湿租服务，按规定由出租方申报退（免）税的，可不提供第（1）项原始凭证。

原始凭证（不包括《航空国际运输收入清算账单申报明细表》和《铁路国际客运收入清算函件申报明细表》），经主管税务机关批准，增值税零税率应税服务提供者可只提供电子数据，原始凭证留存备查。

《国家税务总局关于发布〈适用增值税零税率应税服务退（免）税管理办法〉的公告》第十三条　国家税务总局公告2014年第11号

1.1.3.19　提供航天运输服务，办理增值税免抵退税申报，应提交哪些资料？

■提供航天运输服务，实行免抵退税办法需填报《增值税零税率应税服务（航天运输）免抵退税申报明细表》，并提供下列资料及原始凭证的原件及复印件：

（1）签订的提供航天运输服务的合同；

（2）从与之签订航天运输服务合同的单位取得收入的收款凭证；

（3）《提供航天运输服务收讫营业款明细清单》。

《国家税务总局关于发布〈适用增值税零税率应税服务退（免）税管理办法〉的公告》第十三条　国家税务总局公告2014年第11号

1.1.3.20　企业在申报铁路运输服务免抵退税时，应提交哪些资料？

■企业在申报铁路运输服务免抵退税时，属于客运的，应当提供《国际客运（含香港直通车）旅客、行李包裹运输清算函件明细表》；属于货运的，应当提供《中国铁路总公司国际货物运输明细表》，或者提供列明本企业清算后的国际联运运输收入的《清算资金通知清单》。

申报铁路运输服务免抵退税的企业，应当将以下原始凭证留存企业备查。主管国税机关对留存企业备查的原始凭证应当定期进行抽查。

属于客运的，留存以下原始凭证：

（1）国际客运联运票据（入境除外）；

（2）铁路合作组织清算函件；

（3）香港直通车售出直通客票月报。

属于货运的，留存以下原始凭证：

（1）运输收入会计报表；

（2）货运联运运单；

（3）“发站”或“到站（局）”名称包含“境”字的货票。

企业自2014年1月1日起，提供的适用增值税零税率的铁路运输服务，按本条规定申报免抵退税。

《国家税务总局关于出口退（免）税有关问题的公告》四　国家税务总局公告2015年第29号

1.1.3.21　主管税务机关受理增值税零税率应税服务退（免）税申报后，审核的内容？

■提供国际运输、港澳台运输的，应从增值税零税率应税服务提供者申报中抽取若干申报记录审核以下内容：

（1）所申报的国际运输、港澳台运输服务是否符合适用增值税零税率应税服务的规定；

（2）所抽取申报记录申报应税服务收入是否小于或等于该申报记录所对应的载货或载客舱单上记载的国际运输、港澳台运输服务收入；

（3）采用期租、程租和湿租方式租赁交通运输工具用于国际运输服务和港澳台运输服务的，重点审核期租、程租和湿租的合同或协议，审核申报退（免）税的企业是否符合适用增值税零税率应税服务的规定。

《国家税务总局关于发布〈适用增值税零税率应税服务退（免）税管理办法〉的公告》第十五条　国家税务总局公告2014年第11号

管道运输服务

1.1.3.22　一般纳税人提供管道运输服务，增值税有何优惠政策？

■一般纳税人提供管道运输服务，对其增值税实际税负超过3%的部分实行增值税即征即退政策。

增值税实际税负，是指纳税人当期提供应税服务实际缴纳的增值税额占纳税人当期提供应税服务取得的全部价款和价外费用的比例。

《财政部　国家税务总局关于全面推开营业税改征增值税试点的通知》附件3：营业税改征增值税试点过渡政策的规定二　财税〔2016〕36号

■一般纳税人提供管道运输服务，按照《营业税改征增值税试点过渡政策的规定》（财税〔2013〕106号）第二条有关规定适用的增值税实际税负超过3%部分即征即退政策，在2016年1月1日至4月30日期间继续执行。

《财政部　国家税务总局关于进一步明确全面推开营改增试点有关劳务派遣服务、收费公路通行费抵扣等政策的通知》三　财税〔2016〕47号

修理修配劳务

1.1.3.23　铁路系统内部单位为本系统修理货车的业务，是否免征增值税？

■自2001年1月1日起，对铁路系统内部单位为本系统修理货车的业务免征增值税。（减免性质代码：01121301）

《财政部　国家税务总局关于铁路货车修理免征增值税的通知》　财税〔2001〕54号

1.1.3.24　对飞机维修劳务，增值税有何优惠政策？

■自2000年1月1日起，对飞机维修劳务增值税实际税负超过6%的部分实行由税务机

关即征即退的政策。(减免性质代码：01120401)

《财政部 国家税务总局关于飞机维修增值税问题的通知》 财税〔2000〕102 号

1.1.4 纳税管理

铁路运输公司

1.1.4.1 铁路运输公司，汇总缴纳增值税的范围?

■自 2014 年 1 月 1 日起，中国铁路总公司及其分支机构提供铁路运输服务以及与铁路运输相关的物流辅助服务，按照《总分机构试点纳税人增值税计算缴纳暂行办法》(财税〔2013〕74 号) 计算缴纳增值税。

《财政部 国家税务总局关于铁路运输企业汇总缴纳增值税的通知》一 财税〔2013〕111 号

■财税〔2014〕54 号文件对财税〔2013〕111 号文件的附件 2 所列的分支机构作了更名和增补。

《财政部 国家税务总局关于铁路运输企业汇总缴纳增值税的补充通知》一 财税〔2014〕54 号

1.1.4.2 铁路运输公司，分支机构的预征率是多少?

■铁路运输公司分支机构的预征率为 1%。

《财政部 国家税务总局关于铁路运输企业汇总缴纳增值税的通知》二 财税〔2013〕111 号

1.1.4.3 中国铁路总公司及其分支机构，是否适用年度清算的规定?

■中国铁路总公司及其分支机构不适用《总分机构试点纳税人增值税计算缴纳暂行办法》第八条年度清算的规定。

《财政部 国家税务总局关于铁路运输企业汇总缴纳增值税的通知》四 财税〔2013〕111 号

1.1.4.4 哪些分支机构实行由合资铁路运输企业总部汇总预缴增值税的办法?

■对财税〔2013〕111 号文件附件 2 所列的分支机构，在维持由中国铁路总公司汇总计算应交增值税不变的前提下，实行由合资铁路运输企业总部汇总预缴增值税的办法。

(1) 合资铁路运输企业总部本级及其下属站段 (含委托运输管理的站段) 本级的销售额适用的预征率调整为 1%，本级应预缴的增值税按下列公式计算，计入预算科目 101010401 目“改征增值税”。

本级应预缴的增值税 = 本级应征增值税销售额×1%

(2) 合资铁路运输企业总部及其下属站段汇总的销售额适用的预征率仍为 3%，合资铁路运输企业总部应按下列公式计算汇总应预缴的增值税，计入预算科目 101010401 目“改征增值税”。

汇总应预缴的增值税 = (总部本级应征增值税销售额+下属站段本级应征增值税销售

额)×3%-(总部本级应预缴的增值税+下属站段本级应预缴的增值税)

《财政部 国家税务总局关于铁路运输企业汇总缴纳增值税的补充通知》二 财税〔2014〕54号

1.1.4.5 中国铁路总公司汇总时，哪些进项税额可以抵扣?

■中国铁路总公司汇总的进项税额，是指中国铁路总公司及其所属运输企业为提供铁路运输及辅助服务而购进货物、接受加工修理修配劳务和应税服务，支付或者负担的增值税额。

中国铁路总公司及其所属运输企业取得与铁路运输及辅助服务相关的固定资产、专利技术、非专利技术、商誉、商标、著作权、有形动产租赁的进项税额，由中国铁路总公司汇总缴纳增值税时抵扣。

中国铁路总公司及其所属运输企业用于铁路运输及辅助服务以外的进项税额不得汇总。

《国家税务总局关于发布〈铁路运输企业增值税征收管理暂行办法〉的公告》第七条 国家税务总局公告2014年第6号

1.1.4.6 中国铁路总公司所属运输企业，如何预缴增值税?

■中国铁路总公司所属运输企业提供铁路运输及辅助服务，按照除铁路建设基金以外的销售额和预征率计算应预缴税额，按月向主管税务机关申报纳税，不得抵扣进项税额。计算公式为:

应预缴税额=(销售额-铁路建设基金)×预征率

销售额是指为旅客、托运人、收货人和其他铁路运输企业提供铁路运输及辅助服务取得的收入。

其他铁路运输企业，是指中国铁路总公司及其所属运输企业以外的铁路运输企业。

《国家税务总局关于发布〈铁路运输企业增值税征收管理暂行办法〉的公告》第九条 国家税务总局公告2014年第6号

1.1.4.7 中国铁路总公司如何汇总计算增值税应纳税额?

■中国铁路总公司所属运输企业，应按月将当月提供铁路运输及辅助服务的销售额、进项税额和已缴纳增值税额归集汇总，填写《铁路运输企业分支机构增值税汇总纳税信息传递单》，报送主管税务机关签章确认后，于次月10日前传递给中国铁路总公司。

■中国铁路总公司应当根据《铁路运输企业分支机构增值税汇总纳税信息传递单》，汇总计算当期提供铁路运输及辅助服务的增值税应纳税额，抵减其所属运输企业提供铁路运输及辅助服务当期已缴纳的增值税额后，向主管税务机关申报纳税。抵减不完的，可以结转下期继续抵减。计算公式为:

当期汇总应纳税额=当期汇总销项税额-当期汇总进项税额

当期应补（退）税额=当期汇总应纳税额-当期已缴纳税额

《国家税务总局关于发布〈铁路运输企业增值税征收管理暂行办法〉的公告》第十、十二条 国家税务总局公告2014年第6号

1.1.4.8 中国铁路总公司的增值税纳税期限?

■中国铁路总公司的增值税纳税期限为一个季度。

■中国铁路总公司应当在开具增值税专用发票（含货物运输业增值税专用发票）的次月申报期结束前向主管税务机关报税。

中国铁路总公司及其所属运输企业取得的增值税扣税凭证，应当按照有关规定到主管税务机关办理认证或者申请稽核比对。

中国铁路总公司汇总的进项税额，应当在季度终了后的第一个申报期内申报抵扣。

《国家税务总局关于发布〈铁路运输企业增值税征收管理暂行办法〉的公告》第十一、十四条　国家税务总局公告2014年第6号

1.1.4.9　中国铁路总公司所属铁路运输企业申报不实的，如何处理？

■中国铁路总公司所属铁路运输企业提供铁路运输及辅助服务申报不实的，由其主管税务机关按适用税率全额补征增值税。

《国家税务总局关于发布〈铁路运输企业增值税征收管理暂行办法〉的公告》第十五条　国家税务总局公告2014年第6号

航空运输企业

1.1.4.10　航空运输企业总机构及其分支机构，汇总缴纳增值税的范围？

■自2013年8月1日起，部分航空运输企业总机构及其分支机构按《总分机构试点纳税人增值税计算缴纳暂行办法》（财税〔2013〕74号）计算缴纳增值税。

《财政部　国家税务总局关于部分航空运输企业总分机构增值税计算缴纳问题的通知》　财税〔2013〕86号

■（财税〔2013〕86号）附件2中，中国南方航空股份有限公司和厦门航空有限公司更名和增补本通知附件所列分支机构。

增补的分支机构自提供《应税服务范围注释》所列应税服务之日起，按照《总分机构试点纳税人增值税计算缴纳暂行办法》（财税〔2013〕74号）计算缴纳增值税。

《国家税务总局关于部分航空运输企业总分机构增值税计算缴纳问题的公告》　国家税务总局公告2014年第55号

■华夏航空有限公司及其分支机构，自2014年10月1日起，按照《总分机构试点纳税人增值税计算缴纳暂行办法》（财税〔2013〕74号）计算缴纳增值税。

《财政部　国家税务总局关于华夏航空有限公司及其分支机构增值税计算缴纳问题的通知》　财税〔2014〕76号

■增补的航空运输企业分支机构，自2015年4月1日起，按照财税〔2013〕86号文件的规定缴纳增值税。

《财政部　国家税务总局关于调整铁路和航空运输企业汇总缴纳增值税分支机构名单的通知》二　财税〔2015〕87号

1.1.4.11　按《总分机构试点纳税人增值税计算缴纳暂行办法》缴纳增值税的航空运输企业分支机构的预征率是多少？

■本通知附件1、附件2列明的航空运输企业分支机构的预征率为1%。

《财政部　国家税务总局关于部分航空运输企业总分机构增值税计算缴纳问题的通知》三　财税〔2013〕86号

1.1.4.12 航空运输企业总机构的纳税期限?

■总机构的纳税期限为一个季度。

《国家税务总局关于发布〈航空运输企业增值税征收管理暂行办法〉的公告》第九条 国家税务总局公告2013年第68号

1.1.4.13 航空运输企业总机构,如何进行汇总计算?

■分支机构应按月将《应税服务范围注释》所列业务的销售额、进项税额和已缴纳税额归集汇总,填写《航空运输企业分支机构传递单》,报送主管税务机关签章确认后,于次月10日前传递给总机构。

■总机构应当依据《航空运输企业分支机构传递单》,汇总计算当期发生《应税服务范围注释》所列业务的应纳税额,抵减分支机构发生《应税服务范围注释》所列业务当期已缴纳的税额后,向主管税务机关申报纳税。抵减不完的,可以结转下期继续抵减。计算公式为:

总机构当期汇总应纳税额=当期汇总销项税额-当期汇总进项税额

总机构当期应补(退)税额=总机构当期汇总应纳税额-分支机构当期已缴纳税额

《国家税务总局关于发布〈航空运输企业增值税征收管理暂行办法〉的公告》第八、十条 国家税务总局公告2013年第68号

1.1.4.14 航空运输企业,如何实行年度清算?

■航空运输企业汇总缴纳的增值税实行年度清算。

■年度终了后25个工作日内,总机构应当计算分支机构发生《应税服务范围注释》所列业务年度清算的应纳税额,并向主管税务机关报送《——年度航空运输企业年度清算表》。计算公式为:

分支机构年度清算的应纳税额=(分支机构发生《应税服务范围注释》所列业务的年度销售额÷总机构汇总的年度销售额)×总机构汇总的年度应纳税额

总机构汇总的年度应纳税额,为总机构年度内各季度汇总应纳税额的合计数。

■分支机构年度清算的应纳税额小于分支机构已预缴税额,且差额较大的,由国家税务总局通知分支机构所在地的省税务机关,在一定时期内暂停分支机构预缴增值税。

分支机构年度清算的应纳税额大于分支机构已预缴税额,差额部分由国家税务总局通知分支机构所在地的省税务机关,在分支机构预缴增值税时一并补缴入库。

《国家税务总局关于发布〈航空运输企业增值税征收管理暂行办法〉的公告》第十一、十二、十四条 国家税务总局公告2013年第68号

1.1.4.15 航空运输企业的纳税申报期限?

■总机构应当在开具增值税专用发票(含货物运输业增值税专用发票)的次月申报期结束前向主管税务机关报税。

总机构汇总的进项税额,应当在季度终了后的第一个申报期内申报抵扣。

《国家税务总局关于发布〈航空运输企业增值税征收管理暂行办法〉的公告》第十六条 国家税务总局公告2013年第68号

1.1.4.16 航空运输企业分支机构申报不实的,是否全额补征增值税?

■分支机构发生《应税服务范围注释》所列业务申报不实的,就地按适用税率全额补征

增值税。主管税务机关应将检查情况及结果发函通知总机构主管税务机关。

《国家税务总局关于发布〈航空运输企业增值税征收管理暂行办法〉的公告》第十七条 国家税务总局公告2013年第68号

1.2 营业税

1.2.1.1 对铁路房建生活单位，营业税有何优惠政策？

■对经铁道部或者各铁路局批准改制的铁路房建生活单位，为铁道部所属铁路局［含广州铁路（集团）公司、青藏铁路公司］及国有铁路运输控股公司提供营业税应税劳务取得的收入，自改制之日起3年内免征营业税。（减免性质代码：03011708）

《财政部 国家税务总局关于铁路房建生活单位营业税政策的通知》一财税〔2012〕94号

1.2.1.2 铁路部门提供的哪些服务，申报缴纳营业税或增值税？

■铁路货运组织改革后，铁路局所属运输站段提供的装卸业务、煤炭抑尘业务、门到站和站到门的短途运输业务（主要包括公路短途运输、内河短途运输）、装载加固业务、铁路货场内的仓储业务等两端物流服务，不属于《国家税务总局关于中央铁路征收营业税问题的通知》（国税发〔2002〕44号）规定的集中缴纳营业税的中央铁路客货运服务范围，应按照现行营业税和增值税政策规定，由提供服务的纳税人向其机构所在地主管税务机关申报缴纳营业税或增值税。

《国家税务总局关于铁路货运组织改革后两端物流服务有关营业税和增值税问题的公告》 国家税务总局公告2013年第55号

1.2.1.3 公路经营企业收取的高速公路车辆通行费收入，征收营业税适用的税率？

■自2005年6月1日起，对公路经营企业收取的高速公路车辆通行费收入统一减按3%的税率征收营业税。（减免税代码：03121301）

《财政部 国家税务总局关于公路经营企业车辆通行费收入营业税政策的通知》 财税〔2005〕77号

1.3 企业所得税

1.3.1 应纳税额

1.3.1.1 中国铁路总公司用于补足铁路发展基金收益的支出，是否允许税前列支？

■2014年1月1日至2018年12月31日，铁路发展基金当期自身可分配收益不足以支付社会投资人约定回报时，对中国铁路总公司用于补足铁路发展基金收益的支出允许在中国铁路总公司税前成本中列支；对中国铁路发展基金股份有限公司获得的上述收益，免征企业所得税。

《财政部 国家税务总局关于铁路发展基金有关税收政策的通知》一 财税〔2014〕56号

1.3.1.2 航空企业空勤训练费是否准予税前扣除？

■航空企业实际发生的飞行员养成费、飞行训练费、乘务训练费、空中保卫员训练费等空勤训练费用，可以作为航空企业运输成本在税前扣除。

《国家税务总局关于企业所得税若干问题的公告》三 国家税务总局公告2011年第34号

1.3.1.3 航空公司融资租赁飞机支付的租金，如何代扣代缴企业所得税？

■关于南航公司申请对其支付的上述4架售后回租飞机的租金，按融资租赁方式代扣代缴企业所得税问题，考虑到上述4架飞机售后回租的租赁期较长（均超过84个月），租赁期满后，飞机的使用寿命接近结束，同意对南航公司融资租赁上述4架飞机所支付的租金，就扣除设备价款（指再出售给3家美国租赁公司的价款）和不高于出租方国家出口信贷利率的利息后的余额，代扣代缴企业所得税。

《国家税务总局关于中国南方航空股份有限公司飞机售后回租业务有关税务处理问题的批复》 国税函〔2003〕212号

1.3.2 减免税

1.3.2.1 海峡两岸船运公司在大陆取得的运输收入，是否免征企业所得税？

■自2007年5月1日起，对海峡两岸船运公司从事福建沿海与金门、马祖、澎湖海上直航业务在大陆取得的运输收入，免征企业所得税。(减免税代码：04032103)

享受企业所得税免税政策的纳税人应按照现行企业所得税政策的有关规定，单独核算从事上述业务在大陆取得的收入、成本。未单独核算的，不得享受免征企业所得税政策。

《财政部 国家税务总局关于福建沿海与金门、马祖、澎湖海上直航业务有关税收政策的通知》二 财税〔2007〕91号

1.3.2.2 台湾航运公司取得的来源于大陆的所得，是否免征企业所得税？

■自2008年12月15日起，对台湾航运公司从事海峡两岸海上直航业务取得的来源于大陆的所得，免征企业所得税。(减免税代码：04032101)

享受企业所得税免税政策的台湾航运公司应单独核算其从事上述业务在大陆取得的收入和发生的成本、费用；未单独核算的，不得享受免征企业所得税政策。

■台湾航运公司，是指取得交通运输部颁发的“台湾海峡两岸间水路运输许可证”且上述许可证上注明的公司登记地址在台湾的航运公司。

《财政部 国家税务总局关于海峡两岸海上直航营业税和企业所得税政策的通知》二、三 财税〔2009〕4号

1.3.2.3 台湾航空公司取得的来源于大陆的所得，是否免征企业所得税？

■自2009年6月25日起，对台湾航空公司从事海峡两岸空中直航业务取得的来源于大陆的所得，免征企业所得税。(减免税代码：04032102)

享受企业所得税免税政策的台湾航空公司应单独核算其从事上述业务在大陆取得的收入和发生的成本、费用；未单独核算的，不得享受免征企业所得税政策。

■台湾航空公司，是指取得中国民用航空局颁发的“经营许可”或依据《海峡两岸空运协议》和《海峡两岸空运补充协议》规定，批准经营两岸旅客、货物和邮件不定期（包机）运输业务，且公司登记地址在台湾的航空公司。

《财政部　国家税务总局关于海峡两岸空中直航营业税和企业所得税政策的通知》二、三　财税〔2010〕63号

1.3.3　纳税管理

1.3.3.1　代开货物运输业发票，如何预征企业所得税预征率？

■代开货物运输业发票的企业，按开票金额2.5%预征企业所得税。

《国家税务总局关于调整代开货物运输业发票企业所得税预征率的通知》国税函〔2008〕819号（2016年5月29日全文废止，详见国家税务总局公告2016年第34号）

1.3.3.2　实行与铁道部统一纳税企业的条件及范围？

■实行与铁道部统一纳税的企业（成员企业）应同时满足以下条件：

（1）由铁道部100%直接出资设立，不包括铁道部与地方政府、其他单位和个人合资、合作等设立的企业；

（2）在我国境内主要从事铁路客、货运输业务，不包括与铁路客、货运输不直接相关的其他单位；

（3）由铁道部统一实行组织与调度，即由铁道部统一制定生产任务、统一配置生产能力、统一负责生产经营；

（4）由铁道部统一清算确认运输收入和支出、统一核算总体经营效益等。

《财政部　国家税务总局关于铁道部统一缴纳企业所得税有关问题的通知》一　财税〔2009〕145号

1.4　个人所得税

1.4.1.1　远洋运输船员的工资、薪金所得，如何缴纳个人所得税？

■对远洋运输船员取得的工资、薪金所得采取按年计算、分月预缴的方式计征个人所得税。

每月的工资、薪金收入在统一扣除800元费用的基础上，准予再扣除税法法规的附加减除费用标准。

由于船员的伙食费统一用于集体用餐，不发给个人，允许该项补贴不计入船员个人的应纳税工资、薪金收入。（减免税代码：05129999）

《国家税务总局关于远洋运输船员工资薪金所得个人所得税费用扣除问

题的通知》 国税发〔1999〕202号

1.4.1.2 出租车驾驶员取得的收入，如何缴纳个人所得税？

■从事个体出租车运营的出租车驾驶员取得的收入，按个体工商户的生产、经营所得项目缴纳个人所得税。

出租车属个人所有，但挂靠出租汽车经营单位或企事业单位，驾驶员向挂靠单位缴纳管理费的，或出租汽车经营单位将出租车所有权转移给驾驶员的，出租车驾驶员从事客货运营取得的收入，比照个体工商户的生产、经营所得项目征税。

出租车驾驶员能够提供有效停运证明的，税务机关应根据其停运期长短，相应核减其停运期间应缴纳的个人所得税。

县级以下（含县级）税务机关可以根据出租车的不同经营方式、不同车型、收费标准、缴纳的承包承租费等情况，核定出租车驾驶员的营业额并确定征收率或征收额，按月征收出租车驾驶员应纳的个人所得税。

《国家税务总局关于印发〈机动出租车驾驶员个人所得税征收管理暂行办法〉的通知》 国税发〔1995〕50号

1.4.1.3 代开货物运输业发票，预征的个人所得税是否可以税前扣除？

■代开货运发票的个人所得税纳税人，统一按开票金额的1.5%预征个人所得税。

年度终了后，查账征税的代开货运发票个人所得税纳税人，被预征的个人所得税可以在汇算清缴时扣除；实行核定征收个人所得税的，被预征的个人所得税，不得从已核定税额中扣除。

《国家税务总局关于代开货物运输业发票个人所得税预征率问题的公告》 国家税务总局公告2011年第44号

1.4.1.4 民航空地勤人员的伙食费，是否征收个人所得税？

■民航空地勤人员的伙食费应当按照税法规定，并入工资、薪金所得，计算征收个人所得税，并由支付单位负责代扣代缴。

《财政部 国家税务总局关于民航空地勤人员的伙食费征收个人所得税的通知》 财税字〔1995〕77号

1.4.1.5 航空公司空勤人员飞行小时费和伙食费收入，是否征收个人所得税？

■空勤人员的飞行小时费和伙食费收入，应全额计入工资、薪金所得计征个人所得税，不能给予扣除。

《国家税务总局关于新疆航空公司空勤人员飞行小时费和伙食费收入征收个人所得税的批复》 国税函发〔1995〕554号

1.5 耕地占用税、资源税

1.5.1.1 铁路线路占用应税土地，如何缴纳耕地占用税？

■铁路线路占用应税土地，减按每平方米2元的税额征收耕地占用税。（减免税代码：14121301）

根据实际需要，国务院财政、税务主管部门商国务院有关部门并报国务院批准后，可以对前款规定的情形免征或者减征耕地占用税。

减税的铁路线路，具体范围限于铁路路基、桥梁、涵洞、隧道及其按照规定两侧留地。

专用铁路和铁路专用线占用应税土地的，按照当地适用税额缴纳耕地占用税。

《国家税务总局关于发布〈耕地占用税管理规程（试行）〉的公告》第四十条　国家税务总局公告2016年第2号

1.5.1.2　因铁路建设引起公路改道及公司搬迁占用耕地，是否缴纳耕地占用税？

■因铁路建设引起公路改道及公司搬迁占用耕地应照章纳税。

《财政部复安徽省财政厅关于因铁路建设引起其他部门占用耕地应征收耕地占用税问题》二　财农税字〔1988〕85号

1.5.1.3　京九铁路占用耕地，耕地占用税纳税人？

■京九铁路占用耕地，应由办理征地手续的各铁路工程局缴纳耕地占用税。

《财政部关于京九铁路耕地占用税纳税人问题的批复》　财农税字〔1993〕15号

1.5.1.4　对内昆铁路建设工程临时占用的耕地，是否免征耕地占用税？

■对内昆铁路建设工程取弃土场、改移道路、临时工程占用的耕地免征耕地占用税。对生活区占用耕地照章征收耕地占用税。

《财政部　国家税务总局关于对内昆铁路征免耕地占用税和资源税问题的通知》一　财税〔2000〕47号

1.5.1.5　公路线路占用应税土地，如何缴纳耕地占用税？

■公路线路占用应税土地，减按每平方米2元的税额征收耕地占用税。（减免税代码：14121301）

减税的公路线路，具体范围限于经批准建设的国道、省道、县道、乡道和属于农村公路的村道的主体工程以及两侧边沟或者截水沟。

专用公路和城区内机动车道占用应税土地的，按照当地适用税额缴纳耕地占用税。

《国家税务总局关于发布〈耕地占用税管理规程（试行）〉的公告》第四十条　国家税务总局公告2016年第2号

■公路占用耕地应依法缴纳耕地占用税，而防火公路占用耕地，也不能例外。

《财政部复内蒙古自治区财政厅关于修建防火公路占用耕地申请免税问题的复函》　财农税字〔1989〕61号

1.5.1.6　飞机场跑道、停机坪占用耕地，是否免征耕地占用税？

■飞机场跑道、停机坪占用应税土地，减按每平方米2元的税额征收耕地占用税。（减免税代码：14121301）

减税的飞机场跑道、停机坪，具体范围限于经批准建设的民用机场专门用于民用航空器起降、滑行、停放的场所。

《国家税务总局关于发布〈耕地占用税管理规程（试行）〉的公告》第四十条　国家税务总局公告2016年第2号

■民用机场飞机跑道、停机坪、机场内必要的空地以及候机楼、指挥塔、雷达设施用地免税。

《财政部关于颁发耕地占用税具体政策的规定的通知》五 (87)财农字第206号(全文失效,详见财政部令第62号)

■飞行区包括升降带、跑道端安全区、滑行道、机坪以及机场净空;跑道是指机场飞行区内供飞机起飞和着陆使用的特定场地。因此,跑道、停机坪属于飞行区的一部分。飞机场内飞行区范围的其他建设用地,按照当地适用税额征收耕地占用税。

《财政部 国家税务总局关于揭阳潮汕机场减征耕地占用税问题的批复》财税〔2009〕126号

1.5.1.7 港口占用应税土地,是否免征耕地占用税?

■港口占用应税土地,减按每平方米2元的税额征收耕地占用税。(减免税代码:14121301)

减税的港口,具体范围限于经批准建设的港口内供船舶进出、停靠以及旅客上下、货物装卸的场所。

《国家税务总局关于发布〈耕地占用税管理规程(试行)〉的公告》第四十条 国家税务总局公告2016年第2号

1.5.1.8 航道占用应税土地,是否免征耕地占用税?

■航道占用应税土地,减按每平方米2元的税额征收耕地占用税。(减免税代码:14121301)

根据实际需要,国务院财政、税务主管部门商国务院有关部门并报国务院批准后,可以对前款规定的情形免征或者减征耕地占用税。

减税的航道,具体范围限于在江、河、湖泊、港湾等水域内供船舶安全航行的通道。

《国家税务总局关于发布〈耕地占用税管理规程(试行)〉的公告》第四十条 国家税务总局公告2016年第2号

1.5.1.9 铁路建设自用的石料,是否免征资源税?

■对内昆铁路建设工程单位自采自用的石料免征资源税。对其他单位和个人开采销售给建设工程的石料,照章征收资源税。

《财政部 国家税务总局关于对内昆铁路征免耕地占用税和资源税问题的通知》二 财税〔2000〕47号

1.6 房产税、城镇土地使用税

1.6.1.1 铁道部所属铁路运输企业自用的房产、土地,是否免征房产税、土地使用税?

■铁道部所属铁路运输企业自用的房产、土地,免征房产税和城镇土地使用税。(房产税减免税代码:10121301)(土地使用税减免税代码:10121301)

《财政部 国家税务总局关于调整铁路系统房产税、城镇土地使用税政

策的通知》一 财税〔2003〕149号

■享受免征房产税、城镇土地使用税优惠政策的铁道部所属铁路运输企业是指铁路局及国有铁路运输控股公司（含广铁〈集团〉公司、青藏铁路公司、大秦铁路股份有限公司、广深铁路股份有限公司等，具体包括客货、编组站，车务、机务、工务、电务、水电、供电、列车、客运、车辆段）、铁路办事处、中铁集装箱运输有限责任公司、中铁特货运输有限责任公司、中铁快运股份有限公司。

《财政部 国家税务总局关于明确免征房产税、城镇土地使用税的铁路运输企业范围的补充通知》一 财税〔2006〕17号

1.6.1.2 地方铁路运输企业自用的房产、土地，是否免征房产税、土地使用税?

■地方铁路运输企业自用的房产、土地，免征房产税、城镇土地使用税。(城镇土地使用税减免税代码：10121303)

《财政部 国家税务总局关于明确免征房产税、城镇土地使用税的铁路运输企业范围及有关问题的通知》二 财税〔2004〕36号

1.6.1.3 股改铁路运输企业及合资铁路运输公司自用的房产、土地，是否免征收房产税、土地使用税?

■对股改铁路运输企业及合资铁路运输公司自用的房产、土地，暂免征收房产税和城镇土地使用税。(房产税减免税代码：08121304)(城镇土地使用税减免税代码：10121306)

股改铁路运输企业是指铁路运输企业经国务院批准进行股份制改革成立的企业；合资铁路运输公司是指由铁道部及其所属铁路运输企业与地方政府、企业或其他投资者共同出资成立的铁路运输企业。

《财政部 国家税务总局关于股改及合资铁路运输企业房产税 城镇土地使用税有关政策的通知》 财税〔2009〕132号

1.6.1.4 从铁路系统分离出来的企业，是否征收房产税?

■对铁路运输体制改革后，从铁路系统分离出来并实行独立核算、自负盈亏的企业，包括铁道部所属原执行经济承包方案的工业、供销、建筑施工企业；中国铁路工程总公司、中国铁道建筑工程总公司、中国铁路通信信号总公司、中国土木建筑工程总公司、中国北方机车车辆工业集团公司、中国南方机车车辆工业集团公司；以及铁道部所属自行解决工交事业费的单位，自2003年1月1日起恢复征收房产税和城镇土地使用税。

《财政部 国家税务总局关于调整铁路系统房产税、城镇土地使用税政策的通知》二 财税〔2003〕149号

1.6.1.5 铁道部所属其他企业、单位的房产、土地，是否征收房产税和土地使用税?

■铁道部所属其他企业、单位的房产和土地，征收房产税和城镇土地使用税。

《财政部 国家税务总局关于调整铁路系统房产税、城镇土地使用税政策的通知》三 财税〔2003〕149号

1.6.1.6 城市公交站场、道路客运站场、城市轨道交通系统运营用地，如何免征城镇土地使用税?

■2013年1月1日至2015年12月31日，对城市公交站场、道路客运站场的运营用地，免征城镇土地使用税。(减免税代码：10121307)

《财政部　国家税务总局关于对城市公交站场道路客运站场免征城镇土地使用税的通知》　财税〔2013〕20号

■ 2016年1月1日至2018年12月31日，对城市公交站场、道路客运站场、城市轨道交通系统运营用地，免征城镇土地使用税。

城市公交站场运营用地，包括城市公交首末车站、停车场、保养场、站场办公用地、生产辅助用地。

道路客运站场运营用地，包括站前广场、停车场、发车位、站务用地、站场办公用地、生产辅助用地。

城市轨道交通系统运营用地，包括车站（含出入口、通道、公共配套及附属设施）、运营控制中心、车辆基地（含单独的综合维修中心、车辆段）以及线路用地，不包括购物中心、商铺等商业设施用地。

城市公交站场、道路客运站场，是指经县级以上（含县级）人民政府交通运输主管部门等批准建设的，为公众及旅客、运输经营者提供站务服务的场所。

城市轨道交通系统，是指依规定批准建设的，采用专用轨道导向运行的城市公共客运交通系统，包括地铁系统、轻轨系统、单轨系统、有轨电车、磁浮系统、自动导向轨道系统、市域快速轨道系统，不包括旅游景区等单位内部为特定人群服务的轨道系统。

符合上述免税条件的单位，须持相关文件及用地情况等向主管税务机关办理备案手续。

《财政部　国家税务总局关于城市公交站场　道路客运站场　城市轨道交通系统城镇土地使用税优惠政策的通知》　财税〔2016〕16号

1.6.1.7　对港口的码头用地，是否免征土地使用税？

■对港口的码头（即泊位，包括岸边码头、伸入水中的浮码头、堤岸、堤坝、栈桥等）用地，免征土地使用税。（减免税代码：10121304）

《国家税务局关于对交通部门的港口用地征免土地使用税问题的规定》一　国税地字〔1989〕123号

1.6.1.8　机场用地，如何征免土地使用税？

■（1）机场飞行区（包括跑道、滑行道、停机坪、安全带、夜航灯光区）用地，场内外通讯导航设施用地和飞行区四周排水防洪设施用地，免征土地使用税。（减免税代码：10121305）

（2）机场道路，区分为场内、场外道路。场外道路用地免征土地使用税（减免税代码：10121305）；场内道路用地征收土地使用税。

（3）机场工作区（包括办公、生产和维修用地及候机楼、停车场）用地、生活区用地、绿化用地，征收土地使用税。

《国家税务局关于对民航机场用地免征土地使用税问题的规定》　国税地字〔1989〕32号

1.7　车船税、车辆购置税

1.7.1.1　公共交通车船，是否减征或者免征车船税？

■省、自治区、直辖市人民政府根据当地实际情况，可以对公共交通车船定期减征或者

免征车船税。(减免税代码：12121302)

《中华人民共和国车船税法》第五条　主席令第43号

■经省级人民政府批准，可以享受车船税减税、免税优惠政策的城市、农村公共交通车船，是指依法取得运营资格，执行物价部门规定的票价标准，按照规定时间、线路和站点运营，供公众乘用并承担部分社会公益性服务或执行政府指令性任务的车船。

《财政部　国家税务总局关于贯彻落实车船税暂行条例工作有关问题的通知》一　财税〔2007〕103号

1.7.1.2　城市公交企业购置的公共汽电车辆，是否免征车辆购置税?

■对城市公交企业自2012年1月1日起至2015年12月31日止购置的公共汽电车辆，免征车辆购置税。(减免税代码：13061001)

《财政部　国家税务总局关于城市公交企业购置公共汽电车辆免征车辆购置税的通知》一　财税〔2012〕51号

■城市公交企业购置公共汽电车辆日期以《机动车销售统一发票》开具日期为准。

《国家税务总局　交通运输部关于城市公交企业购置公共汽电车辆免征车辆购置税有关问题的通知》六　国税发〔2012〕61号

■自2016年1月1日起至2020年12月31日止，对城市公交企业购置的公共汽电车辆免征车辆购置税。

城市公交企业是指，由县级以上（含县级）人民政府交通运输主管部门认定的，依法取得城市公交经营资格，为公众提供公交出行服务的企业。

公共汽电车辆是指，由县级以上（含县级）人民政府交通运输主管部门按照车辆实际经营范围和用途等界定的，在城市中按规定的线路、站点、票价和时刻表营运，供公众乘坐的经营性客运汽车和无轨电车。

《财政部　国家税务总局关于城市公交企业购置公共汽电车辆免征车辆购置税的通知》一　财税〔2016〕84号

1.7.1.3　城市公交企业办理车辆购置税免税，应提交的文件?

■城市公交企业在办理车辆购置税纳税申报时，需向所在地主管税务机关提供所在地县级以上（含县级）交通运输主管部门出具的城市公交企业和公共汽电车辆认定证明，主管税务机关依据证明文件为企业办理免税手续。

城市公交企业办理免税手续的截止日期为2016年3月31日，逾期不办理的，不予免税。

《财政部　国家税务总局关于城市公交企业购置公共汽电车辆免征车辆购置税的通知》三　财税〔2012〕51号

■公共汽电车辆免征车辆购置税的审核项目予以取消。城市公交企业办理相关免税手续问题公告如下：

城市公交企业到车辆购置税征收管理机关办理车辆购置税免税手续，应当提供《车辆购置税征收管理办法》规定的相关资料，以及所在地县级以上（含县级）交通运输主管部门出具的城市公交企业和公共汽电车辆认定证明、公共汽电车辆购置计划、采购合同或税务机关要求提供的其他证明材料的原件与复印件，原件经税务机关核对后退还，复印件由税务机关留存。车辆购置税征收管理机关依据上述材料为城市公交企业办理车辆购置税免税手续。

《国家税务总局　交通运输部关于城市公交企业购置公共汽电车辆办理免征车辆购置税手续问题的公告》　国家税务总局　交通运输部公告 2015 年第 57 号

■城市公交企业在办理车辆购置税纳税申报时，需向所在地主管税务机关提供所在地县级以上（含县级）交通运输主管部门出具的城市公交企业和公共汽电车辆认定证明，主管税务机关依据证明文件为企业办理免税手续。城市公交企业办理免税手续的截止日期为 2021 年 3 月 31 日，逾期不办理的，不予免税。

《财政部　国家税务总局关于城市公交企业购置公共汽电车辆免征车辆购置税的通知》三　财税〔2016〕84 号

1.8　印花税

1.8.1　纳税人

1.8.1.1　货物运输合同，以谁作为印花税纳税义务人？

■在中华人民共和国境内书立、领受货物运输合同的单位和个人，为印花税纳税义务人。

《中华人民共和国印花税暂行条例》第一条　国务院令第 588 号（下同）

■铁路货运业务中运费结算凭证载明的承、托运双方，均为货运凭证印花税的纳税人。

《国家税务总局　铁道部关于铁路货运凭证印花税若干问题的通知》一　国税发〔2006〕101 号

1.8.1.2　货运业务中，纳税人如何确定？

■在货运业务中，凡直接办理承、托运运费结算凭证的双方，均为货运凭证印花税的纳税人。

代办承、托运业务的单位负有代理纳税的义务。

《国家税务局关于货运凭证征收印花税几个具体问题的通知》二　国税发〔1990〕173 号

■代办托运业务的代办方在向铁路运输企业交运货物并取得运费结算凭证时，应当代托运方缴纳印花税。

■铁路运输企业在收取货物运杂费的同时必须代征托运方应纳的印花税，并记入运费结算凭证的“印花税”项目内，运费结算凭证不再加盖“印花税代扣专用章”。

《国家税务总局　铁道部关于铁路货运凭证印花税若干问题的通知》一、三　国税发〔2006〕101 号

1.8.1.3 由外国运输企业运输进出口货物的，如何确定印花税的纳税人？

■由外国运输企业运输进出口货物的，外国运输企业所持的一份运费结算凭证免纳印花税；托运方所持的一份运费结算凭证应缴纳印花税。

《国家税务局关于货运凭证征收印花税几个具体问题的通知》四　国税发〔1990〕173号

1.8.1.4 运费结算付方应缴纳的印花税，是否代扣缴纳？

■运费结算付方应缴纳的印花税，应由运费结算收方或其代理方实行代扣汇总缴纳。

《国家税务局关于货运凭证征收印花税几个具体问题的通知》六　国税发〔1990〕173号

1.8.1.5 运费结算凭证由交通运输管理机关填开或审核的，是否代扣缴纳？

■运费结算凭证由交通运输管理机关或其指定的单位填开或审核的，当地税务机关应委托凭证填开或审核单位，对运费结算双方应缴纳的印花税，实行代扣汇总缴纳。

《国家税务局关于货运凭证征收印花税几个具体问题的通知》六　国税发〔1990〕173号

1.8.1.6 铁道部所属各单位，是否是印花税的纳税人？

■对铁道部所属原执行经济承包方案的铁路运输、工业、供销、建筑施工企业，以及铁道部直属铁路局所办的工副业企业之间签订的各种应纳印花税的经济合同，自1996年7月1日起，恢复征收印花税。

《财政部　国家税务总局关于铁道部所属单位恢复征收印花税问题的通知》二　财税字〔1997〕56号

1.8.1.7 铁路部门代征印花税，是否有代征手续费？

■地方税务机关，按代征印花税税款金额的5%付给铁路部门代征手续费。手续费由税务机关按规定及时给付，铁路部门不得从代征税款中直接扣除。

《国家税务总局　铁道部关于铁路货运凭证印花税若干问题的通知》五　国税发〔2006〕101号

1.8.2 征税范围

1.8.2.1 货物运输合同，是否缴纳印花税？

■在中华人民共和国境内书立、领受货物运输合同的单位和个人，应当缴纳印花税。

货物运输合同，包括民用航空运输、铁路运输、海上运输、内河运输、公路运输和联运合同，按运输费用万分之五贴花，单据作为合同使用的，按合同贴花。

《中华人民共和国印花税暂行条例》第二条

1.8.2.2 运输部门承运快件行李、包裹开具的托运单据，是否贴花？

■对铁路、公路、航运、水路承运快件行李、包裹开具的托运单据，暂免贴印花。（减免税代码：09012702）

《国家税务局关于印花税若干具体问题的规定》6　（88）国税地字第25号

1.8.2.3　代办方与委托方之间办理的运费清算单据，是否缴纳印花税？

■在货运业务中，代办方与委托方之间办理的运费清算单据，不缴纳印花税。

《国家税务局关于货运凭证征收印花税几个具体问题的通知》二　国税发〔1990〕173号

1.8.2.4　运费结算凭证，是否缴纳印花税？

■在货运业务中，凡是明确承、托运双方业务关系的运输单据均属于合同性质的凭证。以运费结算凭证作为各类货运的应税凭证，缴纳印花税。

《国家税务局关于货运凭证征收印花税几个具体问题的通知》一　国税发〔1990〕173号

■铁路货运运费结算凭证为印花税应税凭证，包括：

（1）货票（发站发送货物时使用）；

（2）运费杂费收据（到站收取货物运费时使用）；

（3）合资、地方铁路货运运费结算凭证（合资铁路公司、地方铁路单独计算核收本单位管内运费时使用）。

《国家税务总局　铁道部关于铁路货运凭证印花税若干问题的通知》二　国税发〔2006〕101号

1.8.2.5　基建计划，是否缴纳印花税？

■铁道部层层下达的基建计划，不属应税合同，不应纳税。

《财政部　国家税务总局关于铁道部所属单位恢复征收印花税问题的补充通知》二　财税字〔1997〕182号

1.8.2.6　建设单位内部签订的设施基建等协议或责任书，是否征收印花税？

■铁道部所属各建设单位与施工企业之间签订的建筑安装工程承包合同属于应税合同，应按法规纳税；但企业内部签订的有关铁路生产经营设施基建、更新改造、大修、维修的协议或责任书，不在征收范围之内。

《财政部　国家税务总局关于铁道部所属单位恢复征收印花税问题的补充通知》二　财税字〔1997〕182号

1.8.2.7　企业内部的物资调拨单，是否征收印花税？

■铁道部所属各企业之间签订的购销合同或作为合同使用的调拨单，应按规定贴花；属于企业内部的物资调拨单，不应贴花。

■凡在铁路内部无偿调拨的固定资产，其调拨单据不属于产权转移书据，不应贴花。

《财政部　国家税务总局关于铁道部所属单位恢复征收印花税问题的补充通知》三、四　财税字〔1997〕182号

1.8.2.8　由铁道部全额拨付事业经费的单位，其营业账簿是否贴花？

■由铁道部全额拨付事业经费的单位，暂视同由财政部门拨付事业经费的单位，其营业账簿不贴花。

《财政部　国家税务总局关于铁道部所属单位恢复征收印花税问题的补充通知》六　财税字〔1997〕182号

1.8.2.9　飞机租赁合同，按什么税目缴纳印花税？

■飞机经营租赁属财产租赁范围，其合同应按“财产租赁合同”税目规定税率缴纳印花

税。不得改变税目税率。

《国家税务局关于飞机租赁合同征收印花税问题的函》二　国税函〔1992〕1431 号

1.8.2.10　先买后租的飞机，是否分别缴纳印花税？

■对于先买后租的飞机，前后签定有两个不同性质的合同，理应分别纳税，不是重复征税。

《国家税务局关于飞机租赁合同征收印花税问题的函》三　国税函〔1992〕1431 号

1.8.2.11　对由铁道部自行解决工交事业费的单位，如何征收印花税？

■对由铁道部自行解决工交事业费的单位，应比照其他事业单位的规定缴纳印花税。即：对无经营收入的事业单位使用的账簿不贴印花。对有经营收入的事业单位，凡属由铁道部拨付部分经费的，只对其记载经营业务的账簿，按其他账簿定额贴花；凡属经费实行自收自支制度的，应对其记载资金的账簿和其他账簿分别按规定贴花。

上述各类事业单位在“七五”期间书立、领受的其他应纳税凭证，应按照我局（89）国税地字第 48 号《关于“七五”期间铁道部所属单位征免印花税的通知》中的第二、三、四条的规定征免印花税。

《国家税务局关于由铁道部自行解决工交事业费的单位贴花问题的批复》（89）国税地字第 76 号

1.8.3　贴花金额

1.8.3.1　货物运输合同，缴纳印花税的金额？

■货物运输合同，按运输费用万分之五贴花。

《中华人民共和国印花税暂行条例》附件：印花税税目税率表

1.8.3.2　国内联运凭证，如何确定计税依据？

■对国内各种形式的货物联运，凡在起运地统一结算全程运费的，应以全程运费作为计税依据，由起运地运费结算双方缴纳印花税；凡分程结算运费的，应以分程的运费作为计税依据，分别由办理运费结算的各方缴纳印花税。

《国家税务局关于货运凭证征收印花税几个具体问题的通知》三　国税发〔1990〕173 号

1.8.3.3　由我国运输企业运输的国际货运凭证，如何确定计税依据？

■由我国运输企业运输的，不论在我国境内、境外起运或中转分程运输，我国运输企业所持的一份运费结算凭证，均按本程运费计算应纳税额；托运方所持的一份运费结算凭证，按全程运费计算应纳税额。

《国家税务局关于货运凭证征收印花税几个具体问题的通知》四　国税发〔1990〕173 号

1.8.3.4　运费结算凭证应纳税额的计算？

■铁路货运运费结算凭证中的运费为印花税的计税依据，包括统一运价运费、特价或加价运费、合资和地方铁路运费、新路均摊费、电力附加费。

对分段计费一次核收运费的，以结算凭证所记载的全程运费为计税依据；对分段计费分别核收运费的，以分别核收运费的结算凭证所记载的运费为计税依据。

■税额不足一角的免税，超过一角的四舍五入计算到角。

《国家税务总局　铁道部关于铁路货运凭证印花税若干问题的通知》二、三　国税发〔2006〕101号

1.8.3.5　飞机租赁合同补缴印花税，如何折算人民币？

■各航空公司与外国公司签定的飞机租赁合同，在补缴印花税时，应按填开补税凭证当日的外汇牌价折合人民币补缴税款。

《国家税务局关于飞机租赁合同征收印花税问题的函》一　国税函〔1992〕1431号

1.8.4　减免税

1.8.4.1　军事物资运输，是否免征印花税？

■凡附有军事运输命令或使用专用的军事物资运费结算凭证，免纳印花税。（减免税代码：09121301）

《国家税务局关于货运凭证征收印花税几个具体问题的通知》五　国税发〔1990〕173号

1.8.4.2　抢险救灾物资运输，是否免征印花税？

■凡附有县级以上（含县级）人民政府抢险救灾物资运输证明文件的运费结算凭证，免纳印花税。（减免税代码：09121301）

《国家税务局关于货运凭证征收印花税几个具体问题的通知》五　国税发〔1990〕173号

1.8.4.3　新建铁路的工程临管线运输，是否免征印花税？

■为新建铁路运输施工所需物料，使用工程临管线专用运费结算凭证，免纳印花税。（减免税代码：09121301）

《国家税务局关于货运凭证征收印花税几个具体问题的通知》五　国税发〔1990〕173号

1.8.4.4　投入铁路发展基金的中央财政性资金，是否免征印花税？

■对投入铁路发展基金的中央财政性资金，免征中国铁路总公司和中国铁路发展基金股份有限公司相应的资金账簿印花税。

《财政部　国家税务总局关于铁路发展基金有关税收政策的通知》二　财税〔2014〕56号

1.8.4.5　中国铁路总公司，如何征免印花税？

■经国务院批准，现就组建中国铁路总公司有关印花税政策通知如下：（减免性质代码：09052501）

（1）对中国铁路总公司组建时新启用（截至2013年12月31日）的资金账簿记载的

资金免征印花税。

(2) 对中国铁路总公司在改革过程中通过控股、参股等与所属企业建立资本关系而增加的资金账簿资金免征印花税。

(3) 对中国铁路总公司承继的原以铁道部名义签订的尚未履行完的各类应税合同，改革后需要变更执行主体的，对仅改变执行主体、其余条款未作变动且改革前已经贴花的，不再贴花。

(4) 对中国铁路总公司及其所属企业因铁路改革签订的产权转移书据免予贴花。

《财政部　国家税务总局关于组建中国铁路总公司有关印花税政策的通知》 财税〔2015〕57 号

1.8.5 纳税管理

1.8.5.1 国际货运运费结算凭证在国外办理的，印花税纳税义务发生时间?

■国际货运运费结算凭证在国外办理的，应在凭证转回我国境内时按规定缴纳印花税。

《国家税务局关于货运凭证征收印花税几个具体问题的通知》四　国税发〔1990〕173 号

1.8.5.2 铁道部所属单位，如何缴纳印花税?

■对铁道部所属原执行经济承包方案的铁路运输、工业、供销、建筑施工企业，以及铁道部直属铁路局所办的工副业企业的营业账簿，自 1996 年 7 月 1 日起恢复征收印花税。

根据铁道部系统的核算体制，上述税款分别在铁道部、铁路局和铁路分局三级核算单位缴纳。

■企业记载资金的账簿一次贴花数额较大的，经主管税务部门批准，可在三年内分次贴足印花。

《财政部　国家税务总局关于铁道部所属单位恢复征收印花税问题的通知》一、三　财税字〔1997〕56 号

■路局、分局所属跨地区的直属单位，其印花税应由直属单位在机构所在地就地缴纳。

《财政部　国家税务总局关于铁道部所属单位恢复征收印花税问题的补充通知》五　财税字〔1997〕182 号

1.8.5.3 铁路运输企业的印花税，如何缴纳?

■铁路运输企业代征的托运方应纳的印花税与铁路运输企业应纳的印花税统一由各铁路运输企业汇总后按下列方式缴入国库。

(1) 铁路局（含广铁集团、青藏铁路公司）应纳印花税，依照铁路体制改革前所属原汇总缴纳印花税单位 2004 年印花税款占铁路局印花税的比例计算，按季向原汇总缴纳单位所在地的地方税务机关缴纳。对采用异地汇款方式缴纳税款的，原汇总缴纳单位所在地的地方税务机关应通知铁路局将税款直接汇入税务机关在国库开设的“待缴库税款”专户。

（2）集装箱和特货公司货运业务应纳的印花税向总机构所在地税务机关缴纳。

（3）合资铁路公司、地方铁路货运业务应纳的印花税向机构所在地税务机关缴纳。

《国家税务总局　铁道部关于铁路货运凭证印花税若干问题的通知》四　国税发〔2006〕101号

1.9　城市维护建设税

1.9.1.1　铁道部缴纳城市维护建设税的税率是多少？

■城市维护建设税的税率为5%。

《财政部关于铁道部缴纳城市维护建设税的特案规定》二　财税字〔1985〕159号

1.9.1.2　中国铁路总公司的分支机构应缴纳的城市维护建设税，如何缴纳？

■自2014年1月1日起，(财税〔2013〕111号）附件1中所列中国铁路总公司的分支机构预征1%增值税所应缴纳的城市维护建设税和教育费附加，由中国铁路总公司按季向北京市国家税务局缴纳。

《国家税务总局关于中国铁路总公司及其分支机构缴纳城市维护建设税教育费附加问题的通知》　税总发〔2014〕17号

1.10　起运港

1.10.1.1　起运港退税政策的适用范围？

■自2014年9月1日起，对从启运地启运报关出口，并由符合条件的运输企业承运，从水路转关直航运输经上海洋山保税港区离境的集装箱货物，实行启运港退税政策。

适用启运港退税政策的启运地口岸为南京市龙潭港、苏州市太仓港、连云港市连云港港、芜湖市朱家桥港、九江市城西港、青岛市前湾港、武汉市阳逻港、岳阳市城陵矶港，出口口岸为洋山保税港区，运输方式为水路运输。

《财政部　海关总署　国家税务总局关于扩大启运港退税政策试点范围的通知》一　财税〔2014〕53号

1.10.1.2　适用启运港退税政策的运输企业和运输工具，应具备哪些条件？

■适用启运港退税政策的运输企业和运输工具应满足以下条件：

（1）运输企业应在启运地与离境地之间设有直航航线，纳税信用级别被税务机关评价为B级及以上，并且三年内无走私违规记录。

（2）运输工具应配备导航定位、全程视频监控设备，并且符合海关对承运海关监管货物的运输工具的相关要求。

相关省、直辖市、计划单列市的税务部门应会同当地财政、海关等部门，根据上述条件确定运输企业和运输工具名单，定期报国家税务总局汇总发布。

《财政部 海关总署 国家税务总局关于扩大启运港退税政策试点范围的通知》— 财税〔2014〕53号

■符合适用启运港退（免）税政策条件的运输企业及运输工具由其所在地的省级国家税务局会同当地财政、海关等部门认定。

■省级国家税务局应在本公告发布后将认定的符合适用启运港退（免）税政策条件的运输企业及运输工具名单上报国家税务总局，之后本地区新增及调整的符合条件的运输企业及运输工具名单应在每年的6月底和12月底上报国家税务总局。由国家税务总局汇总发布。

《国家税务总局关于发布〈启运港退（免）税管理办法〉的公告》第三、四条 国家税务总局公告2014年第52号

■税务总局汇总了有关地区上报符合适用启运港退（免）税政策条件的运输企业和交通运输工具名单，现予以公布，具体名单见附件。

《国家税务总局关于发布适用启运港退（免）税政策的运输企业及运输工具名单的公告》 国家税务总局公告2015年第9号

1.10.1.3 适用起运港退税政策的出口企业，应具备哪些条件？

■适用启运港退税政策的出口企业应同时满足以下条件：

（1）纳税信用级别被税务机关评价为B级及以上，并且不属于出口退税审核关注信息中关注企业级别为一至三级的自营出口企业。

（2）属于海关管理的B类及以上企业。

《财政部 海关总署 国家税务总局关于扩大启运港退税政策试点范围的通知》— 财税〔2014〕53号

■出口企业适用启运港退（免）税政策须同时满足以下条件：

（1）已办理出口退（免）税资格认定开展自营出口货物的增值税一般纳税人；

（2）纳税信用等级被税务机关评为B级及以上，且不属于出口退税审核关注信息中关注企业级别为一至三级的出口企业。

（3）海关实行B类及以上管理的出口企业（以海关提供的带“启运港标识”的出口货物报关单电子信息为准）。

《国家税务总局关于发布〈启运港退（免）税管理办法〉的公告》第一条 国家税务总局公告2014年第52号

1.10.1.4 起运港办理退税的主要流程？

■（1）启运地海关依出口企业申请，对其从启运港启运的符合条件的货物办理放行手续后，签发出口货物报关单（出口退税专用）（以下称退税证明联）。

（2）出口企业凭启运地海关出具的退税证明联及相关材料到主管退税的税务机关申请办理退税。出口企业首次申请办理退税前，应向主管出口退税的税务机关进行启运港退税备案。

（3）在退税证明联所列全部货物进入离境港后，离境地海关办理转关核销手续，启运地海关办理结关核销手续。

（4）海关总署将已启运并签发退税证明联的报关单数据（加标识）实时发送给国家

税务总局，每月将正常结关核销的报关单数据（加标识）和未实际到达离境港货物的报关单数据（加标识）发送给国家税务总局。国家税务总局将已退税的报关单数据反馈海关总署。

（5）主管出口退税的税务机关，根据国家税务总局清分的退税证明联及结关核销报关单数据，为出口企业办理退税及调整已退税额。

对已办理出口退税手续的货物，自启运日起2个月内未办理结关核销手续的，视为未实际出口货物，应追缴已退税款，不再享受启运港退税政策。

（6）货物如未运抵离境港出口，海关撤销出口货物报关单，收回已签发的退税证明联并由海关总署向国家税务总局提供相应的电子数据。对已办理出口退税手续的货物，企业应按照现行规定向海关提供税务机关出具的货物已补税或未退税证明。

《财政部　海关总署　国家税务总局关于扩大启运港退税政策试点范围的通知》　财税〔2014〕53号

■出口企业启运港退（免）税备案方式为，出口企业申报退（免）税时，税务机关在出口退税审核系统中自动确认。税务机关在读入海关提供的带“启运港标识”的出口货物报关单电子信息时，出口退税审核系统自动在相关出口企业的“企业代码”库中置上“启运港退税”标志。

■出口企业自营出口适用启运港退（免）税政策的货物，凭启运地海关签发的出口货物报关单（出口退税专用）按现行出口货物劳务退（免）税规定向税务机关申报办理出口退（免）税。

■出口企业申报启运港退（免）税时，应在申报的明细表的“退（免）税业务类型”栏内填写“QY”标识。外贸企业应使用单独关联号申报适用启运港退税政策的出口货物退税。

■适用启运港退（免）税政策的出口货物其退税率执行时间以启运地海关签发的退税证明联上注明的“出口日期”为准。

《国家税务总局关于发布〈启运港退（免）税管理办法〉的公告》第二、五、六、七条　国家税务总局公告2014年第52号

1.10.1.5　货物未运抵离境港不再实际出口的，出口企业应如何处理？

■货物未运抵离境港不再实际出口的，出口企业应按照现行规定向税务机关申请出具《出口货物退运已补税（未退税）证明》，出口企业未申报退（免）税的，不得再申报退（免）税；已申报办理退（免）税的，应补缴已退（免）税款。税务机关在审核出具证明时，应审核比对海关提供的未到达数据和撤销报关单数据。

《国家税务总局关于发布〈启运港退（免）税管理办法〉的公告》第十四条　国家税务总局公告2014年第52号

2 邮政服务

2.1 增值税

2.1.1 征税范围

2.1.1.1 提供邮政服务，增值税的征收范围？

■邮政服务，是指中国邮政集团公司及其所属邮政企业提供邮件寄递、邮政汇兑和机要通信等邮政基本服务的业务活动。包括邮政普遍服务、邮政特殊服务和其他邮政服务。

《财政部 国家税务总局关于全面推开营业税改征增值税试点的通知》附件1 营业税改征增值税试点实施办法 附：销售服务、无形资产、不动产注释一 财税〔2016〕36号

2.1.1.2 邮政普遍服务，增值税的具体征收范围？

■邮政普遍服务，是指函件、包裹等邮件寄递，以及邮票发行、报刊发行和邮政汇兑等业务活动。

函件，是指信函、印刷品、邮资封片卡、无名址函件和邮政小包等。

包裹，是指按照封装上的名址递送给特定个人或者单位的独立封装的物品，其重量不超过五十千克，任何一边的尺寸不超过一百五十厘米，长、宽、高合计不超过三百厘米。

《财政部 国家税务总局关于全面推开营业税改征增值税试点的通知》附件1 营业税改征增值税试点实施办法 附：销售服务、无形资产、不动产注释一 财税〔2016〕36号

2.1.1.3 邮政特殊服务，增值税的具体征收范围？

■邮政特殊服务，是指义务兵平常信函、机要通信、盲人读物和革命烈士遗物的寄递等业务活动。

《财政部 国家税务总局关于全面推开营业税改征增值税试点的通知》附件1 营业税改征增值税试点实施办法 附：销售服务、无形资产、不动产注释一 财税〔2016〕36号

2.1.1.4　其他邮政服务，增值税的具体征收范围？

■其他邮政服务，是指邮册等邮品销售、邮政代理等业务活动。

《财政部　国家税务总局关于全面推开营业税改征增值税试点的通知》附件1　营业税改征增值税试点实施办法　附：销售服务、无形资产、不动产注释一　财税〔2016〕36号

2.1.1.5　境外单位或者个人为出境的函件、包裹在境外提供的邮政服务，是否属于在境内销售服务？

■境外单位或者个人为出境的函件、包裹在境外提供的邮政服务，不属于在境内销售服务。

《国家税务总局关于营改增试点若干征管问题的公告》一　国家税务总局公告2016年第53号

2.1.2　应纳税额

2.1.2.1　纳税人提供邮政服务，增值税税率是多少？

■纳税人提供邮政服务，增值税税率为11%。

《财政部　国家税务总局关于全面推开营业税改征增值税试点的通知》附件1：营业税改征增值税试点实施办法第十五条　财税〔2016〕36号

2.1.3　减免税

2.1.3.1　跨境的邮政业服务，是否免征增值税？

■纳税人提供跨境服务，除为出口货物提供的邮政业服务外，必须与服务接受方签订跨境服务书面合同。否则，不予免征增值税。

■为出口货物提供的邮政业服务，免征增值税。

为出口货物提供的邮政业服务，是指：

（1）寄递函件、包裹等邮件出境；

（2）向境外发行邮票；

（3）出口邮册等邮品；

（4）代办收件地在境外的速递物流类业务。

境外单位或者个人为出境的函件、包裹在境外提供邮政服务，属于完全在境外消费的应税服务，不征收增值税。

《国家税务总局关于重新发布〈营业税改征增值税跨境应税服务增值税免税管理办法（试行）〉的公告》第二、四条　国家税务总局公告2014年第49号（自2016年5月1日起全文废止，详见国家税务总局公告2016年第29号）

■境内的单位和个人为出口货物提供的邮政服务免征增值税，但财政部和国家税务总局

规定适用增值税零税率的除外。

《财政部　国家税务总局关于全面推开营业税改征增值税试点的通知》附件4：跨境应税行为适用增值税零税率和免税政策的规定二　财税〔2016〕36号

■自2016年5月1日起，为出口货物提供的邮政服务，免征增值税。

为出口货物提供的邮政服务，是指：

（1）寄递函件、包裹等邮件出境。

（2）向境外发行邮票。

（3）出口邮册等邮品。

《国家税务总局关于发布〈营业税改征增值税跨境应税行为增值税免税管理办法（试行）〉的公告》第二条　国家税务总局公告2016年第29号

2.1.3.2　邮政企业为金融机构代办金融保险业务取得的代理收入，是否免征增值税？

■自2016年1月1日起，中国邮政集团公司及其所属邮政企业为金融机构代办金融保险业务取得的代理收入，在营改增试点期间免征增值税。

《财政部　国家税务总局关于部分营业税和增值税政策到期延续问题的通知》三　财税〔2016〕83号

2.1.4　纳税管理

2.1.4.1　邮政企业总机构的纳税期限？

■邮政企业总机构的纳税期限为一个季度。

《国家税务总局关于发布〈邮政企业增值税征收管理暂行办法〉的公告》第十条　国家税务总局公告2014年第5号

2.1.4.2　邮政企业总机构报税的期限？

■邮政企业总机构应当在开具增值税专用发票（含货物运输业增值税专用发票）的次月申报期结束前向主管税务机关报税。

《国家税务总局关于发布〈邮政企业增值税征收管理暂行办法〉的公告》第十四条　国家税务总局公告2014年第5号

2.1.4.3　邮政企业的进项税额，如何抵扣？

■总机构汇总的进项税额，是指总机构及其分支机构提供邮政服务而购进货物、接受加工修理修配劳务和应税服务，支付或者负担的增值税额。

总机构及其分支机构取得的与邮政服务相关的固定资产、专利技术、非专利技术、商誉、商标、著作权、有形动产租赁的进项税额，由总机构汇总缴纳增值税时抵扣。

总机构及其分支机构用于邮政服务以外的进项税额不得汇总。

《国家税务总局关于发布〈邮政企业增值税征收管理暂行办法〉的公告》第六条　国家税务总局公告2014年第5号

2.1.4.4　邮政企业分支机构应预缴税额，如何计算？

■分支机构提供邮政服务，按照销售额和预征率计算应预缴税额，按月向主管税务机关申报纳税，不得抵扣进项税额。计算公式为：

应预缴税额=(销售额+预订款)×预征率

销售额为分支机构对外（包括向邮政服务接受方和本总、分支机构外的其他邮政企业）提供邮政服务取得的收入；预订款为分支机构向邮政服务接受方收取的预订款。

销售额不包括免税项目的销售额；预订款不包括免税项目的预订款。

分支机构发生除邮政服务以外的增值税应税行为，按照增值税条例、试点实施办法及相关规定就地申报纳税。

■分支机构应按月将提供邮政服务的销售额、预订款、进项税额和已缴纳增值税额归集汇总，填写《邮政企业分支机构增值税汇总纳税信息传递单》，报送主管税务机关签章确认后，于次月10日前传递给总机构。

汇总的销售额包括免税项目的销售额。

汇总的进项税额包括用于免税项目的进项税额。

《国家税务总局关于发布〈邮政企业增值税征收管理暂行办法〉的公告》第八、九条　国家税务总局公告2014年第5号

2.1.4.5　总机构如何汇总计算当期提供邮政服务的应纳税额？

■总机构应当依据《邮政企业分支机构增值税汇总纳税信息传递单》，汇总计算当期提供邮政服务的应纳税额，抵减分支机构提供邮政服务当期已缴纳的增值税额后，向主管税务机关申报纳税。抵减不完的，可以结转下期继续抵减。计算公式为：

总机构当期汇总应纳税额=当期汇总销项税额-当期汇总的允许抵扣的进项税额

总机构当期应补（退）税额=总机构当期汇总应纳税额-分支机构当期已缴纳税额

■邮政企业为中国邮政速递物流股份有限公司及其所属机构代办速递物流类业务，从寄件人取得的收入，由总机构并入汇总的销售额计算缴纳增值税。

分支机构收取的上述收入不预缴税款。

■总机构汇总的允许抵扣的进项税额，应当在季度终了后的第一个申报期内申报抵扣。

《国家税务总局关于发布〈邮政企业增值税征收管理暂行办法〉的公告》第十一、十二、十四条　国家税务总局公告2014年第5号

2.2　营业税

2.2.1.1　对集邮商品，如何征税？

■集邮商品，包括邮票、小型张、小本票、明信片、首日封、邮折、集邮簿、邮盘、邮票目录、护邮袋、贴片及其他集邮商品。

集邮商品的生产、调拨征收增值税。邮政部门销售集邮商品，征收营业税；邮政部门以外的其他单位与个人销售集邮商品，征收增值税。

《财政部　国家税务总局关于增值税、营业税若干政策规定的通知》一

财税字〔1994〕26号

2.2.1.2　邮政企业取得的代理金融业务收入，是否免征营业税？

■对中国邮政集团公司及其所属邮政企业为中国邮政储蓄银行及其所属分行、支行代办金融业务取得的代理金融业务收入，自2013年1月1日至2015年12月31日免征营业税。(减免税代码：03129909)

《财政部　国家税务总局关于邮政企业代办金融和速递物流业务继续免征营业税的通知》一　财税〔2013〕82号

2.2.1.3　邮政企业取得的代理速递物流业务收入，是否免征营业税？

■对中国邮政集团公司及其所属邮政企业为中国邮政速递物流股份有限公司及其子公司（含各级分支机构）代办速递、物流、国际包裹、快递包裹以及礼仪业务等速递物流类业务取得的代理速递物流业务收入，自2013年6月1日至2015年12月31日免征营业税。

《财政部　国家税务总局关于邮政企业代办金融和速递物流业务继续免征营业税的通知》二　财税〔2013〕82号

2.3　企业所得税

2.3.1.1　邮政公司和速递物流公司的二级及以下分支机构，企业所得税是否就地预缴？

■中国邮政集团公司控股的各省邮政公司和中国邮政速递物流股份有限公司下属各省速递物流公司，是具有独立法人资格的子公司，这些子公司下属的二级及以下分支机构的企业所得税，由这些子公司汇总申报并计算缴纳企业所得税，不就地预缴。二级分支机构的名单，由企业提供，省税务机关予以公布确认。

■中国邮政集团公司控股的上述公司二级分支机构名单，国家税务总局或各省税务机关首次确认后，企业今后增加的二级分支机构，由企业出具说明文件，并提供工商部门出具的二级分支机构营业执照后，在报送企业所得税预缴申报表时，附送二级分支机构所在地主管税务机关备案即可，不再另行发文公布。新增加的二级分支机构，应在设立当年，由总机构统一进行企业所得税预缴和汇算清缴。

中国邮政集团公司控股的上述公司二级（不含）以下分支机构名单，各省税务机关首次确认后，企业今后增加的二级（不含）以下分支机构，在报送企业所得税预缴申报表时，将有关情况附送二级分支机构主管税务机关备案即可。

《国家税务总局关于中国邮政集团公司企业所得税征管问题的公告》一、四　国家税务总局公告2013年第58号

2.4　房产税、城镇土地使用税

2.4.1.1　邮政企业，如何征收房产税和土地使用税？

■根据房产税和土地使用税的有关法规，对邮政部门座落在城市、县城、建制镇、工矿

区范围内的房产、土地，应当依法征收房产税和土地使用税；对座落在上述范围以外尚在县邮政局内核算的房产、土地，必须在单位财务账中划分清楚，从 2001 年 1 月 1 日起不再征收房产税和土地使用税。

《国家税务总局关于邮政企业征免房产税、土地使用税问题的函》 国税函〔2001〕379 号（自 2016 年 5 月 29 日起全文废止，详见国家税务总局公告 2016 年第 34 号）

3 电信服务

3.1 增值税

3.1.1 征税范围

3.1.1.1 提供电信服务，增值税的征收范围？

■电信服务，是指利用有线、无线的电磁系统或者光电系统等各种通信网络资源，提供语音通话服务，传送、发射、接收或者应用图像、短信等电子数据和信息的业务活动。包括基础电信服务和增值电信服务。

《财政部　国家税务总局关于全面推开营业税改征增值税试点的通知》附件1　营业税改征增值税试点实施办法　附：销售服务、无形资产、不动产注释一　财税〔2016〕36号

3.1.1.2 基础电信服务，增值税的具体征收范围？

■基础电信服务，是指利用固网、移动网、卫星、互联网，提供语音通话服务的业务活动，以及出租或者出售带宽、波长等网络元素的业务活动。

《财政部　国家税务总局关于全面推开营业税改征增值税试点的通知》附件1　营业税改征增值税试点实施办法　附：销售服务、无形资产、不动产注释一　财税〔2016〕36号

3.1.1.3 增值电信服务，增值税的具体征收范围？

■增值电信服务，是指利用固网、移动网、卫星、互联网、有线电视网络，提供短信和彩信服务、电子数据和信息的传输及应用服务、互联网接入服务等业务活动。

《财政部　国家税务总局关于全面推开营业税改征增值税试点的通知》附件1　营业税改征增值税试点实施办法　附：销售服务、无形资产、不动产注释一　财税〔2016〕36号

3.1.1.4 卫星电视信号落地转接服务，是否按照增值电信服务缴纳增值税？

■卫星电视信号落地转接服务，按照增值电信服务缴纳增值税。

《财政部　国家税务总局关于全面推开营业税改征增值税试点的通知》附件1　营业税改征增值税试点实施办法　附：销售服务、无形资产、

不动产注释一　财税〔2016〕36号

3.1.1.5　纳税人为电信企业提供的无线信号室分系统传输服务，如何缴纳增值税?

■纳税人通过楼宇、隧道等室内通信分布系统，为电信企业提供的语音通话和移动互联网等无线信号室分系统传输服务，分别按照基础电信服务和增值电信服务缴纳增值税。

《国家税务总局关于营业税改征增值税试点期间有关增值税问题的公告》　五　国家税务总局公告2015年第90号

3.1.1.6　以业务销售附带赠送电信服务业务和赠送实物业务，是否缴纳增值税?

■中国电信子公司开展以业务销售附带赠送电信服务业务（包括赠送用户一定的业务使用时长、流量或业务使用费额度，赠送有价卡预存款或者有价卡）的过程中，其附带赠送的电信服务是无偿提供电信业劳务的行为，不征收营业税。

中国电信子公司开展的以业务销售附带赠送实物业务（包括赠送用户小灵通（手机）、电话机、SIM卡、网络终端或有价物品等实物），属于电信单位提供电信业劳务的同时赠送实物的行为，不征收增值税，其进项税额不得予以抵扣；其附带赠送实物的行为是电信单位无偿赠与他人实物的行为，不征收营业税。

《国家税务总局关于中国电信集团公司和中国电信股份有限公司所属子公司业务销售附带赠送行为征收流转税问题的通知》　国税函〔2007〕414号

■中国联通有限公司及所属分公司和中国联合通信有限公司贵州分公司开展以业务销售附带赠送电信服务业务（包括赠送用户一定的业务使用时长、流量或业务使用费额度，赠送有价卡预存款或者有价卡）的过程中，其附带赠送的电信服务是无偿提供电信业劳务的行为，不征收营业税。

中国联通有限公司及所属分公司和中国联合通信有限公司贵州分公司开展的以业务销售附带赠送实物业务（包括赠送用户手机识别卡、手机、电信终端或有价物品等实物），属于电信单位提供电信业劳务的同时赠送实物的行为，不征收增值税，其进项税额不得予以抵扣；其附带赠送实物的行为是电信单位无偿赠与他人实物的行为，不征收营业税。

《国家税务总局关于中国联通有限公司及所属分公司和中国联合通信有限公司贵州分公司业务销售附带赠送行为有关流转税问题的通知》　国税函〔2007〕778号

■中国网络通信集团公司及其分公司和中国网通（集团）有限公司及其分公司开展以业务销售附带赠送电信服务业务（包括赠送用户一定的业务使用时长、流量或业务使用费额度，赠送有价卡预存款或者有价卡）的过程中，其附带赠送的电信服务是无偿提供电信业劳务的行为，不征收营业税。

中国网络通信集团公司及其分公司和中国网通（集团）有限公司及其分公司开展的以业务销售附带赠送实物业务（包括赠送用户PIM卡、手机或有价物品等实物），属于电信单位提供电信业劳务的同时赠送实物的行为，不征收增值税，其进项税额不得予以抵扣；其附带赠送实物的行为是电信单位无偿赠与他人实物的行为，不征收营业税。

《国家税务总局关于中国网络通信集团公司及其分公司和中国网通（集

团）有限公司及其分公司业务销售附带赠送行为征收流转税问题的通知》 国税函〔2007〕1322号

3.1.2 应纳税额

3.1.2.1 电信服务纳税人发生应税行为，增值税税率是多少？

■纳税人提供基础电信服务，增值税税率为11%，提供增值电信服务，增值税税率为6%。

《财政部 国家税务总局关于全面推开营业税改征增值税试点的通知》附件1：营业税改征增值税试点实施办法第十五条 财税〔2016〕36号

3.1.2.2 试点纳税人销售电信服务时附带赠送用户货物或者电信服务的，如何计算缴纳增值税？

■试点纳税人销售电信服务时，附带赠送用户识别卡、电信终端等货物或者电信服务的，应将其取得的全部价款和价外费用进行分别核算，按各自适用的税率计算缴纳增值税。

《财政部 国家税务总局关于全面推开营业税改征增值税试点的通知》附件2：营业税改征增值税试点有关事项的规定一 财税〔2016〕36号

3.1.3 减免税

3.1.3.1 向境外单位提供的电信业服务，是否免征增值税？

■境内的单位和个人向境外单位提供的完全在境外消费的电信服务，免征增值税，但财政部和国家税务总局规定适用增值税零税率的除外。

《财政部 国家税务总局关于全面推开营业税改征增值税试点的通知》附件4：跨境应税行为适用增值税零税率和免税政策的规定二 财税〔2016〕36号

■向境外单位提供的电信业服务，免征增值税。

纳税人向境外单位或者个人提供国际语音通话服务、国际短信服务、国际彩信服务，通过境外电信单位结算费用的，服务接受方为境外电信单位，属于向境外单位提供的电信业服务。

《国家税务总局关于重新发布〈营业税改征增值税跨境应税服务增值税免税管理办法（试行）〉的公告》第二条 国家税务总局公告2014年第49号（自2016年5月1日起全文废止，详见国家税务总局公告2016年第29号）

■自2016年5月1日起，向境外单位销售的完全在境外消费的电信服务，免征增值税。

纳税人向境外单位或者个人提供的电信服务，通过境外电信单位结算费用的，服务接受方为境外电信单位，属于完全在境外消费的电信服务。

《国家税务总局关于发布〈营业税改征增值税跨境应税行为增值税免税管理办法（试行）〉的公告》第二条 国家税务总局公告2016年第29号

3.1.4 纳税管理

3.1.4.1 电信企业接受捐款业务，如何开具增值税专用发票?

■电信企业通过手机短信公益特服号为公益机构接受捐款提供服务，如果捐款人索取增值税专用发票的，应按照捐款人支付的全部价款和价外费用，扣除支付给公益性机构捐款后的余额开具增值税专用发票。

《国家税务总局关于发布〈电信企业增值税征收管理暂行办法〉的公告》第十五条 国家税务总局公告2014年第26号

3.1.4.2 电信企业，如何使用发票?

■电信企业普通发票的适用暂由各省、自治区、直辖市和计划单列市国家税务局确定。

各省、自治区分支机构可以使用上级分支机构统一领取的增值税专用发票和普通发票；各直辖市、计划单列市分支机构可以使用总机构统一领取的增值税专用发票和普通发票。

总机构“一窗式”比对内容中，不含分支机构就地申报纳税的专用发票销项金额和税额。

《国家税务总局关于发布〈电信企业增值税征收管理暂行办法〉的公告》第十七条 国家税务总局公告2014年第26号

3.1.4.3 电信企业适用《电信企业增值税应收管理暂行办法》的范围?

■电信企业，是指中国电信集团公司、中国移动通信集团公司、中国联合网络通信集团有限公司所属提供电信服务的企业。经批准，可以汇总申报缴纳增值税的电信企业，适用本办法。

《国家税务总局关于发布〈电信企业增值税征收管理暂行办法〉的公告》第二条 国家税务总局公告2014年第26号

3.2 企业所得税

3.2.1 征税范围

3.2.1.1 电信企业市话初装费收入，是否缴纳企业所得税?

■中国电信股份有限公司的市话初装费收入应全额转为任意公积金，并单独设置明细科目进行核算，不作为股息红利分配。如进行分配，应计入企业当年应纳税所得额，缴纳企业所得税。

《财政部 国家税务总局关于中国电信集团公司市话初装费企业所得税有关问题的通知》二 财税〔2003〕99号

3.2.2 应纳税额

3.2.2.1 业务销售附带赠送，如何税前扣除?

■中国移动采用各种营销方式，对具备一定消费条件的自有用户免费赠送一定的业务使用时长、流量或业务使用费额度，有价卡预存款和有价卡实物，SIM卡，手机或手机补贴，其他有价物品或等价物等支出，应作为商业折扣或成本费用允许在税前扣除。

给予已有用户或使用者（包括个人消费者和单位法人）的，凡是作为商业折扣给予单位使用者的，应在账面上反映；给予法人单位的特定人员（如业务联系人、单位领导等），应作为企业业务招待费按规定标准扣除；为宣传推广目的随机给予不确定客户（包括实际用户和潜在用户）的，应作为业务宣传费按规定标准扣除。

《国家税务总局关于中国移动通信集团公司有关所得税问题的通知》一
国税函〔2003〕847号

■中国联通公司对达到一定消费规模的用户提供一定额度的业务使用时长、流量或业务使用费优惠折扣，以及采用捆绑销售方式提供的SIM卡、UIM卡、手机或其他有价通信卡等支出，应作为商业折扣或成本费用允许在税前扣除。对具备一定消费条件的已有用户或使用者免费提供有价通信卡、手机或其他有价物品等支出，应作为业务宣传费按规定标准扣除。

《国家税务总局关于中国联合通信有限公司有关所得税问题的通知》一
国税函〔2003〕1329号

3.2.2.2 有价电话卡销售折扣如何确定销售额?

■中国移动公司的有价电话卡面值金额与实际销售取得有价卡款的差额，是企业为市场竞争激烈需要采取的正常销售折扣折让，按销售折扣折让冲减收入后的净额计算缴纳企业所得税。

《国家税务总局关于中国移动通信集团公司有关所得税问题的通知》二
国税函〔2003〕847号

■中国联通公司采取销售折扣折让方式，销售的有价通信卡面值金额与实际销售取得有价卡款的差额，按销售折扣折让冲减收入后的净额计算缴纳企业所得税。

《国家税务总局关于中国联合通信有限公司有关所得税问题的通知》二
国税函〔2003〕1329号

3.2.2.3 预收款，确认收入的时间?

■中国移动在提供产品或服务时，收取的预收性质的价款（包括用户预存款、预收有价卡款和其他预收款）应按权责发生制原则确认销售营业收入的实现时间，据以计算缴纳企业所得税。以前年度已征收企业所得税的预收款不再按权责发生制确认为在以后年度应纳税收入。

《国家税务总局关于中国移动通信集团公司有关所得税问题的通知》三
国税函〔2003〕847号

■中国联通公司在提供产品或服务时，收取的预收性质的价款应按照权责发生制原则确认销售营业收入的实现时间，据以计算缴纳企业所得税。以前年度已征收企业所得税的预收款不再按权责发生制原则确认为以后年度的应纳税收入。

《国家税务总局关于中国联合通信有限公司有关所得税问题的通知》三
国税函〔2003〕1329号

3.2.2.4 对到期失效的有价通信卡沉淀金额，确认收入的时间?

■对到期失效的有价通信卡沉淀金额，应于到期日次月全部结转确认收入，并计算缴纳企业所得税。

《国家税务总局关于中国联合通信有限公司有关所得税问题的通知》三
国税函〔2003〕1329号

3.2.2.5 固定资产价值调整后，以前年度少提的折旧如何处理？

■中国移动因实际价值调整原暂估价或发现原计价有错误等原因调整固定资产价值，并按规定补提的以前年度少提的折旧，不允许在补提年度扣除，应相应调整原所属年度的应纳税所得额，相应多交的税额可抵顶以后年度应交的所得税。

《国家税务总局关于中国移动通信集团公司有关所得税问题的通知》五
国税函〔2003〕847号

■中国联通公司因实际竣工决算价值调整原暂估价或发现原计价有错误等原因调整固定资产价值，并按规定补提以前年度少提的折旧，不允许在补提年度扣除，应相应调整原所属年度的应纳税所得额，相应多缴的税额可抵顶以后年度应缴的所得税。

《国家税务总局关于中国联合通信有限公司有关所得税问题的通知》五
税函〔2003〕1329号

3.2.2.6 企业债券利息是否准予税前扣除？

■中国移动公司发行企业债券支付的利息是企业正常的借款费用，允许按规定在企业所得税前扣除。

《国家税务总局关于中国移动通信集团公司有关所得税问题的通知》七
国税函〔2003〕847号

3.2.2.7 电信企业手续费及佣金支出，如何在税前扣除？

■电信企业在发展客户、拓展业务等过程中（如委托销售电话入网卡、电话充值卡等），需向经纪人、代办商支付手续费及佣金的，其实际发生的相关手续费及佣金支出，不超过企业当年收入总额5%的部分，准予在企业所得税前据实扣除。

《国家税务总局关于企业所得税应纳税所得额若干税务处理问题的公告》
四 国家税务总局公告2012年第15号

■电信企业手续费及佣金支出，仅限于电信企业在发展客户、拓展业务等过程中因委托销售电话入网卡、电话充值卡所发生的手续费及佣金支出。

《国家税务总局关于电信企业手续费及佣金支出税前扣除问题的公告》
国家税务总局公告2013年第59号

3.2.3 减免税

3.2.3.1 短信通信费和代收代计服务费，是否计入应纳税所得额？

■为支持我国的公益事业，救助失学儿童，中国移动与中国儿童少年基金会合作开展“短信零钱捐款”业务，对中移动免收中国少年儿童基金会不均衡下行短信通信费和按代收信息费9%计算的劳务费，不计入应纳税所得额。

《国家税务总局关于中国移动通信集团公司有关所得税问题的通知》六
国税函〔2003〕847号

■对中国移动通信集团公司免收中华健康快车基金会“8595”捐款业务的不均衡下行短

信通信费和按代收信息费9%计算的劳务费，不计入应纳税所得额。

《财政部　国家税务总局关于中国移动通信集团公司与中华健康快车基金会合作项目有关营业税和企业所得税政策问题的通知》二　财税〔2004〕82号

■对中国移动通信集团公司免收中国妇女发展基金会“5838”捐款业务的不均衡下行短信通信费和按实际捐款额9%计算的代收代计服务费，不计入应纳税所得额。

《财政部　国家税务总局关于中国移动通信集团公司与中国妇女发展基金会合作项目有关税收政策问题的通知》二　财税〔2005〕53号

■对中国移动通信集团公司收取的中国青少年发展基金会“10699966”捐款业务的代收代计服务费、相应的下行不均衡通信费及其他相关费用，计入应纳税所得额，照章征收企业所得税。

《财政部　国家税务总局关于中国移动通信集团公司与中国青少年发展基金会合作项目有关税收政策问题的通知》二　财税〔2008〕2号

3.3　印花税

3.3.1.1　新联通有关资金账册，是否缴纳印花税？

■由于新联通是从老联通分立设立的外商投资企业，其记载从老联通转移来的资金账册，已在老联通贴花的，可不再贴花。

《国家税务总局关于中国联通有限公司有关税收问题的通知》三　国税函〔2001〕762号

3.3.1.2　安徽等八省市移动通信公司资金账簿，如何征收印花税？

■对新成立的安徽、江西、四川、重庆、湖南、湖北、山西、陕西省（市）移动通信有限责任公司及安徽、江西、四川、重庆、湖南、湖北、山西、陕西省（市）通信服务公司在设立资金账簿时记载的资金免征印花税。

上述免税资金在重组上市过程中经评估发生的资产增值部分及今后新增加的资金按有关规定贴花。

《国家税务总局关于安徽等八省市移动通信公司注资上市有关印花税问题的通知》　国税函〔2002〕883号

3.3.1.3　中国移动通信有限公司增加的资本公积和股权调整协议，是否征收印花税？

■对2011年中国移动集团股权结构调整事项中，中国移动通信有限公司（CMC）增加的资本公积、中国移动通信集团公司及其所属公司签署的股权调整协议，免征印花税。（减免性质代码：09059905）

《财政部　国家税务总局关于中国移动集团股权结构调整及盈余公积转增实收资本有关印花税政策的通知》一　财税〔2012〕62号

3.3.1.4　中国移动通信集团公司盈余公积转增实收资本增加的资金，是否征收印花税？

■对2011年中国移动集团股权结构调整事项中，中国移动通信集团公司盈余公积转增

实收资本增加的资金，免征印花税。(减免性质代码：09059905)

《财政部　国家税务总局关于中国移动集团股权结构调整及盈余公积转增实收资本有关印花税政策的通知》二　财税〔2012〕62号

3.4　契税

3.4.1.1　对中国联合网络通信集团有限公司承受原公司的土地、房屋权属，是否征收契税？

■对中国联合网络通信集团有限公司及其所属子公司承受原中国联合通信有限公司、原中国网络通信集团公司、联通新国信通信有限公司、联通新时空移动通信有限公司的土地、房屋权属，中国联合网络通信有限公司承受原中国网通（集团）有限公司的土地、房屋权属，不征收契税。

《财政部　国家税务总局关于中国联合网络通信集团有限公司重组过程中有关契税政策的通知》　财税〔2010〕87号

3.4.1.2　对中国联合网络通信公司承受原国有划拨用地的，是否征收契税？

■对中国联合网络通信集团有限公司及其所属子公司、中国联合网络通信有限公司以出让方式或国家作价出资（入股）方式承受原国有划拨用地的，应照章征收契税。

《财政部　国家税务总局关于中国联合网络通信集团有限公司重组过程中有关契税政策的通知》　财税〔2010〕87号

3.5　营业税

3.5.1.1　电信线路代维修收入，是否征收营业税？

■对代维修单位从电信单位取得的电信线路代维修收入应按“邮电通信业”税目征收营业税，不征收增值税。

《国家税务总局关于电信线路代维修收入征收营业税问题的批复》　国税函〔2000〕611号

3.5.1.2　对电信部门及电话号码簿公司销售电话号簿，是否征收营业税？

■对电信部门及其下属的电话号码簿公司（包括独立核算与非独立核算的号码簿公司）销售电话号码簿业务取得的收入，应一律征收营业税，不征增值税。

《国家税务总局关于电信部门销售电话号码簿征收营业税问题的通知》　国税函〔2000〕698号

3.5.1.3　单位或个人出租境外的属于不动产的电信网络资源，是否征收营业税？

■单位或个人出租境外的属于不动产的电信网络资源（包括境外电路、海缆、卫星转发器等）取得的收入，不属于营业税征税范围，不征收营业税。

《国家税务总局关于国际电信业务营业税问题的通知》一　国税函〔2010〕300号

3.5.1.4 境外单位或个人在境外向境内单位或个人提供的国际通信服务，是否征收营业税？

■境外单位或个人在境外向境内单位或个人提供的国际通信服务（包括国际间通话服务、移动电话国际漫游服务、移动电话国际互联网服务、国际间短信互通服务、国际间彩信互通服务），不属于营业税征税范围，不征收营业税。

《国家税务总局关于国际电信业务营业税问题的通知》二 国税函〔2010〕300号

3.5.1.5 电信部门提供出租电路业务，如何确定营业额？

■电信部门以“集中受理”方式为集团客户提供跨省的出租电路业务，由受理地区的电信部门按取得的全部价款减除分割给参与提供跨省电信业务的电信部门的价款后的差额为营业额计征营业税，对参与提供跨省电信业务的电信部门，则按各自取得的全部价款为营业额计征营业税。

《国家税务总局关于电信部门有关业务征收营业税问题的通知》一 国税发〔2000〕143号

3.5.1.6 电信单位与其他单位合作共同提供的代理通讯话费手机短信充值服务，如何确定营业额？

■电信单位与其他单位合作共同提供的代理通讯话费手机短信充值服务，由电信单位统一收取价款的，该电信单位应以其提供代理通讯话费手机短信充值服务取得的全部收入减去支付给合作方价款后的余额为营业额缴纳营业税。

《国家税务总局关于代理手机短信充值服务征收营业税问题的批复》 国税函〔2008〕84号

3.5.1.7 电信单位为其他单位接受捐款业务，如何确定营业额？

■对中国移动通信集团公司通过手机特服号为中华健康快车基金会接受捐款业务，以全部收入减去支付给中华健康快车基金会的捐款后的余额为营业额，计算征收营业税。

《财政部 国家税务总局关于中国移动通信集团公司与中华健康快车基金会合作项目有关营业税和企业所得税政策问题的通知》一 财税〔2004〕82号

■对中国移动通信集团公司、中国联合网络通信集团有限公司、中国电信股份有限公司通过手机特服号“10699969”和“10699919”分别为中国绿化基金会和中国社会工作协会接受捐款业务，以全部收入减去支付给中国绿化基金会和中国社会工作协会的价款后的余额为营业额，计算征收营业税。

《财政部 国家税务总局关于中国绿化基金会和中国社会工作协会短信捐款营业税政策的通知》 财税〔2009〕129号

■对中国移动通信集团公司、中国联合网络通信有限公司、中国电信集团公司通过手机特服号“10699990”和“10699998”分别为中国红十字基金会和中国宋庆龄基金会接受捐款业务，以全部收入减去支付给中国红十字基金会和中国宋庆龄基金会的价款后的余额为营业额，计算征收营业税。

《财政部 国家税务总局关于中国移动等通信公司与中国红十字基金会中国宋庆龄基金会合作项目营业税政策的通知》 财税〔2011〕56号

4 建筑服务

4.1 增值税

4.1.1 征税范围

4.1.1.1 建筑服务，增值税的征收范围？

■建筑服务，是指各类建筑物、构筑物及其附属设施的建造、修缮、装饰，线路、管道、设备、设施等的安装以及其他工程作业的业务活动。包括工程服务、安装服务、修缮服务、装饰服务和其他建筑服务。

《财政部　国家税务总局关于全面推开营业税改征增值税试点的通知》附件1　营业税改征增值税试点实施办法　附：销售服务、无形资产、不动产注释一　财税〔2016〕36号

4.1.1.2 工程服务，增值税的具体征收范围？

■工程服务，是指新建、改建各种建筑物、构筑物的工程作业，包括与建筑物相连的各种设备或者支柱、操作平台的安装或者装设工程作业，以及各种窑炉和金属结构工程作业。

《财政部　国家税务总局关于全面推开营业税改征增值税试点的通知》附件1　营业税改征增值税试点实施办法　附：销售服务、无形资产、不动产注释一　财税〔2016〕36号

4.1.1.3 安装服务，增值税的具体征收范围？

■安装服务，是指生产设备、动力设备、起重设备、运输设备、传动设备、医疗实验设备以及其他各种设备、设施的装配、安置工程作业，包括与被安装设备相连的工作台、梯子、栏杆的装设工程作业，以及被安装设备的绝缘、防腐、保温、油漆等工程作业。

固定电话、有线电视、宽带、水、电、燃气、暖气等经营者向用户收取的安装费、初装费、开户费、扩容费以及类似收费，按照安装服务缴纳增值税。

《财政部　国家税务总局关于全面推开营业税改征增值税试点的通知》附件1　营业税改征增值税试点实施办法　附：销售服务、无形资产、不动产注释一　财税〔2016〕36号

4.1.1.4　修缮服务，增值税的具体征收范围？

■修缮服务，是指对建筑物、构筑物进行修补、加固、养护、改善，使之恢复原来的使用价值或者延长其使用期限的工程作业。

《财政部　国家税务总局关于全面推开营业税改征增值税试点的通知》附件1　营业税改征增值税试点实施办法　附：销售服务、无形资产、不动产注释一　财税〔2016〕36号

4.1.1.5　装饰服务，增值税的具体征收范围？

■装饰服务，是指对建筑物、构筑物进行修饰装修，使之美观或者具有特定用途的工程作业。

《财政部　国家税务总局关于全面推开营业税改征增值税试点的通知》附件1　营业税改征增值税试点实施办法　附：销售服务、无形资产、不动产注释一　财税〔2016〕36号

4.1.1.6　其他建筑服务，增值税的具体征收范围？

■其他建筑服务，是指工程服务、安装服务、修缮服务、装饰服务之外的各种工程作业服务，如钻井（打井）、拆除建筑物或者构筑物、平整土地、园林绿化、疏浚（不包括航道疏浚）、建筑物平移、搭脚手架、爆破、矿山穿孔、表面附着物（包括岩层、土层、沙层等）剥离和清理等工程作业。

《财政部　国家税务总局关于全面推开营业税改征增值税试点的通知》附件1　营业税改征增值税试点实施办法　附：销售服务、无形资产、不动产注释一　财税〔2016〕36号

4.1.1.7　预制构件，直接用于本单位建筑工程的，是否征收增值税？

■基本建设单位和从事建筑安装业务的企业附设的工厂、车间生产的水泥预制构件、其他构件或建筑材料，用于本单位或本企业的建筑工程的，应在移送使用时征收增值税。

但对其在建筑现场制造的预制构件，凡直接用于本单位或本企业建筑工程的，不征收增值税。

《国家税务总局关于印发〈增值税若干具体问题的规定〉的通知》一　国税发〔1993〕154号

4.1.1.8　境外单位或者个人向境内单位或者个人提供的工程施工地点在境外的建筑服务，是否属于在境内销售服务？

■境外单位或者个人向境内单位或者个人提供的工程施工地点在境外的建筑服务，不属于在境内销售服务。

《国家税务总局关于营改增试点若干征管问题的公告》一　国家税务总局公告2016年第53号

4.1.2　应纳税额

4.1.2.1　纳税人提供建筑服务，增值税税率是多少？

■纳税人提供建筑服务，增值税税率为11%。

《财政部　国家税务总局关于全面推开营业税改征增值税试点的通知》附件1：营业税改征增值税试点实施办法第十五条　财税〔2016〕36号

4.1.2.2　以清包工方式提供的建筑服务，是否可以选择适用简易计税方法？

■一般纳税人以清包工方式提供的建筑服务，可以选择适用简易计税方法计税。

以清包工方式提供建筑服务，是指施工方不采购建筑工程所需的材料或只采购辅助材料，并收取人工费、管理费或者其他费用的建筑服务。

《财政部　国家税务总局关于全面推开营业税改征增值税试点的通知》附件2：营业税改征增值税试点有关事项的规定一　财税〔2016〕36号

4.1.2.3　为甲供工程提供的建筑服务，是否可以选择适用简易计税方法？

■一般纳税人为甲供工程提供的建筑服务，可以选择适用简易计税方法计税。

甲供工程，是指全部或部分设备、材料、动力由工程发包方自行采购的建筑工程。

《财政部　国家税务总局关于全面推开营业税改征增值税试点的通知》附件2：营业税改征增值税试点有关事项的规定一　财税〔2016〕36号

4.1.2.4　为建筑工程老项目提供的建筑服务，是否可以选择适用简易计税方法？

■一般纳税人为建筑工程老项目提供的建筑服务，可以选择适用简易计税方法计税。

建筑工程老项目，是指：

（1）《建筑工程施工许可证》注明的合同开工日期在2016年4月30日前的建筑工程项目；

（2）未取得《建筑工程施工许可证》的，建筑工程承包合同注明的开工日期在2016年4月30日前的建筑工程项目。

《财政部　国家税务总局关于全面推开营业税改征增值税试点的通知》附件2：营业税改征增值税试点有关事项的规定一　财税〔2016〕36号

■《建筑工程施工许可证》未注明合同开工日期，但建筑工程承包合同注明的开工日期在2016年4月30日前的建筑工程项目，属于可以选择简易计税方法计税的建筑工程老项目。

《国家税务总局关于发布〈纳税人跨县（市、区）提供建筑服务增值税征收管理暂行办法〉的公告》第三条　国家税务总局公告2016年第17号

4.1.2.5　试点纳税人提供建筑服务适用简易计税方法的，如何确认销售额？

■试点纳税人提供建筑服务适用简易计税方法的，以取得的全部价款和价外费用扣除支付的分包款后的余额为销售额。

《财政部　国家税务总局关于全面推开营业税改征增值税试点的通知》附件2：营业税改征增值税试点有关事项的规定一　财税〔2016〕36号

4.1.2.6　建筑企业选择使用简易计税办法的征收率是多少？是否可以开具增值税专用发票？

■建筑企业适用简易计税方法计税的，征收率为3%。同时，纳税人可以开具或者申请代开增值税专用发票。

《营改增问答》二　税总纳便函〔2016〕71号

4.1.2.7　建筑企业不同的项目，是否可以选用不同的计税方法？

■建筑企业中的增值税一般纳税人，可以就不同的项目，分别选择适用一般计税方法或简易计税方法。

《营改增问答》二　税总纳便函〔2016〕71号

4.1.2.8　一般纳税人销售自产的砂、土、石料，是否可按照简易办法缴纳增值税？

■一般纳税人销售自产的建筑用和生产建筑材料所用的砂、土、石料，可选择按照简易办法依照3%征收率计算缴纳增值税。

《财政部　国家税务总局关于部分货物适用增值税低税率和简易办法征收增值税政策的通知》二　财税〔2009〕9号

■一般纳税人销售自产的建筑用和生产建筑材料所用的砂、土、石料，选择按照简易办法依照3%征收率计算缴纳增值税，可自行开具增值税专用发票。

《国家税务总局关于增值税简易征收政策有关管理问题的通知》三　国税函〔2009〕90号

4.1.2.9　一般纳税人销售自产的砖、瓦、石灰，是否可按照简易办法缴纳增值税？

■一般纳税人销售以自己采掘的砂、土、石料或其他矿物连续生产的砖、瓦、石灰（不含黏土实心砖、瓦），可选择按照简易办法依照3%征收率计算缴纳增值税。

《财政部　国家税务总局关于部分货物适用增值税低税率和简易办法征收增值税政策的通知》二　财税〔2009〕9号

■一般纳税人销售以自己采掘的砂、土、石料或其他矿物连续生产的砖、瓦、石灰（不含黏土实心砖、瓦），选择按照简易办法依照3%征收率计算缴纳增值税，可自行开具增值税专用发票。

《国家税务总局关于增值税简易征收政策有关管理问题的通知》三　国税函〔2009〕90号

4.1.2.10　一般纳税人销售自产的商品混凝土，是否可按简易办法缴纳增值税？

■一般纳税人销售自产的商品混凝土（仅限于以水泥为原料生产的水泥混凝土），可选择按照简易办法依照3%征收率计算缴纳增值税。

《财政部　国家税务总局关于部分货物适用增值税低税率和简易办法征收增值税政策的通知》二　财税〔2009〕9号

■一般纳税人销售自产的商品混凝土，选择按照简易办法依照3%征收率计算缴纳增值税，可自行开具增值税专用发票。

《国家税务总局关于增值税简易征收政策有关管理问题的通知》三　国税函〔2009〕90号

4.1.3　减免税

4.1.3.1　跨境的建筑服务，是否免征增值税？

■境内的单位和个人销售的工程项目在境外的建筑服务，免征增值税，但财政部和国家税务总局规定适用增值税零税率的除外。

《财政部　国家税务总局关于全面推开营业税改征增值税试点的通知》附件4：跨境应税行为适用增值税零税率和免税政策的规定二　财税〔2016〕36号

■工程项目在境外的建筑服务，免征增值税。

工程总承包方和工程分包方为施工地点在境外的工程项目提供的建筑服务，均属于工程项目在境外的建筑服务。

■施工地点在境外的工程项目，工程分包方应提供工程项目在境外的证明、与发包方签订的建筑合同原件及复印件等资料，作为跨境销售服务书面合同。

《国家税务总局关于发布〈营业税改征增值税跨境应税行为增值税免税管理办法（试行）〉的公告》第二、五条　国家税务总局公告2016年第29号

4.1.4　纳税管理

4.1.4.1　提供建筑服务，在什么情况下暂停预缴增值税税款？

■一般纳税人跨省（自治区、直辖市或者计划单列市）提供建筑服务，在机构所在地申报纳税时，计算的应纳税额小于已预缴税额，且差额较大的，由国家税务总局通知建筑服务发生地省级税务机关，在一定时期内暂停预缴增值税。

《财政部　国家税务总局关于全面推开营业税改征增值税试点的通知》附件2：营业税改征增值税试点有关事项的规定一　财税〔2016〕36号

4.1.4.2　提供建筑服务采取预收款方式的，增值税纳税义务发生时间？

■纳税人提供建筑服务采取预收款方式的，其纳税义务发生时间为收到预收款的当天。

《财政部　国家税务总局关于全面推开营业税改征增值税试点的通知》附件1：营业税改征增值税试点实施办法第四十五条　财税〔2016〕36号

4.1.4.3　其他个人提供建筑服务，纳税申报的地点？

■其他个人提供建筑服务，应向建筑服务发生地主管税务机关申报纳税。

《财政部　国家税务总局关于全面推开营业税改征增值税试点的通知》附件1：营业税改征增值税试点实施办法第四十六条　财税〔2016〕36号

4.1.4.4　提供建筑服务，开具增值税发票有什么要求？

■提供建筑服务，纳税人自行开具或者税务机关代开增值税发票时，应在发票的备注栏注明建筑服务发生地县（市、区）名称及项目名称。

《国家税务总局关于全面推开营业税改征增值税试点有关税收征收管理事项的公告》四　国家税务总局公告2016年第23号

4.1.5 跨县（市、区）提供建筑服务

4.1.5.1 跨县（市、区）提供建筑服务征收管理办法的具体适用范围?

■跨县（市、区）提供建筑服务，是指单位和个体工商户在其机构所在地以外的县（市、区）提供建筑服务。

纳税人在同一直辖市、计划单列市范围内跨县（市、区）提供建筑服务的，由直辖市、计划单列市国家税务局决定是否适用本办法。

其他个人跨县（市、区）提供建筑服务，不适用本办法。

《国家税务总局关于发布〈纳税人跨县（市、区）提供建筑服务增值税征收管理暂行办法〉的公告》第二条　国家税务总局公告2016年第17号

4.1.5.2 一般纳税人跨县（市）提供建筑服务，适用一般计税方法计税的，如何预缴税款?

■一般纳税人跨县（市）提供建筑服务，适用一般计税方法计税的，应以取得的全部价款和价外费用为销售额计算应纳税额。纳税人应在建筑服务发生地预缴税款后，向机构所在地主管税务机关进行纳税申报。

《财政部　国家税务总局关于全面推开营业税改征增值税试点的通知》附件2：营业税改征增值税试点有关事项的规定一　财税〔2016〕36号

■一般纳税人跨县（市、区）提供建筑服务，适用一般计税方法计税的，以取得的全部价款和价外费用扣除支付的分包款后的余额，按照2%的预征率计算应预缴税款。

■纳税人跨县（市、区）提供建筑服务适用一般计税方法计税的，按照以下公式计算应预缴税款：

应预缴税款=(全部价款和价外费用-支付的分包款)÷(1+11%)×2%

《国家税务总局关于发布〈纳税人跨县（市、区）提供建筑服务增值税征收管理暂行办法〉的公告》第四、五条　国家税务总局公告2016年第17号

4.1.5.3 一般纳税人跨县（市）提供建筑服务，选择适用简易计税方法计税的，如何计算预缴税款?

■一般纳税人跨县（市）提供建筑服务，选择适用简易计税方法计税的，应在建筑服务发生地预缴税款后，向机构所在地主管税务机关进行纳税申报。

《财政部　国家税务总局关于全面推开营业税改征增值税试点的通知》附件2：营业税改征增值税试点有关事项的规定一　财税〔2016〕36号

■一般纳税人跨县（市、区）提供建筑服务，选择适用简易计税方法计税的，以取得的全部价款和价外费用扣除支付的分包款后的余额，按照3%的征收率计算应预缴税款。

■纳税人跨县（市、区）提供建筑服务适用简易计税方法计税的，按照以下公式计算应预缴税款：

应预缴税款=(全部价款和价外费用-支付的分包款)÷(1+3%)×3%

《国家税务总局关于发布〈纳税人跨县（市、区）提供建筑服务增值税征收管理暂行办法〉的公告》第四、五条　国家税务总局公告2016年第17号

4.1.5.4　试点纳税人中的小规模纳税人跨县（市）提供建筑服务，如何计算预缴税款？

■试点纳税人中的小规模纳税人跨县（市）提供建筑服务，应在建筑服务发生地预缴税款后，向机构所在地主管税务机关进行纳税申报。

《财政部　国家税务总局关于全面推开营业税改征增值税试点的通知》附件2：营业税改征增值税试点有关事项的规定一　财税〔2016〕36号

■小规模纳税人跨县（市、区）提供建筑服务，以取得的全部价款和价外费用扣除支付的分包款后的余额，按照3%的征收率计算应预缴税款。

《国家税务总局关于发布〈纳税人跨县（市、区）提供建筑服务增值税征收管理暂行办法〉的公告》第四条　国家税务总局公告2016年第17号

4.1.5.5　纳税人跨县（市、区）提供建筑服务，计算的应预缴税款为负数，是否结转下次扣除？

■纳税人跨县（市、区）提供建筑服务，计算应预缴税款时，纳税人取得的全部价款和价外费用扣除支付的分包款后的余额为负数的，可结转下次预缴税款时继续扣除。

《国家税务总局关于发布〈纳税人跨县（市、区）提供建筑服务增值税征收管理暂行办法〉的公告》第五条　国家税务总局公告2016年第17号

4.1.5.6　纳税人是否按工程项目预缴税款？

■纳税人应按照工程项目分别计算应预缴税款，分别预缴。

《国家税务总局关于发布〈纳税人跨县（市、区）提供建筑服务增值税征收管理暂行办法〉的公告》第五条　国家税务总局公告2016年第17号

4.1.5.7　纳税人扣除支付的分包款，应当取得哪些凭证？

■纳税人从取得的全部价款和价外费用中扣除支付的分包款，应当取得符合法律、行政法规和国家税务总局规定的合法有效凭证，否则不得扣除。

上述凭证是指：

（1）从分包方取得的2016年4月30日前开具的建筑业营业税发票。

上述建筑业营业税发票在2016年6月30日前可作为预缴税款的扣除凭证。

（2）从分包方取得的2016年5月1日后开具的，备注栏注明建筑服务发生地所在县（市、区）、项目名称的增值税发票。

（3）国家税务总局规定的其他凭证。

《国家税务总局关于发布〈纳税人跨县（市、区）提供建筑服务增值税征收管理暂行办法〉的公告》第六条　国家税务总局公告2016年第17号

4.1.5.8　纳税人跨县（市、区）提供建筑服务预缴税款时，需提交哪些资料？

■纳税人跨县（市、区）提供建筑服务，在向建筑服务发生地主管国税机关预缴税款

时，需提交以下资料：

（1）《增值税预缴税款表》；

（2）与发包方签订的建筑合同原件及复印件；

（3）与分包方签订的分包合同原件及复印件；

（4）从分包方取得的发票原件及复印件。

《国家税务总局关于发布〈纳税人跨县（市、区）提供建筑服务增值税征收管理暂行办法〉的公告》第七条　国家税务总局公告 2016 年第 17 号

■自 2016 年 9 月 1 日起，《纳税人跨县（市、区）提供建筑服务增值税征收管理暂行办法》（国家税务总局公告 2016 年第 17 号发布）第七条规定调整为：

纳税人跨县（市、区）提供建筑服务，在向建筑服务发生地主管国税机关预缴税款时，需填报《增值税预缴税款表》，并出示以下资料：

（1）与发包方签订的建筑合同复印件（加盖纳税人公章）；

（2）与分包方签订的分包合同复印件（加盖纳税人公章）；

（3）从分包方取得的发票复印件（加盖纳税人公章）。

《国家税务总局关于营改增试点若干征管问题的公告》八　国家税务总局公告 2016 年第 53 号

4.1.5.9　纳税人跨县（市、区）提供建筑服务预缴的增值税税款，如何在当期增值税应纳税额中抵减？

■纳税人跨县（市、区）提供建筑服务，向建筑服务发生地主管国税机关预缴的增值税税款，可以在当期增值税应纳税额中抵减，抵减不完的，结转下期继续抵减。

纳税人以预缴税款抵减应纳税额，应以完税凭证作为合法有效凭证。

《国家税务总局关于发布〈纳税人跨县（市、区）提供建筑服务增值税征收管理暂行办法〉的公告》第八条　国家税务总局公告 2016 年第 17 号

4.1.5.10　小规模纳税人跨县（市、区）提供建筑服务，如何代开增值税发票？

■小规模纳税人跨县（市、区）提供建筑服务，不能自行开具增值税发票的，可向建筑服务发生地主管国税机关按照其取得的全部价款和价外费用申请代开增值税发票。

《国家税务总局关于发布〈纳税人跨县（市、区）提供建筑服务增值税征收管理暂行办法〉的公告》第九条　国家税务总局公告 2016 年第 17 号

■国税机关为跨县（市、区）提供建筑服务的小规模纳税人（不包括其他个人），代开增值税发票时，在发票备注栏中自动打印“YD”字样。

《国家税务总局关于全面推开营业税改征增值税试点有关税收征收管理事项的公告》四　国家税务总局公告 2016 年第 23 号

4.1.5.11　跨县（市、区）提供的建筑服务，如何建立预交税款台账？

■对跨县（市、区）提供的建筑服务，纳税人应自行建立预缴税款台账，区分不同县（市、区）和项目逐笔登记全部收入、支付的分包款、已扣除的分包款、扣除分包款的发

票号码、已预缴税款以及预缴税款的完税凭证号码等相关内容，留存备查。

《国家税务总局关于发布〈纳税人跨县（市、区）提供建筑服务增值税征收管理暂行办法〉的公告》第十条　国家税务总局公告2016年第17号

4.1.5.12　纳税人跨县（市、区）提供建筑服务，未按规定预缴和缴纳税款的，如何处理？

■纳税人跨县（市、区）提供建筑服务预缴税款时间，按照下列规定执行：

（1）纳税人发生应税行为并收讫销售款项或者取得索取销售款项凭据的当天；先开具发票的，为开具发票的当天。

（2）纳税人提供建筑服务采取预收款方式的，其预缴税款时间为收到预收款的当天。

（3）纳税人发生视同销售服务情形的，其预缴税款时间为服务完成的当天。

■纳税人跨县（市、区）提供建筑服务，按照本办法应向建筑服务发生地主管国税机关预缴税款而自应当预缴之月起超过6个月没有预缴税款的，由机构所在地主管国税机关按照《中华人民共和国税收征收管理法》及相关规定进行处理。

纳税人跨县（市、区）提供建筑服务，未按照本办法缴纳税款的，由机构所在地主管国税机关按照《中华人民共和国税收征收管理法》及相关规定进行处理。

《国家税务总局关于发布〈纳税人跨县（市、区）提供建筑服务增值税征收管理暂行办法〉的公告》第十一、十二条　国家税务总局公告2016年第17号

4.2　营业税

4.2.1　征税范围

4.2.1.1　在中华人民共和国境内提供建筑业劳务，缴纳营业税的范围？

■在中华人民共和国境内提供规定劳务的单位和个人，应当缴纳营业税。

《中华人民共和国营业税暂行条例》第一条　国务院令第540号

■条例规定劳务包括建筑业税目征收范围的劳务。

《中华人民共和国营业税暂行条例实施细则》第二条　财政部　国家税务总局令第65号

■建筑业，是指建筑安装工程作业。征收范围包括：建筑、安装、修缮、装饰、其他工程作业。

建筑，是指新建、改建、扩建各种建筑物、构筑物的工程作业，包括与建筑物相连的各种设备或支柱、操作平台的安装或装设工程作业，以及各种窑炉和金属结构工程作业在内。

安装，是指生产设备、动力设备、起重设备、运输设备、传动设备、医疗实验设备及其他各种设备的装配、安置工程作业，包括与设备相连的工作台、梯子、栏杆的装设工程

作业和被安装设备的绝缘、防腐、保温、油漆等工程作业在内。

修缮，是指对建筑物、构筑物进行修补、加固、养护、改善，使之恢复原来的使用价值或延长其使用期限的工程作业。

装饰，是指对建筑物、构筑物进行修饰，使之美观或具有特定用途的工程作业。

其他工程作业，是指上列工程作业以外的各种工程作业，如代办电信工程、水利工程、道路修建、疏浚、钻井（打井）、拆除建筑物或构筑物、平整土地、搭脚手架、爆破等工程作业。

《国家税务总局关于印发〈营业税税目注释（试行稿)〉的通知》二 国税发〔1993〕149号

4.2.1.2 纳税人自己新建建筑物销售，其自建行为，是否缴纳营业税?

■单位或者个人自己新建建筑物后销售，其所发生的自建行为，视同发生应税行为，应当缴纳营业税。

《中华人民共和国营业税暂行条例实施细则》第五条

4.2.1.3 纳税人提供建筑业劳务的同时销售自产货物，销售自产货物是否缴纳营业税?

■纳税人提供建筑业劳务的同时销售自产货物的行为，应当分别核算应税劳务的营业额和货物的销售额，其货物销售额不缴纳营业税。

《中华人民共和国营业税暂行条例实施细则》第七条

4.2.1.4 对绿化工程应按何税目征税?

■对绿化工程按“建筑业-其他工程作业”征收营业税。

《国家税务总局关于印发〈营业税问题解答（之一)〉的通知》六 国税函发〔1995〕156号

4.2.1.5 对工程承包公司承包的建筑安装工程，是否按“建筑业”征收营业税?

■工程承包公司承包建筑安装工程业务，即工程承包公司与建设单位签订承包合同的建筑安装工程业务，无论其是否参与施工，均应按“建筑业”税目征收营业税。工程承包公司不与建设单位签订承包建筑安装工程合同，只是负责工程的组织协调业务，对工程承包公司的此项业务则按“服务业”税目征收营业税。

《国家税务总局关于印发〈营业税问题解答（之一)〉的通知》七 税函发〔1995〕156号

4.2.1.6 维修塔、罐、管道等装置取得的收入，是否按“修缮”项目征收营业税?

■维修单位为化工等生产企业维修塔、罐、管道等装置取得的收入，暂按“建筑业”税目中的“修缮”项目征收营业税。

维修单位仅指燕山石油化工公司大修厂，化工等生产企业仅指北京燕山石油化工公司及所属化工生产企业。

《国家税务总局关于维修大型成套装置征收营业税问题的批复》 国税函〔1999〕474号

4.2.1.7 施工企业提供的施工劳务，是否应按照“建筑业”税目征收营业税?

■施工企业提供的施工劳务属于提供建筑业应税劳务，因此，对其取得的收入应按照“建筑业”税目征收营业税。

《国家税务总局关于劳务承包行为征收营业税问题的批复》 国税函〔2006〕493号

4.2.1.8 纳税人拆迁建筑物、平整土地，按什么税目征收营业税?

■纳税人受托进行建筑物拆除、平整土地劳务取得的收入应按照“建筑业”税目缴纳营业税。

《国家税务总局关于政府收回土地使用权及纳税人代垫拆迁补偿费有关营业税问题的通知》二 国税函〔2009〕520号

4.2.1.9 纳税人销售自产货物同时提供建筑业劳务，提供建筑业劳务是否征收营业税?

■纳税人销售自产货物同时提供建筑业劳务，应分别核算其货物的销售额和建筑业劳务的营业额，并根据其货物的销售额计算缴纳增值税，根据其建筑业劳务的营业额计算缴纳营业税。未分别核算的，由主管税务机关分别核定其货物的销售额和建筑业劳务的营业额。

纳税人销售自产货物同时提供建筑业劳务，须向建筑业劳务发生地主管地方税务机关提供其机构所在地主管国家税务机关出具的本纳税人属于从事货物生产的单位或个人的证明。建筑业劳务发生地主管地方税务机关根据纳税人持有的证明，计算征收营业税。

《国家税务总局关于纳税人销售自产货物并同时提供建筑业劳务有关税收问题的公告》 国家税务总局公告2011年第23号

4.2.2 应纳税额

4.2.2.1 建筑业，适用的营业税税率?

■建筑业，适用的营业税税率为3%。

《中华人民共和国营业税暂行条例》附：营业税税目税率表

4.2.2.2 纳税人将建筑工程分包给其他单位的，营业额如何确定?

■纳税人将建筑工程分包给其他单位的，以其取得的全部价款和价外费用扣除其支付给其他单位的分包款后的余额为营业额。

《中华人民共和国营业税暂行条例》第五条

4.2.2.3 纳税人提供建筑业劳务的同时销售自产货物的行为，营业额如何确定?

■纳税人提供建筑业劳务的同时销售自产货物的行为，应当分别核算应税劳务的营业额和货物的销售额，未分别核算的，由主管税务机关核定其应税劳务的营业额。

《中华人民共和国营业税暂行条例实施细则》第七条

4.2.2.4 纳税人提供建筑业劳务，营业额如何确定?

■除纳税人提供建筑业劳务的同时销售自产货物的行为规定外，纳税人提供建筑业劳务（不含装饰劳务）的，其营业额应当包括工程所用原材料、设备及其他物资和动力价款在内，但不包括建设方提供的设备的价款。

《中华人民共和国营业税暂行条例实施细则》第十六条

■通信线路工程和输送管道工程所使用的电缆、光缆和构成管道工程主体的防腐管段、管件（弯头、三通、冷弯管、绝缘接头）、清管器、收发球筒、机泵、加热炉、金属容器等物品均属于设备，其价值不包括在工程的计税营业额中。

其他建筑安装工程的计税营业额也不应包括设备价值，具体设备名单可由省级地方税务机关根据各自实际情况列举。

《财政部　国家税务总局关于营业税若干政策问题的通知》三　财税〔2003〕16号

4.2.2.5　纳税人代委托方支付拆迁补偿费，如何确定营业额？

■纳税人代委托方向原土地使用权人支付拆迁补偿费的行为属于"服务业代理业"行为，应以提供代理劳务取得的全部收入减去其代委托方支付的拆迁补偿费后的余额为营业额计算缴纳营业税。

《国家税务总局关于政府收回土地使用权及纳税人代垫拆迁补偿费有关营业税问题的通知》二　国税函〔2009〕520号

4.2.3　税收优惠

4.2.3.1　纳税人承包以工代赈工程，是否免征营业税？

■以工代赈工程是政府部门通过召集受灾、贫困地区的民工修建公路水利等工程而获得一定的经济收入来解决群众生活问题的一种措施。根据《中华人民共和国营业税暂行条例》的规定，对纳税人承包以工代赈工程，如属于营业税征税范围的，应按税收法规的统一规定征收营业税，不得再给予减税免税。

《财政部　国家税务总局关于纳税人承包以工代赈工程征收营业税问题的通知》　财税字〔1997〕67号

4.2.3.2　境内单位或个人在境外提供建筑业劳务，是否免征营业税？

■对中华人民共和国境内单位或者个人在中华人民共和国境外提供建筑业劳务，暂免征收营业税。（减免税代码：03129910）

《财政部　国家税务总局关于个人金融商品买卖等营业税若干免税政策的通知》三　财税〔2009〕111号

4.2.4　纳税申报

4.2.4.1　纳税人提供建筑业劳务，营业税的纳税地点？

■纳税人提供的建筑业劳务，应当向应税劳务发生地的主管税务机关申报纳税。

《中华人民共和国营业税暂行条例》第十四条

4.2.4.2　提供建筑业劳务采取预收款方式的，营业税纳税义务发生时间如何确定？

■纳税人提供建筑业或者租赁业劳务，采取预收款方式的，其纳税义务发生时间为收到预收款的当天。

《中华人民共和国营业税暂行条例实施细则》第二十五条

4.2.4.3　自己新建建筑物销售，其自建行为的营业税纳税义务发生时间如何确定？

■纳税人自己新建建筑物销售，其自建行为的纳税义务发生时间为销售自建建筑物的纳税义务发生时间。

《中华人民共和国营业税暂行条例实施细则》第二十五条

4.2.5 项目管理

4.2.5.1 销售不动产或提供建筑业应税劳务的，如何进行不动产、建筑工程项目登记？

■纳税人销售不动产或提供建筑业应税劳务的，应在不动产销售合同签订或建筑业工程合同签订并领取建筑施工许可证之日起30日内，持下列有关资料向不动产所在地或建筑业应税劳务发生地主管税务机关进行不动产、建筑工程项目登记：

（1）《不动产项目情况登记表》或《建筑业工程项目情况登记表》的纸制和电子文档；

（2）营业执照副本和税务登记证件副本；

（3）不动产销售许可证、建筑业工程项目施工许可证；

（4）不动产销售合同、建筑业工程施工合同；

（5）纳税人的开户银行、账号；

（6）中标通知书等建筑业工程项目证书，对无项目证书的工程项目，纳税人应提供书面材料，材料内容包括工程施工地点、工程总造价、参建单位、联系人、联系电话等；

（7）税务机关要求提供的其他有关资料。

纳税人提供异地建筑业应税劳务的，应同时向机构所在地主管税务机关进行建筑业工程项目登记。

《国家税务总局关于印发〈不动产、建筑业营业税项目管理及发票使用管理暂行办法〉的通知》第三条　国税发〔2006〕128号

4.2.5.2 纳税人如何进行不动产、建筑工程项目变更、注销登记？

■纳税人不动产、建筑业工程项目登记内容发生变化，应自登记内容发生变化之日起30日内，持《不动产项目情况登记表》、《建筑业工程项目情况登记表》的纸制和电子文档，向不动产所在地或建筑业应税劳务发生地主管税务机关进行项目登记。

纳税人不动产销售完毕和建筑业工程项目完工注销的，应自不动产销售完毕和建筑业工程项目完工之日起30日内，持下列资料向不动产所在地和建筑业应税劳务发生地主管税务机关进行项目登记：

（1）《不动产项目情况登记表》、《建筑业工程项目情况登记表》的纸制和电子文档；

（2）不动产、建筑业工程项目的税收缴款书；

（3）建筑业工程项目竣工结算报告或工程结算报告书；

（4）税务机关要求提供的其他有关资料。

纳税人异地提供建筑业应税劳务的，应同时向机构所在地主管税务机关进行相应的项目登记。

如纳税人由于办理临时税务登记发生税务登记号变更时，应同时向机构所在地主管税

务机关提供《建筑业工程项目情况登记表》的纸制和电子文档。

《国家税务总局关于印发〈不动产、建筑业营业税项目管理及发票使用管理暂行办法〉的通知》第四条 国税发〔2006〕128号

4.2.5.3 建筑业纳税人，如何进行纳税申报？

■纳税人应按月向主管税务机关进行纳税申报，按照《营业税纳税申报办法》填报《建筑业营业税纳税申报表》，按照主管税务机关的要求填报不动产销售的纳税申报表。

纳税人异地提供建筑业应税劳务的，应向机构所在地主管税务机关报送《建筑业营业税纳税申报表》和《异地提供建筑业劳务税款缴纳情况申报表》。

《国家税务总局关于印发〈不动产、建筑业营业税项目管理及发票使用管理暂行办法〉的通知》第五条 国税发〔2006〕128号

4.2.5.4 纳税人代扣代缴台账应记载哪些内容？

■扣缴义务人履行代扣代缴义务时，应建立代扣代缴税款台账，如实记载被扣缴纳税人的名称、工程项目的名称、地点及编号、代扣代收税款凭证号、代扣代缴税款的时间和税额。

《国家税务总局关于印发〈不动产、建筑业营业税项目管理及发票使用管理暂行办法〉的通知》第六条 国税发〔2006〕128号

4.2.5.5 纳税人具备哪些条件，可以在不动产所在地和建筑业劳务发生地自行开具发票？

■不动产和建筑业纳税人区别不同情况分为自开票纳税人和代开票纳税人。

同时符合下列条件的纳税人为自开票纳税人，可以在不动产所在地和建筑业劳务发生地自行开具由当地主管税务机关售给的发票：

（1）依法办理税务登记证；

（2）执行不动产、建筑业营业税项目管理办法；

（3）按照规定进行不动产和建筑业工程项目登记；

（4）使用满足税务机关规定的信息采集、传输、比对要求的开票和申报软件。

不同时符合上述条件的纳税人为代开票纳税人，由其不动产所在地和应税劳务发生地主管税务机关为其代开发票。

《国家税务总局关于印发〈不动产、建筑业营业税项目管理及发票使用管理暂行办法〉的通知》第九条 国税发〔2006〕128号

4.2.5.6 纳税人申请代开发票，要提供哪些资料？

■代开票纳税人须提供以下资料到税务机关申请代开发票：

（1）完税凭证；

（2）营业执照和税务登记证复印件；

（3）不动产销售、建筑劳务合同或其他有效证明；

（4）外出经营税收管理证明（提供异地劳务时）；

（5）中标通知书等工程项目证书，对无项目证书的工程项目，纳税人应提供书面材料，材料内容包括工程施工地点、工程总造价、参建单位、联系人、联系电话等；

（6）税务机关要求提供的其他材料。

《国家税务总局关于印发〈不动产、建筑业营业税项目管理及发票使用管理暂行办法〉的通知》第九条　国税发〔2006〕128号

4.3　企业所得税

4.3.1　应纳税额

4.3.1.1　建筑企业，对农民工和农村转移劳动力培训所需的费用，是否可从职工教育培训经费中支出？

■建筑企业等聘用外来农民工较多的企业，以及在城市化进程中接受农村转移劳动力较多的企业，对农民工和农村转移劳动力培训所需的费用，可从职工教育培训经费中支出。

《关于印发〈关于企业职工教育经费提取与使用管理的意见〉的通知》三　财建〔2006〕317号

4.3.2　汇算清缴

4.3.2.1　跨地区经营建筑企业，缴纳企业所得税的办法？

■实行总分机构体制的跨地区经营建筑企业应按照"统一计算，分级管理，就地预缴，汇总清算，财政调库"的办法计算缴纳企业所得税。

《国家税务总局关于跨地区经营建筑企业所得税征收管理问题的通知》一　国税函〔2010〕156号

4.3.2.2　总机构应汇总计算企业应纳所得税，如何进行预缴？

■总机构应汇总计算企业应纳所得税，按照以下方法进行预缴：

（1）总机构只设跨地区项目部的，扣除已由项目部预缴的企业所得税后，按照其余额就地缴纳；

（2）总机构只设二级分支机构的，按照国税发〔2008〕28号文件规定计算总、分支机构应缴纳的税款；

（3）总机构既有直接管理的跨地区项目部，又有跨地区二级分支机构的，先扣除已由项目部预缴的企业所得税后，再按照国税发〔2008〕28号文件规定计算总、分支机构应缴纳的税款。

《国家税务总局关于跨地区经营建筑企业所得税征收管理问题的通知》四　国税函〔2010〕156号

4.3.2.3　建筑企业分支机构管理的项目部，如何预缴企业所得税？

■建筑企业所属二级或二级以下分支机构直接管理的项目部（包括与项目部性质相同的工程指挥部、合同段等）不就地预缴企业所得税，其经营收入、职工工资和资产总额应汇

总到二级分支机构统一核算，由二级分支机构按照国税发〔2008〕28 号文件规定的办法预缴企业所得税。

■跨地区经营的项目部（包括二级以下分支机构管理的项目部）应向项目所在地主管税务机关出具总机构所在地主管税务机关开具的《外出经营活动税收管理证明》，未提供上述证明的，项目部所在地主管税务机关应督促其限期补办；不能提供上述证明的，应作为独立纳税人就地缴纳企业所得税。同时，项目部应向所在地主管税务机关提供总机构出具的证明该项目部属于总机构或二级分支机构管理的证明文件。

《国家税务总局关于跨地区经营建筑企业所得税征收管理问题的通知》
二、六　国税函〔2010〕156 号

4.3.2.4　建筑企业总机构直接管理的跨地区设立的项目部，如何计算缴纳企业所得税？

■建筑企业总机构直接管理的跨地区设立的项目部，应按项目实际经营收入的 0.2% 按月或按季由总机构向项目所在地预分企业所得税，并由项目部向所在地主管税务机关预缴。

《国家税务总局关于跨地区经营建筑企业所得税征收管理问题的通知》
三　国税函〔2010〕156 号

4.3.2.5　建筑企业在同一省、自治区、直辖市和计划单列市设立的跨地（市、县）项目部，如何计算缴纳企业所得税？

■建筑企业在同一省、自治区、直辖市和计划单列市设立的跨地（市、县）项目部，其企业所得税的征收管理办法，由各省、自治区、直辖市和计划单列市国家税务局、地方税务局共同制定，并报国家税务总局备案。

《国家税务总局关于跨地区经营建筑企业所得税征收管理问题的通知》
八　国税函〔2010〕156 号

4.3.2.6　建筑企业汇算清缴的机构？

■建筑企业总机构办理企业所得税年度汇算清缴，各分支机构和项目部不进行汇算清缴。总机构年终汇算清缴后应纳所得税额小于已预缴的税款时，由总机构主管税务机关办理退税或抵扣以后年度的应缴企业所得税。

■建筑企业总机构在办理企业所得税预缴和汇算清缴时，应附送其所直接管理的跨地区经营项目部就地预缴税款的完税证明。

《国家税务总局关于跨地区经营建筑企业所得税征收管理问题的通知》
五、七　国税函〔2010〕156 号

4.4　个人所得税

4.4.1　税务登记

4.4.1.1　在异地从事建筑安装业的单位和个人，如何办理税务登记？

■在异地从事建筑安装业的单位和个人，必须自工程开工之日前 3 日内，持营业执照、外出经营活动税收管理证明、城建部门批准开工的文件和工程承包合同（协议）、开户银行账号以及主管税务机关要求提供的其他资料向主管税务机关办理有关登记手续。

■对未领取营业执照承揽建筑安装业工程作业的单位和个人，主管税务机关可以根据其工程规模，责令其缴纳一定数额的纳税保证金。在法规的期限内结清税款后，退还纳税保证金；逾期未结清税款的，以纳税保证金抵缴应纳税款和滞纳金。

■主管税务机关，是指建筑安装业工程作业所在地地方税务局（分局、所）。

《国家税务总局关于印发〈建筑安装业个人所得税征收管理暂行办法〉的通知》第四、五、十七条　国税发〔1996〕127号

4.4.2 纳税义务人

4.4.2.1 从事建筑业的哪些人，为个人所得税的纳税义务人？

■从事建筑安装业的工程承包人、个体户及其他个人，为个人所得税的纳税义务人，缴纳个人所得税。

《国家税务总局关于印发〈建筑安装业个人所得税征收管理暂行办法〉的通知》第二条　国税发〔1996〕127号

4.4.2.2 承包企业派驻人员在跨省异地工作期间的工资、薪金所得，个人所得税扣缴义务人？

■自2015年9月1日起，总承包企业、分承包企业派驻跨省异地工程项目的管理人员、技术人员和其他工作人员在异地工作期间的工资、薪金所得个人所得税，由总承包企业、分承包企业代扣代缴。

总承包企业和分承包企业通过劳务派遣公司聘用劳务人员跨省异地工作期间的工资、薪金所得个人所得税，由劳务派遣公司代扣代缴。

■建筑安装业省内异地施工作业人员个人所得税征收管理参照本公告执行。

《国家税务总局关于建筑安装业跨省异地工程作业人员个人所得税征收管理问题的公告》一、四　国家税务总局公告2015年第52号

4.4.3 应纳税额

4.4.3.1 从事建筑安装业取得的所得，按什么税目征收个人所得税？

■承包建筑安装业各项工程作业的承包人取得的所得，应区别不同情况计征个人所得税：经营成果归承包人个人所有的所得，或按照承包合同（协议）法规、将一部分经营成果留归承包人个人的所得，按对企事业单位的承包经营、承租经营所得项目征税；以其他分配方式取得的所得，按工资、薪金所得项目征税。

从事建筑安装业的个体工商户，从事建筑安装业取得的收入应依照个体工商户的生产、经营所得项目计征个人所得税。

未领取营业执照承揽建筑安装业工程作业的建筑安装队和个人，从事建筑安装业取得的收入应依照个体工商户的生产、经营所得项目计征个人所得税。

建筑安装企业实行个人承包后工商登记改变为个体经济性质的，从事建筑安装业取得的收入应依照个体工商户的生产、经营所得项目计征个人所得税。

从事建筑安装业工程作业的其他人员取得的所得，分别按照工资、薪金所得项目和劳务报酬所得项目计征个人所得税。

《国家税务总局关于印发〈建筑安装业个人所得税征收管理暂行办法〉的通知》第三条 国税发〔1996〕127号

4.4.3.2 建筑安装业的承包人、个体工商户取得的所得，缴纳个人所得税的方法？

■从事建筑安装业的单位和个人，主管税务机关可根据其工程规模、工程承包合同（协议）价款和工程完工进度等情况，核定其应纳税所得额或应纳税额，据以征税。具体核定办法由县以上（含县级）税务机关制定。

■承包建筑安装业各项工程作业的承包人、个体工商户取得的所得，纳税人和扣缴义务人应按每月工程完工量预缴、预扣个人所得税，按年结算。一项工程跨年度作业的，应按各年所得预缴、预扣和结算个人所得税。难以划分各年所得的，可以按月预缴、预扣税款，并在工程完工后按各年度工程完工量分摊所得并结算税款。

《国家税务总局关于印发〈建筑安装业个人所得税征收管理暂行办法〉的通知》第六、十二条 国税发〔1996〕127号

■按工程价款的一定比例计算扣缴个人所得税，税款在纳税人之间如何分摊由企业决定，在支付个人收入时扣缴；如未扣缴，则认定为企业为个人代付税款，应按个人所得税的有关规定计算缴纳企业代付的税款。

《国家税务总局关于建筑安装企业扣缴个人所得税有关问题的批复》三 国税函〔2001〕505号

4.4.4 纳税管理

4.4.4.1 建筑安装企业，对企业管理等人员扣缴个人所得税的地点？

■从事建筑安装工程作业的建筑安装企业，对不直接在异地从事建筑安装业务而取得收入的企业管理、工程技术等人员，机构所在地主管税务机关应据实征收其个人所得税。

《国家税务总局关于建筑安装企业扣缴个人所得税有关问题的批复》一 国税函〔2001〕505号

4.4.4.2 建筑安装企业在多地有工程，扣缴个人所得税的地点？

■建筑安装企业在本地和外地都有工程作业，两地的主管税务机关可根据企业和工程作业的实际情况，各自征收个人所得税。

《国家税务总局关于建筑安装企业扣缴个人所得税有关问题的批复》二 国税函〔2001〕505号

4.4.4.3 承包企业派驻人员在跨省异地工作期间的工资、薪金所得，个人所得税纳税地点？

■自2015年9月1日起，总承包企业、分承包企业派驻跨省异地工程项目的管理人员、技术人员和其他工作人员在异地工作期间的工资、薪金所得个人所得税，向工程作业所在

地税务机关申报缴纳。

■总承包企业、分承包企业和劳务派遣公司机构所在地税务机关不得对异地工程作业人员已纳税工资、薪金所得重复征税。

《国家税务总局关于建筑安装业跨省异地工程作业人员个人所得税征收管理问题的公告》一、三　国家税务总局公告2015年第52号

4.4.4.4　建筑业，个人所得税的纳税申报办法？

■建筑安装业的个人所得税，由扣缴义务人代扣代缴和纳税人自行申报缴纳。

■承揽建筑安装业工程作业的单位和个人是个人所得税的代扣代缴义务人，应在向个人支付收入时依法代扣代缴其应纳的个人所得税。

■没有扣缴义务人的和扣缴义务人未按法规代扣代缴税款的，纳税人应自行向主管税务机关申报纳税。

■建筑安装业单位所在地税务机关和工程作业所在地税务机关双方可以协商有关个人所得税代扣代缴和征收的具体操作办法，都有权对建筑安装业单位和个人依法进行税收检查，并有权依法处理其违反税收法规的行为。但一方已经处理的，另一方不得重复处理。

《国家税务总局关于印发〈建筑安装业个人所得税征收管理暂行办法〉的通知》第八、九、十、十五条　国税发〔1996〕127号

4.4.4.5　建筑安装企业，个人所得税的征收方式？

■建筑安装企业在本地和外地都有工程作业，两地的主管税务机关，可各自确定征收方式征收个人所得税。

《国家税务总局关于建筑安装企业扣缴个人所得税有关问题的批复》二　国税函〔2001〕505号

■跨省异地施工单位应就其所支付的工程作业人员工资、薪金所得，向工程作业所在地税务机关办理全员全额扣缴明细申报。凡实行全员全额扣缴明细申报的，工程作业所在地税务机关不得核定征收个人所得税。

《国家税务总局关于建筑安装业跨省异地工程作业人员个人所得税征收管理问题的公告》二　国家税务总局公告2015年第52号

5 金融服务

5.1 增值税

5.1.1 征税范围

5.1.1.1 提供金融服务，增值税的征收范围？

■金融服务，是指经营金融保险的业务活动。包括贷款服务、直接收费金融服务、保险服务和金融商品转让。

《财政部　国家税务总局关于全面推开营业税改征增值税试点的通知》附件1　营业税改征增值税试点实施办法　附：销售服务、无形资产、不动产注释一　财税〔2016〕36号

5.1.1.2 贷款服务，增值税的具体征收范围？

■贷款，是指将资金贷与他人使用而取得利息收入的业务活动。

各种占用、拆借资金取得的收入，包括金融商品持有期间（含到期）利息（保本收益、报酬、资金占用费、补偿金等）收入、信用卡透支利息收入、买入返售金融商品利息收入、融资融券收取的利息收入，以及融资性售后回租、押汇、罚息、票据贴现、转贷等业务取得的利息及利息性质的收入，按照贷款服务缴纳增值税。

以货币资金投资收取的固定利润或者保底利润，按照贷款服务缴纳增值税。

《财政部　国家税务总局关于全面推开营业税改征增值税试点的通知》附件1　营业税改征增值税试点实施办法　附：销售服务、无形资产、不动产注释一　财税〔2016〕36号

5.1.1.3 以保理方式将融资租赁合同项下未到期应收租金的债权转让，是否按贷款服务缴纳增值税？

■自2016年2月1日起，提供有形动产融资租赁服务的纳税人，以保理方式将融资租赁合同项下未到期应收租金的债权转让给银行等金融机构，不改变其与承租方之间的融资租赁关系，应继续按照现行规定缴纳增值税，并向承租方开具发票。

《国家税务总局关于营业税改征增值税试点期间有关增值税问题的公告》四　国家税务总局公告2015年第90号

5.1.1.4 直接收费金融服务，增值税的具体征收范围？

■直接收费金融服务，是指为货币资金融通及其他金融业务提供相关服务并且收取费用的业务活动。包括提供货币兑换、账户管理、电子银行、信用卡、信用证、财务担保、资产管理、信托管理、基金管理、金融交易场所（平台）管理、资金结算、资金清算、金融支付等服务。

《财政部 国家税务总局关于全面推开营业税改征增值税试点的通知》附件1 营业税改征增值税试点实施办法 附：销售服务、无形资产、不动产注释一 财税〔2016〕36号

5.1.1.5 保险服务，增值税的具体征收范围？

■保险服务，是指投保人根据合同约定，向保险人支付保险费，保险人对于合同约定的可能发生的事故因其发生所造成的财产损失承担赔偿保险金责任，或者当被保险人死亡、伤残、疾病或者达到合同约定的年龄、期限等条件时承担给付保险金责任的商业保险行为。包括人身保险服务和财产保险服务。

人身保险服务，是指以人的寿命和身体为保险标的的保险业务活动。

财产保险服务，是指以财产及其有关利益为保险标的的保险业务活动。

《财政部 国家税务总局关于全面推开营业税改征增值税试点的通知》附件1 营业税改征增值税试点实施办法 附：销售服务、无形资产、不动产注释一 财税〔2016〕36号

5.1.1.6 金融商品转让，增值税的具体征收范围？

■金融商品转让，是指转让外汇、有价证券、非货物期货和其他金融商品所有权的业务活动。

其他金融商品转让包括基金、信托、理财产品等各类资产管理产品和各种金融衍生品的转让。

《财政部 国家税务总局关于全面推开营业税改征增值税试点的通知》附件1 营业税改征增值税试点实施办法 附：销售服务、无形资产、不动产注释一 财税〔2016〕36号

5.1.1.7 融资性售后回租业务中承租方出售资产行为，是否缴纳增值税？

■融资性售后回租业务中承租方出售资产的行为，不征收增值税。

《国家税务总局关于融资性售后回租业务中承租方出售资产行为有关税收问题的公告》 国家税务总局公告〔2010〕13号

5.1.1.8 金融企业发放贷款的应收未收利息，是否缴纳增值税？

■金融企业发放贷款后，自结息日起90天内发生的应收未收利息按现行规定缴纳增值税，自结息日起90天后发生的应收未收利息暂不缴纳增值税，待实际收到利息时按规定缴纳增值税。

金融企业，是指银行（包括国有、集体、股份制、合资、外资银行以及其他所有制形式的银行）、城市信用社、农村信用社、信托投资公司、财务公司。

《财政部 国家税务总局关于全面推开营业税改征增值税试点的通知》附件3：营业税改征增值税试点过渡政策的规定四 财税〔2016〕36号

5.1.2 应纳税额

5.1.2.1 纳税人提供金融服务，增值税税率？

■纳税人提供金融服务，增值税税率为6%。

《财政部 国家税务总局关于全面推开营业税改征增值税试点的通知》附件1：营业税改征增值税试点实施办法第十五条 财税〔2016〕36号

5.1.2.2 贷款服务，如何确认销售额？

■贷款服务，以提供贷款服务取得的全部利息及利息性质的收入为销售额。

《财政部 国家税务总局关于全面推开营业税改征增值税试点的通知》附件2：营业税改征增值税试点有关事项的规定一 财税〔2016〕36号

■自2016年9月1日起，银行提供贷款服务按期计收利息的，结息日当日计收的全部利息收入，均应计入结息日所属期的销售额，计算缴纳增值税。

《国家税务总局关于营改增试点若干征管问题的公告》六 国家税务总局公告2016年第53号

5.1.2.3 对中国农业银行取得的利息收入，是否可以选择适用简易计税方法计算缴纳增值税？

■对中国农业银行纳入“三农金融事业部”改革试点的各省、自治区、直辖市、计划单列市分行下辖的县域支行和新疆生产建设兵团分行下辖的县域支行（也称县事业部），提供农户贷款、农村企业和农村各类组织贷款取得的利息收入，可以选择适用简易计税方法按照3%的征收率计算缴纳增值税。

农户贷款，是指金融机构发放给农户的贷款，但不包括免征增值税的农户小额贷款。小额贷款，是指单笔且该农户贷款余额总额在10万元（含本数）以下的贷款。

农户，是指长期（一年以上）居住在乡镇（不包括城关镇）行政管理区域内的住户，还包括长期居住在城关镇所辖行政村范围内的住户和户口不在本地而在本地居住一年以上的住户，国有农场的职工和农村个体工商户。位于乡镇（不包括城关镇）行政管理区域内和在城关镇所辖行政村范围内的国有经济的机关、团体、学校、企事业单位的集体户；有本地户口，但举家外出谋生一年以上的住户，无论是否保留承包耕地均不属于农户。农户以户为统计单位，既可以从事农业生产经营，也可以从事非农业生产经营。农户贷款的判定应以贷款发放时的承贷主体是否属于农户为准。

农村企业和农村各类组织贷款，是指金融机构发放给注册在农村地区的企业及各类组织的贷款。

《财政部 国家税务总局关于进一步明确全面推开营改增试点金融业有关政策的通知》四 财税〔2016〕46号

5.1.2.4 直接收费金融服务，如何确认销售额？

■直接收费金融服务，以提供直接收费金融服务收取的手续费、佣金、酬金、管理费、服务费、经手费、开户费、过户费、结算费、转托管费等各类费用为销售额。

《财政部 国家税务总局关于全面推开营业税改征增值税试点的通知》附

件 2：营业税改征增值税试点有关事项的规定一　财税〔2016〕36 号

5.1.2.5　哪些金融机构提供金融服务收入，可以选择适用简易办法计算缴纳增值税?

■农村信用社、村镇银行、农村资金互助社、由银行业机构全资发起设立的贷款公司、法人机构在县（县级市、区、旗）及县以下地区的农村合作银行和农村商业银行提供金融服务收入，可以选择适用简易计税方法按照 3%的征收率计算缴纳增值税。

村镇银行，是指经中国银行业监督管理委员会依据有关法律、法规批准，由境内外金融机构、境内非金融机构企业法人、境内自然人出资，在农村地区设立的主要为当地农民、农业和农村经济发展提供金融服务的银行业金融机构。

农村资金互助社，是指经银行业监督管理机构批准，由乡（镇）、行政村农民和农村小企业自愿入股组成，为社员提供存款、贷款、结算等业务的社区互助性银行业金融机构。

由银行业机构全资发起设立的贷款公司，是指经中国银行业监督管理委员会依据有关法律、法规批准，由境内商业银行或农村合作银行在农村地区设立的专门为县域农民、农业和农村经济发展提供贷款服务的非银行业金融机构。

县（县级市、区、旗），不包括直辖市和地级市所辖城区。

《财政部　国家税务总局关于进一步明确全面推开营改增试点金融业有关政策的通知》三　财税〔2016〕46 号

5.1.2.6　金融商品转让，如何确认销售额?

■金融商品转让，按照卖出价扣除买入价后的余额为销售额。

转让金融商品出现的正负差，按盈亏相抵后的余额为销售额。若相抵后出现负差，可结转下一纳税期与下期转让金融商品销售额相抵，但年末时仍出现负差的，不得转入下一个会计年度。

金融商品的买入价，可以选择按照加权平均法或者移动加权平均法进行核算，选择后 36 个月内不得变更。

金融商品转让，不得开具增值税专用发票。

《财政部　国家税务总局关于全面推开营业税改征增值税试点的通知》附件 2：营业税改征增值税试点有关事项的规定一　财税〔2016〕36 号

■自 2016 年 9 月 1 日起，单位将其持有的限售股在解禁流通后对外转让的，按照以下规定确定买入价：

（1）上市公司实施股权分置改革时，在股票复牌之前形成的原非流通股股份，以及股票复牌首日至解禁日期间由上述股份孳生的送、转股，以该上市公司完成股权分置改革后股票复牌首日的开盘价为买入价。

（2）公司首次公开发行股票并上市形成的限售股，以及上市首日至解禁日期间由上述股份孳生的送、转股，以该上市公司股票首次公开发行（IPO）的发行价为买入价。

（3）因上市公司实施重大资产重组形成的限售股，以及股票复牌首日至解禁日期间由上述股份孳生的送、转股，以该上市公司因重大资产重组股票停牌前一交易日的收盘价为买入价。

《国家税务总局关于营改增试点若干征管问题的公告》五　国家税务总

局公告2016年第53号

5.1.2.7 营改增后，企业买卖股票应如何纳税？

■应按金融服务—金融商品转让缴纳增值税。以卖出价扣除买入价后的余额为销售额。适用税率为6%，小规模纳税人适用3%征收率。

《营改增问答》三 税总纳便函〔2016〕71号

5.1.3 减免税

5.1.3.1 金融机构农户小额贷款利息收入，是否免征增值税？

■ 2016年12月31日前，金融机构农户小额贷款利息收入，免征增值税。

小额贷款，是指单笔且该农户贷款余额总额在10万元（含本数）以下的贷款。

所称农户，是指长期（一年以上）居住在乡镇（不包括城关镇）行政管理区域内的住户，还包括长期居住在城关镇所辖行政村范围内的住户和户口不在本地而在本地居住一年以上的住户，国有农场的职工和农村个体工商户。位于乡镇（不包括城关镇）行政管理区域内和在城关镇所辖行政村范围内的国有经济的机关、团体、学校、企事业单位的集体户；有本地户口，但举家外出谋生一年以上的住户，无论是否保留承包耕地均不属于农户。农户以户为统计单位，既可以从事农业生产经营，也可以从事非农业生产经营。农户贷款的判定应以贷款发放时的承贷主体是否属于农户为准。

《财政部 国家税务总局关于全面推开营业税改征增值税试点的通知》附件3：营业税改征增值税试点过渡政策的规定一 财税〔2016〕36号

5.1.3.2 为境外单位之间提供的直接收费金融服务，是否免征增值税？

■境内的单位和个人为境外单位之间的货币资金融通及其他金融业务提供的直接收费金融服务，且该服务与境内的货物、无形资产和不动产无关，免征增值税，但财政部和国家税务总局规定适用增值税零税率的除外。

《财政部 国家税务总局关于全面推开营业税改征增值税试点的通知》附件4：跨境应税行为适用增值税零税率和免税政策的规定二 财税〔2016〕36号

■为境外单位之间的货币资金融通及其他金融业务提供的直接收费金融服务，且该服务与境内的货物、无形资产和不动产无关，免征增值税。

为境外单位之间、境外单位和个人之间的外币、人民币资金往来提供的资金清算、资金结算、金融支付、账户管理服务，属于为境外单位之间的货币资金融通及其他金融业务提供的直接收费金融服务。

《国家税务总局关于发布〈营业税改征增值税跨境应税行为增值税免税管理办法（试行）〉的公告》第二条 国家税务总局公告2016年第29号

5.1.3.3 保险公司开办的一年期以上人身保险产品取得的保费收入，是否免征增值税？

■保险公司开办的一年期以上人身保险产品取得的保费收入，免征增值税。

一年期以上人身保险，是指保险期间为一年期及以上返还本利的人寿保险、养老年金保险，以及保险期间为一年期及以上的健康保险。

人寿保险，是指以人的寿命为保险标的的人身保险。

养老年金保险，是指以养老保障为目的，以被保险人生存为给付保险金条件，并按约定的时间间隔分期给付生存保险金的人身保险。养老年金保险应当同时符合下列条件：

（1）保险合同约定给付被保险人生存保险金的年龄不得小于国家规定的退休年龄。

（2）相邻两次给付的时间间隔不得超过一年。

健康保险，是指以因健康原因导致损失为给付保险金条件的人身保险。

上述免税政策实行备案管理，具体备案管理办法按照《国家税务总局关于一年期以上返还性人身保险产品免征营业税审批事项取消后有关管理问题的公告》（国家税务总局公告 2015 年第 65 号）规定执行。

《财政部　国家税务总局关于全面推开营业税改征增值税试点的通知》附件 3：营业税改征增值税试点过渡政策的规定一　财税〔2016〕36 号

■享受免征增值税的一年期及以上返还本利的人身保险包括其他年金保险，其他年金保险是指养老年金以外的年金保险。

《财政部　国家税务总局关于进一步明确全面推开营改增试点金融业有关政策的通知》二　财税〔2016〕46 号

5.1.3.4　为出口货物提供的保险服务，是否免征增值税？

■境内的单位和个人为出口货物提供的保险服务，免征增值税，但财政部和国家税务总局规定适用增值税零税率的除外。

为出口货物提供的保险服务，包括出口货物保险和出口信用保险。

《财政部　国家税务总局关于全面推开营业税改征增值税试点的通知》附件 4：跨境应税行为适用增值税零税率和免税政策的规定二　财税〔2016〕36 号

■为出口货物提供的保险服务，免征增值税。

为出口货物提供的保险服务，包括出口货物保险和出口信用保险。

《国家税务总局关于发布〈营业税改征增值税跨境应税行为增值税免税管理办法（试行）〉的公告》第二条　国家税务总局公告 2016 年第 29 号

5.1.3.5　再保险服务，如何缴纳增值税？

■（1）境内保险公司向境外保险公司提供的完全在境外消费的再保险服务，免征增值税。

（2）试点纳税人提供再保险服务（境内保险公司向境外保险公司提供的再保险服务除外），实行与原保险服务一致的增值税政策。再保险合同对应多个原保险合同的，所有原保险合同均适用免征增值税政策时，该再保险合同适用免征增值税政策。否则，该再保险合同应按规定缴纳增值税。

原保险服务，是指保险分出方与投保人之间直接签订保险合同而建立保险关系的业务活动。

《财政部　国家税务总局关于进一步明确全面推开营改增试点有关再保险不动产租赁和非学历教育等政策的通知》一　财税〔2016〕68 号

5.1.3.6　合格境外投资者在我国从事证券买卖业务，是否免征增值税？

■合格境外投资者（QFII）委托境内公司在我国从事证券买卖业务，免征增值税。

《财政部　国家税务总局关于全面推开营业税改征增值税试点的通知》附件3：营业税改征增值税试点过渡政策的规定一　财税〔2016〕36号

■人民币合格境外投资者（RQFII）委托境内公司在我国从事证券买卖业务，以及经人民银行认可的境外机构投资银行间本币市场取得的收入属于免征增值税的金融商品转让收入。

银行间本币市场包括货币市场、债券市场以及衍生品市场。

《财政部　国家税务总局关于金融机构同业往来等增值税政策的补充通知》四　财税〔2016〕70号

5.1.3.7　证券投资基金管理人运用基金买卖股票、债券，是否免征增值税？

■证券投资基金（封闭式证券投资基金，开放式证券投资基金）管理人运用基金买卖股票、债券，免征增值税。

《财政部　国家税务总局关于全面推开营业税改征增值税试点的通知》附件3：营业税改征增值税试点过渡政策的规定一　财税〔2016〕36号

5.1.3.8　个人从事金融商品转让业务，是否免征增值税？

■个人从事金融商品转让业务，免征增值税。

《财政部　国家税务总局关于全面推开营业税改征增值税试点的通知》附件3：营业税改征增值税试点过渡政策的规定一　财税〔2016〕36号

5.1.3.9　金融同业往来利息收入，是否免征增值税？

■金融同业往来利息收入，免征增值税。

（1）金融机构与人民银行所发生的资金往来业务。包括人民银行对一般金融机构贷款，以及人民银行对商业银行的再贴现等。

（2）银行联行往来业务。同一银行系统内部不同行、处之间所发生的资金账务往来业务。

（3）金融机构间的资金往来业务。是指经人民银行批准，进入全国银行间同业拆借市场的金融机构之间通过全国统一的同业拆借网络进行的短期（一年以下含一年）无担保资金融通行为。

（4）金融机构之间开展的转贴现业务。

金融机构是指：

（1）银行：包括人民银行、商业银行、政策性银行。

（2）信用合作社。

（3）证券公司。

（4）金融租赁公司、证券基金管理公司、财务公司、信托投资公司、证券投资基金。

（5）保险公司。

（6）其他经人民银行、银监会、证监会、保监会批准成立且经营金融保险业务的机构等。

《财政部　国家税务总局关于全面推开营业税改征增值税试点的通知》附件 3：营业税改征增值税试点过渡政策的规定— 财税〔2016〕36 号

■ 金融机构开展下列业务取得的利息收入，属于金融同业往来利息收入：

（1）质押式买入返售金融商品。

质押式买入返售金融商品，是指交易双方进行的以债券等金融商品为权利质押的一种短期资金融通业务。

（2）持有政策性金融债券。

政策性金融债券，是指开发性、政策性金融机构发行的债券。

《财政部　国家税务总局关于进一步明确全面推开营改增试点金融业有关政策的通知》— 财税〔2016〕46 号

5.1.3.10 担保机构从事中小企业信用担保或者再担保业务取得的收入，如何免征增值税？

■ 下列项目免征增值税。

同时符合下列条件的担保机构从事中小企业信用担保或者再担保业务取得的收入（不含信用评级、咨询、培训等收入）3 年内免征增值税：

（1）已取得监管部门颁发的融资性担保机构经营许可证，依法登记注册为企（事）业法人，实收资本超过 2000 万元。

（2）平均年担保费率不超过银行同期贷款基准利率的 50%。平均年担保费率=本期担保费收入/(期初担保余额+本期增加担保金额)×100%。

（3）连续合规经营 2 年以上，资金主要用于担保业务，具备健全的内部管理制度和为中小企业提供担保的能力，经营业绩突出，对受保项目具有完善的事前评估、事中监控、事后追偿与处置机制。

（4）为中小企业提供的累计担保贷款额占其两年累计担保业务总额的 80%以上，单笔 800 万元以下的累计担保贷款额占其累计担保业务总额的 50%以上。

（5）对单个受保企业提供的担保余额不超过担保机构实收资本总额的 10%，且平均单笔担保责任金额最多不超过 3000 万元人民币。

（6）担保责任余额不低于其净资产的 3 倍，且代偿率不超过 2%。

担保机构免征增值税政策采取备案管理方式。符合条件的担保机构应到所在地县（市）主管税务机关和同级中小企业管理部门履行规定的备案手续，自完成备案手续之日起，享受 3 年免征增值税政策。3 年免税期满后，符合条件的担保机构可按规定程序办理备案手续后继续享受该项政策。

具体备案管理办法按照《国家税务总局关于中小企业信用担保机构免征营业税审批事项取消后有关管理问题的公告》（国家税务总局公告 2015 年第 69 号）规定执行，其中税务机关的备案管理部门统一调整为县（市）级国家税务局。

《财政部　国家税务总局关于全面推开营业税改征增值税试点的通知》附件 3：营业税改征增值税试点过渡政策的规定— 财税〔2016〕36 号

5.1.4 纳税管理

5.1.4.1 从事金融商品转让，增值税纳税义务发生时间？

■纳税人从事金融商品转让的，增值税纳税义务发生时间为金融商品所有权转移的当天。

《财政部 国家税务总局关于全面推开营业税改征增值税试点的通知》附件1：营业税改征增值税试点实施办法第四十五条 财税〔2016〕36号

5.1.4.2 金融机构，营改增后增值税的纳税地点？

■自2016年5月1日起，原以地市一级机构汇总缴纳营业税的金融机构，营改增后继续以地市一级机构汇总缴纳增值税。

同一省（自治区、直辖市、计划单列市）范围内的金融机构，经省（自治区、直辖市、计划单列市）国家税务局和财政厅（局）批准，可以由总机构汇总向总机构所在地的主管国税机关申报缴纳增值税。

《国家税务总局关于全面推开营业税改征增值税试点有关税收征收管理事项的公告》六 国家税务总局公告2016年第23号

5.1.5 融资性售后回租

5.1.5.1 融资性售后回租，是否按贷款服务缴纳增值税？

■融资性售后回租取得的利息及利息性质的收入，按照贷款服务缴纳增值税。

融资性售后回租，是指承租方以融资为目的，将资产出售给从事融资性售后回租业务的企业后，从事融资性售后回租业务的企业将该资产出租给承租方的业务活动。

《财政部 国家税务总局关于全面推开营业税改征增值税试点的通知》附件1 营业税改征增值税试点实施办法 附：销售服务、无形资产、不动产注释一 财税〔2016〕36号

5.1.5.2 提供融资性售后回租服务，如何确认销售额？

■自2016年2月1日起，纳税人提供有形动产融资性售后回租服务，计算当期销售额时可以扣除的有形动产价款本金，为书面合同约定的当期应当收取的本金。无书面合同或者书面合同没有约定的，为当期实际收取的本金。

《国家税务总局关于营业税改征增值税试点期间有关增值税问题的公告》三 国家税务总局公告2015年第90号

■经人民银行、银监会或者商务部批准从事融资租赁业务的试点纳税人，提供融资性售后回租服务，以取得的全部价款和价外费用（不含本金），扣除对外支付的借款利息（包括外汇借款和人民币借款利息）、发行债券利息后的余额作为销售额。

经商务部授权的省级商务主管部门和国家经济技术开发区批准的从事融资租赁业务的试点纳税人，2016年5月1日后实收资本达到1.7亿元的，从达到标准的当月起按照上述

规定执行；2016 年 5 月 1 日后实收资本未达到 1.7 亿元但注册资本达到 1.7 亿元的，在 2016 年 7 月 31 日前仍可按照上述规定执行，2016 年 8 月 1 日后开展的融资性售后回租业务不得按照上述规定执行。

《财政部　国家税务总局关于全面推开营业税改征增值税试点的通知》附件 2：营业税改征增值税试点有关事项的规定一　财税〔2016〕36 号

5.1.5.3　纳税人提供有形动产融资性售后回租服务，如何缴纳增值税？

■经人民银行、银监会或者商务部批准从事融资租赁业务的试点纳税人中的一般纳税人，提供有形动产融资性售后回租服务，对其增值税实际税负超过 3%的部分实行增值税即征即退政策。

商务部授权的省级商务主管部门和国家经济技术开发区批准的从事融资性售后回租业务的试点纳税人中的一般纳税人，2016 年 5 月 1 日后实收资本达到 1.7 亿元的，从达到标准的当月起按照上述规定执行；2016 年 5 月 1 日后实收资本未达到 1.7 亿元但注册资本达到 1.7 亿元的，在 2016 年 7 月 31 日前仍可按照上述规定执行，2016 年 8 月 1 日后开展的有形动产融资性售后回租业务不得按照上述规定执行。

增值税实际税负，是指纳税人当期提供应税服务实际缴纳的增值税额占纳税人当期提供应税服务取得的全部价款和价外费用的比例。

《财政部　国家税务总局关于全面推开营业税改征增值税试点的通知》附件 3：营业税改征增值税试点过渡政策的规定二　财税〔2016〕36 号

5.1.5.4　试点纳税人根据 2016 年 4 月 30 日前签订的有形动产融资性售后回租合同，如何缴纳增值税？

■试点纳税人根据 2016 年 4 月 30 日前签订的有形动产融资性售后回租合同，在合同到期前提供的有形动产融资性售后回租服务，可继续按照有形动产融资租赁服务缴纳增值税。

继续按照有形动产融资租赁服务缴纳增值税的试点纳税人，经人民银行、银监会或者商务部批准从事融资租赁业务的，根据 2016 年 4 月 30 日前签订的有形动产融资性售后回租合同，在合同到期前提供的有形动产融资性售后回租服务，可以选择以下方法之一计算销售额：

（1）以向承租方收取的全部价款和价外费用，扣除向承租方收取的价款本金，以及对外支付的借款利息（包括外汇借款和人民币借款利息）、发行债券利息后的余额为销售额。

纳税人提供有形动产融资性售后回租服务，计算当期销售额时可以扣除的价款本金，为书面合同约定的当期应当收取的本金。无书面合同或者书面合同没有约定的，为当期实际收取的本金。

试点纳税人提供有形动产融资性售后回租服务，向承租方收取的有形动产价款本金，不得开具增值税专用发票，可以开具普通发票。

（2）以向承租方收取的全部价款和价外费用，扣除支付的借款利息（包括外汇借款和人民币借款利息）、发行债券利息后的余额为销售额。

经商务部授权的省级商务主管部门和国家经济技术开发区批准的从事融资租赁业务的试点纳税人，2016年5月1日后实收资本达到1.7亿元的，从达到标准的当月起按照上述规定执行；2016年5月1日后实收资本未达到1.7亿元但注册资本达到1.7亿元的，在2016年7月31日前仍可按照上述规定执行，2016年8月1日后开展的融资性售后回租业务不得按照上述规定执行。

《财政部　国家税务总局关于全面推开营业税改征增值税试点的通知》附件2：营业税改征增值税试点有关事项的规定一　财税〔2016〕36号

5.1.5.5　2012年1月签订的融资性售后回租合同，结束月为2021年1月，全面营改增之后应该怎么处理？

■区分有形动产融资性售后回租还是不动产融资性售后回租。在纳入营改增试点之日前签订的尚未执行完毕的有形动产融资性售后回租合同可按照有形动产融资租赁服务，选择简易计税方法缴纳增值税，也可按照贷款服务缴纳增值税；不动产融资性售后回租按照贷款服务缴纳增值税。

《营改增问答》三　税总纳便函〔2016〕71号

5.2　营业税

5.2.1　纳税人

5.2.1.1　金融保险业纳税人，包括哪些？

■金融保险业纳税人是指：

（1）银行：包括人民银行、商业银行、政策性银行。

（2）信用合作社。

（3）证券公司。

（4）金融租赁公司、证券基金管理公司、财务公司、信托投资公司、证券投资基金。

（5）保险公司。

（6）其他经中国人民银行、中国证监会、中国保监会批准成立且经营金融保险业务的机构等。

《国家税务总局关于印发〈金融保险业营业税申报管理办法〉的通知》第三条　国税发〔2002〕9号

5.2.1.2　金融保险业扣缴义务人？

■扣缴义务人是受托发放贷款的金融机构。

《国家税务总局关于印发〈金融保险业营业税申报管理办法〉的通知》第四条　国税发〔2002〕9号

5.2.2 征税范围

5.2.2.1 金融保险业的征收范围?

■金融保险业，是指经营金融、保险的业务，征收范围包括金融、保险。

金融，是指经营货币资金融通活动的业务，包括贷款、融资租赁、金融商品转让、金融经纪业和其他金融业务。

保险，是指将通过契约形式集中起来的资金，用以补偿被保险人的经济利益的业务。

《国家税务总局关于印发〈营业税税目注释（试行稿)〉的通知》三 国税发〔1993〕149号

5.2.2.2 贷款业务的具体征税范围包括哪些?

■贷款，是指将资金贷与他人使用的业务，包括自有资金贷款和转贷。

自有资金贷款，是指将自有资本金或吸收的单位、个人的存款贷与他人使用。

转贷，是指将借来的资金贷与他人使用。

典当业的抵押贷款业务，无论其资金来源如何，均按自有资金贷款征税。

《国家税务总局关于印发〈营业税税目注释（试行稿)〉的通知》三 国税发〔1993〕149号

■以货币资金投资但收取固定利润或保底利润的行为，也属于贷款业务。按资金来源不同，贷款分为外汇转贷业务和一般贷款业务两种：

（1）外汇转贷业务，是指金融企业直接向境外借入外汇资金，然后再贷给国内企业或其他单位、个人。各银行总行向境外借入外汇资金后，通过下属分支机构贷给境内单位或个人使用的，也属于外汇转贷业务。

（2）一般贷款业务，指除外汇转贷以外的各种贷款。

《国家税务总局关于印发〈金融保险业营业税申报管理办法〉的通知》第五条 国税发〔2002〕9号

5.2.2.3 融资租赁业务征收营业税的范围?

■对经中国人民银行批准经营融资租赁业务的单位所从事的融资租赁业务，无论租赁的货物的所有权是否转让给承租方，均征收营业税。

经中国人民银行批准经营融资租赁业务的单位以外的其他单位从事的融资租赁业务，租赁的货物的所有权未转让给承租方，征收营业税。

租赁的货物的所有权转让给承租方，征收增值税。

《国家税务总局关于融资租赁业务征收流转税问题的通知》 国税函〔2000〕514号

5.2.2.4 金融商品转让的征税范围?

■金融商品转让，是指转让外汇、有价证券或非货物期货的所有权的行为。

非货物期货，是指商品期货、贵金属期货以外的期货，如外汇期货等。

《国家税务总局关于印发〈营业税税目注释（试行稿)〉的通知》三 国税发〔1993〕149号

■金融商品转让包括股票转让、债券转让、外汇转让、其他金融商品转让。

《国家税务总局关于印发〈金融保险业营业税申报管理办法〉的通知》第七条 国税发〔2002〕9号

■货物期货不缴纳营业税。

《中华人民共和国营业税暂行条例实施细则》第十八条

5.2.2.5 金融经纪业的征税范围?

■金融经纪业务,指受托代他人经营金融活动的中间业务。如委托业务、代理业务、咨询业务等。

《国家税务总局关于印发〈金融保险业营业税申报管理办法〉的通知》第八条 国税发〔2002〕9号

5.2.2.6 其他金融业务的征税范围?

■其他金融业务,是指贷款、融资租赁、金融商品转让、金融经纪业务以外的各项金融业务,如银行结算、票据贴现等。

《国家税务总局关于印发〈营业税税目注释(试行稿)〉的通知》三 国税发〔1993〕149号

5.2.2.7 以发行基金方式募集资金,是否征收营业税?

■以发行基金方式募集资金不属于营业税的征税范围,不征收营业税。

《财政部 国家税务总局关于证券投资基金税收问题的通知》一 财税字〔1998〕55号

5.2.2.8 存款或购入金融商品行为,是否征收营业税?

■存款或购入金融商品行为,不征收营业税。

《国家税务总局关于印发〈营业税税目注释(试行稿)〉的通知》三 国税发〔1993〕149号

5.2.2.9 对金融机构往来业务,是否征收营业税?

■对金融机构往来业务,暂不征收营业税。

《国家税务总局关于金融业征收营业税有关问题的通知》一 财税字〔1995〕79号

■金融机构往来业务是金融机构之间相互占用、拆借资金的业务。

《财政部 国家税务总局关于金融业若干征税问题的通知》一 财税字〔2000〕191号

■金融机构往来利息收入,是指金融机构之间相互占用、拆借资金取得的利息收入,不征营业税。

《国家税务总局关于印发〈金融保险业营业税申报管理办法〉的通知》第十条 国税发〔2002〕9号

5.2.2.10 金融机构相互之间提供服务取得的收入,是否征收营业税?

■对金融机构相互之间提供服务取得的收入(如代结算、代发行金融债券等),应征收营业税。

《财政部 国家税务总局关于金融业若干征税问题的通知》一 财税字

〔2000〕191 号

5.2.2.11 随汽车销售提供按揭服务，是否征收营业税?

■随汽车销售提供的汽车按揭、代办服务业务征收增值税，单独提供按揭代办服务业务，并不销售汽车的，应征收营业税。

《财政部 国家税务总局关于营业税若干政策问题的通知》一 财税〔2003〕16 号

5.2.3 应纳税额

5.2.3.1 金融保险业，适用的税率?

■金融保险业的税率为 5%。

《中华人民共和国营业税暂行条例》 附：营业税税目税率表

5.2.3.2 一般贷款业务，营业额如何确定?

■一般贷款业务的营业额为贷款利息收入（包括各种加息、罚息等）。

《国家税务总局关于印发〈金融保险业营业税申报管理办法〉的通知》第十一条 国税发〔2002〕9 号

5.2.3.3 金融商品买卖业务，营业额如何计算?

■外汇、有价证券、期货等金融商品买卖业务，以卖出价减去买入价后的余额为营业额。

《中华人民共和国营业税暂行条例》第五条

■纳税人从事金融商品转让业务，不再按股票、债券、外汇、其他四大类来划分，统一归为“金融商品”，不同品种金融商品买卖出现的正负差，在同一个纳税期内可以相抵，按盈亏相抵后的余额为营业额计算缴纳营业税。若相抵后仍出现负差的，可结转下一个纳税期相抵，但在年末时仍出现负差的，不得转入下一个会计年度。

《国家税务总局关于金融商品转让业务有关营业税问题的公告》 国家税务总局公告 2013 年第 63 号

■买入价，可以选定按加权平均法或移动加权法进行核算，选定后一年内不得变更。

股票、债券、外汇和其他金融商品买入价是指购进原价，不得包括购进股票、债券、外汇和其他金融商品过程中支付的各种费用和税金。卖出价是指卖出原价，不得扣除卖出过程中支付的任何费用和税金。

《国家税务总局关于印发〈金融保险业营业税申报管理办法〉的通知》第十四条 国税发〔2002〕9 号

■金融企业（包括银行和非银行金融机构）从事股票买卖业务，买入价依照财务会计制度规定，以股票的购入价减去股票持有期间取得的股票红利收入的余额确定。

《财政部 国家税务总局关于营业税若干政策问题的通知》三 财税〔2003〕16 号

■金融企业从事债券买卖业务，买入价应以债券的购入价减去债券持有期间取得的收益后的余额确定。

《国家税务总局关于债券买卖业务营业税问题的公告》 国家税务总局公告2014年第50号

5.2.3.4 融资租赁业务，营业额如何确定？

■经中国人民银行、外经贸部和国家经贸委批准经营融资租赁业务的单位从事融资租赁业务的，以其向承租者收取的全部价款和价外费用（包括残值）减除出租方承担的出租货物的实际成本后的余额为营业额。

出租货物的实际成本，包括由出租方承担的货物的购入价、关税、增值税、消费税、运杂费、安装费、保险费和贷款的利息（包括外汇借款和人民币借款利息）。

《财政部 国家税务总局关于营业税若干政策问题的通知》三 财税〔2003〕16号

■融资租赁以直线法折算出本期的营业额。

计算方法为：本期营业额=(应收取的全部价款和价外费用-实际成本)×(本期天数/总天数),实际成本=货物购入原价+关税+增值税+消费税+运杂费+安装费+保险费+支付给境外的外汇借款利息支出

《国家税务总局关于印发〈金融保险业营业税申报管理办法〉的通知》第十三条 国税发〔2002〕9号

5.2.3.5 金融经纪业务，营业额如何确定？

■金融经纪业务营业额为手续费（佣金）类的全部收入，包括价外收取的代垫、代收代付费用（如邮电费、工本费）加价等，从中不得作任何扣除。

《国家税务总局关于印发〈金融保险业营业税申报管理办法〉的通知》第十五条 国税发〔2002〕9号

5.2.3.6 其他金融业务，营业额如何确定？

■其他金融业务（中间业务）营业额为手续费（佣金）类的全部收入，包括价外收取的代垫、代收代付费用（如邮电费、工本费）加价等，从中不得作任何扣除。

《国家税务总局关于印发〈金融保险业营业税申报管理办法〉的通知》第十五条 国税发〔2002〕9号

5.2.3.7 金融企业从事受托收款业务，营业额如何确定？

■金融企业从事受托收款业务，如代收电话费、水电煤气费、信息费、学杂费、寻呼费、社保统筹费、交通违章罚款、税款等，以全部收入减去支付给委托方价款后的余额为营业额。

《财政部 国家税务总局关于营业税若干政策问题的通知》三 财税〔2003〕16号

5.2.3.8 金融企业已缴纳过营业税的应收未收利息，是否可以冲减营业额？

■金融企业已缴纳过营业税的应收未收利息可以冲减营业额。

营业额是指金融企业的贷款利息收入，不包括金融企业的其他应税营业额。因此，金融企业已纳营业税的应收未收利息只能与其贷款利息收入相冲减，不能冲减其他应税营业额。

《国家税务总局关于金融企业已纳营业税应收未收利息减除营业额问题

的批复》 国税函〔2004〕1256号

5.2.4 减免税

5.2.4.1 专项国债转贷取得的利息收入，是否免征营业税?

■经国务院批准，对1998年及以后年度专项国债转贷取得的利息收入免征营业税。

《财政部 国家税务总局关于国债转贷利息收入免征营业税的通知》 财税字〔1999〕220号

5.2.4.2 对外汇管理部门委托贷款利息收入，是否免征营业税?

■经国务院批准，对外汇管理部门在从事国家外汇储备经营过程中，委托金融机构发放的外汇贷款利息收入免征营业税。

《财政部 国家税务总局关于对外汇管理部门委托贷款利息收入免征营业税的通知》 财税〔2000〕78号

5.2.4.3 住房公积金管理中心发放个人住房贷款取得的收入，是否免征营业税?

■对住房公积金管理中心用住房公积金在指定的委托银行发放个人住房贷款取得的收入，免征营业税。(减免性质代码：03011707)

《财政部 国家税务总局关于住房公积金管理中心有关税收政策的通知》 一 财税〔2000〕94号

5.2.4.4 对涉农金融机构，是否减按3%税率征收营业税?

■自2009年1月1日至2011年12月31日，对农村信用社、村镇银行、农村资金互助社、由银行业机构全资发起设立的贷款公司、法人机构所在地在县（含县级市、区、旗）及县以下地区的农村合作银行和农村商业银行的金融保险业收入减按3%的税率征收营业税。

■村镇银行，是指经中国银行监督管理委员会依据有关法律、法规批准，由境内外金融机构、境内非金融机构企业法人、境内自然人出资，在农村地区设立的主要为当地农民、农业和农村经济发展提供金融服务的银行业金融机构。

农村资金互助社，是指经银行业监督管理机构批准，由乡（镇）、行政村民和农村小企业自愿入股组成，为社员提供存款、贷款、结算等业务的社区互助性银行业金融机构。

由银行业机构全资发起设立的贷款公司，是指经中国银行业监督管理委员会依据有关法律、法规批准，由境内商业银行或农村合作银行在农村地区设立的专门为县域农民、农业和农村经济发展提供贷款服务的非银行业金融机构。

县（县级市、区、旗），不包括市（含直辖市、地级市）所辖城区。

《财政部 国家税务总局关于农村金融有关税收政策的通知》 三、五 财税〔2010〕4号

■将对农村信用社、村镇银行、农村资金互助社、由银行业机构全资发起设立的贷款公司、法人机构所在地在县（含县级市、区、旗）及县以下地区的农村合作银行和农村商业银行的金融保险业收入减按3%的税率征收营业税的执行期限延长至2015年12月31日。

（减免税代码：03091502）

《财政部 国家税务总局关于延长农村金融机构营业税政策执行期限的通知》 财税〔2011〕101 号

■将“对农村信用社、村镇银行、农村资金互助社、由银行业机构全资发起设立的贷款公司、法人机构所在地在县（含县级市、区、旗）及县以下地区的农村合作银行和农村商业银行的金融保险业收入减按 3%的税率征收营业税”政策的执行期限延长至 2016 年 4 月 30 日。

《财政部 国家税务总局关于部分营业税和增值税政策到期延续问题的通知》一 财税〔2016〕83 号

5.2.4.5 金融机构农户小额贷款的利息收入，是否免征营业税？

■自 2014 年 1 月 1 日至 2016 年 12 月 31 日，对金融机构农户小额贷款的利息收入，免征营业税。（减免税代码：03091507）

■农户，是指长期（一年以上）居住在乡镇（不包括城关镇）行政管理区域内的住户，还包括长期居住在城关镇所辖行政村范围内的住户和户口不在本地而在本地居住一年以上的住户，国有农场的职工和农村个体工商户。位于乡镇（不包括城关镇）行政管理区域内和在城关镇所辖行政村范围内的国有经济的机关、团体、学校、企事业单位的集体户；有本地户口，但举家外出谋生一年以上的住户，无论是否保留承包耕地均不属于农户。农户以户为统计单位，既可以从事农业生产经营，也可以从事非农业生产经营。农户贷款的判定应以贷款发放时的承贷主体是否属于农户为准。

小额贷款，是指单笔且该户贷款余额总额在 10 万元（含）以下贷款。

《财政部 国家税务总局关于延续并完善支持农村金融发展有关税收政策的通知》一、四 财税〔2014〕102 号

5.2.4.6 合格境外机构投资者委托境内公司从事证券买卖业务取得的差价收入，是否免征营业税？

■对 QFII 委托境内公司在我国从事证券买卖业务取得的差价收入，免征营业税。

《财政部 国家税务总局关于合格境外机构投资者营业税政策的通知》 财税〔2005〕155 号

5.2.4.7 个人从事金融商品买卖，是否免征营业税？

■对个人（包括个体工商户及其他个人）从事外汇、有价证券、非货物期货和其他金融商品买卖业务取得的收入暂免征收营业税。

《财政部 国家税务总局关于个人金融商品买卖等营业税若干免税政策的通知》一 财税〔2009〕111 号

5.2.5 纳税管理

5.2.5.1 银行、财务公司、信托投资公司、信用社的纳税期限？

■银行、财务公司、信托投资公司、信用社的纳税期限为 1 个季度。

《中华人民共和国营业税暂行条例实施细则》第二十七条

5.2.5.2　融资租赁业，纳税义务发生时间？

■融资租赁业务，纳税义务发生时间为取得租金收入或取得索取租金收入价款凭据的当天。

《国家税务总局关于印发〈金融保险业营业税申报管理办法〉的通知》第十九条　国税发〔2002〕9号

5.2.5.3　金融商品转让业务，纳税义务发生时间？

■金融商品转让业务，纳税义务发生时间为金融商品所有权转移之日。

《国家税务总局关于印发〈金融保险业营业税申报管理办法〉的通知》第二十条　国税发〔2002〕9号

5.2.5.4　金融经纪业，纳税义务发生时间？

■金融经纪业，纳税义务发生时间为取得营业收入或取得索取营业收入价款凭据的当天。

《国家税务总局关于印发〈金融保险业营业税申报管理办法〉的通知》第二十一条　国税发〔2002〕9号

5.2.5.5　其他金融业务，纳税义务发生时间？

■其他金融业务，纳税义务发生时间为取得营业收入或取得索取营业收入价款凭据的当天。

《国家税务总局关于印发〈金融保险业营业税申报管理办法〉的通知》第二十一条　国税发〔2002〕9号

5.2.5.6　金融保险业营业税纳税申报，应报送的资料？

■纳税人应当按征管法、条例、实施细则的有关规定向主管税务机关申报纳税，并报送下列资料：

（1）《金融保险业营业税纳税申报表》

（2）《贷款（含贴现、押汇、透支等）利息收入明细表》

（3）《外汇转贷利息收入明细表》

（4）《委托贷款利息收入明细表》

（5）《融资租赁收入明细表》

（6）《自营买卖股票价差收入明细表》

（7）《自营买卖债券价差收入明细表》

（8）《自营买卖外汇价差收入明细表》

（9）《自营买卖其他金融商品价差收入明细表》

（10）《金融经纪业务及其他金融业务收入月汇总明细表》

（11）《保费收入明细表》

（12）《储金业务收入明细表》

（13）主管税务机关规定的其他资料

■金融保险业营业税申报资料的填报要求

（1）各种报表按填表说明的要求填写，分别向国、地税机关各报送一式三份，税务机关签收后，一份退还纳税人，两份留存。

(2)《贷款（含贴现、押汇、透支等）利息收入明细表》、《外汇转贷利息收入明细表》、《委托贷款利息收入明细表》、《融资租赁收入明细表》、《自营买卖股票价差收入明细表》、《自营买卖债券价差收入明细表》、《自营买卖外汇价差收入明细表》、《自营买卖其他金融商品价差收入明细表》、《金融经纪业务及其他金融业务收入月汇总明细表》、《保费收入明细表》、《储金业务收入明细表》等表，纳税人可根据自身情况填写各项内容，没有开展的业务是否需要报相应的空表由各省税务机关根据实际情况决定。

《国家税务总局关于印发〈金融保险业营业税申报管理办法〉的通知》第二十三、二十四条　国税发〔2002〕9号

5.2.5.7　金融保险业营业税纳税申报方式？

■金融保险业营业税实行电子申报方法。

《国家税务总局关于印发〈金融保险业营业税申报管理办法〉的通知》第二十六条　国税发〔2002〕9号

5.2.6　银行

5.2.6.1　人民银行的贷款业务，是否征收营业税？

■人民银行的贷款业务，不征税。

《国家税务总局关于印发〈营业税税目注释（试行稿）〉的通知》三　国税发〔1993〕149号

■对人民银行的贷款业务不征税，是指人民银行对金融机构的贷款业务。

人民银行对企业贷款或委托金融机构贷款的业务应当征收营业税。

《国家税务总局关于人民银行贷款业务不征收营业税的具体范围的通知》国税发〔1994〕88号

■人民银行（或其他金融机构）向邮政部门发放贷款，不论用途如何，均属于一般贷款业务，对其取得的利息收入应一律征收营业税。

《国家税务总局关于邮政汇兑资金利息收入征收营业税问题的批复》二　国税函〔1996〕635号

5.2.6.2　银行取得的手续费收入，是否征收营业税？

■银行代发行国债取得的手续费收入，由各银行总行按向财政部收取的手续费全额缴纳营业税，对各分支机构来自于上级行的手续费收入不再征收营业税。

《财政部　国家税务总局关于金融业若干征税问题的通知》二　财税字〔2000〕191号

■储蓄机构代扣代缴利息税，可按所扣税款的2%取得手续费。对储蓄机构取得的手续费收入，应征收营业税。

《国家税务总局关于代扣代缴储蓄存款利息所得个人所得税手续费收入征免税问题的通知》一　国税发〔2001〕31号

5.2.6.3　银行呆账、坏账损失，如何抵扣营业税？

■对因越权超范围使用有关政策而形成的银行呆账、坏账损失，可由税务部门在银行应

上缴属于地方财政收入的营业税中抵扣。

越权超范围使用有关政策而形成的银行呆账、坏账损失，是指非试点城市和地区以及试点城市的非国有工业企业、试点城市管辖的县（市）属企业擅自使用国发〔1994〕59号文件有关破产方面的政策，而形成的银行呆账、坏账损失。

■银行在因越权超范围使用有关政策而形成银行呆、坏账损失后，应将相关资料报送主管税务机关，待主管税务机关认定后，方可允许抵扣，否则不予抵扣。

相关资料，是指破产（兼并）企业的名称，破产（兼并）的原因（包括批准的机关和批准的文件），形成银行呆、坏账损失的数额以及主管税务机关要求报送的其他资料。

《财政部　国家税务总局关于对企业兼并破产中不予核销的银行呆账、坏账损失营业税抵扣问题的通知》一、二　财税字〔1997〕100号

5.2.6.4　对地方商业银行转贷专项贷款利息收入，是否免征营业税?

■经国务院批准，对地方商业银行转贷用于清偿农村合作基金会债务的专项贷款利息收入免征营业税。(减免税代码：03092303)

专项贷款，是指由人民银行向地方商业银行提供，并由商业银行转贷给地方政府，专项用于清偿农村合作基金会债务的贷款。

《财政部　国家税务总局关于对农村合作基金会专项贷款利息收入免征营业税的通知》　财税字〔1999〕303号

5.2.6.5　中国农业银行“三农金融事业部”涉农贷款，如何缴纳营业税?

■自2015年5月1日至2015年12月31日，对中国农业银行纳入“三农金融事业部”改革试点的各省、自治区、直辖市、计划单列市分行下辖的县域支行和新疆生产建设兵团分行下辖的县域支行（也称县事业部），提供农户贷款、农村企业和农村各类组织贷款取得的利息收入减按3%的税率征收营业税。(减免性质代码：03092306)

农户贷款，是指金融机构发放给农户的贷款，但不包括按照《财政部　国家税务总局关于延续并完善支持农村金融发展有关税收政策的通知》（财税〔2014〕102号）规定免征营业税的农户小额贷款。

农户，是指长期（指一年及一年以上，下同）居住在乡镇（不包括城关镇）范围内或者城关镇所辖行政村范围内（以下统称农村）的住户，包括户口不在农村而长期在农村居住的住户、国有农场的职工和农村个体工商户。农户以户为单位，既可以是从事农业生产经营的，也可以是从事非农业生产经营的。但位于农村的国家机关、社会团体、学校、国有企业和事业单位的集体户，或者有农村户口但举家长期外出谋生的住户，无论是否保留承包耕地，均不属于农户。

农村企业和农村各类组织贷款，是指金融机构发放给注册在农村地区的企业及各类组织的贷款。

中国农业银行纳入“三农金融事业部”改革试点的县域支行，应当单独核算享受营业税减税政策的贷款利息收入；未单独核算的，不得享受本通知第一条规定的营业税政策。

《财政部　国家税务总局关于中国农业银行三农金融事业部涉农贷款营

业税优惠政策的通知》 财税〔2015〕67号

5.2.6.6 中国农业发展银行涉农贷款，如何缴纳营业税？

■自2016年1月1日至2018年12月31日，对中国农业发展银行总行及其各分支机构提供涉农贷款取得的利息收入减按3%的税率征收营业税。

受上述优惠的纳税人应当单独核算享受营业税减税政策的贷款利息收入；未单独核算的，不得享受本通知第一条规定的营业税政策。

享受营业税优惠政策的涉农贷款业务清单

（1）粮食、棉花、油料、食糖、猪肉、化肥、羊毛等重要农产品（含农副产品）收储、调控、购销贷款

（2）农业农村基础设施建设、水利建设贷款

（3）农村土地流转和规模化经营贷款

（4）农民集中住房建设、农村人居环境建设、涉农棚户区改造贷款

（5）农村流通体系建设贷款

（6）农业生产资料、技术改造、科技贷款

（7）农业综合开发贷款

（8）农业产业化龙头企业贷款

（9）农产品（含农副产品）仓储设施贷款

（10）县域城镇建设贷款（房地产业、城市基础设施建设贷款除外）

（11）易地扶贫搬迁、贫困地区基础设施建设、贫困地区特色产业发展等其他专项扶贫贷款

（12）农业小企业贷款

《财政部 国家税务总局关于中国农业发展银行涉农贷款营业税优惠政策的通知》 财税〔2016〕3号

5.2.6.7 国家助学贷款利息收入，是否免征营业税？

■经国务院批准，免征国家助学贷款利息收入营业税。(减免税代码：03101404)

各经办银行要及时统计汇总国家助学贷款的有关信息，对国家助学贷款业务单立台账，单设科目，单独统计，单独核算和考核。

《中国人民银行 财政部 教育部 国家税务总局关于进一步推进国家助学贷款业务发展的通知》三 银发〔2001〕245号

5.2.6.8 国家开发银行总行及总行营业部的纳税地点？

■国家开发银行总行及总行营业部提供“金融保险业”劳务取得的收入，应向北京市主管国家税务机关缴纳营业税。

国家开发银行各分行及代表处提供“金融保险业”劳务取得的收入，应向其机构所在地主管地方税务机关缴纳营业税。

《财政部 国家税务总局关于国家开发银行股份有限公司及其分行和代表处金融保险业务营业税纳税地点问题的通知》 财税〔2009〕101号

5.2.7 保险

5.2.7.1 保险公司的摊回分保费用，是否征收营业税?

■保险公司的摊回分保费用，不征营业税

《国家税务总局关于印发〈金融保险业营业税申报管理办法〉的通知》第十条 国税发〔2002〕9号

5.2.7.2 保险企业取得的追偿款，是否征收营业税?

■保险企业取得的追偿款不征收营业税。

追偿款，是指发生保险事故后，保险公司按照保险合同的约定向被保险人支付赔款，并从被保险人处取得对保险标的价款进行追偿的权利而追回的价款。

《财政部 国家税务总局关于营业税若干政策问题的通知》一 财税〔2003〕16号

5.2.7.3 境内的保险人向境外再保险人办理分保的，境外再保险人是否缴纳营业税?

■中华人民共和国境内的保险人将其承保的以境内标的物为保险标的的保险业务向境外再保险人办理分保的，境外再保险人应就其分保收入承担营业税纳税义务，并由境内保险人扣缴境外再保险人应缴纳的营业税税款。

《财政部 国家税务总局关于营业税若干政策问题的通知》三 财税〔2003〕16号

5.2.7.4 对保险企业承保卫星发射业务的保费收入，是否征收营业税?

■对保险企业承保卫星发射业务并纳入卫星发射保险专项基金的保费收入，应依法征收营业税。如果卫星发射失败，经保险联合体申请，中央财政按动用卫星保险专项基金的付赔数，计算出已交纳的营业税予以退还。具体计算公式为：

应退还的营业税=实际动用专项基金付赔数×8%/(1-8%)

《财政部 国家税务总局关于对卫星发射保险业务有关税收政策问题的通知》二 财税字〔1997〕60号

5.2.7.5 纳税人将收取的储金加以运用取得的收入，是否征收营业税?

■纳税人将收取的储金加以运用取得的收入，凡属于营业税征税范围的，应征收营业税。

《财政部 国家税务总局关于转发〈国务院关于调整金融保险业税收政策有关问题的通知〉的通知》四 财税字〔1997〕45号

5.2.7.6 保险公司储金业务，营业额如何确定?

■对保险公司开展财产、人身保险征收营业税的营业额为向投保者收取的全部保费，而不是储金的利息收入。对到期返还给用户的储金不能从营业额中扣除。

《国家税务总局关于印发〈营业税问题解答（之一）〉的通知》十一 国税函发〔1995〕156号

■储金业务的营业额，以纳税人在纳税期内的储金平均余额乘以人民银行公布的一年期存款利率折算的月利率计算。储金平均余额为纳税期期初储金余额与期末余额之和乘以50%。

按上述规定计算储金业务营业额后，在计算保险企业其他业务营业额时，应相应从

“保费收入”账户营业收入中扣除储金业务的保费收入。

《财政部　国家税务总局关于转发〈国务院关于调整金融保险业税收政策有关问题的通知〉的通知》四　财税字〔1997〕45号

■保险公司如采用收取储金方式取得经济利益的（即以被保险人所交保险资金的利息收入作为保费收入，保险期满后将保险资金本金返还被保险人），其“储金业务”的营业额，为纳税人在纳税期内的储金平均余额乘以人民银行公布的一年期存款的月利率。储金平均余额为纳税期期初储金余额与期末余额之和乘以50%。

《国家税务总局关于印发〈金融保险业营业税申报管理办法〉的通知》第十六条　国税发〔2002〕9号

5.2.7.7　办理初保业务向保户收取的保费，营业额如何确定？

■办理初保业务向保户收取的保费，营业额为纳税人经营保险业务向对方收取的全部价款，即向被保险人收取的全部保险费。

《国家税务总局关于印发〈金融保险业营业税申报管理办法〉的通知》第十六条　国税发〔2002〕9号

5.2.7.8　保险企业已征收过营业税的应收未收保费，是否从营业额中减除？

■保险企业已征收过营业税的应收未收保费，凡在财务会计制度规定的核算期限内未收回的，允许从营业额中减除。在会计核算期限以后收回的已冲减的应收未收保费，再并入当期营业额中。

《财政部　国家税务总局关于营业税若干政策问题的通知》三　财税〔2003〕16号

5.2.7.9　保险企业开展无赔偿奖励业务的，营业额如何确定？

■保险企业开展无赔偿奖励业务的，以向投保人实际收取的保费为营业额。

《财政部　国家税务总局关于营业税若干政策问题的通知》三　财税〔2003〕16号

5.2.7.10　境内的保险人向境外再保险人办理分保的，如何确定营业额？

■中华人民共和国境内的保险人将其承保的以境内标的物为保险标的的保险业务向境外再保险人办理分保的，以全部保费收入减去分保保费后的余额为营业额。

境外再保险人应就其分保收入承担营业税纳税义务，并由境内保险人扣缴境外再保险人应缴纳的营业税税款。

《财政部　国家税务总局关于营业税若干政策问题的通知》三　财税〔2003〕16号

5.2.7.11　境内保险机构为出口货物提供的保险产品，是否免征营业税？

■境内保险机构为出口货物提供的保险产品，免征营业税。（减免税代码：03083914）

《中华人民共和国营业税暂行条例》第八条

■为出口货物提供的保险产品，包括出口货物保险和出口信用保险。

《中华人民共和国营业税暂行条例实施细则》第二十二条

5.2.7.12　农民合同工养老金保险，是否免征营业税？

■对北京市保险部门开办农民合同工养老保险，予以免征营业税。

《财政部　国家税务总局关于北京市保险业具体险种免征营业税的批复》一　财税字〔1994〕55号

5.2.7.13　合同工养老金保险，是否免征营业税?

■对北京市保险部门开办的合同工养老保险，予以免征营业税。

《财政部　国家税务总局关于北京市保险业具体险种免征营业税的批复》二　财税字〔1994〕55号

5.2.7.14　子女教育金保险，是否免征营业税?

■对北京市保险部门开办的子女教育金保险，予以免征营业税。

《财政部　国家税务总局关于北京市保险业具体险种免征营业税的批复》三　财税字〔1994〕55号

5.2.7.15　个人投资分红保险业务的保费收入，是否免征营业税?

■对保险公司开办的个人投资分红保险业务取得的保费收入免征营业税。

个人投资分红保险，是指保险人向投保人提供的具有死亡、伤残等高度保障的长期人寿保险业务，保险期满后，保险人还应向被保人提供投资收益分红。

《财政部　国家税务总局关于对保险公司开办个人投资分红保险业务取得的保费收入免征营业税的通知》　财税字〔1996〕102号

5.2.7.16　保险公司从事国际航运保险业务，是否免征营业税?

■注册在上海的保险企业从事国际航运保险业务取得的收入免征营业税。

《财政部　国家税务总局关于上海建设国际金融和国际航运中心营业税政策的通知》三　财税〔2009〕91号

■对注册在天津的保险企业从事国际航运保险业务取得的收入，免征营业税。

《财政部　国家税务总局关于天津北方国际航运中心核心功能区营业税政策的通知》三　财税〔2011〕68号

5.2.7.17　保险公司开办的一年期以上返还性人身保险产品取得的保费收入，如何免征营业税?

■自2015年9月1日起，对保险公司开办的一年期以上返还性人身保险产品取得的保费收入免征营业税。(减免税代码：03083918)

一年期以上返还性人身保险，是指一年期及其以上返还本利的人寿保险和养老年金保险，以及一年期及其以上的健康保险。

人寿保险，是指以人的寿命为保险标的的人身保险。

养老年金保险，是指以养老保障为目的，以被保险人生存为给付保险金条件，并按约定的时间间隔分期给付生存保险金的人身保险。养老年金保险应当同时符合下列条件：1.保险合同约定给付被保险人生存保险金的年龄不得小于国家规定的退休年龄；2.相邻两次给付的时间间隔不得超过一年。

健康保险，是指以因健康原因导致损失为给付保险金条件的人身保险。

一年期及其以上，是指保险期间为一年及其以上。

保险公司应当对免税的人身保险产品单独核算，未单独核算的，不得享受营业税免税政策。

已列入此前财政部和国家税务总局发布的免征营业税名单的一年期以上返还性人身保险产品，继续免征营业税。保险公司在2014年10月1日及其之后开办的一年期以上返还性人身保险产品，符合免税条件的，可向主管税务机关办理备案手续。人身保险产品的开办时间，以中国保险监督管理委员会出具的备案回执或批复文件上注明的备案日期为准。

《财政部 国家税务总局关于一年期以上返还性人身保险产品营业税免税政策的通知》 财税〔2015〕86号

5.2.7.18 保险公司保险公司开办符合免税条件的人身保险产品，如何办理免征营业税备案手续？

■保险公司开办符合免税条件的一年期以上返还性人身保险产品，按以下规定向主管税务机关办理免征营业税备案手续：

（1）保险公司应在保险产品享受税收优惠政策的首个纳税申报期内，将备案资料送主管税务机关备案；

（2）在符合减免税条件期间，若保险产品的备案资料内容未发生变化，保险公司不需要再行备案；

（3）保险公司提交的备案资料内容发生变化，如仍符合减免税规定，应在发生变化的次月纳税申报期内，向主管税务机关进行变更备案；如不再符合减免税规定，应当停止享受免税，按照规定进行纳税申报。

保险公司提交的备案资料包括：

（1）保监会对保险产品的备案回执或批复文件（复印件）；

（2）保险产品的保险条款；

（3）保险产品费率表；

（4）主管税务机关要求提供的其他相关资料。

在本公告施行前，保险公司开办的一年期以上返还性人身保险产品，已列入财政部、国家税务总局发布的免征营业税名单的，不再办理备案手续。在本公告施行后，上述保险产品的内容发生改变，改变后仍符合免税条件的，应按本公告规定，向主管税务机关办理免税备案手续；改变后不再符合免税条件的，应及时向税务机关报告，并自发生改变之月起停止享受营业税免税优惠，按照规定进行纳税申报。

《国家税务总局关于一年期以上返还性人身保险产品免征营业税审批事项取消后有关管理问题的公告》 国家税务总局公告2015年第65号

5.2.7.19 保险业务的纳税义务发生时间？

■保险业务，纳税义务发生时间为取得保费收入或取得索取保费收入价款凭据的当天。

《国家税务总局关于印发〈金融保险业营业税申报管理办法〉的通知》第二十二条 国税发〔2002〕9号

5.2.7.20 中国人寿保险公司的纳税地点？

■中国人寿保险公司重组改制后成立的中国人寿保险（集团）公司、中国人寿保险股份有限公司和中国人寿资产管理有限公司，其应纳的营业税、城市维护建设税及教育费附加由北京市国家税务局负责征收。

《国家税务总局关于中国人寿保险股份有限公司、中国人寿资产管理有

限公司缴纳营业税有关问题的批复》 国税函〔2004〕1188号

5.2.7.21 保险保障基金公司取得哪些收入，免征营业税？

■自2012年1月1日起至2014年12月31日止，对保险保障基金公司依法从撤销或破产保险公司清算财产中获得的受偿收入和向有关责任方追偿所得和根据《管理办法》取得的境内保险公司依法缴纳的保险保障基金收入，免征营业税。

《财政部 国家税务总局关于保险保障基金有关税收政策继续执行的通知》二 财税〔2013〕81号

■对保险保障基金公司根据《管理办法》取得的下列收入，免征营业税：

（1）境内保险公司依法缴纳的保险保障基金；

（2）依法从撤销或破产保险公司清算财产中获得的受偿收入和向有关责任方追偿所得。

《财政部 国家税务总局关于保险保障基金有关税收政策问题的通知》二 财税〔2016〕10号

5.2.8 证券类公司

5.2.8.1 证券公司开展的融资融券业务，纳税义务人如何确定？

■证券公司开展的融资融券业务，是指由证券公司与客户签订融资融券合同，以证券公司名义开设专用资金账户和专用证券账户向客户融出资金和证券，并向客户收取融资融券业务收入。证券公司在异地设立的营业部负责接收客户申请、在系统内录入客户资料、协助开户等辅助工作。

证券公司应作为融资融券业务的营业税纳税人，就其取得的融资融券业务收入向其机构所在地主管税务机关申报缴纳营业税；证券公司在异地设立的营业部并非融资融券业务的营业税纳税人，不应就融资融券业务收入缴纳营业税。

《国家税务总局关于融资融券业务营业税问题的公告》 国家税务总局公告2016年第20号

5.2.8.2 证券公司取得的存款利息收入，是否征收营业税？

■按照现行营业税政策规定，证券公司将客户证券交易结算资金存入银行取得的存款利息收入，不征收营业税。

《国家税务总局关于证券公司取得客户证券交易结算资金存款利息收入征收营业税的批复》 国税函〔2008〕726号

5.2.8.3 证券公司向客户收取的佣金，如何确定营业额？

■证券公司以在证券交易时向客户收取的佣金为计征营业税营业额，如果证券公司给客户的折扣额与向客户收取的佣金额在同一张证券交易交割凭证上注明的，可按折扣后的佣金额征收营业税；如果将折扣额另开证券交易交割凭证或发票的，不论其在财务上如何处理，均不得从佣金计税营业额中将折扣额扣除。

《关于调整证券交易佣金收取标准的通知》四 证监发〔2002〕21号

5.2.8.4 准予证券公司的哪些费用，可以从营业额中扣除？

■准许证券公司代收的以下费用从其营业税计税营业额中扣除。

（1）为证券交易所代收的证券交易监管费；

（2）代理他人买卖证券代收的证券交易所经手费；

（3）为中国证券登记结算公司代收的股东帐户开户费（包括 A 股和 B 股）、特别转让股票开户费、过户费、B 股结算费、转托管费；

《财政部　国家税务总局关于资本市场有关营业税政策的通知》三　财税〔2004〕203 号

■准许证券公司上缴的证券投资者保护基金从其营业税计税营业额中扣除。

■准许主承销商代扣代缴的证券投资者保护基金从其营业税计税营业额中扣除。

《财政部　国家税务总局关于证券投资者保护基金有关营业税问题的通知》二、三　财税〔2006〕172 号

5.2.8.5　证券交易所上交的哪些费用，准予从营业额中扣除？

■对上海证券交易所取得的证券交易手续费收入应全额计算征收营业税，不得扣除上交中国证监会的监管费。

《国家税务总局关于上海证券交易所手续费收入如何征收营业税问题的批复》　国税函〔1999〕177 号

■准许上海、深圳证券交易所上缴的证券投资者保护基金从其营业税计税营业额中扣除。

《财政部　国家税务总局关于证券投资者保护基金有关营业税问题的通知》一　财税〔2006〕172 号

5.2.8.6　代收的证券交易监管费，是否准予从营业额中扣除？

■准许上海、深圳证券交易所代收的证券交易监管费从其营业税计税营业额中扣除。

《财政部　国家税务总局关于资本市场有关营业税政策的通知》一　财税〔2004〕203 号

5.2.8.7　对证券交易所收取的股票交易经手费、席位管理年费、上市费，如何征收营业税？

■对证券交易所为券商和上市公司提供交易场所等服务收取的股票交易经手费、席位管理年费、上市费，应按“服务业”税目征收营业税。如证券交易所取得了其他属于“金融保险业”营业税征税范围的收入，应按法规征收“金融保险业”营业税。

《国家税务总局关于证券交易所征收营业税问题的批复》　国税函〔2000〕542 号

5.2.8.8　中国证券登记结算公司哪些费用，可从营业额中扣除？

■准许中国证券登记结算公司代收的以下资金项目从其营业税计税营业额中扣除，具体包括：

（1）按规定提取的证券结算风险基金。

（2）代收代付的证券公司资金交收违约垫付资金利息。

（3）结算过程中代收代付的资金交收违约罚息。

代扣代缴的证券投资者保护基金从其营业税计税营业额中扣除。

《财政部　国家税务总局关于证券投资者保护基金有关营业税问题的通知》三　财税〔2006〕172 号

5.2.8.9　证券投资基金管理人运用基金买卖股票、债券的差价收入，是否免征营业税？

■自2004年1月1日起，对证券投资基金（封闭式证券投资基金，开放式证券投资基金）管理人运用基金买卖股票、债券的差价收入，继续免征营业税。

《财政部　国家税务总局关于证券投资基金税收政策的通知》　财税〔2004〕78号

5.2.8.10　期货交易所代收的期货市场监管费，是否从营业额中扣除？

■准许上海、深圳、大连期货交易所代收的期货市场监管费，从其营业税计税营业额中扣除。

《财政部　国家税务总局关于资本市场有关营业税政策的通知》二　财税〔2004〕203号

5.2.8.11　期货经纪公司代收的手续费，是否从营业额中扣除？

■准许期货经纪公司为期货交易所代收的手续费从其营业税计税营业额中扣除。

《财政部　国家税务总局关于资本市场有关营业税政策的通知》四　财税〔2004〕203号

5.2.8.12　中国金融期货交易所代收的期货市场监管费，是否准许从其营业额中扣除？

■自2015年1月1日起，对中国金融期货交易所代收的期货市场监管费准许从其营业税计税营业额中扣除。

《财政部　国家税务总局关于支持文化服务出口等营业税政策的通知》四　财税〔2014〕118号

5.2.9　担保公司

5.2.9.1　哪些担保机构从事担保或再担保业务取得的收入，免征营业税？

■符合条件的担保机构从事中小企业信用担保或再担保业务取得的收入（不含信用评级、咨询、培训等收入）3年内免征营业税。

■“符合条件”是指同时符合下列条件：

（1）已取得监管部门颁发的融资性担保机构经营许可证，依法登记注册为企（事）业法人，实收资本超过2000万元。

（2）平均年担保费率不超过银行同期贷款基准利率的50%。平均年担保费率=本期担保费收入/(期初担保余额+本期增加担保金额)×100%。

（3）连续合规经营两年以上，资金主要用于担保业务，具备健全的内部管理制度和为中小企业提供担保的能力，经营业绩突出，对受保项目具有完善的事前评估、事中监控、事后追偿与处置机制。

（4）为中小企业提供的累计担保贷款额占其两年累计担保业务总额的80%以上，单笔800万元以下的累计担保贷款额占其累计担保业务总额的50%以上。

（5）对单个受保企业提供的担保余额不超过担保机构实收资本总额的10%，且平均单笔担保责任金额最多不超过3000万元人民币。

（6）担保责任余额不低于其净资产的3倍，且代偿率不超过2%。

■ 2014 年 10 月 1 日前已列入免征营业税的中小企业信用担保机构名单的担保机构，在剩余的免税期限内继续免征营业税。

《工业和信息化部　国家税务总局关于中小企业信用担保机构免征营业税审批事项取消后有关问题的通知》一、二、四　工信部联企业〔2015〕286 号

5.2.9.2　担保机构免征营业税，如何备案?

■担保机构免征营业税政策采取备案管理方式。符合条件的担保机构应到所在地县（市）地方税务局和同级中小企业管理部门履行规定的备案手续，自完成备案手续之日起，享受三年免征营业税政策。三年免税期满后，符合条件的担保机构可按规定程序办理备案手续后继续享受该项政策。

《工业和信息化部　国家税务总局关于中小企业信用担保机构免征营业税审批事项取消后有关问题的通知》三　工信部联企业〔2015〕286 号

■符合免税条件的担保机构，按照下列规定办理免征营业税备案手续：

（1）纳税人在享受税收优惠政策的首个申报期内，将备案材料送所在地县（市）地方税务局及同级中小企业管理部门备案。

（2）纳税人在符合减免税条件期间和免税政策期限内，备案材料内容未发生变化的，无需再行备案。

（3）纳税人享受免税的有关情况发生变化，变化后仍符合免税条件的，应在发生变化的次月申报期内，向所在地县（市）地方税务局及同级中小企业管理部门进行变更备案；变化后不再符合免税条件的，应当停止享受免税，按照规定进行纳税申报。

■在本公告施行前，已列入免征营业税中小企业信用担保机构名单的担保机构，不再办理免税备案手续。在本公告施行后，上述担保机构的经营情况发生改变，改变后仍符合免税条件的，应按本公告规定，向所在地县（市）地方税务局及同级中小企业管理部门办理免税备案手续。

《国家税务总局关于中小企业信用担保机构免征营业税审批事项取消后有关管理问题的公告》一、五　国家税务总局公告 2015 年第 69 号

5.2.9.3　纳税人办理免征营业税备案，应提交哪些材料?

■纳税人提交的备案材料包括：

（1）免税的项目、依据、范围、期限等；

（2）营业执照和公司章程复印件；

（3）《中小企业信用担保机构免征营业税备案登记表》。

《国家税务总局关于中小企业信用担保机构免征营业税审批事项取消后有关管理问题的公告》二　国家税务总局公告 2015 年第 69 号

5.2.9.4　信用担保机构免税基本条件?

■信用担保机构免税条件

（1）经政府授权部门（中小企业管理部门）同意，依法登记注册为企（事）业法人，且主要从事为中小企业提供担保服务的机构。实收资本超过 2000 万元。

（2）不以营利为主要目的，担保业务收费不高于同期贷款利率的 50%。

（3）有两年以上的可持续发展经历，资金主要用于担保业务，具备健全的内部管理制度和为中小企业提供担保的能力，经营业绩突出，对受保项目具有完善的事前评估、事中监控、事后追偿与处置机制。

（4）为工业、农业、商贸中小企业提供的累计担保贷款额占其两年累计担保业务总额的80%以上，单笔800万元以下的累计担保贷款额占其累计担保业务总额的50%以上。

（5）对单个受保企业提供的担保责任余额不超过担保机构净资产的10%。

（6）年度新增的担保业务额达净资产的3倍以上，且代偿率低于2%。

再担保机构除满足有关条件，还需满足年度新增再担保业务额达净资产的5倍以上，平均年再担保费率不超过银行同期贷款基准利率的15%。

（7）接受所在地政府中小企业管理部门的监管，按要求向中小企业管理部门报送担保业务情况和财务会计报表。

享受三年营业税减免政策期限已满的担保机构，仍符合上述条件的，可继续申请。

《工业和信息化部　国家税务总局关于公布免征营业税中小企业信用担保机构名单有关问题的通知》二　工信部联企业〔2011〕68号

5.2.9.5　担保公司按照规定标准取得的担保业务收入，是否免征营业税？

■对中国投资担保有限公司（注册地在北京）、东北中小企业信用再担保股份有限公司（注册地在吉林）和富登投资信用担保有限公司（注册地在江苏）所属分公司，按照其分公司机构所在地地市级（含）以上人民政府规定标准取得的担保业务收入，三年内免征营业税。

《工业和信息化部　国家税务总局关于公布中小企业信用担保机构免征营业税和取消免征资格名单的通知》二　工信部联企业〔2012〕386号

5.3　企业所得税

5.3.1　应纳税额

收入

5.3.1.1　金融企业取得的未逾期贷款利息，确认收入的时间？

■金融企业按规定发放的贷款，属于未逾期贷款（含展期），应根据先收利息后收本金的原则，按贷款合同确认的利率和结算利息的期限计算利息，并于债务人应付利息的日期确认收入的实现。

《国家税务总局关于金融企业贷款利息收入确认问题的公告》　国家税务总局公告2010年第23号

5.3.1.2　金融企业取得的逾期贷款利息，确认收入的时间？

■金融企业按规定发放的贷款，属于逾期贷款，其逾期后发生的应收利息，应于实际收到的日期，或者虽未实际收到，但会计上确认为利息收入的日期，确认收入的实现。

《国家税务总局关于金融企业贷款利息收入确认问题的公告》 国家税务总局公告2010年第23号

5.3.1.3 金融企业已确认收入的应收利息，在什么情况下准予抵扣当期应纳税所得额？

■金融企业已确认为利息收入的应收利息，逾期90天仍未收回，且会计上已冲减了当期利息收入的，准予抵扣当期应纳税所得额。

金融企业已冲减了利息收入的应收未收利息，以后年度收回时，应计入当期应纳税所得额计算纳税。

《国家税务总局关于金融企业贷款利息收入确认问题的公告》 国家税务总局公告2010年第23号

5.3.1.4 境外分行开展境内业务，并从境内机构取得的利息，是否属于境外分行的收入？

■境外分行是指我国银行在境外设立的不具备所在国家（地区）法人资格的分行。境外分行作为中国居民企业在境外设立的分支机构，与其总机构属于同一法人。境外分行开展境内业务，并从境内机构取得的利息，为该分行的收入，计入分行的营业利润，按《财政部国家税务总局关于企业境外所得税收抵免有关问题的通知》（财税〔2009〕125号）的相关规定，与总机构汇总缴纳企业所得税。

■境外分行从境内取得的利息，如果据以产生利息的债权属于境内总行或总行其他境内分行的，该项利息应为总行或其他境内分行的收入。总行或其他境内分行和境外分行之间应严格区分此类收入，不得将本应属于总行或其他境内分行的境内业务及收入转移到境外分行。

《国家税务总局关于境内机构向我国银行的境外分行支付利息扣缴企业所得税有关问题的公告》一、二 国家税务总局公告2015年第47号

利息支出

5.3.1.5 金融企业的存款利息支出，是否准予扣除？

■金融企业的各项存款利息支出，准予扣除。

《中华人民共和国企业所得税法实施条例》第三十八条 国务院令第512号（下同）

5.3.1.6 金融企业的同业拆借利息支出，是否准予扣除？

■金融企业的同业拆借利息支出，准予扣除。

《中华人民共和国企业所得税法实施条例》第三十八条

5.3.1.7 金融企业实际支付非关联方的利息支出，如何扣除？

■在计算应纳税所得额时，金融企业实际支付给关联方的利息支出，不超过其接受关联方债权性投资与其权益性投资比例为5∶1，计算的部分，准予扣除，超过的部分不得在发生当期和以后年度扣除。

■企业同时从事金融业务和非金融业务，其实际支付给关联方的利息支出，应按照合理方法分开计算；没有按照合理方法分开计算的，一律按其他企业的比例计算准予税前扣除

的利息支出。

《财政部　国家税务总局关于企业关联方利息支出税前扣除标准有关税收政策问题的通知》一、三　财税〔2008〕121 号

5.3.1.8　向境外支付贷款利息，是否代扣代缴企业所得税??

■自 2008 年 1 月 1 日起，我国金融机构向境外外国银行支付贷款利息、我国境内外资金融机构向境外支付贷款利息，应代扣代缴企业所得税。

《国家税务总局关于加强非居民企业来源于我国利息所得扣缴企业所得税工作的通知》一、国税函〔2008〕955 号

■境外分行开展境内业务，并从境内机构取得的利息，为该分行的收入，计入分行的营业利润，与总机构汇总缴纳企业所得税。境内机构向境外分行支付利息时，不代扣代缴企业所得税。

境外分行从境内取得的利息如果属于代收性质，据以产生利息的债权属于境外非居民企业，境内机构向境外分行支付利息时，应代扣代缴企业所得税。

《国家税务总局关于境内机构向我国银行的境外分行支付利息扣缴企业所得税有关问题的公告》　国家税务总局公告 2015 年第 47 号

手续费和佣金支出

5.3.1.9　从事代理服务企业，手续费和佣金支出，是否准予税前扣除?

■从事代理服务、主营业务收入为手续费、佣金的企业（如证券、期货、保险代理等企业），其为取得该类收入而实际发生的营业成本（包括手续费及佣金支出），准予在企业所得税前据实扣除。

《国家税务总局关于企业所得税应纳税所得额若干税务处理问题的公告》三　国家税务总局公告 2012 年第 15 号

5.3.1.10　邮储银行支付给邮政企业及其各省子公司的“代理费”，是否准予税前扣除?

■邮政企业及其各省子公司，接受邮储银行的委托，办理吸收储蓄存款等基础金融业务。吸收储蓄存款后，资金交由邮储银行运作、使用。邮储银行运作、使用取得利息收入，以“代理费”的形式，向邮政企业及其各省子公司支付收益。

邮储银行按照财政部等有关部门规定支付给邮政企业及其各省子公司的“代理费”，准予据实在计算企业应纳税所得额时扣除。

《国家税务总局关于中国邮政储蓄银行支付邮政企业代理费企业所得税处理问题的通知》二　国税函〔2012〕564 号

5.3.1.11　保险企业发生的手续费及佣金支出，是否准予税前扣除?

■保险企业发生与生产经营有关的手续费及佣金支出，不超过以下规定计算限额以内的部分，准予扣除；超过部分，不得扣除。

财产保险企业按当年全部保费收入扣除退保金等后余额的 15%（含本数）计算限额；人身保险企业按当年全部保费收入扣除退保金等后余额的 10%计算限额。

《财政部　国家税务总局关于企业手续费及佣金支出税前扣除政策的通知》一　财税〔2009〕29 号

贷款损失准备金

5.3.1.12 公司计提的准备金退还的，是否补征企业所得税？

■准备金如发生清算、退还，应按规定补征企业所得税。

《财政部 国家税务总局关于证券行业准备金支出企业所得税税前扣除有关政策问题的通知》三 财税〔2012〕11号

5.3.1.13 金融企业准予税前提取贷款损失准备金的贷款资产范围？

■自2014年1月1日起至2018年12月31日止，金融企业（不包括涉农贷款和中小企业贷款）准予税前提取贷款损失准备金的贷款资产范围包括：

（1）贷款（含抵押、质押、担保等贷款）；

（2）银行卡透支、贴现、信用垫款（含银行承兑汇票垫款、信用证垫款、担保垫款等）、进出口押汇、同业拆出、应收融资租赁款等各项具有贷款特征的风险资产；

（3）由金融企业转贷并承担对外还款责任的国外贷款，包括国际金融组织贷款、外国买方信贷、外国政府贷款、日本国际协力银行不附条件贷款和外国政府混合贷款等资产。

■金融企业的委托贷款、代理贷款、国债投资、应收股利、上交央行准备金以及金融企业剥离的债权和股权、应收财政贴息、央行款项等不承担风险和损失的资产，不得提取贷款损失准备金在税前扣除。

《财政部 国家税务总局关于金融企业贷款损失准备金企业所得税税前扣除有关政策的通知》一、三 财税〔2015〕9号

5.3.1.14 金融企业准予当年税前扣除的贷款损失准备金如何计算？

■金融企业准予当年税前扣除的贷款损失准备金计算公式如下：

准予当年税前扣除的贷款损失准备金=本年末准予提取贷款损失准备金的贷款资产余额×1%-截至上年末已在税前扣除的贷款损失准备金的余额。

金融企业按上述公式计算的数额如为负数，应当相应调增当年应纳税所得额。

《财政部 国家税务总局关于金融企业贷款损失准备金企业所得税税前扣除有关政策的通知》二 财税〔2015〕9号

5.3.1.15 金融企业发生的贷款损失，如何在税前扣除？

■金融企业发生的符合条件的贷款损失，应先冲减已在税前扣除的贷款损失准备金，不足冲减部分可据实在计算当年应纳税所得额时扣除。

《财政部 国家税务总局关于金融企业贷款损失准备金企业所得税税前扣除有关政策的通知》四 财税〔2015〕9号

5.3.1.16 金融企业对涉农贷款和中小企业贷款计提的贷款损失准备金，是否可以税前扣除？

■自2014年1月1日起至2018年12月31日止，金融企业对其涉农贷款和中小企业贷款，按照以下比例计提的贷款损失准备金，准予在计算应纳税所得额时扣除：

（1）关注类贷款，计提比例为2%；

（2）次级类贷款，计提比例为25%；

（3）可疑类贷款，计提比例为50%；

（4）损失类贷款，计提比例为100%。

■涉农贷款，是指《涉农贷款专项统计制度》（银发〔2007〕246号）统计的以下贷款：

（1）农户贷款；

（2）农村企业及各类组织贷款。

农户贷款，是指金融企业发放给农户的所有贷款。农户贷款的判定应以贷款发放时的承贷主体是否属于农户为准。农户，是指长期（一年以上）居住在乡镇（不包括城关镇）行政管理区域内的住户，还包括长期居住在城关镇所辖行政村范围内的住户和户口不在本地而在本地居住一年以上的住户，国有农场的职工和农村个体工商户。位于乡镇（不包括城关镇）行政管理区域内和在城关镇所辖行政村范围内的国有经济的机关、团体、学校、企事业单位的集体户；有本地户口，但举家外出谋生一年以上的住户，无论是否保留承包耕地均不属于农户。农户以户为统计单位，既可以从事农业生产经营，也可以从事非农业生产经营。

农村企业及各类组织贷款，是指金融企业发放给注册地位于农村区域的企业及各类组织的所有贷款。农村区域，是指除地级及以上城市的城市行政区及其市辖建制镇之外的区域。

■中小企业贷款，是指金融企业对年销售额和资产总额均不超过2亿元的企业的贷款。

《财政部　国家税务总局关于金融企业涉农贷款和中小企业贷款损失准备金税前扣除有关问题的通知》一、二、三　财税〔2015〕3号

5.3.1.17　金融企业发生的涉农和中小企业贷款损失，如何在税前扣除？

■金融企业发生的符合条件的涉农贷款和中小企业贷款损失，应先冲减已在税前扣除的贷款损失准备金，不足冲减部分可据实在计算应纳税所得额时扣除。

《财政部　国家税务总局关于金融企业涉农贷款和中小企业贷款损失准备金税前扣除有关问题的通知》四　财税〔2015〕3号

5.3.1.18　金融企业涉农贷款、中小企业贷款损失，进行税前扣除的确认规定？

■金融企业涉农贷款、中小企业贷款逾期1年以上，经追索无法收回，应依据涉农贷款、中小企业贷款分类证明，按下列规定计算确认贷款损失进行税前扣除：

（1）单户贷款余额不超过300万元（含300万元）的，应依据向借款人和担保人的有关原始追索记录（包括司法追索、电话追索、信件追索和上门追索等原始记录之一，并由经办人和负责人共同签章确认），计算确认损失进行税前扣除。

（2）单户贷款余额超过300万元至1000万元（含1000万元）的，应依据有关原始追索记录（应当包括司法追索记录，并由经办人和负责人共同签章确认），计算确认损失进行税前扣除。

（3）单户贷款余额超过1000万元的，仍按《国家税务总局关于发布〈企业资产损失所得税税前扣除管理办法〉的公告》（国家税务总局公告2011年第25号）有关规定计算确认损失进行税前扣除。

《国家税务总局关于金融企业涉农贷款和中小企业贷款损失税前扣除问

题的公告》一　国家税务总局公告2015年第25号

保险责任准备金

5.3.1.19　保险公司提取的未到期责任准备金，是否准予税前扣除？

■保险公司按国务院财政部门的相关规定提取的未到期责任准备金，准予在税前扣除。

未到期责任准备金依据经中国保监会核准任职资格的精算师或出具专项审计报告的中介机构确定的金额提取。

未到期责任准备金，是指保险人为尚未终止的非寿险保险责任提取的准备金。

《财政部　国家税务总局关于保险公司准备金支出企业所得税税前扣除有关政策问题的通知》三　财税〔2012〕45号

5.3.1.20　保险公司提取的寿险责任准备金，是否准予在税前扣除？

■保险公司按国务院财政部门的相关规定提取的寿险责任准备金，准予在税前扣除。

寿险责任准备金依据经中国保监会核准任职资格的精算师或出具专项审计报告的中介机构确定的金额提取。

寿险责任准备金，是指保险人为尚未终止的人寿保险责任提取的准备金。

《财政部　国家税务总局关于保险公司准备金支出企业所得税税前扣除有关政策问题的通知》三　财税〔2012〕45号

5.3.1.21　保险公司提取的长期健康险责任准备金，是否准予税前扣除？

■保险公司按国务院财政部门的相关规定提取的长期健康险责任准备金，准予在税前扣除。

长期健康险责任准备金依据经中国保监会核准任职资格的精算师或出具专项审计报告的中介机构确定的金额提取。

长期健康险责任准备金，是指保险人为尚未终止的长期健康保险责任提取的准备金。

《财政部　国家税务总局关于保险公司准备金支出企业所得税税前扣除有关政策问题的通知》三　财税〔2012〕45号

5.3.1.22　保险公司提取的已发生已报案未决赔款准备金，是否准予在税前扣除？

■保险公司按国务院财政部门的相关规定提取的已发生已报案未决赔款准备金，准予在税前扣除。

已发生已报案未决赔款准备金，按最高不超过当期已经提出的保险赔款或者给付金额的100%提取。

已发生已报案未决赔款准备金，是指保险人为非寿险保险事故已经发生并已向保险人提出索赔、尚未结案的赔案提取的准备金。

《财政部　国家税务总局关于保险公司准备金支出企业所得税税前扣除有关政策问题的通知》三　财税〔2012〕45号

5.3.1.23　保险公司提取的已发生未报案未决赔款准备金，是否准予在税前扣除？

■保险公司按国务院财政部门的相关规定提取的已发生未报案未决赔款准备金，准予在税前扣除。

已发生未报案未决赔款准备金按不超过当年实际赔款支出额的8%提取。

已发生未报案未决赔款准备金，是指保险人为非寿险保险事故已经发生、尚未向保险人提出索赔的赔案提取的准备金。

《财政部 国家税务总局关于保险公司准备金支出企业所得税税前扣除有关政策问题的通知》三 财税〔2012〕45号

5.3.1.24 保险公司提取的准备金，不足冲抵部分，是否准予税前扣除？

■保险公司实际发生的各种保险赔款、给付，应首先冲抵按规定提取的准备金，不足冲抵部分，准予在当年税前扣除。

《财政部 国家税务总局关于保险公司准备金支出企业所得税税前扣除有关政策问题的通知》四 财税〔2012〕45号

5.3.1.25 保险企业计算各项准备金时未执行会计规定的，是否调整当期应纳税所得额？

■保险企业因执行财政部企业会计规定计提的准备金与之前执行中国保险业监督管理委员会有关监管规定计提的准备金形成的差额，应计入保险企业应纳税所得额。凡上述准备金差额尚未进行税务处理的，可分10年均匀计入2015年及以后年度应纳税所得额；已进行税务处理的不再分期计入以后年度应纳税所得额。

《财政部 国家税务总局关于保险企业计提准备金有关税收处理问题的通知》二 财税〔2015〕115号

■保险企业未到期责任准备金、寿险责任准备金、长期健康险责任准备金、已发生已报告未决赔款准备金和已发生未报告未决赔款准备金应按财政部下发的企业会计有关规定计算扣除。

保险企业在计算扣除上述各项准备金时，凡未执行财政部有关会计规定仍执行中国保险监督管理委员会有关监管规定的，应将两者之间的差额调整当期应纳税所得额。

《国家税务总局关于企业所得税应纳税所得额若干问题的公告》三 国家税务总局公告2014年第29号

农业保险巨灾风险准备金

5.3.1.26 保险公司计提农业保险巨灾风险准备金，企业所得税税前如何扣除？

■自2011年1月1日起至2015年12月31日止，保险公司经营财政给予保费补贴的种植业险种（补贴险种）的，按不超过补贴险种当年保费收入25%的比例计提的巨灾风险准备金，准予在企业所得税前据实扣除。

■补贴险种是指各级财政部门根据财政部关于种植业保险保费补贴管理的相关规定确定，且各级财政部门补贴比例之和不低于保费60%的种植业险种。

《财政部 国家税务总局关于保险公司农业巨灾风险准备金企业所得税税前扣除政策的通知》一、二 财税〔2012〕23号

5.3.1.27 保险公司计提农业保险巨灾风险准备金，如何计算？

■具体计算公式如下：

本年度扣除的巨灾风险准备金=本年度保费收入×25%-上年度已在税前扣除的巨灾风

险准备金结存余额。

按上述公式计算的数额如为负数，应调增当年应纳税所得额。

《财政部 国家税务总局关于保险公司农业巨灾风险准备金企业所得税税前扣除政策的通知》一 财税〔2012〕23号

5.3.1.28 保险公司计提农业保险巨灾风险准备金，纳税申报的报送资料？

■保险公司应当按专款专用原则建立健全巨灾风险准备金管理使用制度。在向主管税务机关报送企业所得税纳税申报表时，同时附送巨灾风险准备金提取、使用情况的说明和报表。

《财政部 国家税务总局关于保险公司农业巨灾风险准备金企业所得税税前扣除政策的通知》三 财税〔2012〕23号

保险保障基金

5.3.1.29 保险公司缴纳的保险保障基金，是否准予税前扣除？

■自2011年1月1日起至2015年12月31日止，保险公司按规定缴纳的保险保障基金，准予据实税前扣除。

（1）保险公司缴纳非投资型财产保险业务的保险保障基金，不得超过保费收入的0.8%，准予据实税前扣除。

保费收入，是指投保人按照保险合同约定，向保险公司支付的保险费。

非投资型财产保险业务，是指仅具有保险保障功能而不具有投资理财功能的财产保险业务。

（2）保险公司缴纳的投资型财产保险业务保险保障基金，有保证收益的，不得超过业务收入的0.08%，无保证收益的，不得超过业务收入的0.05%，准予据实税前扣除。

投资型财产保险业务，是指兼具有保险保障与投资理财功能的财产保险业务。

业务收入，是指投保人按照保险合同约定，为购买相应的保险产品支付给保险公司的全部金额。

有保证收益，是指保险产品在投资收益方面提供固定收益或最低收益保障。

无保证收益，是指保险产品在投资收益方面不提供收益保证，投保人承担全部投资风险。

保险公司缴纳的保险保障基金，有保证收益的人寿保险业务，不得超过业务收入的0.15%；无保证收益的人寿保险业务，不得超过业务收入的0.05%，准予据实税前扣除。

（3）保险公司缴纳的短期健康保险业务保险保障基金，不得超过保费收入的0.8%；长期健康保险业务，不得超过保费收入的0.15%，准予据实税前扣除。

（4）保险公司缴纳的非投资型意外伤害保险业务保险保障基金，不得超过保费收入的0.8%，准予据实税前扣除。

保险公司缴纳的投资型意外伤害保险业务，有保证收益的，不得超过业务收入的0.08%，无保证收益的，不得超过业务收入的0.05%，准予据实税前扣除。

保险保障基金，是指按照《中华人民共和国保险法》和《保险保障基金管理办法》（保监会、财政部、人民银行令2008年第2号）规定缴纳形成的，在规定情形下用于救助保单持有人、保单受让公司或者处置保险业风险的非政府性行业风险救助基金。

《财政部 国家税务总局关于保险公司准备金支出企业所得税税前扣除

有关政策问题的通知》一　财税〔2012〕45 号

5.3.1.30　保险公司缴纳的保险保障基金，在什么情形下，不得税前扣除？

■保险公司有下列情形之一的，其缴纳的保险保障基金不得在税前扣除：

（1）财产保险公司的保险保障基金余额达到公司总资产 6%的。

（2）人身保险公司的保险保障基金余额达到公司总资产 1%的。

《财政部　国家税务总局关于保险公司准备金支出企业所得税税前扣除有关政策问题的通知》二　财税〔2012〕45 号

再保险赔款支出

5.3.1.31　再保险公司的再保险业务赔款支出，税前扣除的时间？

■从事再保险业务的保险公司发生的再保险业务赔款支出，按照权责发生制的原则，应在收到从事直保业务公司再保险业务赔款账单时，作为企业当期成本费用扣除。凡在次年企业所得税汇算清缴前，再保险公司收到直保公司再保险业务赔款账单中属于上年度的赔款，准予调整作为上年度的成本费用扣除，同时调整已计提的未决赔款准备金；次年汇算清缴后收到直保公司再保险业务赔款账单的，按该赔款账单上发生的赔款支出，在收单年度作为成本费用扣除。

《国家税务总局关于保险公司再保险业务赔款支出税前扣除问题的通知》国税函〔2009〕313 号

证券风险金

5.3.1.32　证券交易所提取的证券交易所风险基金，是否准予在企业所得税前扣除？

■自 2011 年 1 月 1 日起至 2015 年 12 月 31 日止，上海、深圳证券交易所按证券交易所交易收取经手费的 20%、会员年费的 10%提取的证券交易所风险基金，在各基金净资产不超过 10 亿元的额度内，准予在企业所得税税前扣除。

上海、深圳证券交易所在风险基金分别达到规定的上限后，按交易经手费的 20%缴纳的证券投资者保护基金，准予在企业所得税税前扣除。

《财政部　国家税务总局关于证券行业准备金支出企业所得税税前扣除有关政策问题的通知》一　财税〔2012〕11 号

5.3.1.33　中国证券登记结算公司提取的证券结算风险基金，是否准予在企业所得税前扣除？

■自 2011 年 1 月 1 日起至 2015 年 12 月 31 日止，中国证券登记结算公司所属上海分公司、深圳分公司按证券登记结算公司业务收入的 20%提取的证券结算风险基金，在各基金净资产不超过 30 亿元的额度内，准予在企业所得税税前扣除。

《财政部　国家税务总局关于证券行业准备金支出企业所得税税前扣除有关政策问题的通知》一　财税〔2012〕11 号

5.3.1.34　交易所计提的风险准备金、缴纳的期货投资者保障基金，是否准予在企业所得税税前扣除？

■自 2011 年 1 月 1 日起至 2015 年 12 月 31 日止，大连商品交易所、郑州商品交易所和中国金融期货交易所、上海期货交易所向会员收取手续费收入的20%计提的风险准备金，在风险准备金余额达到有关规定的额度内，准予在企业所得税税前扣除。

上海期货交易所、大连商品交易所、郑州商品交易所和中国金融期货交易所，按其向期货公司会员收取的交易手续费的3%缴纳的期货投资者保障基金，在基金总额达到有关规定的额度内，准予在企业所得税税前扣除。

《财政部　国家税务总局关于证券行业准备金支出企业所得税税前扣除有关政策问题的通知》二　财税〔2012〕11号

5.3.1.35　期货公司计提的风险准备金、缴纳的期货投资者保障基金，是否准予在企业所得税税前扣除？

■自2011年1月1日起至2015年12月31日止，期货公司从其收取的交易手续费收入减去应付期货交易所手续费后的净收入的5%提取的期货公司风险准备金，准予在企业所得税税前扣除。

期货公司从其收取的交易手续费中按照代理交易额的千万分之五至千万分之十的比例缴纳的期货投资者保障基金，在基金总额达到有关规定的额度内，准予在企业所得税税前扣除。

《财政部　国家税务总局关于证券行业准备金支出企业所得税税前扣除有关政策问题的通知》二　财税〔2012〕11号

5.3.1.36　证券公司缴纳的证券结算风险基金，是否准予在企业所得税税前扣除？

■自2011年1月1日起至2015年12月31日止，证券公司作为结算会员按人民币普通股和基金成交金额的十万分之三、国债现货成交金额的十万分之一、1天期国债回购成交额的千万分之五、2天期国债回购成交额的千万分之十、3天期国债回购成交额的千万分之十五、4天期国债回购成交额的千万分之二十、7天期国债回购成交额的千万分之五十、14天期国债回购成交额的十万分之一、28天期国债回购成交额的十万分之二、91天期国债回购成交额的十万分之六、182天期国债回购成交额的十万分之十二逐日交纳的证券结算风险基金，准予在企业所得税税前扣除。

证券公司按其营业收入0.5%—5%缴纳的证券投资者保护基金，准予在企业所得税税前扣除。

《财政部　国家税务总局关于证券行业准备金支出企业所得税税前扣除有关政策问题的通知》一　财税〔2012〕11号

担保赔偿准备、未到期责任准备

5.3.1.37　符合条件的中小企业信用担保机构，准备金税前扣除有何政策？

■自2011年1月1日起至2015年12月31日止，符合条件的中小企业信用担保机构按照不超过当年年末担保责任余额1%的比例计提的担保赔偿准备、按照不超过当年担保费收入50%的比例计提的未到期责任准备，允许在企业所得税税前扣除，同时将上年度计提的担保赔偿准备余额、未到期责任准备余额转为当期收入。

符合条件的中小企业信用担保机构，必须同时满足以下条件：

（1）符合《融资性担保公司管理暂行办法》（银监会等七部委令2010年第3号）相

关规定，并具有融资性担保机构监管部门颁发的经营许可证；

（2）以中小企业为主要服务对象，当年新增中小企业信用担保和再担保业务收入占新增担保业务收入总额的70%以上（上述收入不包括信用评级、咨询、培训等收入）；

（3）中小企业信用担保业务的平均年担保费率不超过银行同期贷款基准利率的50%；

（4）财政、税务部门规定的其他条件。

《财政部　国家税务总局关于中小企业信用担保机构有关准备金企业所得税税前扣除政策的通知》　财税〔2012〕25号

5.3.1.38　享受准备金税前扣除政策的中小企业信用担保机构，在汇算清缴时应提交的材料？

■申请享受准备金税前扣除政策的中小企业信用担保机构，在汇算清缴时，需报送法人执照副本复印件、融资性担保机构监管部门颁发的经营许可证复印件、具有资质的中介机构鉴证的年度会计报表和担保业务情况（包括担保业务明细和风险准备金提取等），以及财政、税务部门要求提供的其他材料。

《财政部　国家税务总局关于中小企业信用担保机构有关准备金企业所得税税前扣除政策的通知》五　财税〔2012〕25号

5.3.1.39　中小企业信用担保机构实际发生的代偿损失，如何在税前扣除？

■自2011年1月1日起至2015年12月31日止，中小企业信用担保机构实际发生的代偿损失，符合税收法律法规关于资产损失税前扣除政策规定的，应冲减已在税前扣除的担保赔偿准备，不足冲减部分据实在企业所得税税前扣除。

《财政部　国家税务总局关于中小企业信用担保机构有关准备金企业所得税税前扣除政策的通知》三　财税〔2012〕25号

5.3.2　减免税

5.3.2.1　金融机构取得的涉农贷款的利息收入，是否减计收入征收企业所得税？

■自2014年1月1日起至2016年12月31日止，对金融机构农户小额贷款的利息收入，在计算应纳税所得额时，按90%计入收入总额。(减免税代码：04091505)

《财政部　国家税务总局关于延续并完善支持农村金融发展有关税收政策的通知》二　财税〔2014〕102号

■中和农信项目管理有限公司和中国扶贫基金会举办的农户自立服务社（中心）从事农户小额贷款取得的利息收入，在计算应纳税所得额时，按90%计入收入总额。

中和农项目管理有限公司和中国扶贫基金会举办的农户自立服务社（中心）应对符合条件的农户小额贷款利息收入进行单独核算，不能单独核算的不得适用本通知规定的优惠政策。

《财政部　国家税务总局关于中国扶贫基金会小额信贷试点项目税收政策的通知》　财税〔2010〕35号

■中和农信项目管理有限公司独资成立的小额贷款公司，享受上述优惠政策。

《财政部 国家税务总局关于中国扶贫基金会所属小额贷款公司享受有关税收优惠政策的通知》 财税〔2012〕33号

■金融等机构取得的涉农贷款利息收入在计算应纳税所得额时减计收入的备案资料：企业所得税优惠事项备案表。

预缴享受、年度备案。主要留存备查资料：

（1）相关利息收入的核算情况；

（2）相关贷款合同；

（3）省税务机关规定的其他资料。

《国家税务总局关于发布〈企业所得税优惠政策事项办理办法〉的公告》附件1：企业所得税优惠事项备案管理目录（2015年版）12 国家税务总局公告2015年第76号

5.3.2.2 邮储银行定向购买国专项债券取得的利息收入，是否减半征收企业所得税？

■对邮储银行按照2015年国家专项债券发行计划定向购买国家开发银行、中国农业发展银行发行的专项债券取得的利息收入，减半征收企业所得税。

《财政部 国家税务总局关于中国邮政储蓄银行专项债券利息收入企业所得税政策问题的通知》 财税〔2015〕150号

5.3.2.3 保险企业承保卫星发射业务的保费收入，是否免征企业所得税？

■对保险企业承保卫星发射业务的保费收入，凡纳入卫星发射保险专项基金的部分，在计征所得税时准予不计入保险企业应纳税所得额，免征企业所得税。

《财政部 国家税务总局关于对卫星发射保险业务有关税收政策问题的通知》一 财税字〔1997〕60号

5.3.2.4 出口信用保险业务，是否实行企业所得税先征后返？

■经国务院批准，对中保财险公司和中国进出口银行的出口信用保险业务照章征收企业所得税，所征税款暂时采取先征后返办法，返还的税款全部转入出口信用保险风险准备金，具体返还办法按照《关于税制改革后对某些企业实行“先征后返”有关预算管理问题的暂行法规的通知》（财预字〔1994〕55号）的法规执行。

《财政部 国家税务总局关于中保财险公司和中国进出口银行出口信用保险业务税收问题的通知》 财税字〔1998〕41号

5.3.2.5 对证券投资基金管理人运用基金买卖股票、债券的差价收入，是否免征企业所得税？

■自2004年1月1日起，对证券投资基金（封闭式证券投资基金，开放式证券投资基金）管理人运用基金买卖股票、债券的差价收入，继续免征企业所得税。

《财政部 国家税务总局关于证券投资基金税收问题的通知》 财税〔2004〕78号

5.3.2.6 保险公司取得的涉农保费收入，是否减计收入征收企业所得税？

■自2014年1月1日起至2016年12月31日止，对保险公司为种植业、养殖业提供保险业务取得的保费收入，在计算应纳税所得额时，按90%计入收入总额。（减免税代码：04091505）

保费收入，是指原保险保费收入加上分保费收入减去分出保费后的余额。

《财政部　国家税务总局关于延续并完善支持农村金融发展有关税收政策的通知》四　财税〔2014〕102号

■保险等机构取得的涉农贷款保费收入在计算应纳税所得额时减计收入的备案资料：企业所得税优惠事项备案表。

预缴享受、年度备案。主要留存备查资料：

（1）相关保费收入的核算情况；

（2）相关保险合同；

（3）省税务机关规定的其他资料。

《国家税务总局关于发布〈企业所得税优惠政策事项办理办法〉的公告》附件1：企业所得税优惠事项备案管理目录（2015年版）12　国家税务总局公告2015年第76号

5.3.2.7　对住房公积金管理中心取得的利息收入，是否免征企业所得税？

■对住房公积金管理中心用住房公积金购买国债、在指定的委托银行发放个人住房贷款取得的利息收入，免征企业所得税。

《财政部　国家税务总局关于住房公积金管理中心有关税收政策的通知》二　财税〔2000〕94号

5.3.2.8　对境外分行取得来源于境内利息所得，如何扣缴企业所得税？

■（1）税收协定列名的免税外国金融机构设在第三国的非法人分支机构与其总机构属于同一法人，除税收协定中明确规定只有列名金融机构的总机构可以享受免税待遇情况外，该分支机构取得的利息可以享受中国与其总机构所在国签订的税收协定中规定的免税待遇。

（2）属于中国居民企业的银行在境外设立的非法人分支机构同样是中国的居民，该分支机构取得的来源于中国的利息，不论是由中国居民还是外国居民设在中国的常设机构支付，均不适用我国与该分支机构所在国签订的税收协定，应适用我国国内法的相关规定。

《国家税务总局关于境外分行取得来源于境内利息所得扣缴企业所得税问题的通知》　国税函〔2010〕266号

5.4　个人所得税

5.4.1.1　个人参加有奖储蓄取得的中奖所得，银行是否代扣代缴个人所得？

■个人参加有奖储蓄取得的各种形式的中奖所得，支付该项所得的银行是代扣代缴义务人，在其向个人支付有奖储蓄中奖所得时按照“偶然所得”应税项目扣缴个人所得税税款。

《国家税务总局关于有奖储蓄中奖收入征收个人所得税问题的批复》　国税函发〔1995〕98号

5.4.1.2　银行超过利率和保值贴补率支付的揽储奖金，是否征收个人所得税？

■对银行部门以超过国家法规利率和保值贴补率支付给储户的揽储奖金，应按“经国务院财政部门确定征税的其他所得”应税项目征收个人所得税，税率为20%。

《财政部 国家税务总局关于银行部门以超过国家利率支付给储户的揽储奖金征收个人所得税问题的批复》 财税字〔1995〕64号

5.4.1.3 办税人员取得的扣缴利息税手续费所得，是否征收个人所得税？

■储蓄机构内从事代扣代缴工作的办税人员取得的扣缴利息税手续费所得免征个人所得税。

《国家税务总局关于代扣代缴储蓄存款利息所得个人所得税手续费收入征免税问题的通知》二 国税发〔2001〕31号

5.4.1.4 保险营销员的佣金，如何计征个人所得税？

■保险企业营销员（非雇员）取得的收入应按劳务报酬所得计征个人所得税。保险企业营销员以一个月内取得的收入为一次。保险企业是营销员个人所得税的代扣代缴义务人，应按月代扣税款并于次月七日内将所扣税款缴入国库。

《国家税务总局关于保险企业营销员（非雇员）取得的收入计征个人所得税问题的通知》 国税发〔1998〕13号

■保险营销员的佣金由展业成本和劳务报酬构成。按照税法规定，对佣金中的展业成本，不征收个人所得税；对劳务报酬部分，扣除实际缴纳的营业税金及附加后，征收个人所得税。

保险营销员佣金中展业成本的比例暂定为40%。

《国家税务总局关于保险营销员取得佣金收入征免个人所得税问题的通知》一 国税函〔2006〕454号

5.4.1.5 证券经纪人佣金收入如何征收个人所得税？

■证券经纪人从证券公司取得的佣金收入，应按照“劳务报酬所得”项目缴纳个人所得税。

证券经纪人佣金收入由展业成本和劳务报酬构成，对展业成本部分不征收个人所得税。根据目前实际情况，证券经纪人展业成本的比例暂定为每次收入额的40%。

证券经纪人以一个月内取得的佣金收入为一次收入，其每次收入先减去实际缴纳的营业税及附加，再减去展业成本，余额计算缴纳个人所得税。

证券公司是证券经纪人个人所得税的扣缴义务人，应认真做好个人所得税全员全额扣缴报告工作。

《国家税务总局关于证券经纪人佣金收入征收个人所得税问题的公告》国家税务总局2012年第45号公告

5.5 房产税、契税、城市维护建设税

5.5.1.1 对中国人民银行的房产，是否征收房产税？

■对行使国家行政管理职能的中国人民银行总行（含国家外汇管理局）所属分支机构自用的房产、土地，免征房产税、城镇土地使用税。（房产税减免性质代码：08129999）

《国家税务总局关于中国人民银行总行所属分支机构免征房产税城镇土

地使用税的通知》 国税函〔2001〕770号（自2016年5月29日起全文废止，详见国家税务总局公告2016年第34号）

5.5.1.2 对专业银行的房产，是否征收房产税？

■各专业银行都是独立核算的经济实体，对其房产应征收房产税。

《财政部关于对银行、保险系统征免房产税的通知》二 （87）财税字第36号

5.5.1.3 中国农业银行股份有限公司改制承受土地、房屋，是否免征契税？

■对中国农业银行股份有限公司承受原中国农业银行的土地、房屋权属，免征契税。

对中国农业银行股份有限公司以国家作价出资方式承受原中国农业银行划拨用地，不征契税。

《国家税务总局关于明确中国农业银行改制有关契税政策的通知》 国税函〔2009〕618号

5.5.1.4 国家开发银行，如何缴纳城市维护建设税？

■自2007年1月1日起，将国家开发银行城市维护建设税和教育费附加由“集中划转，返还各地，各地入库”的缴纳方式改为由国家开发银行各省（区、市）分行直接向各地地方税务局申报缴纳。

国家开发银行各分行应纳的城市维护建设税和教育费附加由国家开发银行总行于季度终了后的10日内统一计算，通知各分行，各分行向当地地方税务局申报缴纳。

《国家税务总局关于调整国家开发银行城市维护建设税和教育费附加缴纳办法的通知》 国税函〔2007〕484号

5.6 印花税

5.6.1 借款合同

征税范围

5.6.1.1 借款合同，印花税的征税范围？

■在中华人民共和国境内书立、领受借款合同的单位和个人，应当缴纳印花税。

借款合同，印花税征税范围是银行及其他金融组织和借款人（不包括银行同业拆借）所签订的借款合同。

《中华人民共和国印花税暂行条例》第一条、附件：印花税税目税率表

■我国的其他金融组织，是指除人民银行、各专业银行以外，由中国人民银行批准设立，领取经营金融业务许可证书的单位。

《国家税务局关于印花税若干具体问题的解释和规定的通知》五 国税发〔1991〕155号

5.6.1.2 银行同业拆借合同，是否缴纳印花税？

■银行同业拆借，是指按国家信贷制度规定，银行、非银行金融机构之间相互融通短期

资金的行为。同业拆借合同不属于列举征税的凭证，不贴印花。

确定同业拆借合同的依据，应以中国人民银行银发〔1990〕62号《关于印发〈同业拆借管理试行办法〉的通知》为准。凡按照规定的同业拆借期限和利率签订的同业拆借合同，不贴印花；凡不符合规定的，应按借款合同贴花。

《国家税务局关于印花税若干具体问题的解释和规定的通知》八　国税发〔1991〕155号

5.6.1.3　人民银行各级机构向专业银行发放的贷款合同，是否缴纳印花税？

■人民银行各级机构向专业银行发放的各种期限的贷款不属于银行同业拆借，所签订的合同或者借据应缴纳印花税。

对上述贷款中的日拆性贷款（在此专指二十天内的贷款），所签的合同或借据，暂免征收印花税。

《国家税务局关于中国人民银行向专业银行发放贷款所签合同征免印花税问题的批复》　国税函〔1993〕705号

5.6.1.4　单据作为借款合同使用的，是否缴纳印花税？

■单据作为合同使用的，按合同贴花。

《中华人民共和国印花税暂行条例》附件：印花税税目税率表

5.6.1.5　对财政部门的拨款改贷款业务中所签订的合同，是否贴花？

■财政等部门的拨款改贷款签订的借款合同，凡直接与使用单位签订的，暂不贴花；凡委托金融单位贷款，金融单位与使用单位签订的借款合同应按规定贴花。

《国家税务局关于印花税若干具体问题的解释和规定的通知》六　国税发〔1991〕155号

5.6.1.6　借款展期合同，是否贴花？

■对办理借款展期业务使用借款展期合同或其他凭证，按信贷制度规定，仅载明延期还款事项的，可暂不贴花。

《国家税务局关于印花税若干具体问题的解释和规定的通知》七　国税发〔1991〕155号

5.6.1.7　中国银行的混合贷款、买方信贷合同与转贷合同，是否缴纳印花税？

■混合贷款、买方信贷合同与转贷合同，均应缴纳印花税。

《国家税务局关于中国银行为“三贷”业务申请免征印花税问题的复函》　国税地函发〔1992〕16号

5.6.1.8　资本金贷款合同，是否缴纳印花税？

■资本金贷款合同，不属于免税凭证范围，应按规定缴纳印花税。

《财政部　国家税务总局关于国家开发银行缴纳印花税问题的复函》二　财税字〔1995〕47号

应纳税额

5.6.1.9　借款合同，如何计算应纳税额？

■借款合同，按借款金额万分之零点五贴花。

《中华人民共和国印花税暂行条例》附件：印花税税目税率表

5.6.1.10　既有借款合同又有借据的，如何贴花？

■凡一项信贷业务既签订借款合同又一次或分次填开借据的，只就借款合同按所载借款金额计税贴花；凡只填开借据并作为合同使用的，应按照借据所载借款金额计税，在借据上贴花。

《国家税务局关于对借款合同贴花问题的具体规定》一　国税地字〔1988〕30号

■在借贷业务中凡流动资金借款先签借款合同，并在合同法规借款额度内办理借款借据的只就对借款合同贴花完税；凡先办理借款借据的，应以借据作为印花税的应纳税凭证，在书立时即时贴花完税，以后补办的借款合同不再贴花。

《国家税务局关于借贷业务应纳印花税凭证问题的批复》　国税函〔1991〕1081号

5.6.1.11　流动资金周转借款合同，如何贴花？

■在签订流动资金周转借款合同时，应按合同法规的最高借款限额计税贴花。以后，只要在限额内随借随还，不在签新合同的，就不另贴印花。

《国家税务局关于对借款合同贴花问题的具体规定》二　国税地字〔1988〕30号

5.6.1.12　抵押借款，如何贴花？

■借款方以财产作抵押，与贷款方签订的抵押借款合同，属于资金信贷业务，信贷双方应按“借款合同”计税贴花。因借款方无力偿还借款而将抵押财产转移给贷款方，应就双方书立的产权转移书据，按“产权转移书据”计税贴花。

《国家税务局关于对借款合同贴花问题的具体规定》三　国税地字〔1988〕30号

5.6.1.13　融资租赁合同，如何贴花？

■银行及其金融机构经营的融资租赁业务，是一种以融物方式达到融资目的的业务，实际上是分期偿还的固定资金借贷。因此，对融资租赁合同，可据合同所载的租金总额暂按“借款合同”计税贴花。

《国家税务局关于对借款合同贴花问题的具体规定》四　国税地字〔1988〕30号

5.6.1.14　借款合同中既有应税金额又有免税金额，如何计税贴花？

■有些借款合同，借款总额中既有应免税的金额，也有应纳税的金额。对这类“混合”借款合同，凡合同中能划分免税金额与应税金额的，只就应税金额计税贴花；不能划分清楚的，应按借款总金额计税贴花。

《国家税务局关于对借款合同贴花问题的具体规定》五　国税地字〔1988〕30号

5.6.1.15　借款方与银团“多头”签订借款合同，如何贴花？

■在有的信贷业务中，贷方是由若干银行组成的银团，银团各方均承担一定的贷款数额，借款合同由借款方与银团各方共同书立，各执一份合同正本。对这类借款合同，借款方与贷款银团各方应分别在所执合同正本上按各自的借贷金额计税贴花。

《国家税务局关于对借款合同贴花问题的具体规定》六　国税地字〔1988〕30 号

5.6.1.16　基建借款中先签订分合同后签订总合同，如何贴花？

■有些基本建设贷款，先按年度用款计划分年签订借款分合同，在最后一年按总概算签订借款总合同，总合同的借款金额中，包括各分合同的借款金额。对这类基建借款合同，应按分合同分别贴花，最后签订的总合同只就借款总额扣除分合同借款金额后的余额计税贴花。

《国家税务局关于对借款合同贴花问题的具体规定》七　国税地字〔1988〕30 号

减免税

5.6.1.17　对无息、贴息贷款合同，是否免征印花税？

■无息、贴息贷款合同，免纳印花税。(减免税代码：09081515)

《中华人民共和国印花税暂行条例施行细则》第十三条　(88) 财税字第 255 号（下同）

■无息、贴息贷款合同是指我国的各专业银行按照国家金融政策发放的无息贷款及由各专业银行发放并按有关法规由财政部门或中国人民银行给予贴息的贷款项目所签订的贷款合同。

《国家税务局关于中国银行为“三贷”业务申请免征印花税问题的复函》一　国税地函发〔1992〕16 号

5.6.1.18　哪些优惠贷款合同，免征印花税？

■外国政府或者国际金融组织向我国政府及国家金融机构提供优惠贷款所书立的合同。

《中华人民共和国印花税暂行条例施行细则》第十三条

■外国政府或者国际金融组织向我国政府及国家金融机构提供优惠贷款所书立的合同,是指由外国政府或者国际金融组织提供资金，具有援助性质的优惠贷款项目所签订的政府间的协议。因此，买方信贷及混合贷款中的商业性贷款性质上不同于政府贷款。

《国家税务局关于中国银行为“三贷”业务申请免征印花税问题的复函》一　国税地函发〔1992〕16 号

5.6.1.19　开发银行经财政贴息的项目贷款合同，是否免征印花税？

■经财政贴息的项目贷款合同，免征印花税。(减免性质代码：09081504)

《财政部　国家税务总局关于国家开发银行缴纳印花税问题的复函》一　财税字〔1995〕47 号

5.6.1.20　金融机构与小型、微型企业签订的借款合同，是否免征印花税？

■自 2014 年 11 月 1 日至 2017 年 12 月 31 日，对金融机构与小型、微型企业签订的借款合同免征印花税。

《财政部　国家税务总局关于金融机构与小型微型企业签订借款合同免征印花税的通知》一　财税〔2014〕78号

纳税管理

5.6.1.21　开行各分行的贷款合同，如何缴纳印花税？

■开行各分行签订的贷款合同实行按年汇总缴纳印花税的办法。即年度终了后1个月内，开行各分行向当地地方税务局申报缴纳印花税。同时向税务机关提供财政部《关于核定××××年度基本建设政策性财政贴息预算拨款的通知》和全年贷款合同明细表，经地方税务局对照核实后，对财政贴息的项目贷款合同免征印花税，其余非贴息贷款合同按规定缴纳印花税。

《国家税务总局关于明确国家开发银行分行营业账簿和贷款合同印花税缴纳方式的通知》二　国税函〔2000〕1060号

5.6.2　保险合同

5.6.2.1　书立、领受财产保险合同的单位和个人，如何缴纳印花税？

■在中华人民共和国境内书立、领受财产保险合同的单位和个人，是印花税的纳税义务人，应当缴纳印花税。

财产保险合同，征税范围包括财产、责任、保证、信用等保险合同，单据作为合同使用的，按合同贴花。

《中华人民共和国印花税暂行条例》

■各类保险合同，其计税依据为保险费收入，按千分之一计税征收。

《国家税务局关于改变保险合同印花税计税办法的通知》　国税函〔1990〕428号

■签订保险合同的投保方和承保方对各自所持的保险合同，均应计税贴花。

《国家税务局地方税管理司关于改变保险合同计税依据适用范围的批复》国税地函发〔1990〕20号

5.6.2.2　财产保险合同，如何贴花？

■保险公司的财产保险分为企业财产保险、机动车辆保险、货物运输保险、家庭财产保险和农牧业保险五大类。除对农林作物、牧业畜类保险合同暂不贴花外，对其他几类财产保险合同均应计税贴花。其中，家庭财产保险由单位集体办理的，可分别按个人投保金额计税。

《国家税务局关于对保险公司征收印花税有关问题的通知》二　（1988）国税地字第37号

■家庭财产两全保险属于家庭财产保险性质，其合同应照章贴花。

《国家税务局关于家庭财产两全保险合同征收印花税问题的批复》　国税地字〔1989〕77号

5.6.2.3　责任保险、保证保险和信用保险合同，如何贴花？

■对责任保险、保证保险和信用保险合同，暂按定额五元贴花。

《国家税务局关于对保险公司征收印花税有关问题的通知》三 （1988）国税地字第 37 号

5.6.2.4 保险公司委托其他单位或者个人代办的保险业务，由谁负责办理计税贴花手续？

■保险公司委托其他单位或者个人代办的保险业务，在与投保方签订保险合同时，应由代办单位或者个人，负责代保险公司办理计税贴花手续。

《国家税务局关于对保险公司征收印花税有关问题的通知》四 （1988）国税地字第 37 号

5.6.3 营业账簿

征税范围

5.6.3.1 对银行的营业账簿与非营业账簿，如何划分？

■凡银行用以反映资金存贷经营活动、记载经营资金增减变化、核算经营成果的账簿，如各种日记账、明细账和总账都属于营业账簿，应征收印花税。

银行根据业务管理需要设置的各种登记簿，如空白重要凭证登记簿、有价单证登记簿、现金收付登记簿等，其记载的内容与资金活动无关，仅用于内容备查，属于非营业账簿，均不贴花。

《财政部 国家税务总局关于对金融系统营业账簿贴花问题的具体规定》一 国税地字〔1988〕28 号

5.6.3.2 对银行、城乡信用社设置的储蓄分户卡账，是否贴花？

■对银行、城乡信用社开展储蓄业务设置的储蓄分户卡账，暂免贴印花，对其他账簿应贴花。

《财政部 国家税务总局关于对金融系统营业账簿贴花问题的具体规定》二 国税地字〔1988〕28 号

5.6.3.3 银行使用计算机记账，是否贴花？

■银行使用计算机记账，对通过计算机输出打印账页，装订账册的，应贴花。

《财政部 国家税务总局关于对金融系统营业账簿贴花问题的具体规定》三 国税地字〔1988〕28 号

5.6.3.4 银行经理或代理国库业务设置的账簿是否贴花？

■中国人民银行各级机构经理国库业务及委托各专业银行各级机构代理国库业务设置的账簿，不是核算银行本身经营业务的账簿，不贴印花。

《国家税务局关于印花税若干具体问题的解释和规定的通知》十三 国税发〔1991〕155 号

计税贴花

5.6.3.5 银行使用的活页账簿，如何贴花？

■银行的账簿应在启用时贴花。

对银行使用的日常单页记载而按月、按季或按年装订成册的活页账簿，如分户账等，可在装订成册时，按册贴花5元。

《财政部　国家税务总局关于对金融系统营业账簿贴花问题的具体规定》二　国税地字〔1988〕28号

5.6.3.6　银行的自有流动资金，如何确定？

■下列资金属于银行自有流动资金，应缴纳印花税：

（1）各级财政拨付的信贷基金和每年按一定比例从利润中提留的信贷基金；

（2）实行股份制的金融组织，集资入股形成的信贷基金；

（3）用于经营外汇资金业务的外汇信贷基金。

《财政部　国家税务总局关于对金融系统营业账簿贴花问题的具体规定》四　国税地字〔1988〕28号

5.6.3.7　外国银行分行，如何就营业账簿贴花？

■外国银行在我国境内设立的分行，其境外总行需拨付规定数额的“营运资金”，分行在账户设置上不设“实收资本”和“资本公积”账户。外国银行分行记载由其境外总行拨付的“营运资金”账簿，应按核拨的账面资金数额计税贴花。

《国家税务总局关于外国银行分行营运资金缴纳印花税问题的批复》　国税函〔2002〕104号

5.6.3.8　保险公司的账簿，如何贴花？

■按照保险公司会计制度规定，“保险总准备金”科目反映的资金即为保险公司的自有流动资金。财政拨付的部分，在总公司和省分公司核算，利润中提留的部分，分别在各级公司核算。对保险总准备金，应由各级保险公司按其账面数额计税贴花。

《国家税务局关于对保险公司征收印花税有关问题的通知》（88）国税地字第37号

减免税

5.6.3.9　对保护基金公司新设立的资金账簿，是否免征印花税？

■对证券投资者保护基金有限责任公司（保护基金公司）新设立的资金账簿免征印花税。

《财政部　国家税务总局关于证券投资者保护基金有关印花税政策的通知》一　财税〔2006〕104号

5.6.3.10　记载资金的账簿，一次贴花数额较大，是否可以分次贴花？

■从目前国家政策性银行的经营状况考虑，对记载资金的账簿，一次贴花数额较大，难以承担的，经当地税务机关核准，可在三年内分次贴足印花。

《财政部　国家税务总局关于国家开发银行缴纳印花税问题的复函》三　财税字〔1995〕47号

5.6.3.11　银行资本金、公积金账簿，是否免征印花税？

■关于你行提出的对资本金、公积金等免征印花税问题，按照国务院从严控制减免税的精神，不再给予特殊政策，一律按规定缴纳印花税。

《财政部 国家税务总局关于农业发展银行缴纳印花税问题的复函》二 财税字〔1996〕55号

纳税管理

5.6.3.12 银行系统，印花税纳税地点?

■根据银行系统的机构设置，银行所用营业账簿的印花税，由各级独立核算的行、处在其所在地缴纳。对记载固定资产原值与自有流动资金的账簿，由各级行、处按其书面记载的自有资金数额计税贴花；对附属核算的处、所使用的其他账簿，由独立核算的行、处负责贴花。

《财政部 国家税务总局关于对金融系统营业账簿贴花问题的具体规定》五 国税地字〔1988〕28号

■对中国银行所属各分、支行以后年度新增的营运资金，仍应就地缴纳印花税。

《国家税务局关于中国银行营运资金印花税纳税地点问题的批复》 国税函〔1990〕1383号

5.6.3.13 投资银行，印花税纳税地点?

■(1) 投资银行各分行“营运资金”的印花税，均应在分行所在地缴纳。

(2) 投资银行系统所设的“调拨资金”科目，反映的资金，既有自有资金也有借入资金，在各分行计税时不易划清，可统一在总行所在地就自有资金部分计算缴纳印花税。

《国家税务局关于投资银行系统资金账簿缴纳印花税问题的复函》 国税函发〔1993〕8号

5.6.4 股票交易印花税

计税贴花

5.6.4.1 因购买、继承、赠与所书立的股权转让书据，如何计算印花税?

■股份制试点企业向社会公开发行的股票，因购买、继承、赠与所书立的股权转让书据，均依书立时证券市场当日实际成交价格计算的金额，由立据双方当事人分别按3‰的税率缴纳印花税。

办理股权交割手续的单位负有监督纳税人依法纳税的责任，并代征代缴印花税税款。

《国家税务局国家体改委关于印发〈股份制试点企业有关税收问题的暂行规定〉的通知》九 国税发〔1992〕137号

5.6.4.2 转让优先股，如何计算缴纳印花税?

■在上海证券交易所、深圳证券交易所、全国中小企业股份转让系统买卖、继承、赠与优先股所书立的股权转让书据，均依书立时实际成交金额，由出让方按1‰的税率计算缴纳证券（股票）交易印花税。

《财政部 国家税务总局关于转让优先股有关证券（股票）交易印花税

政策的通知》 财税〔2014〕46号

5.6.4.3 在全国中小企业股份转让系统转让股票，如何计算缴纳印花税？

■自2014年6月1日起，在全国中小企业股份转让系统买卖、继承、赠与股票所书立的股权转让书据，依书立时实际成交金额，由出让方按1‰的税率计算缴纳证券（股票）交易印花税。

《财政部 国家税务总局关于在全国中小企业股份转让系统转让股票有关证券（股票）交易印花税政策的通知》 财税〔2014〕47号

减免税

5.6.4.4 对投资者申购和赎回基金单位，是否征收印花税？

■对投资者申购和赎回基金单位，暂不征收印花税。（减免性质代码：09083902）

《财政部 国家税务总局关于开放式证券投资基金有关税收问题的通知》三 财税〔2002〕128号

5.6.4.5 投资者买卖封闭式证券投资基金，是否免征印花税？

■从2003年1月1日起，对投资者（包括个人和机构）买卖封闭式证券投资基金，免征印花税。（减免性质代码：09081502）

《财政部 国家税务总局关于对买卖封闭式证券投资基金继续予以免征印花税的通知》 财税〔2004〕173号

5.6.4.6 对社保基金，证券交易印花税有何优惠政策？

■全国社会保障基金理事会（“社保理事会”）管理的全国社会保障基金（“社保基金”）的有关证券（股票）交易印花税政策通知如下：

（1）对社保理事会委托社保基金投资管理人运用社保基金买卖证券应缴纳的印花税实行先征后返。社保理事会定期向财政部、上海市和深圳市财政局提出返还印花税的申请，即按照中央与地方印花税分享比例，属于中央收入部分，向财政部提出申请；属于地方收入部分，向上海市和深圳市财政局提出申请。

（2）对社保基金持有的证券，在社保基金证券账户之间的划拨过户，不属于印花税的征税范围，不征收印花税。

《财政部 国家税务总局关于全国社会保障基金有关印花税政策的通知》财税〔2003〕134号

5.6.4.7 对证券投资者保护基金公司，免征哪些印花税？

■证券投资者保护基金有限责任公司及其管理的证券投资者保护基金的下列印花税，予以免征：（减免税代码：09081512）

（1）对保护基金公司新设立的资金账簿免征印花税。

（2）对保护基金公司与中国人民银行签订的再贷款合同，免征印花税。

（3）对保护基金公司与证券公司行政清算机构签订的借款合同，免征印花税。

（4）对保护基金公司接收被处置证券公司财产签订的产权转移书据，免征印花税。

（5）对保护基金公司以保护基金自有财产和接收的受偿资产与保险公司签订的财产保险合同，免征印花税。

《财政部　国家税务总局关于证券投资者保护基金有关印花税政策的通知》 财税〔2006〕104号

纳税管理

5.6.4.8 证券交易印花税完税凭证，有何规定？

■自2014年12月1日起，证券交易场所和证券登记结算机构扣缴证券交易印花税，应当在证券公司给参与集中交易的投资者开具的“成交过户交割凭单”、证券登记结算机构或证券公司给办理非集中交易过户登记的投资者开具的“过户登记确认书”中注明应予扣收税款的计税金额、税率和扣收税款的金额，交割单、确认书应加盖开具单位的相关业务章戳。已注明扣收税款信息的交割单、确认书可以作为纳税人已完税的证明。

纳税人需要另外再开具正式完税凭证的，可以凭交割单或确认书，连同税务登记证副本或纳税人身份证明材料，向证券交易场所和证券登记结算机构所在地的主管税务机关要求开具《税收完税证明》。为保证纳税人依法取得正式完税凭证，证券交易场所和证券登记结算机构应当将扣缴证券交易印花税的纳税人明细信息及时报送主管税务机关。

《国家税务总局关于证券交易印花税完税凭证有关问题的公告》 国家税务总局公告2014年第60号

5.6.4.9 上市公司国有股权无偿转让免征证券（股票）交易印花税和中国信达等四家金融资产管理公司出让上市公司股权免征证券（股票）交易印花税，如何管理？

■证券市场所在地主管税务机关（北京、上海、深圳市国家税务局）在证券登记结算公司营业部柜台建立《上市公司国有股权无偿转让免征证券（股票）交易印花税股权过户情况登记簿》和《四家金融资产管理公司出让上市公司股权免征证券（股票）交易印花税股权过户情况登记簿》。

■具体操作规程

（1）申请人（转让方，下同）负责填写股权变更的相关事项内容；

（2）证券市场所在地主管税务机关委托当地证券登记结算公司对申请人登记填写内容逐笔验证后再办理相关手续；

（3）证券市场所在地主管税务机关定期核对《登记簿》填写的内容；

（4）年度终了后，证券登记结算公司将《登记簿》交由所在地主管税务机关备查。

《国家税务总局关于两项证券（股票）交易印花税非行政许可审批取消后有关管理问题的公告》一、二　国家税务总局公告2015年第63号

5.6.4.10 在上海、深圳证券登记公司集中托管的股票，印花税如何缴纳？

■凡是在上海、深圳证券登记公司集中托管的股票，在办理法人协议转让和个人继承、赠与等非交易转让时，其证券交易印花税统一由上海、深圳证券登记公司代扣代缴。

《国家税务总局关于加强证券交易印花税征收管理工作的通知》一　国税发〔1997〕129号

5.7 金融业特殊主体

5.7.1 被撤销金融机构

5.7.1.1 有权享受被撤销金融机构优惠政策的主体包括哪些?

■享受被撤销金融机构有关税收优惠政策的主体是指经中国人民银行依法决定撤销的金融机构及其分设于各地的分支机构，包括被依法撤销的商业银行、信托投资公司、财务公司、金融租赁公司、城市信用社和农村信用社。除另有规定者外，被撤销的金融机构所属、附属企业，不享受被撤销金融机构的税收优惠政策。

《财政部　国家税务总局关于被撤销金融机构有关税收政策问题的通知》一　财税〔2003〕141号

■被撤销金融机构，是指经人民银行、银监会依法决定撤销的金融机构及其分设于各地的分支机构，包括被依法撤销的商业银行、信托投资公司、财务公司、金融租赁公司、城市信用社和农村信用社。除另有规定外，被撤销金融机构所属、附属企业，不享受被撤销金融机构增值税免税政策。

《财政部　国家税务总局关于全面推开营业税改征增值税试点的通知》附件3：营业税改征增值税试点过渡政策的规定一　财税〔2016〕36号

5.7.1.2 对被撤销金融机构的财产用来清偿债务时，是否免征增值税?

■对被撤销金融机构财产用来清偿债务时，免征被撤销金融机构转让货物应缴纳的增值税。(减免性质代码：01081501)

《财政部　国家税务总局关于被撤销金融机构有关税收政策问题的通知》二　财税〔2003〕141号

■被撤销金融机构以货物、不动产、无形资产、有价证券、票据等财产清偿债务，免征增值税。

《财政部　国家税务总局关于全面推开营业税改征增值税试点的通知》附件3：营业税改征增值税试点过渡政策的规定一　财税〔2016〕36号

5.7.1.3 被撤销金融机构的清算所得，是否缴纳企业所得税?

■被撤销金融机构的清算所得应该依法缴纳企业所得税。

《财政部　国家税务总局关于被撤销金融机构有关税收政策问题的通知》五　财税〔2003〕141号

5.7.1.4 对被撤销金融机构财产用来清偿债务时，是否免征土地增值税?

■对被撤销金融机构财产用来清偿债务时，免征被撤销金融机构转让不动产、无形资产等应缴纳的土地增值税。(减免性质代码：11129901)

《财政部　国家税务总局关于被撤销金融机构有关税收政策问题的通知》

二 财税〔2003〕141号

5.7.1.5 对被撤销金融机构房地产，是否免征城镇土地使用税？

■对被撤销金融机构清算期间自有的或从债务方接收的房地产，免征城镇土地使用税。(减免性质代码：10083903)

《财政部 国家税务总局关于被撤销金融机构有关税收政策问题的通知》

二 财税〔2003〕141号

5.7.1.6 对被撤销金融机构的房地产，是否免征房产税？

■对被撤销金融机构清算期间自有的或从债务方接收的房地产，免征房产税。(减免性质代码：08081501)

《财政部 国家税务总局关于被撤销金融机构有关税收政策问题的通知》

二 财税〔2003〕141号

5.7.1.7 对被撤销金融机构的车辆，是否免征车船使用税？

■对被撤销金融机构清算期间自有的或从债务方接收的车辆，免征车船使用税。

《财政部 国家税务总局关于被撤销金融机构有关税收政策问题的通知》

二 财税〔2003〕141号

5.7.1.8 被撤销金融机构接收债务方土地使用权、房屋所有权，是否免征契税？

■对被撤销金融机构在清算过程中催收债权时，接收债务方土地使用权、房屋所有权所发生的权属转移免征契税。(减免性质代码：15081502)

《财政部 国家税务总局关于被撤销金融机构有关税收政策问题的通知》

二 财税〔2003〕141号

5.7.1.9 对被撤销金融机构签订的产权转移书据，是否免征印花税？

■对被撤销金融机构接收债权、清偿债务过程中签订的产权转移书据，免征印花税。(减免性质代码：09081516)

《财政部 国家税务总局关于被撤销金融机构有关税收政策问题的通知》

二 财税〔2003〕141号

5.7.1.10 对被撤销金融机构财产用来清偿债务时，是否免征城市维护建设税？

■对被撤销金融机构财产用来清偿债务时，免征被撤销金融机构转让货物、不动产、无形资产、有价证券、票据等应缴纳的城市维护建设税。

《财政部 国家税务总局关于被撤销金融机构有关税收政策问题的通知》

二 财税〔2003〕141号

5.7.1.11 对被撤销金融机构财产用来清偿债务时，是否免征教育费附加？

■对被撤销金融机构财产用来清偿债务时，免征被撤销金融机构转让货物、不动产、无形资产、有价证券、票据等应缴纳的教育费附加。

《财政部 国家税务总局关于被撤销金融机构有关税收政策问题的通知》

二 财税〔2003〕141号

5.7.1.12 被撤销金融机构的应缴未缴国家的税金及其他款项，是否应缴纳？

■被撤销金融机构的应缴未缴国家的税金及其他款项应按照法律法规规定的清偿顺序予以缴纳。

《财政部　国家税务总局关于被撤销金融机构有关税收政策问题的通知》四　财税〔2003〕141 号

5.7.1.13　对被撤销金融机构财产用来清偿债务时，是否免征营业税？

■对被撤销金融机构财产用来清偿债务时，免征被撤销金融机构转让不动产、无形资产、有价证券、票据等应缴纳的营业税。（减免性质代码：03081519）

《财政部　国家税务总局关于被撤销金融机构有关税收政策问题的通知》二　财税〔2003〕141 号

5.7.2　保险保障基金

企业所得税

5.7.2.1　保险保障基金公司的哪些收入，免征企业所得税？

■自 2015 年 1 月 1 日起至 2017 年 12 月 31 日止，对中国保险保障基金有限责任公司根据《保险保障基金管理办法》取得的下列收入，免征企业所得税：

（1）境内保险公司依法缴纳的保险保障基金；

（2）依法从撤销或破产保险公司清算财产中获得的受偿收入和向有关责任方追偿所得，以及依法从保险公司风险处置中获得的财产转让所得；

（3）捐赠所得；

（4）银行存款利息收入；

（5）购买政府债券、中央银行、中央企业和中央级金融机构发行债券的利息收入；

（6）国务院批准的其他资金运用取得的收入。

《财政部　国家税务总局关于保险保障基金有关税收政策问题的通知》一　财税〔2016〕10 号

5.7.2.2　保险保障基金公司免征企业所得税的备案、备查资料？

■中国保险保障基金有限责任公司取得的保险保障基金等收入免征企业所得税的备案资料：企业所得税优惠事项备案表。

预缴享受、年度备案。主要留存备查资料：

（1）免税收入核算情况；

（2）省税务机关规定的其他资料。

《国家税务总局关于发布〈企业所得税优惠政策事项办理办法〉的公告》附件 1：企业所得税优惠事项备案管理目录（2015 年版）10　国家税务总局公告 2015 年第 76 号

印花税

5.7.2.3　对保险保障基金哪些凭证，免征印花税？

■自 2015 年 1 月 1 日起至 2017 年 12 月 31 日止，对保险保障基金公司下列应税凭证，免征印花税：

（1）新设立的资金账簿；

（2）在对保险公司进行风险处置和破产救助过程中签订的产权转移书据；

（3）在对保险公司进行风险处置过程中与中国人民银行签订的再贷款合同；

（4）以保险保障基金自有财产和接收的受偿资产与保险公司签订的财产保险合同。

对与保险保障基金公司签订上述产权转移书据或应税合同的其他当事人照章征收印花税。

《财政部　国家税务总局关于保险保障基金有关税收政策问题的通知》二　财税〔2016〕10号

5.7.3　证券投资基金

企业所得税

5.7.3.1　证券投资基金从证券市场中取得的收入，是否征收企业所得税？

■对证券投资基金从证券市场中取得的收入，包括买卖股票、债券的差价收入，股权的股息、红利收入，债券的利息收入及其他收入，暂不征收企业所得税。

《财政部　国家税务总局关于企业所得税若干优惠政策的通知》二　财税〔2008〕1号

5.7.3.2　对证券投资基金管理人运用基金买卖股票、债券的差价收入，是否征收企业所得税？

■对证券投资基金管理人运用基金买卖股票、债券的差价收入，暂不征收企业所得税。

《财政部　国家税务总局关于企业所得税若干优惠政策的通知》二　财税〔2008〕1号

个人所得税

5.7.3.3　证券投资基金从上市公司取得的股息红利所得，如何计征个人所得税？

■证券投资基金从上市公司取得的股息红利所得，按照本通知规定计征个人所得税。

即：证券投资基金从公开发行和转让市场取得的上市公司股票，持股期限在1个月以内（含1个月）的，其股息红利所得全额计入应纳税所得额；持股期限在1个月以上至1年（含1年）的，暂减按50%计入应纳税所得额；持股期限超过1年的，暂减按25%计入应纳税所得额。上述所得统一适用20%的税率计征个人所得税。

《财政部　国家税务总局　中国证券监督管理委员会关于实施上市公司股息红利差别化个人所得税政策有关问题的通知》五　财税〔2012〕85号

5.7.3.4　证券投资基金从挂牌公司取得的股息红利所得，如何计征个人所得税？

■证券投资基金从挂牌公司取得的股息红利所得，按照本通知规定计征个人所得税。

即：个人持有全国中小企业股份转让系统挂牌公司的股票，持股期限在1个月以内（含1个月）的，其股息红利所得全额计入应纳税所得额；持股期限在1个月以上至1年（含1年）的，暂减按50%计入应纳税所得额；持股期限超过1年的，暂减按25%计入应纳税所得额。上述所得统一适用20%的税率计征个人所得税。

《财政部　国家税务总局　证监会关于实施全国中小企业股份转让系统挂牌公司股息红利差别化个人所得税政策有关问题的通知》四　财税〔2014〕48 号

印花税

5.7.3.5　基金管理人运用基金买卖股票，如何征收印花税？

■证券投资基金管理人运用基金买卖股票按照 4‰的税率征收印花税。

《财政部　国家税务总局关于证券投资基金税收问题的通知》二　财税字〔1998〕55 号

■开放式证券投资基金管理人运用基金买卖股票，按照 2‰的税率征收印花税。

《财政部　国家税务总局关于开放式证券投资基金有关税收问题的通知》三　财税〔2002〕128 号

5.7.4　金融资产管理公司

5.7.4.1　收购、承接和处置不良资产，享受税收优惠政策的金融资产管理公司的范围？

■享受税收优惠政策的主体为经国务院批准成立的中国信达资产管理公司、中国华融资产管理公司、中国长城资产管理公司和中国东方资产管理公司，及其经批准分设于各地的分支机构。除另有规定者外，资产公司所属、附属企业，不享受资产公司的税收优惠政策。

■收购、承接不良资产是指资产公司按照国务院规定的范围和额度，对相关国有银行不良资产，以账面价值进行收购，同时继承债权、行使债权主体权利。具体包括资产公司承接、收购相关国有银行的逾期、呆滞、呆账贷款及其相应的抵押品；

处置不良资产是指资产公司按照有关法律、法规，为使不良资产的价值得到实现而采取的债权转移的措施。具体包括运用出售、置换、资产重组、债转股、证券化等方法对贷款及其抵押品进行处置。

《财政部　国家税务总局关于中国信达等 4 家金融资产管理公司税收政策问题的通知》一、二　财税〔2001〕10 号

5.7.4.2　资产公司接受相关国有银行的不良债权，有哪些税收优惠政策？

■（1）对资产公司接受相关国有银行的不良债权，借款方以货物、不动产、无形资产、有价证券和票据等抵充贷款本息的，免征资产公司销售转让该货物、不动产、无形资产、有价证券、票据应缴纳的增值税、营业税。（增值税减免性质代码：01083903）。

（2）对资产公司接受相关国有银行的不良债权，借款方以货物、不动产、无形资产、有价证券和票据等抵充贷款本息的，免征资产公司利用该货物、不动产从事融资租赁业务应缴纳的增值税。（增值税减免性质代码：01083903）

（3）对资产公司回收的房地产在未处置前的闲置期间，免征房产税、城镇土地使用税（土地税减免税代码：10083901），对资产公司转让房地产取得的收入，免征土地增值税（土地增值税减免性质代码：11083901）

（4）对资产公司接受相关国有银行的不良债权，借款方以土地使用权、房屋所有权抵充贷款本息的，免征承受土地使用权、房屋所有权应缴纳的契税。（减免性质财税〔2013〕56号）

（5）对资产公司成立时设立的资金账簿免征印花税。

对资产公司收购、承接和处置不良资产，免征购销合同和产权转移书据应缴纳的印花税（减免性质代码：09083903）。

《财政部　国家税务总局关于中国信达等4家金融资产管理公司税收政策问题的通知》三　财税〔2001〕10号

5.7.4.3　金融资产管理公司接受以物抵债资产，过户时有关税费如何缴纳？

■金融资产管理公司接受以物抵债资产过户时有关税费问题通知如下：

（1）对资产公司接受相关国有银行的不良债权，借款方以不动产抵充贷款本息的，免征资产公司销售转让该不动产和利用该不动产从事融资租赁业务应缴纳的增值税、营业税（营业税减免税代码：03083917）。以自有或第三方不动产抵充贷款本息的借款方在办理不动产过户手续时，应依法纳税。

（2）对资产公司回收的房地产在未处置前的闲置期间，免征房产税和城镇土地使用税。回收的房地产指已办理过户手续，资产公司取得产权证明的房地产。未办理过户手续的房地产，纳税确有困难的，依照《中华人民共和国房产税暂行条例》和《中华人民共和国城镇土地使用税暂行条例》的有关法规办理减免。

（3）对资产公司收购和处置不良资产免收部分行政事业性收费。财综〔2001〕7号文件只适用于金融资产管理公司，不适用于抵债资产原使用方。抵债资产原使用方在办理资产过户、登记、抵押等事项过程中，仍应按有关法规缴费。对于抵债资产原使用方确实无力缴纳过户费用的，由抵债资产原使用方向所在地省级财政、物价部门申请减免。对于中介机构（如房地产交易中心等）收取经营服务性收费问题，依照国家发展计划委员会制定的有关法规办理。

《财政部关于金融资产管理公司接受以物抵债资产过户税费问题的通知》财金〔2001〕189号

5.7.4.4　资产公司取得的收入，是否免征营业税？

■对资产公司接受相关国有银行的不良债权取得的利息收入，免征营业税。

资产公司所属的投资咨询类公司，为本公司承接、收购、处置不良资产而提供资产、项目评估和审计服务取得的收入，免征营业税。

《财政部　国家税务总局关于中国信达等4家金融资产管理公司税收政策问题的通知》三　财税〔2001〕10号

■金融资产管理公司利用其接受的抵债资产从事经营租赁业务，不属于（国办发〔1999〕66号）和（财税〔2001〕10号）规定的免税范围，应当依法纳税。

《国家税务总局关于金融资产管理公司从事经营租赁业务有关税收政策问题的批复》　国税函〔2009〕190号

5.7.4.5　国有商业银行划转给金融资产管理公司的资产，有何优惠政策？

■国有商业银行按财政部核定的数额，划转给金融资产管理公司的资产，在办理过户手续时，免征营业税、增值税、印花税。（增值税减免性质代码：01083901）（营业税减免性质代码：03083901）（印花税减免性质代码：09083901）

《财政部　国家税务总局关于4家资产管理公司接收资本金项下的资产在办理过户时有关税收政策问题的通知》二　财税〔2003〕21号

5.7.4.6　资产公司在收购、承接和处置的国有银行不良资产范围内的上市公司股权受让或者出让行为，如何免征证券（股票）交易印花税？

■（1）资产公司依据（财税〔2001〕10号）的规定，在其收购、承接和处置的国有银行不良资产范围内的上市公司股权受让或者出让行为，可以报请审核免征证券（股票）交易印花税。

（2）资产公司在其收购、承接和处置的国有银行不良资产范围外从事其他经营业务的应税行为，即对不属于第一条范围的股权受让或出让行为，仍应按规定征收证券（股票）交易印花税。

（3）办理股权受让或者出让免税事项，由资产公司提交申请报告和所应附的证明文件和材料送国家税务总局审核，经国家税务总局核准下文，送达当地证券登记结算公司执行。

（4）资产公司应当在报告中说明从银行不良债权到现有资产形态的形成过程和受让或出让股票的数量、价值金额，并附下列证明文件和材料：

①股权受让方、出让方的《企业法人营业执照》副本复印件；

②财政部关于股权转让的批复或其他生效的法律文书；

③受让方和出让方签订的股权转让协议；

④国家税务总局要求提供的其他证明股权资产属于其收购、承接和处置银行不良资产范围内的相关资料。

《国家税务总局关于中国信达等四家金融资产管理公司受让或出让上市公司股权免征证券（股票）交易印花税有关问题的通知》　国税发〔2002〕94号

5.7.4.7　金融资产管理公司按财政部核定数额接收国有银行资产，是否免征契税、印花税？

■金融资产管理公司按财政部核定的资本金数额，接收国有商业银行的资产，在办理过户手续时，免征契税、印花税（契税减免性质代码：15083905）。

《财政部　国家税务总局关于4家资产管理公司接收资本金项下的资产在办理过户时有关税收政策问题的通知》一　财税〔2003〕21号

5.7.4.8　资产公司处置政策性剥离不良资产，如何适用税收政策？

■中国信达资产管理股份有限公司、中国华融资产管理股份有限公司及其分支机构处置剩余政策性剥离不良资产比照执行（财税〔2001〕10号、财税〔2003〕21号、国税发〔2002〕94号）规定的税收优惠政策。（增值税减免性质代码：01083911）（土地税减免税代码：10083905）（印花税减免税代码：09083906）（房产税减免性质代码：08083904）（土地增值税减免性质代码：11083903）（契税减免税代码：15083905）

中国长城资产管理公司和中国东方资产管理公司如经国务院批准改制后，继承其权利、义务的主体及其分支机构处置剩余政策性剥离不良资产比照执行前款所列规范性文件规定的税收优惠政策。

《财政部　国家税务总局关于中国信达资产管理股份有限公司等4家金融资产管理公司有关税收政策问题的通知》— 财税〔2013〕56号

5.7.4.9 资产公司收购、承接和处置改制银行剥离不良资产，如何适用税收政策？

■资产公司及其分支机构收购、承接和处置改制银行剥离不良资产比照执行其收购、承接和处置政策性剥离不良资产的税收优惠政策。(减免性质代码：15083905)

中国长城资产管理公司和中国东方资产管理公司如经国务院批准改制后，继承其权利、义务的主体及其分支机构处置改制银行剥离不良资产比照执行资产公司收购、承接和处置政策性剥离不良资产的税收优惠政策。

政策性剥离指资产公司按照国务院规定的范围和额度，以账面价值进行收购的相关国有银行的不良资产。

改制银行剥离不良资产是指资产公司按照《中国银行和中国建设银行改制过程中可疑类贷款处置管理办法》(财金〔2004〕53号)、《中国工商银行改制过程中可疑类贷款处置管理办法》(银发〔2005〕148号) 规定及中国交通银行股份制改造时国务院确定的不良资产的范围和额度收购的不良资产。

处置不良资产是指资产公司按照有关法律、行政法规，为使不良资产的价值得到实现而采取的债权转移的措施，具体包括运用出售、置换、资产重组、债转股、证券化等方法对贷款及其抵押品进行处置。

《财政部　国家税务总局关于中国信达资产管理股份有限公司等4家金融资产管理公司有关税收政策问题的通知》 财税〔2013〕56号

5.7.4.10 资产管理公司改制过程中资产评估增值转增资本金，是否缴纳印花税？

■对中国华融资产管理股份有限公司改制过程中资产评估增值转增资本金涉及的印花税予以免征。对改制后再增加的资本金涉及的印花税照章征收。

《财政部　国家税务总局关于中国华融资产管理股份有限公司改制过程中有关印花税政策的通知》 财税〔2015〕109号

5.7.4.11 中国华融资产管理股份有限公司、中国东方资产管理公司，企业所得税纳税地点？

■中国华融资产管理股份有限公司、中国东方资产管理公司应缴纳的企业所得税，由企业总机构统一汇总计算后，向总机构所在地主管税务机关申报预缴，年终进行汇算清缴。上述企业所属二级分支机构应向其当地主管税务机关报送企业所得税预缴申报表和其他相关资料，各分支机构不就地预缴企业所得税。

《国家税务总局关于中国华融资产管理股份有限公司和中国东方资产管理公司企业所得税征管问题的公告》— 国家税务总局公告2013年第38号

5.7.5 港澳国际（集团）

5.7.5.1 港澳国际（集团）内地公司的资产在清算期间，有何税收优惠？

■港澳国际（集团）内地公司的资产在清理和处置期间可享受以下税收优惠政策：

（1）对港澳国际（集团）内地公司在催收债权、清偿债务过程中签订的产权转移书据，免征港澳国际（集团）内地公司应缴纳的印花税。

（2）对港澳国际（集团）内地公司在清算期间自有的和从债务方接收的房地产、车辆，免征应缴纳的房产税、城市房地产税、城镇土地使用税、车船使用税和车船使用牌照税。（房产税减免性质代码：08083902）（土地使用税减免性质代码：10083902）

（3）对港澳国际（集团）内地公司在清算期间催收债权时，免征接收房屋所有权、土地使用权应缴纳的契税。（契税减免性质代码：15083904）

（4）对港澳国际（集团）内地公司的资产，包括货物、不动产、有价证券、股权、债权等，在清理和被处置时，免征港澳国际（集团）内地公司销售转让该货物、不动产、有价证券、股权、债权等资产应缴纳的增值税、营业税、城市维护建设税、教育费附加和土地增值税。（增值税减免性质代码：01083904）（土地增值税减免性质代码：11083902）

■港澳国际（集团）内地公司是指：港澳国际（集团）有限公司所属的东北国际投资有限公司、海国投集团有限公司、海南港澳国际信托投资公司。

《财政部　国家税务总局关于中国东方资产管理公司处置港澳国际（集团）有限公司有关资产税收政策问题的通知》三、一　财税〔2003〕212号

5.7.5.2　港澳国际（集团）香港公司中国境内的资产处理，有何税收优惠政策？

■港澳国际（集团）香港公司中国境内的资产在清理和处置期间可享受以下税收优惠政策：

（1）对港澳国际（集团）香港公司在中国境内催收债权、清偿债务过程中签订的产权转移书据，免征港澳国际（集团）香港公司应承担的印花税。

（2）对港澳国际（集团）香港公司在中国境内拥有的和从债务方接收的房地产、车辆，在清算期间免征应承担的城市房地产税和车船使用牌照税。

（3）对港澳国际（集团）香港公司清算期间在中国境内催收债权时，免征接收房屋所有权、土地使用权应缴纳的契税。（契税减免性质代码：15083904）

（4）对港澳国际（集团）香港公司在中国境内的资产，包括货物、不动产、有价证券、股权、债权等，在清理和被处置时，免征港澳国际（集团）香港公司销售转让该货物、不动产、有价证券、股权、债权等资产应缴纳的增值税、营业税、预提所得税和土地增值税。（增值税减免性质代码：01083904）（土地增值税减免性质代码：11083902）

■港澳国际（集团）香港公司是指：在我国境内（不包括港澳台）拥有资产并负有纳税义务的港澳国际（集团）有限公司集团本部及其香港8家子公司。

《财政部　国家税务总局关于中国东方资产管理公司处置港澳国际（集团）有限公司有关资产税收政策问题的通知》四、一　财税〔2003〕212号

5.7.5.3　东方资产管理公司接收、处置港澳国际（集团）有限公司资产，有何税收优惠？

■东方资产管理公司接收、处置港澳国际（集团）有限公司资产可享受以下税收优惠政策：

（1）对东方资产管理公司在接收和处置港澳国际（集团）有限公司资产过程中签订

的产权转移书据，免征东方资产管理公司应缴纳的印花税。

（2）对东方资产管理公司接收港澳国际（集团）有限公司的房地产以抵偿债务的，免征东方资产管理公司承受房屋所有权、土地使用权应缴纳的契税。（契税减免性质代码：15083904）

（3）对东方资产管理公司接收港澳国际（集团）有限公司的房地产、车辆，免征应缴纳的房产税、城镇土地使用税和车船使用税。（土地使用税减免性质代码：10083902）

（4）对东方资产管理公司接收港澳国际（集团）有限公司的资产包括货物、不动产、有价证券等，免征东方资产管理公司销售转让该货物、不动产、有价证券等资产以及利用该货物、不动产从事融资租赁业务应缴纳的增值税、营业税、城市维护建设税、教育费附加和土地增值税。（增值税减免性质代码：01083904）（营业税减免性质代码：03083913）（土地增值税减免性质代码：11083902）

（5）对东方资产管理公司所属的投资咨询类公司，为本公司接收、处置港澳国际（集团）有限公司资产而提供资产、项目评估和审计服务取得的收入免征应缴纳的营业税、城市维护建设税和教育费附加。

■东方资产管理公司是指：中国东方资产管理公司及其经批准分设于各地的分支机构。

《财政部　国家税务总局关于中国东方资产管理公司处置港澳国际（集团）有限公司有关资产税收政策问题的通知》二、一　财税〔2003〕212号

5.7.6 信用社

营业税

5.7.6.1 农村合作基金会收取的资金占用费，是否征收营业税？

■对农村合作基金会收取的资金占用费，按“金融保险业”征收营业税。

《国家税务总局关于农村合作基金会征收营业税的复函》　国税函〔1995〕367号

企业所得税

5.7.6.2 基层信用社上交县联社购建办公用房的费用，是否可以税前扣除？

■基层信用社按法规上交县联社购建办公用房的费用，不得在税前直接扣除，但县联社可将办公用房每年应提取的折旧额，按出资额分摊给出资方，其中，基层信用社按法规分摊的折旧额准予在税前扣除。

《国家税务总局关于农村信用社县联社购建办公用房支出税收财务处理的通知》二　国税发〔2000〕148号

5.7.6.3 信用社在清产核资中的税务问题，如何处理？

■（1）信用社在清产核资中，对贷款呆账损失数额较大，当年一次性扣除有困难的，可按不超过8年的期限进行扣除。

（2）信用社在清产核资中发生的各项资产（不包括贷款）盘盈、盘亏和损失，先列入待处理财产损益，并在此基础上进行清理核实。核实后其资产盘盈应计入当期应纳税所得额依法缴纳企业所得税；其资产盘亏和损失应进行扣除，其中，资产盘亏和损失数额较大，当年一次扣除有困难的，可按不超过 8 年的期限进行扣除。

（3）信用社在清产核资中清理出来逾期使用和已按规定一次性列入成本的固定资产，不得列入计提折旧的固定资产范围，但可单独建账进行日常管理。

（4）信用社在清产核资中，如需对固定资产进行价值重估，其重估增加的价值，可以相应调整相关资产的账面价值，但增加价值提取的折旧不得在税前扣除；其重估减少的价值，可以按会计规定计提资产减值准备，但其计税基础（计税成本）不得调整，提取的资产减值准备也不得在税前扣除。

（5）信用社在清产核资中清理出来的各项无法付出的款项，应计入当期应纳税所得额依法缴纳企业所得税。

（6）信用社以县（市）为单位组成统一法人或组建农村商业银行、农村合作银行后，应以新组建的县（市）联社或农村商业银行、农村合作银行为纳税人，统一申报缴纳企业所得税。

《国家税务总局关于农村信用社体制改革中有关税务处理问题的通知》国税发〔2004〕46 号

5.7.6.4　农村商业银行上交省联社的专项购建费用，如何扣除？

■入网县联社、农村商业银行按规定上交省联社的统一购建全省电子化综合业务网络系统的专项购建费用，从 2004 年度起，按不短于 3 年的时间在税前均匀扣除；每年按规定上交的上述项目运转费用，当年可直接在税前扣除。

项目建成后应作为固定资产进行管理，但不得在税前扣除该项固定资产的折旧费。

《国家税务总局关于江苏省农村信用合作社电子化综合业务网络系统建设费用税务处理的批复》　国税函〔2004〕624 号

5.7.6.5　省联社发生的费用，如何向基层社分摊？

■省联社每年度为履行其职能所发生的各项费用支出，包括人员费用、办公费用、差旅费、利息支出、研究与开发费以及固定资产折旧费、无形资产摊销费等，应统一归集，作为其基层社共同发生的费用，按合理比例分摊后由基层社税前扣除。

每年度固定资产折旧费、无形资产摊销费是指省联社购置的固定资产和无形资产按照税法规定每年度应提取的折旧额或摊销额。

省联社发生的本年度各项费用，在分摊时，应根据本年度实际发生数，按照以下公式，分摊给其各基层社。

各基层社本年度应分摊的费用=省联社本年度发生的各项费用×本年度该基层社营业收入/本年度各基层社营业总收入

省联社由于特殊情况需要改变上述分摊方法的，由联社提出申请，经省级税务机关确认后执行。

省联社分摊给各基层社的上述费用，在按季或按月申报预缴所得税时，可以按季或按月计算扣除，年度汇算。

省联社每年制定费用分摊方案后，应报省级国家税务局确认后执行。

省联社自身从事其他业务取得收入所发生的相应费用，应该单独核算，不能作为基层社共同发生的费用进行分摊。

地市与县联社发生上述共同费用的税务处理，也应按照本通知规定执行。

《国家税务总局关于农村信用社省级联合社收取服务费有关企业所得税税务处理问题的通知》 国税函〔2010〕80号

契税

5.7.6.6 农村信用社接收农村合作基金会的房屋、土地使用权，是否免征契税？

■对于农村信用社在清理整顿过程中，接收农村合作基金会的房屋、土地使用权等财产所发生的权属转移免征契税。(减免性质代码：15083903)

《中国人民银行 农业部 国家发展计划委员会 财政部 国家税务总局关于免缴农村信用社接收农村合作基金会财产产权过户税费的通知》 银发〔2000〕21号

印花税

5.7.6.7 农村信用社接收农村合作基金会的房屋、土地使用权，是否免征印花税？

■对于农村信用社在清理整顿过程中，接收农村合作基金会的房屋、土地使用权等财产所办理的产权转移书据免征印花税。(减免税代码：09083904)

《中国人民银行 农业部 国家发展计划委员会 财政部 国家税务总局关于免缴农村信用社接收农村合作基金会财产产权过户税费的通知》 银发〔2000〕21号

5.7.7 信贷资产证券化

营业税

5.7.7.1 金融机构从信贷资产信托项目中取得收入，征收营业税的范围？

■对受托机构从其受托管理的信贷资产信托项目中取得的贷款利息收入，应全额征收营业税。

在信贷资产证券化的过程中，贷款服务机构取得的服务费收入、受托机构取得的信托报酬、资金保管机构取得的报酬、证券登记托管机构取得的托管费、其他为证券化交易提供服务的机构取得的服务费收入等，均缴纳营业税。

《财政部 国家税务总局关于信贷资产证券化有关税收政策问题的通知》 二 财税〔2006〕5号

企业所得税

5.7.7.2 发起机构转让信贷资产，如何缴纳企业所得税？

■发起机构转让信贷资产取得的收益应计算缴纳企业所得税，转让信贷资产所发生的损失可扣除。

发起机构赎回或置换已转让的信贷资产，应按有关转让、受让资产的政策规定处理。

发起机构与受托机构在信贷资产转让、赎回或置换过程中应当按照独立企业之间的业务往来支付价款和费用，未按照独立企业之间的业务往来支付价款和费用的，税务机关进行调整。

《财政部　国家税务总局关于信贷资产证券化有关税收政策问题的通知》三　财税〔2006〕5号

5.7.7.3　信托项目收益，缴纳企业所得税的时间？

■对信托项目收益在取得当年向资产支持证券的机构投资者分配的部分，在信托环节暂不征收企业所得税；在取得当年未向机构投机者分配的部分，在信托环节由受托机构申报缴纳企业所得税；对在信托环节已经完税的信托项目收益，再分配给机构投资者时，对机构投资者按取得税后收益的企业所得税政策规定处理。

在对信托项目收益暂不征收企业所得税期间，机构投资者从信托项目分配获得的收益，应当在机构投资者环节按照权责发生制的原则确认应税收入，计算缴纳企业所得税。机构投资者买卖信贷资产支持证券获得的差价收入，应当计算缴纳企业所得税，买卖信贷资产支持证券所发生的损失可按企业所得税的政策规定扣除。

《财政部　国家税务总局关于信贷资产证券化有关税收政策问题的通知》三　财税〔2006〕5号

5.7.7.4　信贷资产证券化，提供服务的机构取得的收入，是否缴纳企业所得税？

■在信贷资产证券化的过程中，贷款服务机构取得的服务收入、受托机构取得的信托报酬、资金保管机构取得的报酬、证券登记托管机构取得的托管费、其他为证券化交易提供服务的机构取得的服务费收入等，均应计算缴纳企业所得税。

《财政部　国家税务总局关于信贷资产证券化有关税收政策问题的通知》三　财税〔2006〕5号

5.7.7.5　受托机构和证券登记托管机构应报送哪些信息？

■受托机构和证券登记托管机构应向其信托项目主管税务机关和机构投资者所在地税务机关提供有关信托项目的全部财务信息以及向机构投资者分配收益的详细信息。

《财政部　国家税务总局关于信贷资产证券化有关税收政策问题的通知》三　财税〔2006〕5号

5.7.7.6　机构投资者从信托项目清算分配中取得的收入和发生的损失，如何处理？

■机构投资者从信托项目清算分配中取得的收入，应按企业所得税的政策规定缴纳企业所得税，清算发生的损失可按企业所得税的政策规定扣除。

《财政部　国家税务总局关于信贷资产证券化有关税收政策问题的通知》三　财税〔2006〕5号

印花税

5.7.7.7　信贷资产证券化的信托合同，是否征收印花税？

■信贷资产证券化的发起机构（指通过设立特定目的的信托项目转让信贷资产的金融机

构）将实施资产证券化的信贷资产信托予受托机构（指因承诺信托而负责管理信托项目财产并发售资产支持证券的机构）时，双方签订的信托合同暂不征收印花税。（信贷资产证券化免纳印花税减免税代码：09081510）

《财政部　国家税务总局关于信贷资产证券化有关税收政策问题的通知》
—　财税〔2006〕5号

5.7.7.8　信贷资产证券化的委托管理合同，是否征收印花税？

■受托机构委托贷款服务机构（指接受受托机构的委托，负责管理贷款的机构）管理信贷资产时，双方签订的委托管理合同暂不征收印花税。

《财政部　国家税务总局关于信贷资产证券化有关税收政策问题的通知》
—　财税〔2006〕5号

5.7.7.9　发起机构、受托机构与资金保管机构、证券登记托管机构以及其他服务机构签订的应税合同，是否征收印花税？

■发起机构、受托机构在信贷资产证券化过程中，与资金保管机构（指接受受托机构委托，负责保管信托项目财产账户资金的机构）、证券登记托管机构（指中央国债登记结算有限责任公司）以及其他为证券化交易提供服务的机构签订的其他应税合同，暂免征收发起机构、受托机构应缴纳的印花税。

《财政部　国家税务总局关于信贷资产证券化有关税收政策问题的通知》
—　财税〔2006〕5号

5.7.7.10　受托机构发售信贷资产支持证券，是否征收印花税？

■受托机构发售信贷资产支持证券，暂免征收印花税。

《财政部　国家税务总局关于信贷资产证券化有关税收政策问题的通知》
—　财税〔2006〕5号

5.7.7.11　投资者买卖信贷资产支持证券，是否征收印花税？

■投资者买卖信贷资产支持证券，暂免征收印花税。

《财政部　国家税务总局关于信贷资产证券化有关税收政策问题的通知》
—　财税〔2006〕5号

5.7.7.12　信贷资产证券化的资金账簿，是否征收印花税？

■发起机构、受托机构因开展信贷资产证券化业务而专门设立的资金账簿暂免征收印花税。

《财政部　国家税务总局关于信贷资产证券化有关税收政策问题的通知》
—　财税〔2006〕5号

5.7.8　沪港通

营业税

5.7.8.1　内地个人投资者买卖香港联交所上市股票取得的差价收入，是否征收营业税？

■自2014年11月17日起，对内地个人投资者通过沪港通买卖香港联交所上市股票取得的差价收入，按现行政策规定暂免征收营业税。

《财政部　国家税务总局　证监会关于沪港股票市场交易互联互通机制试点有关税收政策的通知》三　财税〔2014〕81号

5.7.8.2　内地单位投资者买卖香港联交所上市股票取得的差价收入，是否征收营业税？

■自2014年11月17日起，对内地单位投资者通过沪港通买卖香港联交所上市股票取得的差价收入，按现行政策规定征免营业税。

《财政部　国家税务总局　证监会关于沪港股票市场交易互联互通机制试点有关税收政策的通知》三　财税〔2014〕81号

企业所得税

5.7.8.3　内地企业投资者投资香港联交所上市股票取得的转让差价所得，是否计入收入总额？

■自2014年11月17日起，对内地企业投资者通过沪港通投资香港联交所上市股票取得的转让差价所得，计入其收入总额，征收企业所得税。

《财政部　国家税务总局　证监会关于沪港股票市场交易互联互通机制试点有关税收政策的通知》一　财税〔2014〕81号

5.7.8.4　内地企业投资者投资香港联交所上市股票取得的股息红利所得，是否计入收入总额？

■自2014年11月17日起，对内地企业投资者通过沪港通投资香港联交所上市股票取得的股息红利所得，计入其收入总额，依法计征企业所得税。

香港联交所上市H股公司应向中国结算提出申请，由中国结算向H股公司提供内地企业投资者名册，H股公司对内地企业投资者不代扣股息红利所得税款，应纳税款由企业自行申报缴纳。

内地企业投资者自行申报缴纳企业所得税时，对香港联交所非H股上市公司已代扣代缴的股息红利所得税，可依法申请税收抵免。

《财政部　国家税务总局　证监会关于沪港股票市场交易互联互通机制试点有关税收政策的通知》一　财税〔2014〕81号

5.7.8.5　内地居民企业连续持有H股满12个月取得的股息红利所得，是否免征企业所得税？

■对内地企业投资者通过沪港通投资香港联交所上市股票取得的股息红利所得，征收企业所得税。其中，内地居民企业连续持有H股满12个月取得的股息红利所得，依法免征企业所得税。(减免税主席令第63号)

《财政部　国家税务总局　证监会关于沪港股票市场交易互联互通机制试点有关税收政策的通知》一　财税〔2014〕81号

■内地居民企业连续持有H股满12个月取得的股息红利所得免征企业所得税备案资料：企业所得税优惠事项备案表。

预缴享受、年度备案。

主要留存备案资料：

(1) 相关记账凭证、本公司持股比例以及持股时间超过12个月的情况说明；

（2）被投资企业董事会（或股东大会）利润分配决议。

《国家税务总局关于发布〈企业所得税优惠政策事项办理办法〉的公告》附件1：企业所得税优惠事项备案管理目录（2015年版）4 国家税务总局公告2015年第76号

个人所得税

5.7.8.6 内地个人投资者投资香港联交所上市股票取得的转让差价所得，是否免征个人所得税？

■对内地个人投资者通过沪港通投资香港联交所上市股票取得的转让差价所得，自2014年11月17日起至2017年11月16日止，暂免征收个人所得税。（减免税代码：05129999）

《财政部 国家税务总局 证监会关于沪港股票市场交易互联互通机制试点有关税收政策的通知》一 财税〔2014〕81号

5.7.8.7 内地个人投资者投资香港联交所上市股票取得的股息红利所得，如何缴纳个人所得税？

■对内地个人投资者通过沪港通投资香港联交所上市H股取得的股息红利，H股公司应向中国证券登记结算有限责任公司（以下简称中国结算）提出申请，由中国结算向H股公司提供内地个人投资者名册，H股公司按照20%的税率代扣个人所得税。内地个人投资者通过沪港通投资香港联交所上市的非H股取得的股息红利，由中国结算按照20%的税率代扣个人所得税。个人投资者在国外已缴纳的预提税，可持有效扣税凭证到中国结算的主管税务机关申请税收抵免。

对内地证券投资基金通过沪港通投资香港联交所上市股票取得的股息红利所得，按照上述规定计征个人所得税。

《财政部 国家税务总局 证监会关于沪港股票市场交易互联互通机制试点有关税收政策的通知》一 财税〔2014〕81号

印花税

5.7.8.8 投资者通过沪港通转让股票，如何缴纳证券（股票）交易印花税？

■自2014年11月17日起，香港市场投资者通过沪港通买卖、继承、赠与上交所上市A股，按照内地现行税制规定缴纳证券（股票）交易印花税。内地投资者通过沪港通买卖、继承、赠与联交所上市股票，按照香港特别行政区现行税法规定缴纳印花税。

《财政部 国家税务总局 证监会关于沪港股票市场交易互联互通机制试点有关税收政策的通知》四 财税〔2014〕81号

香港投资者

5.7.8.9 香港市场投资者买卖上交所上市A股取得的差价收入，是否征收营业税？

■自2014年11月17日起，对香港市场投资者（包括单位和个人）通过沪港通买卖上交所上市A股取得的差价收入，暂免征收营业税。

《财政部　国家税务总局　证监会关于沪港股票市场交易互联互通机制试点有关税收政策的通知》三　财税〔2014〕81号

5.7.8.10　香港市场投资者买卖上海证券交易所上市A股，是否免征增值税？

■香港市场投资者（包括单位和个人）通过沪港通买卖上海证券交易所上市A股，免征增值税。

《财政部　国家税务总局关于全面推开营业税改征增值税试点的通知》附件3：营业税改征增值税试点过渡政策的规定一　财税〔2016〕36号

5.7.8.11　香港市场投资者买卖内地基金份额，是否免征增值税？

■对香港市场投资者（包括单位和个人）通过基金互认买卖内地基金份额，免征增值税。

《财政部　国家税务总局关于全面推开营业税改征增值税试点的通知》附件3：营业税改征增值税试点过渡政策的规定一　财税〔2016〕36号

5.7.8.12　香港市场投资者投资上海证券交易所上市A股取得的转让差价所得，是否缴纳所得税？

■自2014年11月17日起，对香港市场投资者（包括企业和个人）投资上交所上市A股取得的转让差价所得，暂免征收所得税。(减免税代码：04081514)

《财政部　国家税务总局　证监会关于沪港股票市场交易互联互通机制试点有关税收政策的通知》二　财税〔2014〕81号

5.7.8.13　香港市场投资者投资上交所上市A股取得的股息红利所得，如何缴纳所得税？

■自2014年11月17日起，对香港市场投资者（包括企业和个人）投资上交所上市A股取得的股息红利所得，在香港中央结算有限公司（以下简称香港结算）不具备向中国结算提供投资者的身份及持股时间等明细数据的条件之前，暂不执行按持股时间实行差别化征税政策，由上市公司按照10%的税率代扣所得税，并向其主管税务机关办理扣缴申报。对于香港投资者中属于其他国家税收居民且其所在国与中国签订的税收协定规定股息红利所得税率低于10%的，企业或个人可以自行或委托代扣代缴义务人，向上市公司主管税务机关提出享受税收协定待遇的申请，主管税务机关审核后，应按已征税款和根据税收协定税率计算的应纳税款的差额予以退税。

《财政部　国家税务总局　证监会关于沪港股票市场交易互联互通机制试点有关税收政策的通知》二　财税〔2014〕81号

5.7.9　社保基金

5.7.9.1　社保基金买卖证券等的差价收入，是否征收营业税？

■对社保基金理事会、社保基金投资管理人运用社保基金买卖证券投资基金、股票、债券的差价收入，暂免征收营业税。

《财政部　国家税务总局关于全国社会保障基金有关税收政策问题的通知》一　财税〔2002〕75号

5.7.9.2　对社保基金从事社保基金管理活动取得的收入，是否征收营业税？

■对社保基金投资管理人、社保基金托管人从事社保基金管理活动取得的收入，征收营业税。

《财政部　国家税务总局关于全国社会保障基金有关税收政策问题的通知》三　财税〔2002〕75号

5.7.9.3　社保基金银行存款利息收入，是否征税？

■对社保基金理事会、社保基金投资管理人管理的社保基金银行存款利息收入，作为企业所得税不征税收入。

《财政部　国家税务总局关于全国社会保障基金有关企业所得税问题的通知》一　财税〔2008〕136号

5.7.9.4　社保基金从证券市场中取得的收入，是否征税？

■对社保基金理事会、社保基金投资管理人管理的社保基金从证券市场中取得的收入，包括买卖证券投资基金、股票、债券的差价收入，证券投资基金红利收入，股票的股息、红利收入，债券的利息收入，作为企业所得税不征税收入。

《财政部　国家税务总局关于全国社会保障基金有关企业所得税问题的通知》一　财税〔2008〕136号

5.7.9.5　对社保基金的其他投资收入，是否征税？

■对社保基金理事会、社保基金投资管理人管理的社保基金从产业投资基金收益、信托投资收益等取得的其他投资收入，作为企业所得税不征税收入。

《财政部　国家税务总局关于全国社会保障基金有关企业所得税问题的通知》一　财税〔2008〕136号

5.7.9.6　对社保基金从事社保基金管理活动取得的收入，是否征收企业所得税？

■对社保基金投资管理人、社保基金托管人从事社保基金管理活动取得的收入，征收企业所得税。

《财政部　国家税务总局关于全国社会保障基金有关企业所得税问题的通知》二　财税〔2008〕136号

5.7.9.7　社保基金从香港及香港以外证券市场取得的收入，是否缴纳企业所得税？

■在香港上市的境内居民企业派发股息时，可凭香港中央结算（代理人）有限公司确定的社保基金所持H股证明，不予代扣代缴企业所得税。

在香港以外上市的境内居民企业向境外派发股息时，可凭有关证券结算公司确定的社保基金所持股证明，不予代扣代缴企业所得税。

《国家税务总局关于中国居民企业向全国社会保障基金所持H股派发股息不予代扣代缴企业所得税的通知》　国税函〔2009〕173号

5.7.9.8　社保基金买卖证券，印花税是否先征后返？

■对社保理事会委托社保基金投资管理人运用社保基金买卖证券应缴纳的印花税实行先征后返。社保理事会定期向财政部、上海市和深圳市财政局提出返还印花税的申请，即按照中央与地方印花税分享比例，属于中央收入部分，向财政部提出申请；属于地方收入部分，向上海市和深圳市财政局提出申请。具体退税程序比照财政部、国家税务总局、中国人民银行《关于税制改革后对某些企业实行“先征后退”有关预算管理问题的暂行规定的通知》〔（1994）财预字第55号〕的有关规定办理。

《财政部　国家税务总局关于全国社会保障基金有关印花税政策的通知》一　财税〔2003〕134 号

5.7.9.9　对社保基金持有的证券，在社保基金证券账户之间的划拨过户，是否征收印花税？

■对社保基金持有的证券，在社保基金证券账户之间的划拨过户，不属于印花税的征税范围，不征收印花税。

《财政部　国家税务总局关于全国社会保障基金有关印花税政策的通知》二　财税〔2003〕134 号

5.7.9.10　国有股东向社保基金转持国有股，是否免征印花税？

■经国务院批准，对有关国有股东按照《境内证券市场转持部分国有股充实全国社会保障基金实施办法》（财企〔2009〕94 号）向全国社会保障基金理事会转持国有股，免征证券（股票）交易印花税。（减免性质代码：09081505）

《财政部　国家税务总局关于境内证券市场转持部分国有股充实全国社会保障基金有关证券（股票）交易印花税政策的通知》　财税〔2009〕103 号

■对全国社会保障基金理事会按照《财政部国资委证监会社保基金会关于豁免国有创业投资机构和国有创业投资引导基金国有股转持义务有关问题的通知》（财企〔2010〕278 号）的规定，回拨国有创业投资机构和国有创业投资引导基金已转持的国有股，不征收过户环节的证券（股票）交易印花税。

《财政部　国家税务总局关于全国社会保障基金理事会回拨已转持国有股有关证券（股票）交易印花税问题的通知》　财税〔2011〕65 号

5.7.9.11　社会保险费征收机构承受用以抵缴社会保险费的土地、房屋，是否免征契税？

■社会保险费（基本养老保险、基本医疗保险、失业保险）征收机构承受用以抵缴社会保险费的土地、房屋权属免征契税。

《国家税务总局关于以土地、房屋权属抵缴社会保险费免征契税的批复》国税函〔2001〕483 号

5.7.10　外国银行分行改制为外国独资银行

5.7.10.1　外国银行分行改制为外商独资银行，增值税有何规定？

■外国银行分行改制过程中发生的向其改制后的外商独资银行（或其分行）转让企业产权和股权的行为，不征收营业税、增值税。

《财政部　国家税务总局关于外国银行分行改制为外商独资银行有关税收问题的通知》一　财税〔2007〕45 号

5.7.10.2　外国银行分行改制为外商独资银行，企业所得税有何规定？

■（1）外国银行分行改制为外商独资银行（或其分行）时，根据《国家税务总局关于外商投资企业和外国企业转让股权所得税处理问题的通知》（国税函〔1997〕207 号）规定的原则，其各项资产应按账面价值进行转让。

（2）外国银行分行改制前发生的以前年度经营亏损，可以在改制后的外商独资银行（或其

分行）中延续弥补，弥补年限应按《中华人民共和国外商投资企业和外国企业所得税法》（以下简称《外资所得税法》）第十一条规定的年限，自原外国银行分行亏损发生的年度延续计算。

（3）改制前外国银行分行按照外资所得税法规定应享受但尚未享受或享受尚未期满的定期减免税优惠待遇，由改制后相应的外商独资银行（或其分行）继续享受到期满；改制前外国银行分行已经享受定期减免税优惠待遇期满的，改制后的外商独资银行（或其分行）不再重复享受。

（4）外国银行分行改制为外商独资银行所属分行后，其企业所得税由外商独资银行总机构汇总缴纳。

《财政部　国家税务总局关于外国银行分行改制为外商独资银行有关税收问题的通知》二　财税〔2007〕45号

5.7.10.3　外国银行分行改制为外商独资银行，印花税有何规定？

■外国银行分行改制为外商独资银行（或其分行）后，其在外国银行分行已经贴花的资金账簿、应税合同，在改制后的外商独资银行（或其分行）不再重新贴花。

《财政部　国家税务总局关于外国银行分行改制为外商独资银行有关税收问题的通知》三　财税〔2007〕45号

5.7.10.4　外国银行分行改制为外商独资银行，契税有何规定？

■外国银行分行改制前拥有的房产产权，转让至改制后设立的外商独资银行（或其分行）时，可免征契税。

《财政部　国家税务总局关于外国银行分行改制为外商独资银行有关税收问题的通知》四　财税〔2007〕45号

5.7.10.5　外国银行分行改制为外商独资银行，资产转让如何征税？

■外国银行分行改制为外商独资银行（或其分行）时，如其资产不按账面价值转让的，应按现行税法有关规定征税。

《财政部　国家税务总局关于外国银行分行改制为外商独资银行有关税收问题的通知》五　财税〔2007〕45号

5.7.11　期货投资者保障基金

5.7.11.1　期货投资者保障基金的哪些收入，不计入企业所得税收入？

■自2013年1月1日起至2014年12月31日止，对中国期货保证金监控中心有限责任公司（以下简称期货保障基金公司）根据《期货投资者保障基金管理暂行办法》（证监会令第38号，以下简称《暂行办法》）取得的下列收入，不计入其应征企业所得税收入：

（1）期货交易所按风险准备金账户总额的15%和交易手续费的3%上缴的期货保障基金收入；

（2）期货公司按代理交易额的千万分之五至十上缴的期货保障基金收入；

（3）依法向有关责任方追偿所得；

（4）期货公司破产清算所得；

（5）捐赠所得。

《财政部　国家税务总局关于期货投资者保障基金有关税收政策继续执行的通知》一　财税〔2013〕80号

5.7.11.2　对期货投资者保障基金的哪些收入，暂免征收企业所得税？

■自2013年1月1日起至2014年12月31日止，对期货保障基金公司取得的银行存款利息收入、购买国债、中央银行和中央级金融机构发行债券的利息收入，以及证监会和财政部批准的其他资金运用取得的收入，暂免征收企业所得税。

《财政部　国家税务总局关于期货投资者保障基金有关税收政策继续执行的通知》二　财税〔2013〕80号

5.7.11.3　对期货投资者保障基金的哪些收入，如何征收营业税？

■自2013年1月1日起至2014年12月31日止，对期货保障基金公司根据《暂行办法》取得的下列收入，暂免征收营业税：

（1）期货交易所按风险准备金账户总额的15%和交易手续费的3%上缴的期货保障基金收入；

（2）期货公司按代理交易额的千万分之五至十上缴的期货保障基金收入；

（3）依法向有关责任方追偿所得收入；

（4）期货公司破产清算受偿收入；

（5）按规定从期货交易所取得的运营收入。

■期货交易所和期货公司根据《暂行办法》上缴的期货保障基金中属于营业税征税范围的部分，允许从其营业税计税营业额中扣除。

《财政部　国家税务总局关于期货投资者保障基金有关税收政策继续执行的通知》三、四　财税〔2013〕80号

5.7.11.4　对期货投资者保障基金的哪些收入，如何征收印花税？

■自2013年1月1日起至2014年12月31日止，对期货保障基金公司新设立的资金账簿、期货保障基金参加被处置期货公司的财产清算而签订的产权转移书据以及期货保障基金以自有财产和接受的受偿资产与保险公司签订的财产保险合同等免征印花税。对上述应税合同和产权转移书据的其他当事人照章征收印花税。

《财政部　国家税务总局关于期货投资者保障基金有关税收政策继续执行的通知》五　财税〔2013〕80号

5.7.12　中非发展基金

5.7.12.1　中非发展基金有限公司，如何征收企业所得税？

■（1）对中非发展基金有限公司取得的下列非洲投资项目的投资收益，免征企业所得税：

中非发展基金有限公司通过股权、准股权（包括可转换债券等）、债权（包括股东借款、委托贷款等）等形式直接投资于非洲取得的股息、红利、利息、股权转让收入等投资收益；

中非发展基金有限公司在境内或境外设立合资公司（或专项基金），由该合资公司（或专项基金）直接投资于非洲取得的股息、红利、利息、股权转让收入等投资收益，中非发展基金有限公司按其在合资公司（或专项基金）中的持股比例应享有的部分。

（2）对中非发展基金有限公司以暂未用于投资的闲置资金购买债券取得的利息收入和债券买卖差价收入以及闲置资金银行存款利息收入，免征企业所得税。

（3）上述政策执行期限为2013年1月1日起至2017年12月31日止。

《财政部　国家税务总局关于中非发展基金有限公司继续执行有关企业所得税政策的通知》 财税〔2013〕85号

5.7.13 人保投资

5.7.13.1 人保投资控股有限公司，如何纳税？

■（1）人保投资控股有限公司下设的不符合二级分支机构条件的专员办或资产管理部，其企业所得税应汇总到公司总部所在地统一计算缴纳。

（2）人保投资控股有限公司在全国各地的财产所涉及的各项税收事宜，可由该公司采取委托代理的方式办理。设有省（自治区、直辖市和计划单列市）税务直属机构的地方，可利用集中便利的优势，实现对纳税人集中管理。

（3）人保投资控股有限公司应申报缴纳房产税。房产税由产权所有人缴纳。产权所有人、承典人不在房产所在地的，或者产权未确定及租典纠纷未解决的，由房产代管人或者使用人缴纳。

（4）人保投资控股有限公司在全国各地拥有房产的，应当向其在全国各地的房产所在地主管税务机关申报办理税务登记。人保投资控股有限公司申报办理税务登记时，须持以下证件资料复印件：人保投资控股有限公司的工商营业执照，有关合同、章程、协议书，组织机构统一代码证书和法定代表人身份证。税务登记名称为："人保投资控股有限公司＊＊（省、自治区、直辖市和计划单列市）资产管理部＊＊县（市、区）"，并以"资产所在的县（市、区）行政区域码+组织机构代码"设定各纳税人识别号。

（5）人保投资控股有限公司＊＊（省、自治区、直辖市和计划单列市）资产管理部＊＊县（市、区）申报办理税务登记后，发票使用量大、需自行开具的，可向主管税务机关办理发票领购手续；发票使用量小的，可向主管税务机关申请代开。

（6）人保投资控股有限公司在同一省、自治区、直辖市和计划单列市内，可与一家商业银行签定缴税协议书，委托该银行完成其在本省、自治区、直辖市和计划单列市内所有税款的划缴。

《国家税务总局关于人保投资控股有限公司相关税收问题的公告》 国家税务总局2011年第70号公告

5.7.14 国寿投资

5.7.14.1 国寿投资控股有限公司，如何纳税？

■（1）国寿投资控股有限公司在全国各地拥有房产的，应当按照税务登记管理办法的规定，向房产所在地主管税务机关申报办理税务登记。

（2）国寿投资控股有限公司在各地发生固定资产应税销售行为时，由该公司统一开票收款的，由该公司向其机构所在地主管税务机关申报缴纳增值税。如果该公司委托其他公司销售的，则应按代销货物征收增值税的规定，由该公司和受托公司分别于各自的机构所在地缴纳增值税。

（3）国寿投资控股有限公司对原属于中国人寿保险（集团）公司重组改制存量资产取得的财产租赁业务收入应缴纳的营业税由该公司向其机构所在地主管税务机关申报缴纳。

（4）国寿投资控股有限公司企业所得税的申报缴纳，按照企业所得税的有关规定执行。

（5）国寿投资控股有限公司在全国各地（公司总部所在地除外）的财产所涉及的房产税、城镇土地使用税、契税等地方税种，可由中国人寿保险（集团）公司控股的中国人寿保险股份有限公司代理向财产所在地主管税务机关申报缴纳；涉及的车船税、印花税，可由中国人寿保险股份有限公司依据相关法律法规的规定代理缴纳。

《国家税务总局关于国寿投资控股有限公司相关税收问题的公告》 国家税务总局2013年第2号公告

5.7.15 经纪人

5.7.15.1 个人保险代理人提供保险代理服务应当缴纳的增值税等，是否可以委托保险企业代征？

■个人保险代理人为保险企业提供保险代理服务应当缴纳的增值税和城市维护建设税、教育费附加、地方教育附加，税务机关可以委托保险企业代征。

■个人保险代理人，是指根据保险企业的委托，在保险企业授权范围内代为办理保险业务的自然人，不包括个体工商户。

《国家税务总局关于个人保险代理人税收征管有关问题的公告》一、六 国家税务总局公告2016年第45号

5.7.15.2 委托代征税款的保险企业，如何开具增值税发票？

■接受税务机关委托代征税款的保险企业，向个人保险代理人支付佣金费用后，可代个人保险代理人统一向主管国税机关申请汇总代开增值税普通发票或增值税专用发票。

■保险企业代个人保险代理人申请汇总代开增值税发票时，应向主管国税机关出具个人保险代理人的姓名、身份证号码、联系方式、付款时间、付款金额、代征税款的详细清单。

保险企业应将个人保险代理人的详细信息，作为代开增值税发票的清单，随发票入账。

■主管国税机关为个人保险代理人汇总代开增值税发票时，应在备注栏内注明“个人保险代理人汇总代开”字样。

《国家税务总局关于个人保险代理人税收征管有关问题的公告》三、四、五 国家税务总局公告2016年第45号

5.7.15.3 个人保险代理人应当缴纳的个人所得税，是否由保险企业代扣代缴？

■保险企业是营销员个人所得税的代扣代缴义务人，应按月代扣税款并于次月七日内将所扣税款缴入国库。

《国家税务总局关于保险企业营销员（非雇员）取得的收入计征个人所得税问题的通知》 国税发〔1998〕13号

■个人保险代理人为保险企业提供保险代理服务应当缴纳的个人所得税，由保险企业代扣代缴。

《国家税务总局关于个人保险代理人税收征管有关问题的公告》一 国家税务总局公告2016年第45号

5.7.15.4 保险营销员的佣金，如何计征个人所得税？

■保险企业营销员（非雇员）取得的收入应按劳务报酬所得计征个人所得税。保险企业营销员以一个月内取得的收入为一次。

《国家税务总局关于保险企业营销员（非雇员）取得的收入计征个人所得税问题的通知》 国税发〔1998〕13号

■保险营销员的佣金由展业成本和劳务报酬构成。按照税法规定，对佣金中的展业成本，不征收个人所得税；对劳务报酬部分，扣除实际缴纳的营业税金及附加后，征收个人所得税。

保险营销员佣金中展业成本的比例暂定为40%。

《国家税务总局关于保险营销员取得佣金收入征免个人所得税问题的通知》一 国税函〔2006〕454号

■个人保险代理人以其取得的佣金、奖励和劳务费等相关收入（简称“佣金收入”，不含增值税）减去地方税费附加及展业成本，按照规定计算个人所得税。

展业成本，为佣金收入减去地方税费附加余额的40%。

《国家税务总局关于个人保险代理人税收征管有关问题的公告》二 国家税务总局公告2016年第45号

5.7.15.5 证券经纪人、信用卡和旅游等行业的个人代理人，如何纳税？

■证券经纪人从证券公司取得的佣金收入，应按照“劳务报酬所得”项目缴纳个人所得税。

■证券经纪人佣金收入由展业成本和劳务报酬构成，对展业成本部分不征收个人所得税。根据目前实际情况，证券经纪人展业成本的比例暂定为每次收入额的40%。

■证券经纪人以一个月内取得的佣金收入为一次收入，其每次收入先减去实际缴纳的营业税及附加，再减去展业成本，余额计算缴纳个人所得税。

证券公司是证券经纪人个人所得税的扣缴义务人。

《国家税务总局关于证券经纪人佣金收入征收个人所得税问题的公告》一、二、三 国家税务总局2012年第45号公告

■证券经纪人、信用卡和旅游等行业的个人代理人比照保险代理人规定执行。信用卡、旅游等行业的个人代理人计算个人所得税时，不执行保险代理人展业成本的规定。

《国家税务总局关于个人保险代理人税收征管有关问题的公告》七 国家税务总局公告2016年第45号

6 现代服务

6.1 研发和技术服务

6.1.1 增值税

6.1.1.1 现代服务，增值税的征收范围？

■现代服务，是指围绕制造业、文化产业、现代物流产业等提供技术性、知识性服务的业务活动。包括研发和技术服务、信息技术服务、文化创意服务、物流辅助服务、租赁服务、鉴证咨询服务、广播影视服务、商务辅助服务和其他现代服务。

《财政部 国家税务总局关于全面推开营业税改征增值税试点的通知》附件1：营业税改征增值税试点实施办法 附：销售服务、无形资产、不动产注释一 财税〔2016〕36号

6.1.1.2 研发和技术服务，增值税的征收范围？

■研发和技术服务，包括研发服务、合同能源管理服务、工程勘察勘探服务、专业技术服务。

（1）研发服务，也称技术开发服务，是指就新技术、新产品、新工艺或者新材料及其系统进行研究与试验开发的业务活动。

（2）合同能源管理服务，是指节能服务公司与用能单位以契约形式约定节能目标，节能服务公司提供必要的服务，用能单位以节能效果支付节能服务公司投入及其合理报酬的业务活动。

（3）工程勘察勘探服务，是指在采矿、工程施工前后，对地形、地质构造、地下资源蕴藏情况进行实地调查的业务活动。

（4）专业技术服务，是指气象服务、地震服务、海洋服务、测绘服务、城市规划、环境与生态监测服务等专项技术服务。

《财政部 国家税务总局关于全面推开营业税改征增值税试点的通知》附件1：营业税改征增值税试点实施办法 附：销售服务、无形资产、不动产注释一 财税〔2016〕36号

6.1.1.3 纳税人提供研发和技术服务，增值税适用税率？

■纳税人提供研发和技术服务，增值税税率为6%。

《财政部 国家税务总局关于全面推开营业税改征增值税试点的通知》附件1：营业税改征增值税试点实施办法第十五条 财税〔2016〕36号

6.1.1.4 向境外单位提供的完全在境外消费的研发服务，是否适用增值税零税率？

■中华人民共和国境内的单位和个人向境外单位提供的完全在境外消费的研发服务，适用增值税零税率。

■完全在境外消费，是指：

（1）服务的实际接受方在境外，且与境内的货物和不动产无关。

（2）无形资产完全在境外使用，且与境内的货物和不动产无关。

（3）财政部和国家税务总局规定的其他情形。

《财政部国家税务总局关于全面推开营业税改征增值税试点的通知》附件4：跨境应税行为适用增值税零税率和免税政策的规定一、七 财税〔2016〕36号

■向国内海关特殊监管区域及场所内单位提供的研发服务，不属于增值税零税率应税服务适用范围。

《国家税务总局关于发布〈适用增值税零税率应税服务退（免）税管理办法〉的公告》第三条 国家税务总局公告2014年第11号

■适用简易计税方法，或声明放弃适用零税率选择免税的向境外单位提供的研发服务，免征增值税。

《国家税务总局关于重新发布〈营业税改征增值税跨境应税服务增值税免税管理办法（试行）〉的公告》第二条 国家税务总局公告2014年第49号（自2016年5月1日起全文失效，详见国家税务总局公告2016年第29号）

■ 2016年5月1日起，符合零税率政策但适用简易计税方法或声明放弃适用零税率选择免税的向境外单位提供的完全在境外消费的研发服务，免征增值税。

《国家税务总局关于发布〈营业税改征增值税跨境应税行为增值税免税管理办法（试行）〉的公告》第二条 国家税务总局公告2016年第29号

6.1.1.5 对外提供研发服务，申请办理出口退（免）税资格认定，是否应提供《技术出口合同登记证》？

■对外提供研发服，适用增值税零税率，向主管税务机关申请办理出口退（免）税资格认定，应提供《技术出口合同登记证》的原件及复印件。

《国家税务总局关于发布〈适用增值税零税率应税服务退（免）税管理办法〉的公告》第九条 国家税务总局公告2014年第11号

6.1.1.6 提供研发服务，办理增值税免抵退税申报，是否提交收款凭证和《技术出口合同登记证》？

■经外汇管理部门批准实行外汇资金集中运营管理的跨国公司，其成员公司在批准的有效期内，可凭银行出具给跨国公司资金集中运营公司符合下列规定的收款凭证，向主管税务机关申报对外提供的研发服务退（免）税，不再提供“从与之签订研发合同的境外单

位取得收入的收款凭证。”

（1）付款单位为与成员公司签订研发合同的境外单位，或研发合同约定的境外代付单位；

（2）收款凭证上的收款单位或附言的实际收款人须载明有成员公司的名称。

《国家税务总局关于出口货物劳务退（免）税管理有关问题的公告》二 国家税务总局公告2014年第51号

■提供研发服务，在申报免抵退税时，向主管国税机关提供与研发服务收入相对应的《技术出口合同登记证》及其数据表。

《国家税务总局关于〈适用增值税零税率应税服务退（免）税管理办法〉的补充公告》四 国家税务总局公告2015年第88号

6.1.1.7 向境外单位提供的完全在境外消费的合同能源管理服务，是否适用增值税零税率？

■中华人民共和国境内的单位和个人向境外单位提供的完全在境外消费的合同能源管理服务，适用增值税零税率。

《财政部 国家税务总局关于全面推开营业税改征增值税试点的通知》附件4：跨境应税行为适用增值税零税率和免税政策的规定一 财税〔2016〕36号

■符合零税率政策但适用简易计税方法或声明放弃适用零税率选择免税的向境外单位提供的完全在境外消费的合同能源管理服务，免征增值税。

《国家税务总局关于发布〈营业税改征增值税跨境应税行为增值税免税管理办法（试行）〉的公告》第二条 国家税务总局公告2016年第29号

6.1.1.8 向境外单位提供的合同能源管理服务，是否免征增值税？

■向境外单位提供的合同能源管理服务，免征增值税。

合同标的物在境内的合同能源管理服务，不属于向境外单位提供的应税服务。

《国家税务总局关于重新发布〈营业税改征增值税跨境应税服务增值税免税管理办法（试行）〉的公告》第二条 国家税务总局公告2014年第49号（自2016年5月1日起全文失效，详见国家税务总局公告2016年第29号

6.1.1.9 合同能源管理服务，免征增值税的条件？

■同时符合下列条件的合同能源管理服务，免征增值税。

（1）节能服务公司实施合同能源管理项目相关技术，应当符合国家质量监督检验检疫总局和国家标准化管理委员会发布的《合同能源管理技术通则》（GB/T24915—2010）规定的技术要求。

（2）节能服务公司与用能企业签订节能效益分享型合同，其合同格式和内容，符合《中华人民共和国合同法》和《合同能源管理技术通则》（GB/T24915—2010）等规定。

《财政部 国家税务总局关于全面推开营业税改征增值税试点的通知》附件3：营业税改征增值税试点过渡政策的规定一 财税〔2016〕

36 号

6.1.1.10 跨境工程勘察勘探服务，是否免征增值税？

■境内的单位和个人销售的工程、矿产资源在境外的工程勘察勘探服务，免征增值税，但财政部和国家税务总局规定适用增值税零税率的除外。

《财政部 国家税务总局关于全面推开营业税改征增值税试点的通知》附件4：跨境应税行为适用增值税零税率和免税政策的规定二 财税〔2016〕36 号

■工程、矿产资源在境外的工程勘察勘探服务，免征增值税。

《国家税务总局关于发布〈营业税改征增值税跨境应税行为增值税免税管理办法（试行）〉的公告》第二条 国家税务总局公告 2016 年第 29 号

6.1.1.11 境外单位或者个人向境内单位或者个人提供在境外的工程勘察勘探服务，是否属于在境内销售服务？

■境外单位或者个人向境内单位或者个人提供的工程、矿产资源在境外的工程勘察勘探服务，不属于在境内销售服务。

《国家税务总局关于营改增试点若干征管问题的公告》一 国家税务总局公告 2016 年第 53 号

6.1.1.12 向境外单位提供的完全在境外消费的专业技术服务，是否免征增值税？

■境内的单位和个人向境外单位提供的完全在境外消费的专业技术服务，免征增值税，但财政部和国家税务总局规定适用增值税零税率的除外。

《财政部 国家税务总局关于全面推开营业税改征增值税试点的通知》附件4：跨境应税行为适用增值税零税率和免税政策的规定二 财税〔2016〕36 号

6.1.2 研发中心

进口科技开发用品

6.1.2.1 对外资研发中心进口科技开发用品，是否免税？

■ 2011 年 1 月 1 日至 2015 年 12 月 31 日，对外资研发中心进口科技开发用品免征进口关税和进口环节增值税、消费税。

《财政部 商务部 海关总署 国家税务总局关于继续执行研发机构采购设备税收政策的通知》 财税〔2011〕88 号

6.1.2.2 对外资研发中心进口科技开发用品免征进口增值税，应满足哪些条件？

■对 2009 年 9 月 30 日及其之前设立的外资研发中心，应同时满足下列条件：

（1）研发费用标准：①对外资研发中心，作为独立法人的，其投资总额不低于 500 万美元；作为公司内设部门或分公司的非独立法人的，其研发总投入不低于 500 万美元；②企业研发经费年支出额不低于 1000 万元。

（2）专职研究与试验发展人员不低于 90 人。

（3）设立以来累计购置的设备原值不低于 1000 万元。

对 2009 年 10 月 1 日及其之后设立的外资研发中心，应同时满足下列条件：

（1）研发费用标准：作为独立法人的，其投资总额不低于 800 万美元；作为公司内设部门或分公司的非独立法人的，其研发总投入不低于 800 万美元。

（2）专职研究与试验发展人员不低于 150 人。

（3）设立以来累计购置的设备原值不低于 2000 万元。

■ “投资总额”，是指外商投资企业批准证书所载明的金额。

“研发总投入”，是指外商投资企业专门为设立和建设本研发中心而投入的资产，包括即将投入并签订购置合同的资产（应提交已采购资产清单和即将采购资产的合同清单）。

“研发经费年支出额”，是指近两个会计年度研发经费年均支出额；不足两个完整会计年度的，可按外资研发中心设立以来任意连续 12 个月的实际研发经费支出额计算；现金与实物资产投入应不低于 60%。

“专职研究与试验发展人员”，是指企业科技活动人员中专职从事基础研究、应用研究和试验发展三类项目活动的人员，包括直接参加上述三类项目活动的人员以及相关专职科技管理人员和为项目提供资料文献、材料供应、设备的直接服务人员，上述人员须与外资研发中心或其所在外商投资企业签订 1 年以上劳动合同，以外资研发中心提交申请的前一日人数为准。

“设备”，是指为科学研究、教学和科技开发提供必要条件的实验设备、装置和器械。在计算累计购置的设备原值时，应将进口设备和采购国产设备的原值一并计入，包括已签订购置合同并于当年内交货的设备（应提交购置合同清单及交货期限），上述设备应属于本通知《科技开发、科学研究和教学设备清单》所列设备。

《财政部　商务部　海关总署　国家税务总局关于继续执行研发机构采购设备税收政策的通知》一、三　财税〔2011〕88 号

采购国产设备

6.1.2.3　对研发中心采购国产设备，是否退还增值税？

■ 2011 年 1 月 1 日至 2015 年 12 月 31 日，对内资研发机构和外资研发中心采购国产设备全额退还增值税。

《财政部　商务部　海关总署　国家税务总局关于继续执行研发机构采购设备税收政策的通知》　财税〔2011〕88 号

6.1.2.4　适用采购国产设备全额退还增值税的纳税人范围？

■适用采购国产设备全额退还增值税政策的内资研发机构和外资研发中心包括：

（1）《科技开发用品免征进口税收暂行规定》（财政部、海关总署、国家税务总局令第 44 号）规定的科学研究、技术开发机构。

（2）《科学研究和教学用品免征进口税收规定》（财政部、海关总署、国家税务总局令第 45 号）规定的科学研究机构和学校。

（3）符合本通知第一条规定条件的外资研发中心。

《财政部　商务部　海关总署　国家税务总局关于继续执行研发机构采

购设备税收政策的通知》二 财税〔2011〕88号

6.1.2.5 研发机构采购国产设备的应退税额，如何确定？

■采购国产设备的应退税额，按照增值税专用发票上注明的税额确定。凡企业未全额支付所购设备货款的，按照已付款比例和增值税专用发票上注明的税额确定应退税款；未付款部分的相应税款，待企业实际支付货款后再予退税。

《国家税务总局关于印发〈研发机构采购国产设备退税管理办法〉的公告》第八条 国家税务总局公告2011年第73号

6.1.2.6 研发机构采购国产设备退税认定、审批的主管机关？

■主管研发机构退税的国家税务局（主管退税税务机关）负责研发机构采购国产设备退税的认定、审核审批及监管工作。

《国家税务总局关于印发〈研发机构采购国产设备退税管理办法〉的公告》第二条 国家税务总局公告2011年第73号

6.1.2.7 研发机构办理采购国产设备的退税认定手续，需要提交的文件？

■享受采购国产设备退税的研发机构，应在申请办理退税前持以下资料向主管退税税务机关申请办理采购国产设备的退税认定手续。

（1）企业法人营业执照副本及组织机构代码证（原件及复印件）；

（2）税务登记证副本（原件及复印件）；

（3）退税账户证明；

（4）税务机关要求提供的其他资料。

对按照《商务部财政部海关总署税务总局关于外资研发中心采购设备免/退税资格审核办法的通知》（商资发〔2010〕93号）规定已认定的外资研发中心，其采购的国产设备，不需重新认定。

《国家税务总局关于印发〈研发机构采购国产设备退税管理办法〉的公告》第四条 国家税务总局公告2011年第73号

6.1.2.8 研发机构采购国产设备的退税认定手续，如何办理变更和注销？

■研发机构发生解散、破产、撤销以及其他依法应终止采购国产设备退税事项的，应持相关证件、资料向其主管退税税务机关办理注销认定手续。已办理采购国产设备退税认定的研发机构，其认定内容发生变化的，须自有关管理机关批准变更之日起30日内，持相关证件、资料向其主管退税税务机关办理变更认定手续。

《国家税务总局关于印发〈研发机构采购国产设备退税管理办法〉的公告》第五条 国家税务总局公告2011年第73号

6.1.2.9 研发机构采购国产设备，如何办理退税？

■研发机构应自购买国产设备取得的增值税专用发票开具之日起180日内，向其主管退税税务机关报送《研发机构采购国产设备退税申报审核审批表》（见附件）申请退税，逾期不得申报。申请退税时，附送以下资料：

（1）采购国产设备合同；

（2）增值税专用发票（抵扣联）；

（3）付款凭证；

（4）税务机关要求提供的其他资料。

属于增值税一般纳税人的研发机构购进国产设备取得的增值税专用发票，应在规定的认证期限内办理认证手续。未认证或认证未通过的不得申报退税。

■研发机构采购国产设备取得的增值税专用发票已申报抵扣的，不得申报退税。已申报退税的增值税专用发票，研发机构不得再申报进项税额抵扣。

■对属于增值税一般纳税人的研发机构的退税申请，主管退税税务机关必须在增值税专用发票稽核信息核对无误的情况下，办理退税。对属于非增值税一般纳税人研发机构的退税申请，主管退税税务机关必须发函调查，在确认增值税专用发票真实、发票所列设备已按照规定申报纳税后，方可办理退税。

■在 2011 年 1 月 1 日至 2015 年 12 月 31 日期间开具的增值税专用发票的退税适用上述规定。

《国家税务总局关于印发〈研发机构采购国产设备退税管理办法〉的公告》第六、七、九、十三条　国家税务总局公告 2011 年第 73 号

6.1.2.10　研发机构已退税的国产设备，退税部门如何进行监管？

■主管退税税务机关应建立研发机构采购国产设备退税情况台账，并根据需要进行实地调查。

■研发机构已退税的国产设备，由主管退税税务机关进行监管，监管期为 5 年。监管期的起始时间以增值税专用发票开具日期为准。监管期内发生设备所有权转移行为或移作他用等行为的，研发机构必须按以下计算公式，向主管退税税务机关补缴已退税款。

应补税款 = 增值税专用发票上注明的金额×(设备折余价值÷设备原值)×适用增值税税率

设备折余价值 = 设备原值 - 累计已提折旧

设备原值和已提折旧按所得税法规定的办法计算。

■研发机构以假冒采购国产设备退税资格、既申报抵扣又申报退税、虚构采购国产设备业务、提供虚假退税申报资料等手段骗取国产设备退税款的，按照有关法律、法规处理。

《国家税务总局关于印发〈研发机构采购国产设备退税管理办法〉的公告》第十、十一、二条　国家税务总局公告 2011 年第 73 号

6.1.3　节能服务公司

6.1.3.1　节能服务公司，应符合什么条件才能享受税收优惠政策？

■“符合条件”是指同时满足以下条件：

（1）具有独立法人资格，注册资金不低于 100 万元，且能够单独提供用能状况诊断、节能项目设计、融资、改造（包括施工、设备安装、调试、验收等）、运行管理、人员培训等服务的专业化节能服务公司；

（2）节能服务公司实施合同能源管理项目相关技术应符合国家质量监督检验检疫总局和国家标准化管理委员会发布的《合同能源管理技术通则》（GB/T24915—2010）规定的技术要求；

（3）节能服务公司与用能企业签订《节能效益分享型》合同，其合同格式和内容，

符合《合同法》和国家质量监督检验检疫总局和国家标准化管理委员会发布的《合同能源管理技术通则》（GB/T24915—2010）等规定；

（4）节能服务公司实施合同能源管理的项目符合《财政部国家税务总局国家发展改革委关于公布环境保护节能节水项目企业所得税优惠目录（试行）的通知》（财税〔2009〕166号）“4.节能减排技术改造”类中第一项至第八项规定的项目和条件；

（5）节能服务公司投资额不低于实施合同能源管理项目投资总额的70%；

（6）节能服务公司拥有匹配的专职技术人员和合同能源管理人才，具有保障项目顺利实施和稳定运行的能力。

《财政部　国家税务总局关于促进节能服务产业发展增值税营业税和企业所得税政策问题的通知》二　财税〔2010〕110号

6.1.3.2　节能服务公司将项目中的增值税应税货物转让给用能企业，是否免征增值税？

■节能服务公司实施符合条件的合同能源管理项目，将项目中的增值税应税货物转让给用能企业，暂免征收增值税。（减免性质代码：01064001）

《财政部　国家税务总局关于促进节能服务产业发展增值税营业税和企业所得税政策问题的通知》一　财税〔2010〕110号

6.1.3.3　节能服务公司实施合同能源管理项目，企业所得税有何优惠政策？

■对符合条件的节能服务公司实施合同能源管理项目，符合企业所得税税法有关规定的，自项目取得第一笔生产经营收入所属纳税年度起，第一年至第三年免征企业所得税，第四年至第六年按照25%的法定税率减半征收企业所得税。（减免税代码：04064001）

《财政部　国家税务总局关于促进节能服务产业发展增值税营业税和企业所得税政策问题的通知》二　财税〔2010〕110号

■享受企业所得税优惠政策的项目应属于财税〔2009〕166号规定的节能减排技术改造项目，包括余热余压利用、绿色照明等节能效益分享型合同能源管理项目。

《国家税务总局　国家发展改革委关于落实节能服务企业合同能源管理项目企业所得税优惠政策有关征收管理问题的公告》五　国家税务总局公告2013年第77号

■符合条件的节能服务公司实施合同能源管理项目的所得定期减免企业所得税的备案资料：

（1）企业所得税优惠事项备案表；

（2）国家发展改革委、财政部公布的第三方机构出具的合同能源管理项目情况确认表，或者政府节能主管部门出具的合同能源管理项目确认意见。

预缴享受、年度备案。主要留存备查资料：

（1）能源管理合同；

（2）国家发展改革委、财政部公布的第三方机构出具的合同能源管理项目情况确认表，或者政府节能主管部门出具的合同能源管理项目确认意见；

（3）项目转让合同、项目原享受优惠的备案文件（项目发生转让的，受让节能服务企业）；

（4）项目第一笔收入的发票及作收入处理的会计凭证；

（5）合同能源管理项目应纳税所得额计算表；

（6）合同能源管理项目所得单独核算资料，以及合理分摊期间共同费用的核算资料；

（7）省税务机关规定的其他资料。

《国家税务总局关于发布〈企业所得税优惠政策事项办理办法〉的公告》附件1：企业所得税优惠事项备案管理目录（2015年版）21 国家税务总局公告2015年第76号

6.1.3.4 对实施节能效益分享型合同能源管理项目的节能服务企业，是否可享受企业所得税优惠政策？

■对实施节能效益分享型合同能源管理项目（项目）的节能服务企业，凡实行查账征收所得税的居民企业并符合企业所得税法和本公告有关规定的，该项目可享受企业所得税"三免三减半"优惠政策。如节能服务企业的分享型合同约定的效益分享期短于6年的，按实际分享期享受优惠。

《国家税务总局 国家发展改革委关于落实节能服务企业合同能源管理项目企业所得税优惠政策有关征收管理问题的公告》一 国家税务总局公告2013年第77号

6.1.3.5 在优惠期限内转让所享受优惠的项目的，受让企业如何享受企业所得税优惠政策？

■节能服务企业享受"三免三减半"项目的优惠期限，应连续计算。对在优惠期限内转让所享受优惠的项目给其他符合条件的节能服务企业，受让企业承续经营该项目的，可自项目受让之日起，在剩余期限内享受规定的优惠；优惠期限届满后转让的，受让企业不得就该项目重复享受优惠。

《国家税务总局 国家发展改革委关于落实节能服务企业合同能源管理项目企业所得税优惠政策有关征收管理问题的公告》二 国家税务总局公告2013年第77号

6.1.3.6 对节能服务公司、用能企业，实施合同能源管理项目有关资产，如何进行税务处理？

■对符合条件的节能服务公司，以及与其签订节能效益分享型合同的用能企业，实施合同能源管理项目有关资产的企业所得税税务处理按以下规定执行：

（1）用能企业按照能源管理合同实际支付给节能服务公司的合理支出，均可以在计算当期应纳税所得额时扣除，不再区分服务费用和资产价款进行税务处理；

（2）能源管理合同期满后，节能服务公司转让给用能企业的因实施合同能源管理项目形成的资产，按折旧或摊销期满的资产进行税务处理，用能企业从节能服务公司接受有关资产的计税基础也应按折旧或摊销期满的资产进行税务处理；

（3）能源管理合同期满后，节能服务公司与用能企业办理有关资产的权属转移时，用能企业已支付的资产价款，不再另行计入节能服务公司的收入。

《财政部 国家税务总局关于促进节能服务产业发展增值税营业税和企业所得税政策问题的通知》二 财税〔2010〕110号

■节能服务企业投资项目所发生的支出，应按税法规定作资本化或费用化处理。形成的固定资产或无形资产，应按合同约定的效益分享期计提折旧或摊销。

节能服务企业应分别核算各项目的成本费用支出额。对在合同约定的效益分享期内发生的期间费用划分不清的，应合理进行分摊，期间费用的分摊应按照项目投资额和销售（营业）收入额两个因素计算分摊比例，两个因素的权重各为50%。

《国家税务总局　国家发展改革委关于落实节能服务企业合同能源管理项目企业所得税优惠政策有关征收管理问题的公告》三　国家税务总局公告2013年第77号

6.1.3.7　节能服务公司与用能企业哪些业务往来税务机关有权进行合理调整？

■节能服务公司与用能企业之间的业务往来，应当按照独立企业之间的业务往来收取或者支付价款、费用。不按照独立企业之间的业务往来收取或者支付价款、费用，而减少其应纳税所得额的，税务机关有权进行合理调整。

《财政部　国家税务总局关于促进节能服务产业发展增值税营业税和企业所得税政策问题的通知》二　财税〔2010〕110号

6.1.3.8　对用能企业财务核算有何要求？

■用能企业对从节能服务公司取得的与实施合同能源管理项目有关的资产，应与企业其他资产分开核算，并建立辅助账或明细账。

《财政部　国家税务总局关于促进节能服务产业发展增值税营业税和企业所得税政策问题的通知》二　财税〔2010〕110号

6.1.4　科研机构

6.1.4.1　非营利性科研机构，有哪些税收政策？

■非营利性科研机构享受如下税收优惠政策：

（1）非营利性科研机构从事技术开发、技术转让业务和与之相关的技术咨询、技术服务所得的收入，按有关法规免征营业税和企业所得税。

（2）非营利性科研机构从事与其科研业务无关的其他服务所取得的收入，如租赁收入、财产转让收入、对外投资收入等，应当按法规征收各项税收；非营利性科研机构从事上述非主营业务收入用于改善研究开发条件的投资部分，经税务部门审核批准可抵扣其应纳税所得额，就其余额征收企业所得税。

（3）非营利性科研机构自用的房产、土地，免征房产税、城镇土地使用税。（房产税减免税代码：08021906）（土地税减免税代码：10021901）

《财政部　国家税务总局关于非营利性科研机构税收政策的通知》　财税〔2001〕5号

6.1.4.2　对转为企业和进入企业的科研机构，有哪些税收政策？

■对于经国务院批准的原国家经贸委管理的10个国家局所属242个科研机构和建设部等11个部门（单位）所属134个科研机构中转为企业的科研机构和进入企业的科研机构，从转制注册之日起，5年内免征科研开发自用土地的城镇土地使用税、房产税和企业所得税。（土地税减免税代码：10022002）（房产税减免税代码：08022001）

经科技部、财政部、中编办审核批准的国务院部门（单位）所属社会公益类科研机构中转为企业或进入企业的科研机构，享受上述规定的优惠政策。

《财政部　国家税务总局关于转制科研机构有关税收政策问题的通知》财税〔2003〕137号

6.2　信息技术服务

6.2.1　增值税

6.2.1.1　信息技术服务，增值税的征收范围？

■信息技术服务，是指利用计算机、通信网络等技术对信息进行生产、收集、处理、加工、存储、运输、检索和利用，并提供信息服务的业务活动。包括软件服务、电路设计及测试服务、信息系统服务、业务流程管理服务和信息系统增值服务。

（1）软件服务，是指提供软件开发服务、软件维护服务、软件测试服务的业务活动。

（2）电路设计及测试服务，是指提供集成电路和电子电路产品设计、测试及相关技术支持服务的业务活动。

（3）信息系统服务，是指提供信息系统集成、网络管理、网站内容维护、桌面管理与维护、信息系统应用、基础信息技术管理平台整合、信息技术基础设施管理、数据中心、托管中心、信息安全服务、在线杀毒、虚拟主机等业务活动。包括网站对非自有的网络游戏提供的网络运营服务。

（4）业务流程管理服务，是指依托信息技术提供的人力资源管理、财务经济管理、审计管理、税务管理、物流信息管理、经营信息管理和呼叫中心等服务的活动。

（5）信息系统增值服务，是指利用信息系统资源为用户附加提供的信息技术服务。包括数据处理、分析和整合、数据库管理、数据备份、数据存储、容灾服务、电子商务平台等。

《财政部　国家税务总局关于全面推开营业税改征增值税试点的通知》附件1：营业税改征增值税试点实施办法　附：销售服务、无形资产、不动产注释一　财税〔2016〕36号

6.2.1.2　提供塔类站址管理业务，是否按照“信息技术基础设施管理服务”缴纳增值税？

■自2016年2月1日起，纳税人通过蜂窝数字移动通信用塔（杆）及配套设施，为电信企业提供的基站天线、馈线及设备环境控制、动环监控、防雷消防、运行维护等塔类站址管理业务，按照“信息技术基础设施管理服务”缴纳增值税。

蜂窝数字移动通信用塔（杆），属于《固定资产分类与代码》（GB/T 14885—1994）中的“其他通讯设备”（代码699），其增值税进项税额可以从销项税额中抵扣。

《国家税务总局关于营业税改征增值税试点期间有关增值税问题的公告》五　国家税务总局公告2015年第90号

6.2.1.3　纳税人提供信息技术服务，增值税适用税率？

■纳税人提供信息技术服务，增值税税率为6%。

《财政部　国家税务总局关于全面推开营业税改征增值税试点的通知》附件1：营业税改征增值税试点实施办法第十五条　财税〔2016〕

36 号

6.2.1.4 向境外单位提供的软件服务，是否免征增值税？

■向境外单位提供的软件服务，免征增值税。

《国家税务总局关于重新发布〈营业税改征增值税跨境应税服务增值税免税管理办法（试行）〉的公告》第二条 国家税务总局公告2014年第49号（自2016年5月1日起全文失效，详见国家税务总局公告2016年第29号）

6.2.1.5 向境外单位提供的完全在境外消费的软件服务，是否适用增值税零税率？

■中华人民共和国境内的单位和个人向境外单位提供的完全在境外消费的软件服务，适用增值税零税率。

《财政部 国家税务总局关于全面推开营业税改征增值税试点的通知》附件4：跨境应税行为适用增值税零税率和免税政策的规定一 财税〔2016〕36号

■符合零税率政策但适用简易计税方法或声明放弃适用零税率选择免税的向境外单位提供的完全在境外消费的软件服务，免征增值税。

《国家税务总局关于发布〈营业税改征增值税跨境应税行为增值税免税管理办法（试行）〉的公告》第二条 国家税务总局公告2016年第29号

6.2.1.6 提供软件服务，办理增值税免抵退税申报，是否出具合同及证明文件？

■提供软件服务适用增值税零税率，在申报免抵退税时，向主管国税机关提供与境外单位签订的软件服务合同，同时提供合同已在商务部“服务外包及软件出口管理信息系统”中登记并审核通过，由该系统出具的证明文件。

《国家税务总局关于〈适用增值税零税率应税服务退（免）税管理办法〉的补充公告》四 国家税务总局公告2015年第88号

6.2.1.7 向境外单位提供的电路设计及测试服务，是否免征增值税？

■向境外单位提供的电路设计及测试服务，免征增值税。

《国家税务总局关于重新发布〈营业税改征增值税跨境应税服务增值税免税管理办法（试行）〉的公告》第二条 国家税务总局公告2014年第49号（自2016年5月1日起全文失效，详见国家税务总局公告2016年第29号）

6.2.1.8 向境外单位提供的完全在境外消费的电路设计及测试服务，是否适用增值税零税率？

■中华人民共和国境内的单位和个人向境外单位提供的完全在境外消费的电路设计及测试服务，适用增值税零税率。

《财政部 国家税务总局关于全面推开营业税改征增值税试点的通知》附件4：跨境应税行为适用增值税零税率和免税政策的规定一 财税〔2016〕36号

■符合零税率政策但适用简易计税方法或声明放弃适用零税率选择免税的向境外单位提

供的完全在境外消费的电路设计及测试服务，免征增值税。

《国家税务总局关于发布〈营业税改征增值税跨境应税行为增值税免税管理办法（试行）〉的公告》第二条　国家税务总局公告 2016 年第 29 号

6.2.1.9　提供电路设计及测试服务，办理增值税免抵退税申报，是否提供合同及证明文件？

■提供电路设计及测试服务适用增值税零税率，在申报免抵退税时，向主管国税机关提供与境外单位签订的提供电路设计及测试服务合同，同时提供合同已在商务部“服务外包及软件出口管理信息系统”中登记并审核通过，由该系统出具的证明文件。

《国家税务总局关于〈适用增值税零税率应税服务退（免）税管理办法〉的补充公告》四　国家税务总局公告 2015 年第 88 号

6.2.1.10　向境外单位提供的信息系统服务，是否免征增值税？

■向境外单位提供的信息系统服务，免征增值税。

《国家税务总局关于重新发布〈营业税改征增值税跨境应税服务增值税免税管理办法（试行）〉的公告》第二条　国家税务总局公告 2014 年第 49 号（自 2016 年 5 月 1 日起全文失效，详见国家税务总局公告 2016 年第 29 号）

6.2.1.11　向境外单位提供的完全在境外消费的信息系统服务，是否适用增值税零税率？

■中华人民共和国境内的单位和个人向境外单位提供的完全在境外消费的信息系统服务，适用增值税零税率。

《财政部　国家税务总局关于全面推开营业税改征增值税试点的通知》附件 4：跨境应税行为适用增值税零税率和免税政策的规定一　财税〔2016〕36 号

■符合零税率政策但适用简易计税方法或声明放弃适用零税率选择免税的向境外单位提供的完全在境外消费的信息系统服务，免征增值税。

《国家税务总局关于发布〈营业税改征增值税跨境应税行为增值税免税管理办法（试行）〉的公告》第二条　国家税务总局公告 2016 年第 29 号

6.2.1.12　提供信息系统服务，办理增值税免抵退税申报，是否提供合同及证明文件？

■提供信息系统服务适用增值税零税率，在申报免抵退税时，向主管国税机关提供与境外单位签订的提供信息系统服务合同，同时提供合同已在商务部“服务外包及软件出口管理信息系统”中登记并审核通过，由该系统出具的证明文件。

《国家税务总局关于〈适用增值税零税率应税服务退（免）税管理办法〉的补充公告》四　国家税务总局公告 2015 年第 88 号

6.2.1.13　向境外单位提供的业务流程管理服务，是否免征增值税？

■向境外单位提供的业务流程管理服务，免征增值税。

《国家税务总局关于重新发布〈营业税改征增值税跨境应税服务增值税免税管理办法（试行）〉的公告》第二条　国家税务总局公告 2014 年第 49 号（自 2016 年 5 月 1 日起全文失效，详见国家税务总局公告 2016

年第29号）

6.2.1.14 向境外单位提供的完全在境外消费的业务流程管理服务，是否适用增值税零税率？

■中华人民共和国境内的单位和个人向境外单位提供的完全在境外消费的业务流程管理服务，适用增值税零税率。

《财政部国家税务总局关于全面推开营业税改征增值税试点的通知》附件4：跨境应税行为适用增值税零税率和免税政策的规定一 财税〔2016〕36号

■符合零税率政策但适用简易计税方法或声明放弃适用零税率选择免税的向境外单位提供的完全在境外消费的业务流程管理服务，免征增值税。

《国家税务总局关于发布〈营业税改征增值税跨境应税行为增值税免税管理办法（试行）〉的公告》第二条 国家税务总局公告2016年第29号

6.2.1.15 提供业务流程管理服务，办理增值税免抵退税申报，是否提供合同及证明文件？

■提供业务流程管理服务适用增值税零税率，在申报免抵退税时，向主管国税机关提供与境外单位签订的提供业务流程管理服务合同，同时提供合同已在商务部“服务外包及软件出口管理信息系统”中登记并审核通过，由该系统出具的证明文件。

《国家税务总局关于〈适用增值税零税率应税服务退（免）税管理办法〉的补充公告》四 国家税务总局公告2015年第88号

6.3 文化创意服务

6.3.1 增值税

6.3.1.1 文化创意服务，增值税的征收范围？

■文化创意服务，包括设计服务、知识产权服务、广告服务和会议展览服务。

（1）设计服务，是指把计划、规划、设想通过文字、语言、图画、声音、视觉等形式传递出来的业务活动。包括工业设计、内部管理设计、业务运作设计、供应链设计、造型设计、服装设计、环境设计、平面设计、包装设计、动漫设计、网游设计、展示设计、网站设计、机械设计、工程设计、广告设计、创意策划、文印晒图等。

（2）知识产权服务，是指处理知识产权事务的业务活动。包括对专利、商标、著作权、软件、集成电路布图设计的登记、鉴定、评估、认证、检索服务。

（3）广告服务，是指利用图书、报纸、杂志、广播、电视、电影、幻灯、路牌、招贴、橱窗、霓虹灯、灯箱、互联网等各种形式为客户的商品、经营服务项目、文体节目或者通告、声明等委托事项进行宣传和提供相关服务的业务活动。包括广告代理和广告的发布、播映、宣传、展示等。

（4）会议展览服务，是指为商品流通、促销、展示、经贸洽谈、民间交流、企业沟通、国际往来等举办或者组织安排的各类展览和会议的业务活动。

《财政部 国家税务总局关于全面推开营业税改征增值税试点的通知》

附件1：营业税改征增值税试点实施办法　附：销售服务、无形资产、不动产注释一　财税〔2016〕36号

6.3.1.2　纳税人提供文化创意服务，增值税适用税率？

■纳税人提供文化创意服务，增值税税率为6%。

《财政部　国家税务总局关于全面推开营业税改征增值税试点的通知》附件1：营业税改征增值税试点实施办法第十五条　财税〔2016〕36号

6.3.1.3　向境外单位提供的设计服务，是否免征增值税？

■适用简易计税方法，或声明放弃适用零税率选择免税的向境外单位提供的设计服务，免征增值税。但对境内不动产提供的设计服务除外。

《国家税务总局关于重新发布〈营业税改征增值税跨境应税服务增值税免税管理办法（试行）〉的公告》第二条　国家税务总局公告2014年第49号（自2016年5月1日起全文失效，详见国家税务总局公告2016年第29号）

6.3.1.4　向境外单位提供的完全在境外消费的设计服务，是否适用增值税零税率？

■中华人民共和国境内的单位和个人向境外单位提供的完全在境外消费的设计服务，适用增值税零税率。

《财政部　国家税务总局关于全面推开营业税改征增值税试点的通知》附件4：跨境应税行为适用增值税零税率和免税政策的规定一　财税〔2016〕36号

■向国内海关特殊监管区域及场所内单位提供的设计服务，不属于增值税零税率应税服务适用范围。

《国家税务总局关于发布〈适用增值税零税率应税服务退（免）税管理办法〉的公告》第三条　国家税务总局公告2014年第11号

■符合零税率政策但适用简易计税方法或声明放弃适用零税率选择免税的向境外单位提供的完全在境外消费的设计服务，免征增值税。

《国家税务总局关于发布〈营业税改征增值税跨境应税行为增值税免税管理办法（试行）〉的公告》第二条　国家税务总局公告2016年第29号

6.3.1.5　对外提供设计服务，申请办理出口退（免）税资格认定，是否提供《技术出口合同登记证》？

■对外提供设计服务适用增值税零税率，向主管税务机关申请办理出口退（免）税资格认定，应提供《技术出口合同登记证》的原件及复印件。

《国家税务总局关于发布〈适用增值税零税率应税服务退（免）税管理办法〉的公告》第九条　国家税务总局公告2014年第11号

6.3.1.6　提供设计服务，办理增值税免抵退税申报，是否提供收款凭证及《技术出口合同登记证》？

■经外汇管理部门批准实行外汇资金集中运营管理的跨国公司，其成员公司在批准的有

效期内，可凭银行出具给跨国公司资金集中运营公司符合下列规定的收款凭证，向主管税务机关申报对外提供的设计服务退（免）税，不再提供“从与之签订设计合同的境外单位取得收入的收款凭证。”

（1）付款单位为与成员公司签订设计合同的境外单位，或设计合同约定的境外代付单位；

（2）收款凭证上的收款单位或附言的实际收款人须载明有成员公司的名称。

《国家税务总局关于出口货物劳务退（免）税管理有关问题的公告》二　国家税务总局公告2014年第51号

■提供设计服务，在申报免抵退税时，向主管国税机关提供与设计服务收入相对应的《技术出口合同登记证》及其数据表。

《国家税务总局关于〈适用增值税零税率应税服务退（免）税管理办法〉的补充公告》四　国家税务总局公告2015年第88号

6.3.1.7　向境外单位提供的知识产权服务，是否免征增值税？

■境内的单位和个人向境外单位提供的完全在境外消费的知识产权服务，免征增值税，但财政部和国家税务总局规定适用增值税零税率的除外。

《财政部　国家税务总局关于全面推开营业税改征增值税试点的通知》附件4：跨境应税行为适用增值税零税率和免税政策的规定二　财税〔2016〕36号

■境内单位和个人向境外单位提供的知识产权服务，免征增值税。

《国家税务总局关于重新发布〈营业税改征增值税跨境应税服务增值税免税管理办法（试行）〉的公告》第二条　国家税务总局公告2014年第49号（自2016年5月1日起全文失效，详见国家税务总局公告2016年第29号）

■自2016年5月1日起，向境外单位销售的完全在境外消费的知识产权服务，免征增值税。

服务实际接受方为境内单位或者个人的知识产权服务，不属于完全在境外消费的知识产权服务。

《国家税务总局关于发布〈营业税改征增值税跨境应税行为增值税免税管理办法（试行）〉的公告》第二条　国家税务总局公告2016年第29号

6.3.1.8　向境外单位提供广告投放地在境外的广告服务，是否免征增值税？

■境内的单位和个人向境外单位提供的广告投放地在境外的广告服务，免征增值税，但财政部和国家税务总局规定适用增值税零税率的除外。

《财政部　国家税务总局关于全面推开营业税改征增值税试点的通知》附件4：跨境应税行为适用增值税零税率和免税政策的规定二　财税〔2016〕36号

■向境外单位销售的广告投放地在境外的广告服务，免征增值税。

广告投放地在境外的广告服务，是指为在境外发布的广告提供的广告服务。

《国家税务总局关于发布〈营业税改征增值税跨境应税行为增值税免税管理办法（试行）〉的公告》第二条　国家税务总局公告 2016 年第 29 号

6.3.1.9　跨境的会议展览服务，是否免征增值税？

■境内的单位和个人销售的会议展览地点在境外的会议展览服务，免征增值税，但财政部和国家税务总局规定适用增值税零税率的除外。

《财政部　国家税务总局关于全面推开营业税改征增值税试点的通知》附件 4：跨境应税行为适用增值税零税率和免税政策的规定二　财税〔2016〕36 号

■会议展览地点在境外的会议展览服务，免征增值税。

为客户参加在境外举办的会议、展览而提供的组织安排服务，属于会议展览地点在境外的会议展览服务。

《国家税务总局关于发布〈营业税改征增值税跨境应税行为增值税免税管理办法（试行）〉的公告》第二条　国家税务总局公告 2016 年第 29 号

6.3.1.10　境外单位或者个人向境内单位或者个人提供境外的会议展览服务，是否属于在境内销售服务？

■境外单位或者个人向境内单位或者个人提供的会议展览地点在境外的会议展览服务，不属于在境内销售服务。

《国家税务总局关于营改增试点若干征管问题的公告》一　国家税务总局公告 2016 年第 53 号

6.3.2　个人所得税

6.3.2.1　广告市场个人所得税纳税人？

■在广告设计、制作、发布过程中提供名义、形象及劳务并取得所得的个人为个人所得税的纳税义务人。

《国家税务总局关于印发〈广告市场个人所得税征收管理暂行办法〉的通知》第三条　国税发〔1996〕148 号

6.3.2.2　广告市场个人所得税的扣缴义务人？

■直接向在广告设计、制作、发布过程中提供名义、形象及劳务并取得所得的个人支付所得的广告主、广告经营者、受托从事广告制作的单位和广告发布者为个人所得税的扣缴义务人。

■广告主，是指为推销商品或者提供服务，自行或者委托他人设计、制作、发布广告的法人、其他经济组织或者个人。

广告经营者，是指受委托提供广告设计、制作、代理服务的法人、其他经济组织或者个人。

受托从事广告制作的单位，是指受广告主或者广告经营者委托而从事广告设计、制作的法人、其他经济组织或者个人。

广告发布者，是指为广告主、或者广告主委托的广告经营者发布广告的法人及其他经济组织。

《国家税务总局关于印发〈广告市场个人所得税征收管理暂行办法〉的通知》第二、三条　国税发〔1996〕148号

6.3.2.3　扣缴人应当报送税务机关哪些情况？

■扣缴人应当在每项广告制作前向所在地主管税务机关报告广告中名义、形象及劳务提供者的姓名、身份证号码（护照号码及国籍）、工作单位（户籍所在地）、电话号码以及支付报酬的标准和支付形式等情况。双方订立书面合同（协议）的，应同时将合同（协议）副本报送上述税务机关。

广告发布者应当定期向所在地主管税务机关报送当期发布广告的数量及其广告主、广告经营者的名单。

《国家税务总局关于印发〈广告市场个人所得税征收管理暂行办法〉的通知》第四条　国税发〔1996〕148号

■扣缴人违反本办法第四条法规的，税务机关应令其限期补报，并可处以2000元以下的罚款；逾期仍未补报的，可以处以2000元以上10000元以下的罚款。

《国家税务总局关于印发〈广告市场个人所得税征收管理暂行办法〉的通知》第十一条　国税发〔1996〕148号（2016年5月29日废止，详见国家税务总局令第40号）

6.3.2.4　纳税人在广告设计、制作、发行过程中取得的所得，按什么税目缴纳个人所得税？

■纳税人在广告设计、制作、发布过程中提供名义、形象而取得的所得，应按劳务报酬所得项目计算纳税。

纳税人在广告设计、制作、发布过程中提供其他劳务取得的所得，视其情况分别按照税法法规的劳务报酬所得、稿酬所得、特许权使用费所得等应税项目计算纳税。

扣缴人的本单位人员在广告设计、制作、发布过程中取得的由本单位支付的所得，按工资、薪金所得项目计算纳税。

《国家税务总局关于印发〈广告市场个人所得税征收管理暂行办法〉的通知》第五条　国税发〔1996〕148号

6.3.2.5　纳税人的哪些收入，可以核定应纳税所得额？

■纳税人以现金、实物和有价证券以外的其他形式取得所得，税务机关可以根据其所得的形式和价值，核定其应纳税所得额，据以征税。

对于不能准确提供或划分个人在广告设计、制作、发布过程中提供名义、形象及劳务而取得的所得的纳税人，主管税务机关可以根据支付总额等实际情况，参照同类广告活动名义、形象及其他劳务提供者的所得标准，核定其应纳税所得额，据以征税。

《国家税务总局关于印发〈广告市场个人所得税征收管理暂行办法〉的通知》第六条　国税发〔1996〕148号

6.3.2.6　纳税人取得的各项所得，如何确定所得？

■劳务报酬所得以纳税人每参与一项广告的设计、制作、发布所取得的所得为一次；稿

酬所得以在图书、报刊上发布一项广告时使用其作品而取得的所得为一次；特许权使用费所得以提供一项特许权在一项广告的设计、制作、发布过程中使用而取得的所得为一次。上述所得，采取分笔支付的，应合并为一次所得计算纳税。

《国家税务总局关于印发〈广告市场个人所得税征收管理暂行办法〉的通知》第七条　国税发〔1996〕148 号

6.3.2.7　哪些纳税人取得所得，应自行申报纳税？

■分笔取得一次所得和扣缴人应扣未扣或少扣税款以及没有扣缴人的纳税人，应当于取得所得的月度终了后 7 日内，向扣缴人所在地主管税务机关自行申报纳税。

《国家税务总局关于印发〈广告市场个人所得税征收管理暂行办法〉的通知》第九条　国税发〔1996〕148 号

6.3.2.8　扣缴人向纳税人支付所得的同时，是否报送资料？

■扣缴人向纳税人支付所得的同时，应当依照《中华人民共和国个人所得税法》和《个人所得税代扣代缴暂行办法》的法规代扣代缴税款，并向所在地主管税务机关如实填写和报送《扣缴个人所得税报告表》及主管税务机关要求报送的其他资料。

■扣缴人违反本办法第八条法规的，税务机关可区别情况，按照《个人所得税代扣代缴暂行办法》第十一条和第十八条的法规处理。

《国家税务总局关于印发〈广告市场个人所得税征收管理暂行办法〉的通知》第八、十二条　国税发〔1996〕148 号（2016 年 5 月 29 日废止，详见国家税务总局令第 40 号）

6.3.3　文化事业建设费

6.3.3.1　在境内提供广告服务的哪些单位，应缴纳文化事业建设费？

■在中华人民共和国境内提供广告服务的广告媒介单位和户外广告经营单位，应缴纳文化事业建设费。

■中华人民共和国境外的广告媒介单位和户外广告经营单位在境内提供广告服务，在境内未设有经营机构的，以广告服务接受方为文化事业建设费的扣缴义务人。

■广告服务，是指（财税〔2016〕36 号）的《销售服务、无形资产、不动产注释》中“广告服务”范围内的服务。

■广告媒介单位和户外广告经营单位，是指发布、播映、宣传、展示户外广告和其他广告的单位，以及从事广告代理服务的单位。

《财政部　国家税务总局关于营业税改征增值税试点有关文化事业建设费政策及征收管理问题的通知》一、二、十一、十二　财税〔2016〕25 号

6.3.3.2　文化事业建设费的费率如何确定？

■广告服务文化事业建设费的费率为 3%。

文化事业建议费费率的调整，由国务院决定。

《财政部　国家税务总局关于印发〈文化事业建设费征收管理暂行办

法〉的通知》第三条 财税字〔1997〕95号（自2016年5月1日起全文失效，详见财税〔2016〕60号）

6.3.3.3 提供广告服务，应缴费额的计算公式？

■缴纳文化事业建设费的单位应按照提供广告服务取得的计费销售额和3%的费率计算应缴费额，计算公式如下：

应缴费额=计费销售额×3%

计费销售额，为缴纳义务人提供广告服务取得的全部含税价款和价外费用，减除支付给其他广告公司或广告发布者的含税广告发布费后的余额。

缴纳义务人减除价款的，应当取得增值税专用发票或国家税务总局规定的其他合法有效凭证，否则，不得减除。

■按规定扣缴文化事业建设费的，扣缴义务人应按下列公式计算应扣缴费额：

应扣缴费额=支付的广告服务含税价款×费率

《财政部 国家税务总局关于营业税改征增值税试点有关文化事业建设费政策及征收管理问题的通知》三、四 财税〔2016〕25号

6.3.3.4 提供应税服务，在什么情况下免征文化事业建设费？

■增值税小规模纳税人中月销售额不超过2万元（按季纳税6万元）的企业和非企业性单位提供的应税服务，免征文化事业建设费。

自2015年1月1日起至2017年12月31日，对按月纳税的月销售额不超过3万元（含3万元），以及按季纳税的季度销售额不超过9万元（含9万元）的缴纳义务人，免征文化事业建设费。

《财政部 国家税务总局关于营业税改征增值税试点有关文化事业建设费政策及征收管理问题的通知》七 财税〔2016〕25号

■未达到增值税起征点的缴纳义务人，免征文化事业建设费。

《财政部 国家税务总局关于营业税改征增值税试点有关文化事业建设费政策及征收管理问题的补充通知》三 财税〔2016〕60号

6.3.3.5 文化事业建设费的征收机关？

■营改增后的文化事业建设费，由国家税务局征收。

《财政部 国家税务总局关于营业税改征增值税试点有关文化事业建设费政策及征收管理问题的通知》八 财税〔2016〕25号

6.3.3.6 文化事业建设费的缴费义务发生时间？

■文化事业建设费的缴纳义务发生时间，与缴纳义务人的增值税纳税义务发生时间相同。

文化事业建设费的扣缴义务发生时间，为缴纳义务人的增值税纳税义务发生时间。

《财政部 国家税务总局关于营业税改征增值税试点有关文化事业建设费政策及征收管理问题的通知》五 财税〔2016〕25号

6.3.3.7 文化事业建设费的缴纳期限？

■文化事业建设费的缴纳期限与缴纳义务人的增值税纳税期限相同。

文化事业建设费扣缴义务人解缴税款的期限，应按照前款规定执行。

《财政部　国家税务总局关于营业税改征增值税试点有关文化事业建设费政策及征收管理问题的通知》六　财税〔2016〕25号

6.3.3.8　文化事业建设费的缴纳地点?

■文化事业建设费的缴纳地点，与缴纳义务人的增值税纳税地点相同。

文化事业建设费的扣缴义务人应当向其机构所在地或者居住地主管税务机关申报缴纳其扣缴的文化事业建设费。

《财政部　国家税务总局关于营业税改征增值税试点有关文化事业建设费政策及征收管理问题的通知》五　财税〔2016〕25号

6.3.4　动漫企业

税收政策

6.3.4.1　动漫企业为开发动漫产品提供的哪些服务，可以选择适用简易计税方法计税?

■经认定的动漫企业（一般纳税人）为开发动漫产品提供的动漫脚本编撰、形象设计、背景设计、动画设计、分镜、动画制作、摄制、描线、上色、画面合成、配音、配乐、音效合成、剪辑、字幕制作、压缩转码（面向网络动漫、手机动漫格式适配）服务，以及在境内转让动漫版权（包括动漫品牌、形象或者内容的授权及再授权），可以选择适用简易计税方法计税。

动漫企业和自主开发、生产动漫产品的认定标准和认定程序，按照《文化部财政部国家税务总局关于印发〈动漫企业认定管理办法（试行）〉的通知》（文市发〔2008〕51号）的规定执行。

《财政部　国家税务总局关于全面推开营业税改征增值税试点的通知》附件2：营业税改征增值税试点有关事项的规定一　财税〔2016〕36号

6.3.4.2　动漫企业销售其自主开发生产的动漫软件，如何征收增值税?

■自2013年1月1日至2017年12月31日，对属于增值税一般纳税人的动漫企业销售其自主开发生产的动漫软件，按17%的税率征收增值税后，对其增值税实际税负超过3%的部分，实行即征即退政策。(减免性质代码：01103222)

《财政部　国家税务总局关于动漫产业增值税和营业税政策的通知》一　财税〔2013〕98号

6.3.4.3　动漫软件出口，是否免征增值税?

■动漫软件出口，免征增值税。

《财政部　国家税务总局关于动漫产业增值税和营业税政策的通知》一　财税〔2013〕98号

6.3.4.4　经认定的动漫企业确需进口的商品，是否免征进口环节增值税?

■对经国务院有关部门认定的动漫企业自主开发、生产动漫直接产品，确需进口的商品可享受免征进口关税及进口环节增值税政策。

经国务院有关部门认定的动漫企业，应符合以下标准：

（1）符合（文市发〔2008〕51号）中动漫企业的基本认定标准；

（2）具备自主开发、生产动漫直接产品的资质和能力；

（3）企业注册资本金达到80万元人民币及以上。

动漫直接产品包括：

（1）漫画：单幅和多格漫画、插画、漫画图书、动画抓帧图书、漫画报刊、漫画原画等；

（2）动画：动画电影、动画电视剧、动画短片、动画音像制品，影视特效中的动画片段，科技、军事、气象、医疗等影视节目中的动画片段等；

（3）网络动漫（含手机动漫）：以计算机互联网和移动通信网等信息网络为主要传播平台，以电脑、手机及各种手持电子设备为接收终端的动画、漫画作品，包括FLASH动画、网络表情、手机动漫等。

企业于每年的3月底前向文化部提出申请，由文化部、财政部、海关总署、国家税务总局联合公布享受进口税收优惠政策的动漫企业名单，并在已取得的“动漫企业证书”中对该企业是否享受本规定的进口税收优惠政策予以标注。

动漫企业在本年度有效期内进口《动漫企业免税进口动漫开发生产用品清单》（附件）范围内的商品免征进口关税和进口环节增值税。

本规定执行时间暂定为2011年1月1日至2015年12月31日。

《财政部　海关总署　国家税务总局关于印发〈动漫企业进口动漫开发生产用品免征进口税收的暂行规定〉的通知》　财关税〔2011〕27号

6.3.4.5 动漫企业自主开发、生产动漫产品，是否可享受软件产业的所得税优惠政策？

■经认定的动漫企业自主开发、生产动漫产品，可申请享受国家现行鼓励软件产业发展的所得税优惠政策。即在2017年12月31日前自获利年度起，第一年至第二年免征企业所得税，第三年至第五年按照25%的法定税率减半征收企业所得税，并享受至期满为止。（减免税代码：04103206）

《财政部　国家税务总局关于扶持动漫产业发展有关税收政策问题的通知》二　财税〔2009〕65号

■经认定并符合软件企业相关条件的动漫企业，可申请享受国家现行鼓励软件产业发展的所得税优惠政策。

《国务院办公厅关于印发进一步支持文化企业发展的规定的通知》一　国办发〔2014〕15号

■动漫企业自主开发、生产动漫产品定期减免企业所得税的备案资料：

（1）企业所得税优惠事项备案表；

（2）动漫企业认定证明。

预缴享受、年度备案。主要留存备查资料：

（1）动漫企业认定证明；

（2）动漫企业认定资料；

（3）动漫企业年审通过名单；

（4）获利年度情况说明。

《国家税务总局关于发布〈企业所得税优惠政策事项办理办法〉的公告》附件1：企业所得税优惠事项备案管理目录（2015年版）29　国家税务总局公告2015年第76号

资质认定

6.3.4.6　动漫企业的范围？

■动漫企业包括：

（1）漫画创作企业；

（2）动画创作、制作企业；

（3）网络动漫（含手机动漫）创作、制作企业；

（4）动漫舞台剧（节）目制作、演出企业；

（5）动漫软件开发企业；

（6）动漫衍生产品研发、设计企业。

《文化部　财政部　国家税务总局关于印发〈动漫企业认定管理办法（试行）〉的通知》第四条　文市发〔2008〕51号

■动漫企业，不包括漫画出版、发行，动画播出、放映，网络动漫传播以及动漫衍生产品生产、销售等为主营业务的企业。

《文化部　财政部　国家税务总局关于实施〈动漫企业认定管理办法（试行）〉有关问题的通知》二　文产发〔2009〕18号

6.3.4.7　认定动漫企业的标准？

■申请认定为动漫企业的应同时符合以下标准：

（1）在我国境内依法设立的企业；

（2）动漫企业经营动漫产品的主营收入占企业当年总收入的60%以上；

（3）自主开发生产的动漫产品收入占主营收入的50%以上；

（4）具有大学专科以上学历的或通过国家动漫人才专业认证的、从事动漫产品开发或技术服务的专业人员占企业当年职工总数的30%以上，其中研发人员占企业当年职工总数的10%以上；

（5）具有从事动漫产品开发或相应服务等业务所需的技术装备和工作场所；

（6）动漫产品的研究开发经费占企业当年营业收入8%的以上；

（7）动漫产品内容积极健康，无法律法规禁止的内容；

（8）企业产权明晰，管理规范，守法经营。

《文化部　财政部　国家税务总局关于印发〈动漫企业认定管理办法（试行）〉的通知》第十条　文产发〔2009〕18号

■自主开发、生产的动漫产品，是指动漫企业自主创作、研发、设计、生产、制作、表演的动漫产品（不含动漫衍生产品）；仅对国外动漫创意进行简单外包、简单模仿或简单离岸制造，既无自主知识产权，也无核心竞争力的除外。

《文化部　财政部　国家税务总局关于印发〈动漫企业认定管理办法（试行）〉的通知》第十一条　文市发〔2008〕51号

6.3.4.8 动漫企业资格的审批机构?

■企业认为符合认定标准的，可向省级认定机构提出认定申请。

省级认定机构提出初审意见。

文化部会同财政部、国家税务总局进行审核，审核合格的，由文化部、财政部、国家税务总局联合公布通过认定的动漫企业名单。

省级认定机构向企业颁发“动漫企业证书”。

《文化部　财政部　国家税务总局关于印发〈动漫企业认定管理办法（试行）〉的通知》十四条　文市发〔2008〕51号

6.3.4.9 动漫企业资格认定，应提交哪些材料?

■动漫企业资格认定，应提交下列申请材料：

（1）动漫企业认定申请书；

（2）企业营业执照副本复印件、税务登记证复印件；

（3）法定代表人或者主要负责人的身份证明材料；

（4）企业职工人数、学历结构以及研发人员占企业职工的比例说明；

（5）营业场所产权证明或者租赁意向书（含出租方的产权证明）；

（6）开发、生产、创作、经营的动漫产品列表、销售合同及销售合同约定的款项银行入账证明；

（7）自主开发、生产和拥有自主知识产权的动漫产品的情况说明及有关证明材料（包括版权登记证书或专利证书等知识产权证书的复印件）；

企业拥有的自主知识产权是指企业近3年内（至申报日前）获得的自主知识产权。

（8）由有关行政机关颁发的从事相关业务所涉及的行政许可证件复印件；

（9）经具有资质的中介机构鉴证的企业财务年度报表（含资产负债表、损益表、现金流量表）等企业经营情况，以及企业年度研究开发费用情况表，并附研究开发活动说明材料；

（10）认定机构要求出具的其他材料。

《文化部　财政部　国家税务总局关于印发〈动漫企业认定管理办法（试行）〉的通知》第十四条　文市发〔2008〕51号

■企业营业场所产权证明或者租赁意向书（含出租方的产权证明），营业场所为企业自有产权的，提供房产证复印件加盖企业公章；营业场所为企业租赁的，提供产权方房产证复印件加盖公章或房主签字，并提供房屋租赁合同加盖企业公章。

企业申请动漫企业资格，应提供具有资质的中介机构鉴证的企业财务年度报表（含资产负债表、损益表、现金流量表）等企业经营情况，以及企业年度研究开发费用情况表，并附研究开发活动说明材料，并加盖具有资质的中介机构的公章。

企业拥有的自主知识产权是指企业近3年内（至申报日前）获得的自主知识产权。

《文化部　财政部　国家税务总局关于实施〈动漫企业认定管理办法（试行）〉有关问题的通知》　文产发〔2009〕18号

6.3.4.10 动漫企业资格，撤销条件是什么?

■申请认定和已认定的动漫企业有下述情况之一的，一经查实，认定机构停止受理其认定申请，或撤销其证（文）书，终止其资格并予以公布：

（1）在申请认定过程中提供虚假信息的；

（2）有偷税、骗税、抗税等税收违法行为的；

（3）从事制作、生产、销售、传播存在违法内容或盗版侵权动漫产品的，或者使用未经授权许可的动漫产品的；

（4）有其他违法经营行为，受到有关部门处罚的。

被撤销证书的企业，认定机构在3年内不再受理该企业的认定申请。

《文化部　财政部　国家税务总局关于印发〈动漫企业认定管理办法（试行）〉的通知》第二十二条　文市发〔2008〕51号

6.3.4.11　重点动漫企业的认定标准？

■动漫企业申请认定为重点动漫企业的，应在申报前开发生产出1部以上重点动漫产品，并符合以下标准之一：

（1）注册资本1000万元人民币以上的；

（2）动漫企业年营业收入500万元人民币以上，且连续2年不亏损的；

（3）动漫企业的动漫产品版权出口和对外贸易年收入200万元人民币以上，且自主知识产权动漫产品出口收入占总收入30%以上的；

（4）经省级认定机构、全国性动漫行业协会、国家动漫产业基地等推荐的在资金、人员规模、艺术创意、技术应用、市场营销、品牌价值、社会影响等方面具有示范意义的动漫企业。

《文化部　财政部　国家税务总局关于印发〈动漫企业认定管理办法（试行）〉的通知》第十二条　文市发〔2008〕51号

6.3.4.12　重点动漫企业认定，应提交的什么材料？

■已取得“动漫企业证书”的动漫企业符合上述标准的，可向办公室提出申请认定为重点动漫企业，并提交下列材料：

（1）重点动漫企业认定申请书；

（2）企业营业执照副本复印件、税务登记证复印件，“动漫企业证书”复印件，“重点动漫产品文书”复印件；

（3）符合本办法第十三条规定标准的相关证明材料：经具有资质的中介机构鉴证的企业近两个会计年度财务报表（含资产负债表、损益表、现金流量表）等企业经营情况或版权出口贸易合同复印件等版权出口收入证明；有关机构的推荐证明；

（4）认定机构要求出具的其他材料。

符合标准的，由文化部会同财政部、国家税务总局联合公布通过认定的重点动漫企业名单，并由办公室颁发“重点动漫企业证书”。

《文化部　财政部　国家税务总局关于印发〈动漫企业认定管理办法（试行）〉的通知》第十六条　文市发〔2008〕51号

6.3.4.13　重点动漫产品包括哪些？

■动漫产品包括：

（1）漫画：单幅和多格漫画、插画、漫画图书、动画抓帧图书、漫画报刊、漫画原画等；

（2）动画：动画电影、动画电视剧、动画短片、动画音像制品，影视特效中的动画片段，科教、军事、气象、医疗等影视节目中的动画片段等；

（3）网络动漫（含手机动漫）：以计算机互联网和移动通信网等信息网络为主要传播平台，以电脑、手机及各种手持电子设备为接受终端的动画、漫画作品，包括FLASH动画、网络表情、手机动漫等；

（4）动漫舞台剧（节）目：改编自动漫平面与影视等形式作品的舞台演出剧（节）目、采用动漫造型或含有动漫形象的舞台演出剧（节）目等；

（5）动漫软件：漫画平面设计软件、动画制作专用软件、动画后期音视频制作工具软件等；

（6）动漫衍生产品：与动漫形象有关的服装、玩具、文具、电子游戏等。

《文化部　财政部　国家税务总局关于印发〈动漫企业认定管理办法（试行）〉的通知》第五条　文市发〔2008〕51号

6.3.4.14　重点动漫产品，认定的标准是什么？

■申请认定为重点动漫产品的应符合以下标准之一：

（1）漫画产品销售年收入在100万元（报刊300万元）人民币以上或年销售10万册（报纸1000万份、期刊100万册）以上的，动画产品销售年收入在1000万元人民币以上的，网络动漫（含手机动漫）产品销售年收入在100万元人民币以上的，动漫舞台剧（节）目演出年收入在100万元人民币以上或年演出场次50场以上的；

（2）动漫产品版权出口年收入100万元人民币以上的；

（3）获得国际、国家级专业奖项的；

（4）经省级认定机构、全国性动漫行业协会、国家动漫产业基地等推荐的在思想内涵、艺术风格、技术应用、市场营销、社会影响等方面具有示范意义的动漫产品。

《文化部　财政部　国家税务总局关于印发〈动漫企业认定管理办法（试行）〉的通知》第十二条　文市发〔2008〕51号

6.3.4.15　重点动漫产品认定，应提交的哪些材料？

■已取得“动漫企业证书”的动漫企业生产的动漫产品符合上述标准的，可向办公室提出申请认定为重点动漫产品，并提交下列材料：

（1）重点动漫产品认定申请书；

（2）企业营业执照副本复印件、税务登记证复印件，“动漫企业证书”复印件；

（3）符合本办法第十二条规定标准的相关证明材料：经具有资质的中介机构鉴证的企业财务年度报表（含资产负债表、损益表、现金流量表）等企业经营情况，并附每项产品销售收入的情况说明；获奖证明复印件或版权出口贸易合同复印件等版权出口收入证明；有关机构的推荐证明；

（4）认定机构要求出具的其他材料。

办公室收到申报材料后，予以审核。符合标准的，由办公室颁发“重点动漫产品文书”。

《文化部　财政部　国家税务总局关于印发〈动漫企业认定管理办法

（试行）〉的通知》第十五条　文市发〔2008〕51 号

6.3.4.16　动漫企业，如何进行年审？

■动漫企业认定实行年审制度。各级认定机构应按本办法第十条、第十三条规定的标准对已认定并发证的动漫企业、重点动漫企业进行年审。对年度认定合格的企业在证书和年度自主开发生产的动漫产品列表上加盖年审专用章。

不提出年审申请或年度认定不合格的企业，其动漫企业、重点动漫企业资格到期自动失效。

省级认定机构应将对动漫企业的年审情况、年度认定合格及不合格企业名单报办公室备案，并由办公室对外公布。

重点动漫企业通过办公室年审后，不再由省级认定机构进行年审。

■动漫企业对年审结果有异议的，可在公布后 20 个工作日内，向办公室提出复核申请。

提请复核的企业应当提交复核申请书及有关证明材料。办公室收到复核申请后，对复核申请调查核实，由文化部、财政部、国家税务总局作出复核决定，通知省级认定机构并公布。

■经认定的动漫企业经营活动发生变化（如更名、调整、分立、合并、重组等）的，应在 15 个工作日内，向原发证单位办理变更手续，变化后不符合本办法规定标准的，省级认定机构应报办公室审核同意后，撤销其“动漫企业证书”，终止其资格。不符合本办法规定标准的重点动漫企业，由办公室直接撤销其“重点动漫企业证书”，终止其资格。

动漫企业更名的，原认定机构为其办理变更手续后，重新核发证书，编号不变。

■经认定的动漫企业、重点动漫企业，凭本年度有效的“动漫企业证书”、“重点动漫企业证书”，以及本年度自主开发生产的动漫产品列表、“重点动漫产品文书”，向主管税务机关申请享受《通知》规定的有关税收优惠政策。

《文化部　财政部　国家税务总局关于印发〈动漫企业认定管理办法（试行）〉的通知》第十七、十八、十九、二十条　文市发〔2008〕51 号

■动漫企业认定年审受理申请时间为每年的 5 月 1 日—7 月 31 日。

《文化部　财政部　国家税务总局关于实施〈动漫企业认定管理办法（试行）〉有关问题的通知》三　文产发〔2009〕18 号

6.4　物流辅助服务

6.4.1　增值税

6.4.1.1　物流辅助服务，增值税的征收范围？

■物流辅助服务，包括航空服务、港口码头服务、货运客运场站服务、打捞救助服务、装卸搬运服务、仓储服务和收派服务。

《财政部　国家税务总局关于全面推开营业税改征增值税试点的通知》

附件2：营业税改征增值税试点有关事项的规定一 财税〔2016〕36号

6.4.1.2 航空服务，增值税的具体征收范围？

■航空服务，包括航空地面服务和通用航空服务。

航空地面服务，是指航空公司、飞机场、民航管理局、航站等向在境内航行或者在境内机场停留的境内外飞机或者其他飞行器提供的导航等劳务性地面服务的业务活动。包括旅客安全检查服务、停机坪管理服务、机场候机厅管理服务、飞机清洗消毒服务、空中飞行管理服务、飞机起降服务、飞行通信服务、地面信号服务、飞机安全服务、飞机跑道管理服务、空中交通管理服务等。

通用航空服务，是指为专业工作提供飞行服务的业务活动，包括航空摄影、航空培训、航空测量、航空勘探、航空护林、航空吊挂播洒、航空降雨、航空气象探测、航空海洋监测、航空科学实验等。

《财政部 国家税务总局关于全面推开营业税改征增值税试点的通知》附件2：营业税改征增值税试点有关事项的规定一 财税〔2016〕36号

6.4.1.3 港口码头服务，增值税的具体征收范围？

■港口码头服务，是指港务船舶调度服务、船舶通信服务、航道管理服务、航道疏浚服务、灯塔管理服务、航标管理服务、船舶引航服务、理货服务、系解缆服务、停泊和移泊服务、海上船舶溢油清除服务、水上交通管理服务、船只专业清洗消毒检测服务和防止船只漏油服务等为船只提供服务的业务活动。

港口设施经营人收取的港口设施保安费按照港口码头服务缴纳增值税。

《财政部 国家税务总局关于全面推开营业税改征增值税试点的通知》附件2：营业税改征增值税试点有关事项的规定一 财税〔2016〕36号

6.4.1.4 货运客运场站服务，增值税的具体征收范围？

■货运客运场站服务，是指货运客运场站提供货物配载服务、运输组织服务、中转换乘服务、车辆调度服务、票务服务、货物打包整理、铁路线路使用服务、加挂铁路客车服务、铁路行包专列发送服务、铁路到达和中转服务、铁路车辆编解服务、车辆挂运服务、铁路接触网服务、铁路机车牵引服务等业务活动。

《财政部 国家税务总局关于全面推开营业税改征增值税试点的通知》附件2：营业税改征增值税试点有关事项的规定一 财税〔2016〕36号

6.4.1.5 打捞救助服务，增值税的具体征收范围？

■打捞救助服务，是指提供船舶人员救助、船舶财产救助、水上救助和沉船沉物打捞服务的业务活动。

《财政部 国家税务总局关于全面推开营业税改征增值税试点的通知》附件2：营业税改征增值税试点有关事项的规定一 财税〔2016〕36号

6.4.1.6 装卸搬运服务，增值税的具体征收范围？

■装卸搬运服务，是指使用装卸搬运工具或者人力、畜力将货物在运输工具之间、装卸现场之间或者运输工具与装卸现场之间进行装卸和搬运的业务活动。

《财政部　国家税务总局关于全面推开营业税改征增值税试点的通知》附件2：营业税改征增值税试点有关事项的规定一　财税〔2016〕36号

6.4.1.7　仓储服务，增值税的具体征收范围?

■仓储服务，是指利用仓库、货场或者其他场所代客贮放、保管货物的业务活动。

《财政部　国家税务总局关于全面推开营业税改征增值税试点的通知》附件2：营业税改征增值税试点有关事项的规定一　财税〔2016〕36号

6.4.1.8　收派服务，增值税的具体征收范围?

■收派服务，是指接受寄件人委托，在承诺的时限内完成函件和包裹的收件、分拣、派送服务的业务活动。

收件服务，是指从寄件人收取函件和包裹，并运送到服务提供方同城的集散中心的业务活动。

分拣服务，是指服务提供方在其集散中心对函件和包裹进行归类、分发的业务活动。

派送服务，是指服务提供方从其集散中心将函件和包裹送达同城的收件人的业务活动。

《财政部　国家税务总局关于全面推开营业税改征增值税试点的通知》附件1：营业税改征增值税试点实施办法　附：销售服务、无形资产、不动产注释一　财税〔2016〕36号

6.4.1.9　境外单位或者个人为出境的函件、包裹在境外提供的收派服务，是否属于在境内销售服务?

■境外单位或者个人为出境的函件、包裹在境外提供的收派服务，不属于在境内销售服务。

《国家税务总局关于营改增试点若干征管问题的公告》一　国家税务总局公告2016年第53号

6.4.1.10　纳税人提供物流辅助服务，增值税适用税率是多少?

■纳税人提供物流辅助服务，增值税税率为6%。

《财政部　国家税务总局关于全面推开营业税改征增值税试点的通知》附件1：营业税改征增值税试点实施办法第十五条　财税〔2016〕36号

6.4.1.11　一般纳税人发生仓储服务、装卸搬运服务、收派服务，是否可以选择适用简易计税方法计税?

■一般纳税人发生仓储服务、装卸搬运服务、收派服务，可以选择适用简易计税方法计税。

《财政部　国家税务总局关于全面推开营业税改征增值税试点的通知》附件2：营业税改征增值税试点有关事项的规定一　财税〔2016〕36号

6.4.1.12　向境外单位提供的物流辅助服务，是否免征增值税?

■纳税人提供跨境服务，除为出口货物提供的收派服务外，必须与服务接受方签订跨境

服务书面合同。否则，不予免征增值税。

纳税人向外国航空运输企业提供物流辅助服务（除空中飞行管理服务外），与经中国民用航空局批准设立的外国航空运输企业常驻代表机构签订的书面合同，属于与服务接受方签订跨境服务书面合同。

《国家税务总局关于重新发布〈营业税改征增值税跨境应税服务增值税免税管理办法（试行）〉的公告》第四条　国家税务总局公告2014年第49号（自2016年5月1日起全文失效，详见国家税务总局公告2016年第29号）

■境内的单位和个人向境外单位提供的完全在境外消费的物流辅助服务（仓储服务、收派服务除外），免征增值税，但财政部和国家税务总局规定适用增值税零税率的除外。

《财政部　国家税务总局关于全面推开营业税改征增值税试点的通知》附件4：跨境应税行为适用增值税零税率和免税政策的规定二　财税〔2016〕36号

■向境外单位销售的完全在境外消费的物流辅助服务（仓储服务、收派服务除外），免征增值税。

境外单位从事国际运输和港澳台运输业务经停我国机场、码头、车站、领空、内河、海域时，纳税人向其提供的航空地面服务、港口码头服务、货运客运站场服务、打捞救助服务、装卸搬运服务，属于完全在境外消费的物流辅助服务。

■纳税人向外国航空运输企业提供物流辅助服务（除空中飞行管理服务外），与经中国民用航空局批准设立的外国航空运输企业常驻代表机构签订的书面合同，属于与服务接受方签订跨境销售服务书面合同。外国航空运输企业临时来华飞行，未签订跨境服务书面合同的，以中国民用航空局清算中心临时来华飞行记录为跨境销售服务书面合同。

《国家税务总局关于发布〈营业税改征增值税跨境应税行为增值税免税管理办法（试行）〉的公告》第二、五条　国家税务总局公告2016年第29号

6.4.1.13　从事物流辅助服务的一般纳税人，如何选择使用发票？

■提供港口码头服务、货运客运场站服务、装卸搬运服务、旅客运输服务的一般纳税人，可以选择使用定额普通发票。

《国家税务总局关于在全国开展营业税改征增值税试点有关征收管理问题的公告》一　国家税务总局公告2013年第39号

6.4.1.14　提供客运场站服务，如何确认销售额？

■试点纳税人中的一般纳税人提供客运场站服务，以其取得的全部价款和价外费用，扣除支付给承运方运费后的余额为销售额。

《财政部　国家税务总局关于全面推开营业税改征增值税试点的通知》附件2：营业税改征增值税试点有关事项的规定一　财税〔2016〕36号

6.4.1.15　跨境的仓储服务，是否免征增值税？

■境内的单位和个人销售的存储地点在境外的仓储服务，免征增值税，但财政部和国家

税务总局规定适用增值税零税率的除外。

《财政部　国家税务总局关于全面推开营业税改征增值税试点的通知》附件4：跨境应税行为适用增值税零税率和免税政策的规定二　财税〔2016〕36号

■存储地点在境外的仓储服务，免征增值税。

《国家税务总局关于发布〈营业税改征增值税跨境应税行为增值税免税管理办法（试行）〉的公告》第二条　国家税务总局公告2016年第29号

6.4.1.16　跨境的收派服务，是否免征增值税？

■境内的单位和个人为出口货物提供的收派服务，免征增值税，但财政部和国家税务总局规定适用增值税零税率的除外。

《财政部　国家税务总局关于全面推开营业税改征增值税试点的通知》附件4：跨境应税行为适用增值税零税率和免税政策的规定二　财税〔2016〕36号

■为出口货物提供的收派服务，免征增值税。

为出口货物提供的收派服务，是指为出境的函件、包裹提供的收件、分拣、派送服务。

纳税人为出口货物提供收派服务，免税销售额为其向寄件人收取的全部价款和价外费用。

《国家税务总局关于发布〈营业税改征增值税跨境应税行为增值税免税管理办法（试行）〉的公告》第二条　国家税务总局公告2016年第29号

6.4.1.17　为出口货物提供收派服务，如何计算不得抵扣的进项税额？

■中国邮政速递物流股份有限公司及其分支机构为出口货物提供收派服务，按照下列公式计算不得抵扣的进项税额：

不得抵扣的进项税额=当期无法划分的全部进项税额×(当期简易计税方法计税项目销售额+非增值税应税劳务营业额+免征增值税项目销售额-为出口货物提供收派服务支付给境外合作方的费用)÷(当期全部销售额+当期全部营业额)

《国家税务总局关于重新发布〈营业税改征增值税跨境应税服务增值税免税管理办法（试行）〉的公告》第六条　国家税务总局公告2014年第49号（自2016年5月1日起全文失效，详见国家税务总局公告2016年第29号）

■ 2016年5月1日起，纳税人为出口货物提供收派服务，按照下列公式计算不得抵扣的进项税额：

不得抵扣的进项税额=当期无法划分的全部进项税额×(当期简易计税方法计税项目销售额+免征增值税项目销售额-为出口货物提供收派服务支付给境外合作方的费用)÷当期全部销售额

《国家税务总局关于发布〈营业税改征增值税跨境应税行为增值税免税

管理办法（试行）〉的公告》第七条　国家税务总局公告 2016 年第 29 号

6.4.2 物流企业

6.4.2.1 物流企业大宗商品仓储设施用地，如何减征城镇土地使用税？

■（1）自 2012 年 1 月 1 日起至 2014 年 12 月 31 日止，对物流企业自有的（包括自用和出租）大宗商品仓储设施用地，减按所属土地等级适用税额标准的 50%计征城镇土地使用税。

（2）物流企业是指为工农业生产、流通、进出口和居民生活提供仓储、配送服务的专业物流企业。

大宗商品仓储设施是指仓储设施占地面积在 6000 平方米以上的，且储存粮食、棉花、油料、糖料、蔬菜、水果、肉类、水产品、化肥、农药、种子、饲料等农产品和农业生产资料；煤炭、焦炭、矿砂、非金属矿产品、原油、成品油、化工原料、木材、橡胶、纸浆及纸制品、钢材、水泥、有色金属、建材、塑料、纺织原料等矿产品和工业原材料；食品、饮料、药品、医疗器械、机电产品、文体用品、出版物等工业制成品的仓储设施。

仓储设施用地，包括仓库库区内的各类仓房（含配送中心）、油罐（池）、货场、晒场（堆场）、罩棚等储存设施和铁路专用线、码头、道路、装卸搬运区域等物流作业配套设施的用地。

（3）符合上述减税条件的物流企业需持相关材料向主管税务机关办理备案手续。

《财政部　国家税务总局关于物流企业大宗商品仓储设施用地城镇土地使用税政策的通知》财税〔2012〕13 号

■自 2015 年 1 月 1 日起至 2016 年 12 月 31 日止，对物流企业自有的（包括自用和出租）大宗商品仓储设施用地，减按所属土地等级适用税额标准的 50%计征城镇土地使用税。（减免税代码：10019904）

物流企业，是指至少从事仓储或运输一种经营业务，为工农业生产、流通、进出口和居民生活提供仓储、配送等第三方物流服务，实行独立核算、独立承担民事责任，并在工商部门注册登记为物流、仓储或运输的专业物流企业。

大宗商品仓储设施，是指同一仓储设施占地面积在 6000 平方米及以上，且主要储存粮食、棉花、油料、糖料、蔬菜、水果、肉类、水产品、化肥、农药、种子、饲料等农产品和农业生产资料，煤炭、焦炭、矿砂、非金属矿产品、原油、成品油、化工原料、木材、橡胶、纸浆及纸制品、钢材、水泥、有色金属、建材、塑料、纺织原料等矿产品和工业原材料的仓储设施。

仓储设施用地，包括仓库库区内的各类仓房（含配送中心）、油罐（池）、货场、晒场（堆场）、罩棚等储存设施和铁路专用线、码头、道路、装卸搬运区域等物流作业配套设施的用地。

物流企业的办公、生活区用地及其他非直接从事大宗商品仓储的用地，不属于本通知规定的优惠范围，应按规定征收城镇土地使用税。

非物流企业的内部仓库，不属于本通知规定的优惠范围，应按规定征收城镇土地使用税。

符合上述减税条件的物流企业需持相关材料向主管税务机关办理备案手续。

《财政部 国家税务总局关于继续实施物流企业大宗商品仓储设施用地城镇土地使用税优惠政策的通知》 财税〔2015〕98号

6.4.3 仓储企业

6.4.3.1 仓储企业取得的哪些收入，免征增值税？

■国家商品储备管理单位及其直属企业承担商品储备任务，从中央或者地方财政取得的利息补贴收入和价差补贴收入，免征增值税。

国家商品储备管理单位及其直属企业，是指接受中央、省、市、县四级政府有关部门（或者政府指定管理单位）委托，承担粮（含大豆）、食用油、棉、糖、肉、盐（限于中央储备）等6种商品储备任务，并按有关政策收储、销售上述6种储备商品，取得财政储备经费或者补贴的商品储备企业。

利息补贴收入，是指国家商品储备管理单位及其直属企业因承担上述商品储备任务从金融机构贷款，并从中央或者地方财政取得的用于偿还贷款利息的贴息收入。

价差补贴收入包括销售价差补贴收入和轮换价差补贴收入。销售价差补贴收入，是指按照中央或者地方政府指令销售上述储备商品时，由于销售收入小于库存成本而从中央或者地方财政获得的全额价差补贴收入。轮换价差补贴收入，是指根据要求定期组织政策性储备商品轮换而从中央或者地方财政取得的商品新陈品质价差补贴收入。

《财政部 国家税务总局关于全面推开营业税改征增值税试点的通知》附件3：营业税改征增值税试点过渡政策的规定一 财税〔2016〕36号

6.4.3.2 国家物资储备局取得的储备物资销售收入，缴纳增值税的地点？

■对国家物资储备局所取得的储备物资销售收入，由国家物资储备局在北京向国家税务总局直属征收局集中缴纳增值税。

国家物资储备局购买的增值税专用发票只限于在京办理结算时开具，不得提供给所属基层单位使用。

国家物资储备局系统（包括省级局及下属仓库）从事的多种经营业务仍应在经营行为所在地按规定缴纳各种应纳的税收。

《国家税务总局关于国家物资储备局系统销售储备物资统一缴纳增值税问题的通知》 国税发〔1994〕90号

6.4.3.3 国家石油储备基地，有何税收政策？

■对国家石油储备基地第一期项目建设过程中涉及的营业税、城市维护建设税、教育费附加、城镇土地使用税、印花税、耕地占用税和契税予以免征。

免税范围仅限于应由国家石油储备基地缴纳的税收。

国家石油储备基地第一期项目包括大连、黄岛、镇海、舟山4个储备基地。

《财政部 国家税务总局关于国家石油储备基地建设有关税收政策的通

知》 财税〔2005〕23号

6.4.3.4 商品储备业务，有何税收政策？

■为支持国家商品储备业务发展，经国务院批准，现将中央和地方部分商品储备政策性业务（简称商品储备业务）有关税收政策明确如下：

（1）对商品储备管理公司及其直属库资金账簿免征印花税；对其承担商品储备业务过程中书立的购销合同免征印花税，对合同其他各方当事人应缴纳的印花税照章征收。

（2）对商品储备管理公司及其直属库承担商品储备业务自用的房产、土地，免征房产税、城镇土地使用税。

（3）商品储备管理公司及其直属库，是指接受中央、省、市、县四级政府有关部门委托，承担粮（含大豆）、食用油、棉、糖、肉、盐（限于中央储备）6种商品储备任务，取得财政储备经费或补贴的商品储备企业。

中国华粮物流集团公司及其直属企业、中粮集团有限公司所属储备库接受中国储备粮管理总公司、分公司及其直属库委托，承担的粮（含大豆）、食用油商品储备业务，按本通知第1条、第2条规定享受税收优惠。

（4）承担中央政府有关部门委托商品储备业务的储备管理公司及其直属库，以及接受中国储备粮管理总公司、分公司及其直属库的委托承担粮（含大豆）、食用油等商品储备业务的中国华粮物流集团公司及其直属企业、中粮集团有限公司所属储备库名单见附件。

承担省、市、县政府有关部门委托商品储备业务的储备管理公司及其直属库名单由省、自治区、直辖市财政、税务部门会同有关部门明确或制定具体管理办法，并报省、自治区、直辖市人民政府批准后予以发布。

名单若有变化，财政、税务等部门应及时进行调整。

（5）本通知执行时间为2013年1月1日至2015年12月31日。2013年1月1日以后已缴上述应予免税的税款，从企业应缴纳的相应税款中抵扣，2013年度内抵扣不完的，按有关规定予以退税。

（6）有关部门在办理免税、退税手续时，要认真审核企业提供的相关材料，符合要求的及时办理。如发现不符合本通知规定政策的企业及其直属库，应取消其免退税资格。

《财政部 国家税务总局关于部分国家储备商品有关税收政策的通知》 财税〔2013〕59号

■为支持国家商品储备业务发展，经国务院批准，现将中央和地方部分商品储备政策性业务（商品储备业务）有关税收政策明确如下：

（1）对商品储备管理公司及其直属库资金账簿免征印花税；对其承担商品储备业务过程中书立的购销合同免征印花税，对合同其他各方当事人应缴纳的印花税照章征收。

（2）对商品储备管理公司及其直属库承担商品储备业务自用的房产、土地，免征房产税、城镇土地使用税。

（3）商品储备管理公司及其直属库，是指接受中央、省、市、县四级政府有关部门委托，承担粮（含大豆）、食用油、棉、糖、肉、盐（限于中央储备）6种商品储备任务，取得财政储备经费或补贴的商品储备企业。

中粮集团有限公司所属储备库接受中国储备粮管理总公司、分公司及其直属库委托，承担的粮（含大豆）、食用油商品储备业务，按本通知第1条、第2条规定享受税收优惠。

（4）承担中央政府有关部门委托商品储备业务的储备管理公司及其直属库，以及接受中国储备粮管理总公司、分公司及其直属库的委托承担粮（含大豆）、食用油等商品储备业务的中粮集团有限公司所属储备库名单见附件。

承担省、市、县政府有关部门委托商品储备业务的储备管理公司及其直属库名单由省、自治区、直辖市财政、税务部门会同有关部门明确或制定具体管理办法，并报省、自治区、直辖市人民政府批准后予以发布。

名单若有变化，财政、税务等部门应及时进行调整。

（5）本通知执行时间为2016年1月1日至2018年12月31日。2016年1月1日以后已缴上述应予免税的税款，从企业应缴纳的相应税款中抵扣。

（6）符合上述免税条件的企业，应当按照税收减免管理规定，持相关材料向主管税务机关办理减免税备案手续。

如发现不符合本通知规定政策的企业及其直属库，应取消其免税资格。

《财政部　国家税务总局关于部分国家储备商品有关税收政策的通知》财税〔2016〕28号

6.5　租赁服务

6.5.1　增值税

一般规定

6.5.1.1　租赁服务，增值税的征收范围？

■租赁服务，包括融资租赁服务和经营租赁服务。

《财政部　国家税务总局关于全面推开营业税改征增值税试点的通知》附件1：营业税改征增值税试点实施办法　附：销售服务、无形资产、不动产注释一　财税〔2016〕36号

6.5.1.2　纳税人提供租赁服务，增值税适用税率？

■纳税人提供不动产租赁服务税率为11%、有形动产租赁服务税率为17%。

《财政部　国家税务总局关于全面推开营业税改征增值税试点的通知》附件1：营业税改征增值税试点实施办法第十五条　财税〔2016〕36号

6.5.1.3　在纳入营改增试点之日前签订的有形动产租赁合同，是否可以选择适用简易计税方法计税？

■一般纳税人发生的在纳入营改增试点之日前签订的尚未执行完毕的有形动产租赁合同，可以选择适用简易计税方法计税。

《财政部　国家税务总局关于全面推开营业税改征增值税试点的通知》

附件 2：营业税改征增值税试点有关事项的规定一 财税〔2016〕36 号

6.5.1.4 跨境的有形动产租赁服务，是否免征增值税？

■境内的单位和个人销售的标的物在境外使用的有形动产租赁服务，免征增值税，但财政部和国家税务总局规定适用增值税零税率的除外。

《财政部 国家税务总局关于全面推开营业税改征增值税试点的通知》附件 4：跨境应税行为适用增值税零税率和免税政策的规定二 财税〔2016〕36 号

■标的物在境外使用的有形动产租赁服务，免征增值税。

《国家税务总局关于发布〈营业税改征增值税跨境应税行为增值税免税管理办法（试行）〉的公告》第二条 国家税务总局公告 2016 年第 29 号

6.5.1.5 纳税人提供租赁服务采取预收款方式的，增值税纳税义务发生时间？

■纳税人提供租赁服务采取预收款方式的，其纳税义务发生时间为收到预收款的当天。

《财政部 国家税务总局关于全面推开营业税改征增值税试点的通知》附件 1：营业税改征增值税试点实施办法第四十五条 财税〔2016〕36 号

6.5.1.6 其他个人租赁不动产，增值税纳税地点？

■其他个人租赁不动产，应向不动产所在地主管税务机关申报纳税。

《财政部 国家税务总局关于全面推开营业税改征增值税试点的通知》附件 1：营业税改征增值税试点实施办法第四十六条 财税〔2016〕36 号

融资租赁服务

6.5.1.7 融资租赁服务，增值税的具体征收范围？

■融资租赁服务，是指具有融资性质和所有权转移特点的租赁活动。即出租人根据承租人所要求的规格、型号、性能等条件购入有形动产或者不动产租赁给承租人，合同期内租赁物所有权属于出租人，承租人只拥有使用权，合同期满付清租金后，承租人有权按照残值购入租赁物，以拥有其所有权。不论出租人是否将租赁物销售给承租人，均属于融资租赁。

按照标的物的不同，融资租赁服务可分为有形动产融资租赁服务和不动产融资租赁服务。

融资性售后回租不按照本税目缴纳增值税。

《财政部 国家税务总局关于全面推开营业税改征增值税试点的通知》附件 1：营业税改征增值税试点实施办法 附：销售服务、无形资产、不动产注释一 财税〔2016〕36 号

6.5.1.8 提供融资租赁服务，如何确认销售额？

■经人民银行、银监会或者商务部批准从事融资租赁业务的试点纳税人，提供融资租赁

服务，以取得的全部价款和价外费用，扣除支付的借款利息（包括外汇借款和人民币借款利息）、发行债券利息和车辆购置税后的余额为销售额。

经商务部授权的省级商务主管部门和国家经济技术开发区批准的从事融资租赁业务的试点纳税人，2016 年 5 月 1 日后实收资本达到 1.7 亿元的，从达到标准的当月起按照上述规定执行；2016 年 5 月 1 日后实收资本未达到 1.7 亿元但注册资本达到 1.7 亿元的，在 2016 年 7 月 31 日前仍可按照上述规定执行，2016 年 8 月 1 日后开展的融资租赁业务不得按照上述规定执行。

《财政部　国家税务总局关于全面推开营业税改征增值税试点的通知》附件 2：营业税改征增值税试点有关事项的规定一　财税〔2016〕36 号

6.5.1.9　一般纳税人提供有形动产融资租赁服务，如何征收增值税？

■经人民银行、银监会或者商务部批准从事融资租赁业务的试点纳税人中的一般纳税人，提供有形动产融资租赁服务，对其增值税实际税负超过 3%的部分实行增值税即征即退政策。

商务部授权的省级商务主管部门和国家经济技术开发区批准的从事融资租赁业务的试点纳税人中的一般纳税人，2016 年 5 月 1 日后实收资本达到 1.7 亿元的，从达到标准的当月起按照上述规定执行；2016 年 5 月 1 日后实收资本未达到 1.7 亿元但注册资本达到 1.7 亿元的，在 2016 年 7 月 31 日前仍可按照上述规定执行，2016 年 8 月 1 日后开展的有形动产融资租赁业务不得按照上述规定执行。

增值税实际税负，是指纳税人当期提供应税服务实际缴纳的增值税额占纳税人当期提供应税服务取得的全部价款和价外费用的比例。

《财政部　国家税务总局关于全面推开营业税改征增值税试点的通知》附件 3：营业税改征增值税试点过渡政策的规定二　财税〔2016〕36 号

■一般纳税人提供有形动产融资租赁服务，按照《营业税改征增值税试点过渡政策的规定》（财税〔2013〕106 号）第二条有关规定适用的增值税实际税负超过 3%部分即征即退政策，在 2016 年 1 月 1 日至 4 月 30 日期间继续执行。

《财政部　国家税务总局关于进一步明确全面推开营改增试点有关劳务派遣服务、收费公路通行费抵扣等政策的通知》三　财税〔2016〕47 号

6.5.1.10　一般纳税人提供的哪些不动产融资租赁服务，可选择简易计税办法计算缴纳增值税？

■一般纳税人 2016 年 4 月 30 日前签订的不动产融资租赁合同，或以 2016 年 4 月 30 日前取得的不动产提供的融资租赁服务，可以选择适用简易计税方法，按照 5%的征收率计算缴纳增值税。

《财政部　国家税务总局关于进一步明确全面推开营改增试点有关劳务派遣服务、收费公路通行费抵扣等政策的通知》三　财税〔2016〕47 号

有形动产经营租赁

6.5.1.11　经营租赁服务，增值税的具体征收范围？

■经营租赁服务，是指在约定时间内将有形动产或者不动产转让他人使用且租赁物所有权不变更的业务活动。

按照标的物的不同，经营租赁服务可分为有形动产经营租赁服务和不动产经营租赁服务。

将建筑物、构筑物等不动产或者飞机、车辆等有形动产的广告位出租给其他单位或者个人用于发布广告，按照经营租赁服务缴纳增值税。

《财政部　国家税务总局关于全面推开营业税改征增值税试点的通知》附件1：营业税改征增值税试点实施办法　附：销售服务、无形资产、不动产注释一　财税〔2016〕36号

6.5.1.12　光租、干租业务，是否属于经营租赁？

■水路运输的光租业务、航空运输的干租业务，属于经营租赁。

光租业务，是指运输企业将船舶在约定的时间内出租给他人使用，不配备操作人员，不承担运输过程中发生的各项费用，只收取固定租赁费的业务活动。

干租业务，是指航空运输企业将飞机在约定的时间内出租给他人使用，不配备机组人员，不承担运输过程中发生的各项费用，只收取固定租赁费的业务活动。

《财政部　国家税务总局关于全面推开营业税改征增值税试点的通知》附件1：营业税改征增值税试点实施办法　附：销售服务、无形资产、不动产注释一　财税〔2016〕36号

6.5.1.13　以纳入营改增试点之日前取得的有形动产为标的物提供的经营租赁服务，是否可以选择适用简易计税方法计税？

■一般纳税人发生的以纳入营改增试点之日前取得的有形动产为标的物提供的经营租赁服务，可以选择适用简易计税方法计税。

《财政部　国家税务总局关于全面推开营业税改征增值税试点的通知》附件2：营业税改征增值税试点有关事项的规定一　财税〔2016〕36号

6.5.1.14　车辆停放服务、道路通行服务，是否属于不动产经营租赁服务？

■车辆停放服务、道路通行服务（包括过路费、过桥费、过闸费等）等，按照不动产经营租赁服务缴纳增值税。

《财政部　国家税务总局关于全面推开营业税改征增值税试点的通知》附件1：营业税改征增值税试点实施办法　附：销售服务、无形资产、不动产注释一　财税〔2016〕36号

6.5.1.15　高速公路的车辆通行费，如何计算应纳税额？

■公路经营企业中的一般纳税人收取试点前开工的高速公路的车辆通行费，可以选择适用简易计税方法，减按3%的征收率计算应纳税额。

试点前开工的高速公路，是指相关施工许可证明上注明的合同开工日期在2016年4

月 30 日前的高速公路。

《财政部　国家税务总局关于全面推开营业税改征增值税试点的通知》附件 2：营业税改征增值税试点有关事项的规定一　财税〔2016〕36 号

6.5.1.16　一般纳税人收取一级公路、二级公路、桥、闸通行费，如何缴纳增值税？

■一般纳税人收取试点前开工的一级公路、二级公路、桥、闸通行费，可以选择适用简易计税方法，按照 5%的征收率计算缴纳增值税。

试点前开工，是指相关施工许可证注明的合同开工日期在 2016 年 4 月 30 日前。

《财政部　国家税务总局关于进一步明确全面推开营改增试点有关劳务派遣服务、收费公路通行费抵扣等政策的通知》二　财税〔2016〕47 号

不动产经营租赁

6.5.1.17　一般纳税人出租不动产，如何计算应纳税额？预缴及纳税地点？

■一般纳税人出租其 2016 年 4 月 30 日前取得的不动产，可以选择适用简易计税方法，按照 5%的征收率计算应纳税额。纳税人出租其 2016 年 4 月 30 日前取得的与机构所在地不在同一县（市）的不动产，应按照上述计税方法在不动产所在地预缴税款后，向机构所在地主管税务机关进行纳税申报。

一般纳税人出租其 2016 年 5 月 1 日后取得的、与机构所在地不在同一县（市）的不动产，应按照 3%的预征率在不动产所在地预缴税款后，向机构所在地主管税务机关进行纳税申报。

一般纳税人跨省（自治区、直辖市或者计划单列市）出租取得的与机构所在地不在同一省（自治区、直辖市或者计划单列市）的不动产，在机构所在地申报纳税时，计算的应纳税额小于已预缴税额，且差额较大的，由国家税务总局通知不动产所在地省级税务机关，在一定时期内暂停预缴增值税。

《财政部　国家税务总局关于全面推开营业税改征增值税试点的通知》附件 2：营业税改征增值税试点有关事项的规定一　财税〔2016〕36 号

6.5.1.18　小规模纳税人出租不动产，如何计算应纳税额？预缴及纳税地点？

■小规模纳税人出租其取得的不动产（不含个人出租住房），应按照 5%的征收率计算应纳税额。纳税人出租与机构所在地不在同一县（市）的不动产，应按照上述计税方法在不动产所在地预缴税款后，向机构所在地主管税务机关进行纳税申报。

《财政部　国家税务总局关于全面推开营业税改征增值税试点的通知》附件 2：营业税改征增值税试点有关事项的规定一　财税〔2016〕36 号

6.5.1.19　其他个人出租不动产，如何计算应纳税额？

■其他个人出租其取得的不动产（不含住房），应按照 5%的征收率计算应纳税额。

《财政部　国家税务总局关于全面推开营业税改征增值税试点的通知》

附件 2：营业税改征增值税试点有关事项的规定一　财税〔2016〕36 号

6.5.1.20　《纳税人提供不动产经营租赁服务增值税征收管理暂行办法》的适用范围？

■纳税人以经营租赁方式出租其取得的不动产，适用本办法。

取得的不动产，包括以直接购买、接受捐赠、接受投资入股、自建以及抵债等各种形式取得的不动产。

纳税人提供道路通行服务不适用本办法。

《国家税务总局关于发布〈纳税人提供不动产经营租赁服务增值税征收管理暂行办法〉的公告》第二条　国家税务总局公告 2016 年第 16 号

■纳税人以经营租赁方式将土地出租给他人使用，按照不动产经营租赁服务缴纳增值税。

《财政部　国家税务总局关于进一步明确全面推开营改增试点有关劳务派遣服务、收费公路通行费抵扣等政策的通知》三　财税〔2016〕47 号

6.5.1.21　一般纳税人出租其 2016 年 4 月 30 日前取得的不动产，如何计算应纳税额？

■一般纳税人出租其 2016 年 4 月 30 日前取得的不动产，可以选择适用简易计税方法，按照 5%的征收率计算应纳税额。

不动产所在地与机构所在地不在同一县（市、区）的，纳税人应按照上述计税方法向不动产所在地主管国税机关预缴税款，向机构所在地主管国税机关申报纳税。

不动产所在地与机构所在地在同一县（市、区）的，纳税人向机构所在地主管国税机关申报纳税。

■纳税人出租不动产适用简易计税方法计税的，除个人出租住房外，按照以下公式计算应预缴税款：

应预缴税款 = 含税销售额÷(1+5%)×5%

《国家税务总局关于发布〈纳税人提供不动产经营租赁服务增值税征收管理暂行办法〉的公告》第三、七条　国家税务总局公告 2016 年第 16 号

6.5.1.22　一般纳税人出租其 2016 年 5 月 1 日后取得的不动产，如何计算应纳税额？

■一般纳税人出租其 2016 年 5 月 1 日后取得的不动产，适用一般计税方法计税。

不动产所在地与机构所在地不在同一县（市、区）的，纳税人应按照 3%的预征率向不动产所在地主管国税机关预缴税款，向机构所在地主管国税机关申报纳税。

不动产所在地与机构所在地在同一县（市、区）的，纳税人应向机构所在地主管国税机关申报纳税。

一般纳税人出租其 2016 年 4 月 30 日前取得的不动产适用一般计税方法计税的，按照上述规定执行。

■纳税人出租不动产适用一般计税方法计税的，按照以下公式计算应预缴税款：

应预缴税款 = 含税销售额÷(1+11%)×3%

《国家税务总局关于发布〈纳税人提供不动产经营租赁服务增值税征收管

理暂行办法〉的公告》第三、七条　国家税务总局公告2016年第16号

6.5.1.23　小规模纳税人出租不动产，如何缴纳增值税？

■（1）单位和个体工商户出租不动产（不含个体工商户出租住房），按照5%的征收率计算应纳税额。个体工商户出租住房，按照5%的征收率减按1.5%计算应纳税额。

不动产所在地与机构所在地不在同一县（市、区）的，纳税人应按照上述计税方法向不动产所在地主管国税机关预缴税款，向机构所在地主管国税机关申报纳税。

不动产所在地与机构所在地在同一县（市、区）的，纳税人应向机构所在地主管国税机关申报纳税。

（2）其他个人出租不动产（不含住房），按照5%的征收率计算应纳税额，向不动产所在地主管地税机关申报纳税。其他个人出租住房，按照5%的征收率减按1.5%计算应纳税额，向不动产所在地主管地税机关申报纳税。

■个体工商户出租住房，按照以下公式计算应预缴税款：

应预缴税款=含税销售额÷(1+5%)×1.5%

■其他个人出租住房：

应纳税款=含税销售额÷(1+5%)×1.5%

其他个人出租非住房：

应纳税款=含税销售额÷（1+5%)×5%

《国家税务总局关于发布〈纳税人提供不动产经营租赁服务增值税征收管理暂行办法〉的公告》第四、七、八条　国家税务总局公告2016年第16号

■自2016年5月1日起，其他个人采取预收款形式出租不动产，取得的预收租金收入，可在预收款对应的租赁期内平均分摊，分摊后的月租金收入不超过3万元的，可享受小微企业免征增值税优惠政策。

《国家税务总局关于全面推开营业税改征增值税试点有关税收征收管理事项的公告》六　国家税务总局公告2016年第23号

6.5.1.24　纳税人出租的不动产所在地与其机构所在地在同一直辖市或计划单列市，但不在同一县（市、区）的，预缴税款的地点？

■纳税人出租的不动产所在地与其机构所在地在同一直辖市或计划单列市但不在同一县（市、区）的，由直辖市或计划单列市国家税务局决定是否在不动产所在地预缴税款。

《国家税务总局关于发布〈纳税人提供不动产经营租赁服务增值税征收管理暂行办法〉的公告》第五条　国家税务总局公告2016年第16号

6.5.1.25　纳税人出租不动产，预缴税款的期限？

■纳税人出租不动产，按照本办法规定需要预缴税款的，应在取得租金的次月纳税申报期或不动产所在地主管国税机关核定的纳税期限预缴税款。

《国家税务总局关于发布〈纳税人提供不动产经营租赁服务增值税征收管理暂行办法〉的公告》第六条　国家税务总局公告2016年第16号

6.5.1.26　单位和个体工商户出租不动产预缴税款时，是否填写《增值税预缴税款表》？

■单位和个体工商户出租不动产，向不动产所在地主管国税机关预缴税款时，应填写

《增值税预缴税款表》。

《国家税务总局关于发布〈纳税人提供不动产经营租赁服务增值税征收管理暂行办法〉的公告》第九条 国家税务总局公告2016年第16号

6.5.1.27 出租不动产预缴的增值税款，如何抵减？

■单位和个体工商户出租不动产，向不动产所在地主管国税机关预缴的增值税款，可以在当期增值税应纳税额中抵减，抵减不完的，结转下期继续抵减。

纳税人以预缴税款抵减应纳税额，应以完税凭证作为合法有效凭证。

《国家税务总局关于发布〈纳税人提供不动产经营租赁服务增值税征收管理暂行办法〉的公告》第十条 国家税务总局公告2016年第16号

6.5.1.28 出租不动产，如何开具增值税发票？

■小规模纳税人中的单位和个体工商户出租不动产，不能自行开具增值税发票的，可向不动产所在地主管国税机关申请代开增值税发票。

其他个人出租不动产，可向不动产所在地主管地税机关申请代开增值税发票。

■纳税人向其他个人出租不动产，不得开具或申请代开增值税专用发票。

《国家税务总局关于发布〈纳税人提供不动产经营租赁服务增值税征收管理暂行办法〉的公告》第十一、十二条 国家税务总局公告2016年第16号

■自2016年5月1日起，营业税改征增值税后由地税机关继续受理其他个人出租不动产的申报缴税和代开增值税发票业务。

《国家税务总局关于营业税改征增值税委托地税机关代征税款和代开增值税发票的公告》 国家税务总局公告2016年第19号

■出租不动产，纳税人自行开具或者税务机关代开增值税发票时，应在备注栏注明不动产的详细地址。

国税机关为跨县（市、区）提供不动产经营租赁服务的小规模纳税人（不包括其他个人），代开增值税发票时，在发票备注栏中自动打印“YD”字样。

《国家税务总局关于全面推开营业税改征增值税试点有关税收征收管理事项的公告》四 国家税务总局公告2016年第23号

6.5.1.29 其他个人出租不动产，代开发票的机构？

■其他个人出租不动产，申请代开发票的，由代征税款的地税局代开增值税专用发票或者增值税普通发票（简称增值税发票）。对于具备增值税发票安全保管条件、可连通网络、地税局可有效监控代征税款及代开发票情况的政府部门等单位，县（区）以上地税局经评估后认为风险可控的，可以同意其代征税款并代开增值税发票。

《国家税务总局关于营业税改征增值税委托地税局代征税款和代开增值税发票的通知》一 税总函〔2016〕145号

6.5.1.30 地税局代开发票的流程？

■在国税局代开增值税发票流程基础上，地税局按照其他个人出租不动产增值税征收管理办法有关规定，为纳税人代开增值税发票。原地税营业税发票停止使用。

（1）代开发票部门登记

比照国税局现有代开增值税发票模式，在国税综合征管软件或金税三期系统中登记维护地税局代开发票部门信息。地税局代开发票部门编码为15位，第11位为“D”，其他编码规则按照《国家税务总局关于增值税防伪税控代开专用发票系统设备及软件配备的通知》（国税发〔2004〕139号）规定编制。

（2）税控专用设备发行

地税局代开发票部门登记信息同步至增值税发票管理新系统，比照现有代开增值税发票税控专用设备发行流程，国税局为同级地税局代开发票部门发行税控专用设备并加载税务数字证书。

（3）发票提供

国税局向同级地税局提供六联增值税专用发票和五联增值税普通发票。

（4）发票开具

其他个人出租不动产，购买方或承租方不属于其他个人的，纳税人缴纳增值税后可以向地税局申请代开增值税专用发票。其他个人出租不动产，可以向地税局申请代开增值税普通发票。地税局代开发票部门通过增值税发票管理新系统代开增值税发票，系统自动在发票上打印“代开”字样。

地税局代开发票部门为纳税人代开的增值税发票，统一使用六联增值税专用发票和五联增值税普通发票。第四联由代开发票岗位留存，以备发票扫描补录；第五联交征收岗位留存，用于代开发票与征收税款的定期核对；其他联次交纳税人。

（5）开票数据传输

地税局代开发票部门通过网络实时或定期将已代开增值税发票信息传输至增值税发票管理新系统。

（6）发票再次领取

地税局代开发票部门需再次领取增值税发票的，发票抄报税后，国税局通过系统验旧缴销，再次提供发票。

《国家税务总局关于营业税改征增值税委托地税局代征税款和代开增值税发票的通知》二　税总函〔2016〕145号

6.5.1.31　代开发票，如何填写增值税发票？

■代开发票岗位应按下列要求填写增值税发票：

（1）“税率”栏填写增值税征收率。免税、其他个人出租其取得的不动产适用优惠政策减按1.5%征收、差额征税的，“税率”栏自动打印“×××”；

（2）“销售方名称”栏填写代开地税局名称；

（3）“销售方纳税人识别号”栏填写代开发票地税局代码；

（4）“销售方开户行及账号”栏填写税收完税凭证字轨及号码（免税代开增值税普通发票可不填写）；

（5）备注栏填写销售或出租不动产纳税人的名称、纳税人识别号（或者组织机构代码）、不动产的详细地址；

（6）差额征税代开发票，通过系统中差额征税开票功能，录入含税销售额（或含税评估额）和扣除额，系统自动计算税额和金额，备注栏自动打印“差额征税”字样；

（7）纳税人销售其取得的不动产代开发票，“货物或应税劳务、服务名称”栏填写不动产名称及房屋产权证书号码，“单位”栏填写面积单位；

（8）按照核定计税价格征税的，“金额”栏填写不含税计税价格，备注栏注明“核定计税价格，实际成交含税金额×××元”。

其他项目按照增值税发票填开的有关规定填写。

地税局代开发票部门应在代开增值税发票的备注栏上，加盖地税代开发票专用章。

《国家税务总局关于营业税改征增值税委托地税局代征税款和代开增值税发票的通知》二　税总函〔2016〕145号

6.5.1.32　纳税人出租不动产，没有预缴和缴纳税款，如何处理？

■纳税人出租不动产，按照本办法规定应向不动产所在地主管国税机关预缴税款而自应当预缴之月起超过6个月没有预缴税款的，由机构所在地主管国税机关按照《中华人民共和国税收征收管理法》及相关规定进行处理。

纳税人出租不动产，未按照本办法规定缴纳税款的，由主管税务机关按照《中华人民共和国税收征收管理法》及相关规定进行处理。

《国家税务总局关于发布〈纳税人提供不动产经营租赁服务增值税征收管理暂行办法〉的公告》第十三条　国家税务总局公告2016年第16号

6.5.1.33　其他个人出租不动产，纳税管理的税务机关？

■营改增后，暂定由地税局办理其他个人出租不动产增值税的纳税申报受理、计税价格评估、税款征收、税收优惠备案、发票代开等有关事项。地税局办理征缴、退库业务，使用地税局税收票证，并负责收入对账、会计核算、汇总上报工作。

《国家税务总局关于营业税改征增值税委托地税局代征税款和代开增值税发票的通知》一　税总函〔2016〕145号

6.5.2　营业税

6.5.2.1　提供服务业劳务，征收营业税的范围？

■服务业的征收范围包括租赁业。

租赁业，是指在约定的时间内将场地、房屋、物品、设备或设施等转让他人使用的业务。

《国家税务总局关于印发〈营业税税目注释（试行稿）〉的通知》七　国税发〔1993〕149号

6.5.2.2　融资租赁，是否按“租赁业”征收营业税？

■融资租赁，不按“租赁业”征收营业税。

《国家税务总局关于印发〈营业税税目注释（试行稿）〉的通知》七　国税发〔1993〕149号

6.5.2.3　单位和个人出租房屋，是否缴纳营业税？

■除国家房产管理部门出租房屋和企事业单位将自有住房出租给单位职工居住免税外，其他单位和城乡居民出租房屋取得的收入，不论是否征收房产税，一律按租赁业务的5%

的税率征收营业税。

《财政部　国家税务总局关于对房租收入征免营业税问题的通知》三　财税营字〔1986〕84 号

6.5.2.4　对出租小型商业企业，是否征收营业税？

■对企业或企业主管部门出租小型商业企业取得的租赁费收入，暂缓征收营业税。

《财政部税务总局关于出租小型商业企业收取的租赁费暂缓征收营业税问题的通知》　财税营字〔1987〕37 号

6.5.2.5　对转租行为，是否征收营业税？

■单位和个人将承租的场地、物品、设备等再转租给他人的行为也属于租赁行为，应按“服务业”税目中“租赁业”项目征收营业税。

《国家税务总局关于营业税若干问题的通知》五　国税发〔1995〕76 号

6.5.2.6　转让公路使用权，是否按“租赁业”征收营业税？

■纳税人在享有公路使用权期间内，将公路使用权有偿转让他人，属于转租行为，也应按“租赁”项目征收营业税。

《国家税务总局关于转让公路使用权征收营业税问题的批复》　国税函〔1998〕714 号

6.5.2.7　转让资产使用权，是否征收营业税？

■工商联合企业总公司将饭店大楼等资产有偿转让给香港新华国际有限公司使用的行为，属于营业税法规定的租赁行为，应按营业税“服务业—租赁业”征收营业税。

《国家税务总局关于有偿转让资产使用权的行为征收营业税问题的批复》　国税函发〔1996〕636 号

6.5.2.8　以不动产、土地使用权投资入股，收取固定利润的，是否征收营业税？

■以不动产、土地使用权投资入股，收取固定利润的，属于将场地、房屋等转让他人使用的业务，应按“服务业”税目中“租赁业”项目征收营业税。

《国家税务总局关于以不动产或无形资产投资入股收取固定利润征收营业税问题的批复》　国税函发〔1997〕490 号

6.5.2.9　公司将房产典当，典当期限超过法律规定的，对公司是否征收营业税？

■服务公司将所属房地产典当给生资公司使用，典当期限长达 30 年。超过《典当行管理暂行办法》规定的期限，不属于典当行为。因此对服务公司应按“服务业”税目中的“租赁”项目征税，营业额为向对方收取的全部价款。

《国税总局关于房地产租赁行为征收营业税问题的批复》　国税函〔1997〕564 号

6.5.2.10　公司将设备出租，是否征收营业税？

■设备中心向局内煤矿及所属单位出租设备并收取的使用费（或类似费用），不论在财务上如何处理，均应按“服务业”税目中的“租赁业”项目征收营业税。

《国家税务总局关于新汶矿务局机电设备管理中心出租设备征收营业税的批复》　国税函〔1998〕427 号

6.5.2.11　出租方取得的赔偿金，是否征收营业税？

■对出租方取得的赔偿金应按“服务业”税目中的“租赁”项目征收营业税。

《国家税务总局关于从事租赁业务取得的赔偿金征收营业税问题的批复》 国税函〔2000〕563号

6.5.2.12 酒店产权式经营业主取得的固定收入和分红收入，是否按“租赁业”征收营业税？

■酒店产权式经营业主（业主）在约定的时间内提供房产使用权与酒店进行合作经营，如房产产权并未归属新的经济实体，业主按照约定取得的固定收入和分红收入均应视为租金收入，根据有关税收法律、行政法规的规定，应按照“服务业——租赁业”征收营业税。

《国家税务总局关于酒店产权式经营业主税收问题的批复》 国税函〔2006〕478号

6.5.2.13 纳税人出租土地使用权的，营业税纳税地点？

■纳税人出租土地使用权，应当向土地所在地的主管税务机关申报纳税。

《中华人民共和国营业税暂行条例》第十四条

■纳税人应当向土地所在地的主管税务机关申报纳税而自应当申报纳税之月起超过6个月没有申报纳税的，由其机构所在地或者居住地的主管税务机关补征税款。

《中华人民共和国营业税暂行条例实施细则》第二十六条

6.5.2.14 纳税人出租不动产的，营业税纳税地点？

■纳税人出租不动产的，营业税纳税地点为不动产所在地。

《中华人民共和国营业税暂行条例》第十四条

6.5.2.15 纳税人采取预收款提供租赁服务的，纳税义务发生时间？

■纳税人提供租赁业劳务，采取预收款方式的，其纳税义务发生时间为收到预收款的当天。

《中华人民共和国营业税暂行条例实施细则》第二十五条

6.5.3 印花税

6.5.3.1 对融资租赁合同，如何征收印花税？

■（1）对开展融资租赁业务签订的融资租赁合同（含融资性售后回租），统一按照其所载明的租金总额依照“借款合同”税目，按万分之零点五的税率计税贴花。

（2）在融资性售后回租业务中，对承租人、出租人因出售租赁资产及购回租赁资产所签订的合同，不征收印花税。

《财政部 国家税务总局关于融资租赁合同有关印花税政策的通知》财税〔2015〕144号

6.5.4 公共租赁住房单位

6.5.4.1 按政府规定价格出租的公有住房和廉租住房，有何优惠政策？

■对按政府规定价格出租的公有住房廉租住房，包括房管部门按政府规定价格向居民出租的公有住房、企业和自收自支事业单位按政府规定价格向职工出租的单位自有住房和落实私房政策中带户发还产权并以政府规定租金标准向居民出租的私有住房等，暂免征收房产税。(房产税减免性质代码：08011702)

《财政部 国家税务总局关于调整住房租赁市场税收政策的通知》一 财税〔2000〕125号

■企业和自收自支事业单位向职工出租的单位自有住房，是指按照公有住房管理或纳入县级以上政府廉租住房管理的单位自有住房。

《财政部 国家税务总局关于企业和自收自支事业单位向职工出租的单位自有住房房产税和营业税政策的通知》 财税〔2013〕94号

6.5.4.2 公共租赁住房经营管理单位出租公共租赁住房，是否免征增值税？

■ 2018年12月31日前，公共租赁住房经营管理单位出租公共租赁住房，免征增值税。

公共租赁住房，是指纳入省、自治区、直辖市、计划单列市人民政府及新疆生产建设兵团批准的公共租赁住房发展规划和年度计划，并按照《关于加快发展公共租赁住房的指导意见》(建保〔2010〕87号）和市、县人民政府制定的具体管理办法进行管理的公共租赁住房。

《财政部 国家税务总局关于全面推开营业税改征增值税试点的通知》附件3：营业税改征增值税试点过渡政策的规定一 财税〔2016〕36号

6.5.4.3 经营公共租赁住房所取得的租金收入，是否免征房产税？

■ 2013年9月28日至2015年12月31日，对公共租赁住房免征房产税。(房产税减免性质代码：08011704)

《财政部 国家税务总局关于促进公共租赁住房发展有关税收优惠政策的通知》七 财税〔2014〕52号

■ 2016年1月1日至2018年12月31日，对公共租赁住房免征房产税。

《财政部 国家税务总局关于公共租赁住房税收优惠政策的通知》七 财税〔2015〕139号

6.5.4.4 公共租赁住房占地，是否免征土地使用税？

■ 2013年9月28日至2015年12月31日，对公共租赁住房建设期间用地及公共租赁住房建成后占地免征城镇土地使用税（减免性质代码：10011706)。

在其他住房项目中配套建设公共租赁住房，依据政府部门出具的相关材料，按公共租赁住房建筑面积占总建筑面积的比例免征建设、管理公共租赁住房涉及的城镇土地使用税。

《财政部 国家税务总局关于促进公共租赁住房发展有关税收优惠政策的通知》一 财税〔2014〕52号

■ 2016年1月1日至2018年12月31日，对公共租赁住房建设期间用地及公共租赁住房建成后占地免征城镇土地使用税。

《财政部 国家税务总局关于公共租赁住房税收优惠政策的通知》一 财税〔2015〕139号

6.5.4.5 公共租赁住房经营管理单位，是否免征印花税？

■ 2013年9月28日至2015年12月31日，对公共租赁住房经营管理单位免征建设、管理公共租赁住房涉及的印花税（减免性质代码：09011705）。

在其他住房项目中配套建设公共租赁住房，依据政府部门出具的相关材料，按公共租赁住房建筑面积占总建筑面积的比例免征建设、管理公共租赁住房涉及的印花税。

■对公共租赁住房经营管理单位购买住房作为公共租赁住房，免征印花税；对公共租赁住房租赁双方免征签订租赁协议涉及的印花税。（印花税减免性质代码：09011708）

《财政部　国家税务总局关于促进公共租赁住房发展有关税收优惠政策的通知》二、三　财税〔2014〕52号

■ 2016年1月1日至2018年12月31日，对公共租赁住房经营管理单位免征建设、管理公共租赁住房涉及的印花税。

■ 2016年1月1日至2018年12月31日，对公共租赁住房经营管理单位购买住房作为公共租赁住房，免征印花税；对公共租赁住房租赁双方免征签订租赁协议涉及的印花税。

《财政部　国家税务总局关于公共租赁住房税收优惠政策的通知》二、三　财税〔2015〕139号

6.5.4.6　公共租赁住房经营管理单位购买住房作为公共租赁住房，是否免征契税？

■ 2013年9月28日至2015年12月31日，对公共租赁住房经营管理单位购买住房作为公共租赁住房，免征契税（契税减免性质代码：15011715）。

■公共租赁住房是指纳入省、自治区、直辖市、计划单列市人民政府及新疆生产建设兵团批准的公共租赁住房发展规划和年度计划，并按照《关于加快发展公共租赁住房的指导意见》（建保〔2010〕87号）和市、县人民政府制定的具体管理办法进行管理的公共租赁住房。

《财政部　国家税务总局关于促进公共租赁住房发展有关税收优惠政策的通知》三、八　财税〔2014〕52号

■ 2016年1月1日至2018年12月31日，对公共租赁住房经营管理单位购买住房作为公共租赁住房，免征契税。

《财政部　国家税务总局关于公共租赁住房税收优惠政策的通知》三　财税〔2015〕139号

6.5.4.7　按政府规定价格出租的公有住房和廉租住房，营业税有何优惠政策？

■对按政府规定价格出租的公有住房廉租住房，包括房管部门按政府规定价格向居民出租的公有住房、企业和自收自支事业单位按政府规定价格向职工出租的单位自有住房和落实私房政策中带户发还产权并以政府规定租金标准向居民出租的私有住房等，暂免征收营业税。（营业税减免性质代码：03011702）

《财政部　国家税务总局关于调整住房租赁市场税收政策的通知》一　财税〔2000〕125号

■企业和自收自支事业单位向职工出租的单位自有住房，是指按照公有住房管理或纳入县级以上政府廉租住房管理的单位自有住房。

《财政部　国家税务总局关于企业和自收自支事业单位向职工出租的单位自有住房房产税和营业税政策的通知》　财税〔2013〕94号

6.5.4.8 经营公共租赁住房所取得的租金收入，是否免征营业税？

■ 2013 年 9 月 28 日至 2015 年 12 月 31 日，对经营公共租赁住房所取得的租金收入，免征营业税。（营业税减免性质代码：03011712）

《财政部 国家税务总局关于促进公共租赁住房发展有关税收优惠政策的通知》七 财税〔2014〕52 号

■ 2016 年 1 月 1 日至 2018 年 12 月 31 日，对经营公共租赁住房所取得的租金收入，免征营业税。

《财政部 国家税务总局关于公共租赁住房税收优惠政策的通知》七 财税〔2015〕139 号

6.5.5 飞机租赁企业

6.5.5.1 租赁企业进口飞机并租给国内航空公司使用的，如何缴纳增值税？

■经国务院批准，自 2014 年 1 月 1 日起，租赁企业一般贸易项下进口飞机并租给国内航空公司使用的，享受与国内航空公司进口飞机同等税收优惠政策，即进口空载重量在 25 吨以上的飞机减按 5%征收进口环节增值税。

自 2014 年 1 月 1 日以来，对已按 17%税率征收进口环节增值税的上述飞机，超出 5%税率的已征税款，尚未申报增值税进项税额抵扣的，可以退还。租赁企业申请退税时，应附送主管税务机关出具的进口飞机所缴纳增值税未抵扣证明（格式见附件）。

海关特殊监管区域内租赁企业从境外购买并租给国内航空公司使用的、空载重量在 25 吨以上、不能实际入区的飞机，不实施进口保税政策，减按 5%征收进口环节增值税。

《财政部 海关总署 国家税务总局关于租赁企业进口飞机有关税收政策的通知》 财关税〔2014〕16 号

6.5.5.2 飞机租赁企业购机环节购销合同，是否免征印花税？

■自 2014 年 1 月 1 日起至 2018 年 12 月 31 日止，暂免征收飞机租赁企业购机环节购销合同印花税。（减免税代码：09121302）

《财政部 国家税务总局关于飞机租赁企业有关印花税政策的通知》 财税〔2014〕18 号

6.6 鉴证咨询服务

6.6.1 增值税

6.6.1.1 鉴证咨询服务，增值税的征收范围？

■鉴证咨询服务，包括认证服务、鉴证服务和咨询服务。

（1）认证服务，是指具有专业资质的单位利用检测、检验、计量等技术，证明产品、服务、管理体系符合相关技术规范、相关技术规范的强制性要求或者标准的业务活动。

(2) 鉴证服务，是指具有专业资质的单位受托对相关事项进行鉴证，发表具有证明力的意见的业务活动。包括会计鉴证、税务鉴证、法律鉴证、职业技能鉴定、工程造价鉴证、工程监理、资产评估、环境评估、房地产土地评估、建筑图纸审核、医疗事故鉴定等。

(3) 咨询服务，是指提供信息、建议、策划、顾问等服务的活动。包括金融、软件、技术、财务、税收、法律、内部管理、业务运作、流程管理、健康等方面的咨询。

翻译服务和市场调查服务按照咨询服务缴纳增值税。

《财政部　国家税务总局关于全面推开营业税改征增值税试点的通知》附件1：营业税改征增值税试点实施办法　附：销售服务、无形资产、不动产注释一　财税〔2016〕36号

6.6.1.2　纳税人提供鉴证咨询服务，增值税适用税率？

■纳税人提供鉴证咨询服务，增值税税率为6%。

《财政部　国家税务总局关于全面推开营业税改征增值税试点的通知》附件1：营业税改征增值税试点实施办法第十五条　财税〔2016〕36号

6.6.1.3　向境外单位提供的认证服务、鉴证服务、咨询服务，是否免征增值税？

■境内单位和个人向境外单位提供的认证服务、鉴证服务、咨询服务，免征增值税。

对境内不动产提供的鉴证咨询服务，以及提供服务时货物实体在境内的鉴证咨询服务，不属于本款规定的向境外单位提供的应税服务。

《国家税务总局关于重新发布〈营业税改征增值税跨境应税服务增值税免税管理办法（试行）〉的公告》第二条　国家税务总局公告2014年第49号（自2016年5月1日起全文失效，详见国家税务总局公告2016年第29号）

6.6.1.4　向境外单位提供的技术咨询服务，是否免征增值税？

■境内单位和个人向境外单位提供的技术咨询服务，免征增值税。

《国家税务总局关于重新发布〈营业税改征增值税跨境应税服务增值税免税管理办法（试行）〉的公告》第二条　国家税务总局公告2014年第49号（自2016年5月1日起全文失效，详见国家税务总局公告2016年第29号）

6.6.1.5　向境外单位提供的完全在境外消费的鉴证咨询服务，是否免征增值税？

■境内的单位和个人向境外单位提供的完全在境外消费的鉴证咨询服务，免征增值税，但财政部和国家税务总局规定适用增值税零税率的除外。

《财政部　国家税务总局关于全面推开营业税改征增值税试点的通知》附件4：跨境应税行为适用增值税零税率和免税政策的规定二　财税〔2016〕36号

■向境外单位销售的完全在境外消费的鉴证咨询服务，免征增值税。

下列情形不属于完全在境外消费的鉴证咨询服务：

（1）服务的实际接受方为境内单位或者个人。

（2）对境内的货物或不动产进行的认证服务、鉴证服务和咨询服务。

《国家税务总局关于发布〈营业税改征增值税跨境应税行为增值税免税管理办法（试行）〉的公告》第二条　国家税务总局公告 2016 年第 29 号

6.6.1.6　跨境的工程监理服务，是否免征增值税？

■境内的单位和个人销售的工程项目在境外的工程监理服务，免征增值税，但财政部和国家税务总局规定适用增值税零税率的除外。

《财政部　国家税务总局关于全面推开营业税改征增值税试点的通知》附件 4：跨境应税行为适用增值税零税率和免税政策的规定二　财税〔2016〕36 号

■工程项目在境外的工程监理服务，免征增值税。

《国家税务总局关于发布〈营业税改征增值税跨境应税行为增值税免税管理办法（试行）〉的公告》第二条　国家税务总局公告 2016 年第 29 号

6.6.1.7　境外单位或者个人向境内单位或者个人提供的工程施工地点在境外的工程监理服务，是否属于在境内销售服务？

■境外单位或者个人向境内单位或者个人提供的工程施工地点在境外的工程监理服务，不属于在境内销售服务。

《国家税务总局关于营改增试点若干征管问题的公告》一　国家税务总局公告 2016 年第 53 号

6.6.2　印花税

6.6.2.1　法律、法规、会计、审计等方面的咨询合同，是否征收印花税？

■一般的法律、法规、会计、审计等方面的咨询不属于技术咨询，其所立合同不贴印花。

《国家税务局关于对技术合同征收印花税问题的通知》二　（89）国税地字第 34 号

6.6.3　律师事务所

工资薪金所得

6.6.3.1　专职律师，费用扣除的相关规定？

■作为律师事务所雇员的律师与律师事务所按规定的比例对收入分成，律师事务所不负担律师办理案件支出的费用（如交通费、资料费、通信费及聘请人员等费用），律师当月的分成收入扣除办理案件支出的费用后，余额与律师事务所发给的工资合并，按“工资、薪金所得”应税项目计征个人所得税。

自2013年1月1日至2015年12月31日，律师从其分成收入中扣除办理案件支出费用的标准，由各省级地方税务局在律师当月分成收入的30%比例内确定。

《国家税务总局关于律师事务所从业人员取得收入征收个人所得税有关业务问题的通知》五 国税发〔2000〕149号

■对作为律师事务所雇员的律师，其办案费用或其他个人费用在律师事务所报销的，在计算其收入时不得再扣除其收入30%以内的办理案件支出费用。

《国家税务总局关于强化律师事务所等中介机构投资者个人所得税查账征收的通知》四 国税发〔2002〕123号

■实行上述收入分成办法的律师办案费用不得在律师事务所重复列支。

《国家税务总局关于律师事务所从业人员有关个人所得税问题的公告》一 国家税务总局公告2012年第53号

6.6.3.2 律师聘请其他人员支付的报酬，如何纳税？

■律师以个人名义再聘请其他人员为其工作而支付的报酬，应由该律师按“劳务报酬所得”应税项目负责代扣代缴个人所得税。为了便于操作，税款可由其任职的律师事务所代为缴入国库。

《国家税务总局关于律师事务所从业人员取得收入征收个人所得税有关业务问题的通知》七 国税发〔2000〕149号

个体户生产经营所得

6.6.3.3 律师事务所合伙人的范围？

■在北京注册的律师事务所的投资者即合伙人，以北京市司法局注册为准。

《北京市地方税务局关于调整律师事务所投资者个人所得税征收方式的通知》一 京地税个〔2005〕69号

6.6.3.4 合伙人律师确实不能提供合法有效凭据而实际发生的有关费用，如何扣除？

■自2013年1月1日至2015年12月31日，合伙人律师在计算应纳税所得额时，应凭合法有效凭据按照个人所得税法和有关规定扣除费用；对确实不能提供合法有效凭据而实际发生与业务有关的费用，经当事人签名确认后，可再按下列标准扣除费用：

个人年营业收入不超过50万元的部分，按8%扣除；

个人年营业收入超过50万元至100万元的部分，按6%扣除；

个人年营业收入超过100万元的部分，按5%扣除。

《国家税务总局关于律师事务所从业人员有关个人所得税问题的公告》三 国家税务总局公告2012年第53号

6.6.3.5 律师业务培训费用，如何扣除？

■律师个人承担的按照律师协会规定参加的业务培训费用，可据实扣除。

《国家税务总局关于律师事务所从业人员有关个人所得税问题的公告》四 国家税务总局公告2012年第53号

6.7 广播影视服务

6.7.1 增值税

6.7.1.1 广播影视服务，增值税的征收范围？

■广播影视服务，包括广播影视节目（作品）的制作服务、发行服务和播映（含放映）服务。

（1）广播影视节目（作品）制作服务，是指进行专题（特别节目）、专栏、综艺、体育、动画片、广播剧、电视剧、电影等广播影视节目和作品制作的服务。具体包括与广播影视节目和作品相关的策划、采编、拍摄、录音、音视频文字图片素材制作、场景布置、后期的剪辑、翻译（编译）、字幕制作、片头、片尾、片花制作、特效制作、影片修复、编目和确权等业务活动。

（2）广播影视节目（作品）发行服务，是指以分账、买断、委托等方式，向影院、电台、电视台、网站等单位和个人发行广播影视节目（作品）以及转让体育赛事等活动的报道及播映权的业务活动。

（3）广播影视节目（作品）播映服务，是指在影院、剧院、录像厅及其他场所播映广播影视节目（作品），以及通过电台、电视台、卫星通信、互联网、有线电视等无线或者有线装置播映广播影视节目（作品）的业务活动。

《财政部 国家税务总局关于全面推开营业税改征增值税试点的通知》附件1：营业税改征增值税试点实施办法 附：销售服务、无形资产、不动产注释一 财税〔2016〕36号

6.7.1.2 一般纳税人发生电影放映服务，是否可以选择适用简易计税方法计税？

■一般纳税人发生电影放映服务，可以选择适用简易计税方法计税。

《财政部 国家税务总局关于全面推开营业税改征增值税试点的通知》附件2：营业税改征增值税试点有关事项的规定一 财税〔2016〕36号

6.7.1.3 提供广播影视服务，增值税适用税率是多少？

■纳税人提供广播影视服务，增值税税率为6%。

《财政部 国家税务总局关于全面推开营业税改征增值税试点的通知》附件1：营业税改征增值税试点实施办法第十五条 财税〔2016〕36号

6.7.1.4 跨境的广播影视节目（作品）播映服务，是否免征增值税？

■境内的单位和个人销售在境外提供的广播影视节目（作品）的播映服务，免征增值税，但财政部和国家税务总局规定适用增值税零税率的除外。

《财政部 国家税务总局关于全面推开营业税改征增值税试点的通知》附件4：跨境应税行为适用增值税零税率和免税政策的规定二 财税

〔2016〕36 号

■在境外提供的广播影视节目（作品）的播映服务，免征增值税。

在境外提供的广播影视节目（作品）播映服务，是指在境外的影院、剧院、录像厅及其他场所播映广播影视节目（作品）。

通过境内的电台、电视台、卫星通信、互联网、有线电视等无线或者有线装置向境外播映广播影视节目（作品），不属于在境外提供的广播影视节目（作品）播映服务。

《国家税务总局关于发布〈营业税改征增值税跨境应税行为增值税免税管理办法（试行）〉的公告》第二条　国家税务总局公告 2016 年第 29 号

6.7.1.5　向境外单位提供广播影视节目（作品）制作服务，是否免征增值税？

■境内单位和个人向境外单位提供的广播影视节目（作品）制作服务，免征增值税。

《国家税务总局关于重新发布〈营业税改征增值税跨境应税服务增值税免税管理办法（试行）〉的公告》第二条　国家税务总局公告 2014 年第 49 号（自 2016 年 5 月 1 日起全文失效，详见国家税务总局公告 2010 年第 29 号）

■中华人民共和国境内的单位和个人向境外单位提供的完全在境外消费的广播影视节目（作品）的制作和发行服务，适用增值税零税率。

《财政部　国家税务总局关于全面推开营业税改征增值税试点的通知》附件 4：跨境应税行为适用增值税零税率和免税政策的规定一　财税〔2016〕36 号

■符合零税率政策但适用简易计税方法或声明放弃适用零税率选择免税的向境外单位提供的完全在境外消费的广播影视节目（作品）的制作和发行服务，免征增值税。

《国家税务总局关于发布〈营业税改征增值税跨境应税行为增值税免税管理办法（试行）〉的公告》第二条　国家税务总局公告 2016 年第 29 号

6.7.1.6　提供广播影视节目（作品）的制作和发行服务，办理增值税免抵退税申报，应提交哪些资料？

■提供广播影视节目（作品）的制作和发行服务，在申报免抵退税时，向主管国税机关提供与境外单位签订的提供广播影视节目（作品）的制作和发行服务的合同，同时提供合同已在商务部“文化贸易管理系统”中登记并审核通过，由该系统出具的证明文件。

提供电影、电视剧的制作服务的，应提供行业主管部门出具的在有效期内的影视制作许可证明；提供电影、电视剧的发行服务的，应提供行业主管部门出具的在有效期内的发行版权证明、发行许可证明。

《国家税务总局关于〈适用增值税零税率应税服务退（免）税管理办法〉的补充公告》四　国家税务总局公告 2015 年第 88 号

6.8 商务辅助服务

6.8.1 增值税

6.8.1.1 商务辅助服务，增值税的征收范围？

■商务辅助服务，包括企业管理服务、经纪代理服务、人力资源服务、安全保护服务。

（1）企业管理服务，是指提供总部管理、投资与资产管理、市场管理、物业管理、日常综合管理等服务的业务活动。

（2）经纪代理服务，是指各类经纪、中介、代理服务。包括金融代理、知识产权代理、货物运输代理、代理报关、法律代理、房地产中介、职业中介、婚姻中介、代理记账、拍卖等。

货物运输代理服务，是指接受货物收货人、发货人、船舶所有人、船舶承租人或者船舶经营人的委托，以委托人的名义，为委托人办理货物运输、装卸、仓储和船舶进出港口、引航、靠泊等相关手续的业务活动。

代理报关服务，是指接受进出口货物的收、发货人委托，代为办理报关手续的业务活动。

（3）人力资源服务，是指提供公共就业、劳务派遣、人才委托招聘、劳动力外包等服务的业务活动。

（4）安全保护服务，是指提供保护人身安全和财产安全，维护社会治安等的业务活动。包括场所住宅保安、特种保安、安全系统监控以及其他安保服务。

《财政部 国家税务总局关于全面推开营业税改征增值税试点的通知》附件1：营业税改征增值税试点实施办法 附：销售服务、无形资产、不动产注释一 财税〔2016〕36号

6.8.1.2 提供商务辅助服务，增值税适用税率是多少？

■纳税人提供商务辅助服务，增值税税率为6%。

《财政部 国家税务总局关于全面推开营业税改征增值税试点的通知》附件1：营业税改征增值税试点实施办法第十五条 财税〔2016〕36号

6.8.1.3 向境外单位提供的完全在境外消费的商务辅助服务，是否免征增值税？

■境内的单位和个人向境外单位提供的完全在境外消费的商务辅助服务，免征增值税，但财政部和国家税务总局规定适用增值税零税率的除外。

《财政部 国家税务总局关于全面推开营业税改征增值税试点的通知》附件4：跨境应税行为适用增值税零税率和免税政策的规定二 财税〔2016〕36号

■向境外单位销售的完全在境外消费的商务辅助服务，免征增值税。

（1）纳税人向境外单位提供的代理报关服务和货物运输代理服务，属于完全在境外消

费的代理报关服务和货物运输代理服务。

（2）纳税人向境外单位提供的外派海员服务，属于完全在境外消费的人力资源服务。外派海员服务，是指境内单位派出属于本单位员工的海员，为境外单位在境外提供的船舶驾驶和船舶管理等服务。

（3）纳税人以对外劳务合作方式，向境外单位提供的完全在境外发生的人力资源服务，属于完全在境外消费的人力资源服务。对外劳务合作，是指境内单位与境外单位签订劳务合作合同，按照合同约定组织和协助中国公民赴境外工作的活动。

《国家税务总局关于发布〈营业税改征增值税跨境应税行为增值税免税管理办法（试行）〉的公告》第二条　国家税务总局公告2016年第29号

6.8.1.4　哪些情形不属于完全在境外消费的商务辅助服务？

■下列情形不属于完全在境外消费的商务辅助服务：

（1）服务的实际接受方为境内单位或者个人。

（2）对境内不动产的投资与资产管理服务、物业管理服务、房地产中介服务。

（3）拍卖境内货物或不动产过程中提供的经纪代理服务。

（4）为境内货物或不动产的物权纠纷提供的法律代理服务。

（5）为境内货物或不动产提供的安全保护服务。

《国家税务总局关于发布〈营业税改征增值税跨境应税行为增值税免税管理办法（试行）〉的公告》第二条　国家税务总局公告2016年第29号

6.8.1.5　物业管理公司有房屋租赁业务，如何开具发票？

■“营改增”物业管理公司，同时有房屋租赁业务，适用不同税率的项目应分别开具发票。但可以在同一张发票上开具。

《营改增问答》五　税总纳便函〔2016〕71号

6.8.1.6　提供物业管理服务的纳税人收取的自来水水费，如何缴纳增值税？

■2016年8月19日，提供物业管理服务的纳税人，向服务接受方收取的自来水水费，以扣除其对外支付的自来水水费后的余额为销售额，按照简易计税方法依3%的征收率计算缴纳增值税。

《国家税务总局关于物业管理服务中收取的自来水水费增值税问题的公告》　国家税务总局公告2016年第54号

6.8.1.7　经纪代理服务，如何确认销售额？

■经纪代理服务，以取得的全部价款和价外费用，扣除向委托方收取并代为支付的政府性基金或者行政事业性收费后的余额为销售额。向委托方收取的政府性基金或者行政事业性收费，不得开具增值税专用发票。

《财政部　国家税务总局关于全面推开营业税改征增值税试点的通知》附件2：营业税改征增值税试点有关事项的规定一　财税〔2016〕36号

6.8.1.8　国际货物运输代理服务，是否免征增值税？

■自2014年9月1日起，试点纳税人通过其他代理人，间接为委托人办理货物的国际运输、从事国际运输的运输工具进出港口、联系安排引航、靠泊、装卸等货物和船舶代理相关业务手续，可免征增值税。

《国家税务总局关于国际货物运输代理服务有关增值税问题的公告》国家税务总局公告2014年第42号

■纳税人提供的直接或者间接国际货物运输代理服务，免征增值税。

（1）纳税人提供直接或者间接国际货物运输代理服务，向委托方收取的全部国际货物运输代理服务收入，以及向国际运输承运人支付的国际运输费用，必须通过金融机构进行结算。

（2）纳税人为大陆与香港、澳门、台湾地区之间的货物运输提供的货物运输代理服务参照国际货物运输代理服务有关规定执行。

（3）委托方索取发票的，纳税人应当就国际货物运输代理服务收入向委托方全额开具增值税普通发票。

《财政部　国家税务总局关于全面推开营业税改征增值税试点的通知》附件3：营业税改征增值税试点过渡政策的规定一　财税〔2016〕36号

6.8.1.9　拍卖行受托拍卖货物，如何征收增值税？

■对拍卖行受托拍卖增值税应税货物，向买方收取的全部价款和价外费用，应当按照3%的征收率征收增值税。

对拍卖行向委托方收取的手续费。不征增值税，征收营业税。

拍卖货物属免税货物范围的，可以免征增值税。（减免性质代码：01129911）

《国家税务总局关于拍卖行取得的拍卖收入征收增值税、营业税有关问题的通知》一　国税发〔1999〕40号

■拍卖行拍卖免税货物免征增值税的审批，改为备案管理。

■每一个纳税期内，拍卖行发生拍卖免税货物业务，均应在办理纳税申报时，向主管税务机关履行免税备案手续。

《国家税务总局关于明确部分增值税优惠政策审批事项取消后有关管理事项的公告》一、二　国家税务总局公告2015年第38号

6.8.1.10　提供劳务派遣服务，如何计算缴纳增值税？

■自2016年5月1日起，一般纳税人提供劳务派遣服务，可以以取得的全部价款和价外费用为销售额，按照一般计税方法计算缴纳增值税；也可以选择差额纳税，以取得的全部价款和价外费用，扣除代用工单位支付给劳务派遣员工的工资、福利和为其办理社会保险及住房公积金后的余额为销售额，按照简易计税方法依5%的征收率计算缴纳增值税。

小规模纳税人提供劳务派遣服务，可以以取得的全部价款和价外费用为销售额，按照简易计税方法依3%的征收率计算缴纳增值税；也可以选择差额纳税，以取得的全部价款和价外费用，扣除代用工单位支付给劳务派遣员工的工资、福利和为其办理社会保险及住房公积金后的余额为销售额，按照简易计税方法依5%的征收率计算缴纳增值税。

选择差额纳税的纳税人，向用工单位收取用于支付给劳务派遣员工工资、福利和为其办理社会保险及住房公积金的费用，不得开具增值税专用发票，可以开具普通发票。

劳务派遣服务，是指劳务派遣公司为了满足用工单位对于各类灵活用工的需求，将员工派遣至用工单位，接受用工单位管理并为其工作的服务。

《财政部　国家税务总局关于进一步明确全面推开营改增试点有关劳务派遣服务、收费公路通行费抵扣等政策的通知》一　财税〔2016〕47号

■纳税人提供安全保护服务，比照劳务派遣服务政策执行。

《财政部　国家税务总局关于进一步明确全面推开营改增试点有关再保险不动产租赁和非学历教育等政策的通知》四　财税〔2016〕68号

6.8.1.11　纳税人提供人力资源外包服务，如何缴纳增值税？

■ 2016年5月1日起，纳税人提供人力资源外包服务，按照经纪代理服务缴纳增值税，其销售额不包括受客户单位委托代为向客户单位员工发放的工资和代理缴纳的社会保险、住房公积金。向委托方收取并代为发放的工资和代理缴纳的社会保险、住房公积金，不得开具增值税专用发票，可以开具普通发票。

一般纳税人提供人力资源外包服务，可以选择适用简易计税方法，按照5%的征收率计算缴纳增值税。

《财政部　国家税务总局关于进一步明确全面推开营改增试点有关劳务派遣服务、收费公路通行费抵扣等政策的通知》三　财税〔2016〕47号

6.8.2　营业税

6.8.2.1　提供服务业劳务，征收营业税的范围？

■服务业税目的征收范围包括代理业。

代理业，是指代委托人办理受托事项的业务，包括代购代销货物、代办进出口、介绍服务、其他代理服务。

（1）代购代销货物，是指受托购买货物或销售货物，按实购或实销额进行结算并收取手续费的业务。

（2）代办进出口，是指受托办理商品或劳务进出口的业务。

（3）介绍服务，是指中介人介绍双方商谈交易或其他事项的业务。

（4）其他代理服务，是指受托办理上列事项以外的其他事项的业务。

《国家税务总局关于印发〈营业税税目注释（试行稿）〉的通知》七　国税发〔1993〕149号

6.8.2.2　金融经纪业，是否按“代理业”征收营业税？

■金融经纪业，不按“代理业”税目征税。

《国家税务总局关于印发〈营业税税目注释（试行稿）〉的通知》七　国税发〔1993〕149号

6.8.2.3　包销商销售房地产，取得的收入，是否按“代理业”征收营业税？

■在合同期内房产企业将房产交给包销商承销，包销商是代理房产开发企业进行销售，

所取得的手续费收入或者价差应按“服务业—代理业”征收营业税。

《国家税务总局关于房产开发企业销售不动产征收营业税问题的通知》 国税函发〔1996〕684号

6.8.2.4 单位和个人代销彩票取得的手续费，是否征收营业税？

■对单位和个人代销彩票取得的手续费收入，应按“服务业”税目中的“代理”项目征收营业税。

《国家税务总局关于有奖游艺和代销彩票征收营业税问题的批复》二 国税函〔1999〕90号

6.8.2.5 代理商取得的佣金提成收入，是否征收营业税？

■“消费储值”业务代理商或地区服务中心经理等机构或个人取得的佣金提成收入，应按“服务业——代理业”征收营业税。

《国家税务总局关于“消费储值”业务征收营业税问题的批复》 国税函〔2005〕168号

6.8.2.6 经营公用电话，是否按“代理业”征收营业税？

■经营公用电话，对代办人取得的劳务费，应按“服务业”税目中的“代理服务”项目征收营业税。

《国家税务总局关于经营公用电话征收营业税问题的通知》二 国税发〔1997〕161号

■对外商投资的宾馆、饭店、商务楼等经营电信业务取得的收入，按“服务业”税目中的“代理服务”项目征收营业税。

《国家税务总局关于外商投资的宾馆、商务楼等经营电信业务征收营业税问题的批复》 国税函发〔1998〕737号

6.8.2.7 服务性单位从事餐饮中介服务，是否按“代理业”征收营业税？

■服务性单位从事的是餐饮中介服务，应按“服务业”税目“代理业”项目征收营业税。

《国家税务总局关于代理业营业额问题的通知》 国税发〔2003〕69号

6.8.2.8 代理报关业务，是否按“代理业”征收营业税？

■代理报关业务，是指接受进出口货物收、发货人的委托，代为办理报关相关手续的业务，应按照“服务业——代理业”税目征收营业税。

《国家税务总局关于加强代理报关业务营业税征收管理有关问题的通知》 国税函〔2006〕1310号

6.8.2.9 纳税人受托支付拆迁补偿费，是否按“代理业”征收营业税？

■纳税人受托代委托方向原土地使用权人支付拆迁补偿费的行为属于“服务业——代理业”行为，应缴纳营业税。

《国家税务总局关于政府收回土地使用权及纳税人代垫拆迁补偿费有关营业税问题的通知》二 国税函〔2009〕520号

6.8.2.10 管理公司收取的服务费，是否征收营业税？

■外商投资企业聘任本企业雇员实行目标责任承包，或者外聘管理服务公司负责本企业

全部或部分经营管理，但仍以外商投资企业的名义对外从事各项商务活动，并以定额或按经营效益、管理效益确定数额支付上述受聘个人劳务报酬或公司服务费的，应以外商投资企业为纳税主体。

管理服务公司收取的服务费，应作为该公司服务业收入，缴纳营业税。

《国家税务总局关于外商投资企业发包经营、出租经营有关税收处理问题的通知》一 国税发〔1995〕45号

6.8.2.11 提供服务业代理业劳务，征收营业税的税率？

■服务业代理业的税率为5%。

《中华人民共和国营业税暂行条例》附：营业税税目税率表

6.8.2.12 代理业的营业额，如何确定？

■代理业的营业额为纳税人从事代理业务向委托方实际收取的报酬。

《国家税务总局关于营业税若干问题的通知》四 国税发〔1995〕76号

■纳税人从事代理业务，应以其向委托人收取的全部价款和价外费用减除现行税收政策规定的可扣除部分后的余额为计税营业额。

纳税人从事代理业务，应凭以下凭证作为差额征收营业税的扣除凭证：

营业额减除项目发生在境内的，该减除项目支付款项凭证必须是发票或其他合法有效凭证；支付给境外的，该减除项目支付款项凭证必须是外汇付汇凭证、外方公司的签收单据或出具的公证证明。

《国家税务总局关于代理业营业税计税依据确定问题的批复》 国税函〔2007〕908号

6.8.2.13 代理报关业务，如何确定营业额？

■纳税人从事代理报关业务，以其向委托人收取的全部价款和价外费用扣除以下项目金额后的余额为计税营业额申报缴纳营业税：

（1）支付给海关的税金、签证费、滞报费、滞纳金、查验费、打单费、电子报关平台费、仓储费；

（2）支付给检验检疫单位的三检费、熏蒸费、消毒费、电子保险平台费；

（3）支付给预录入单位的预录费；

（4）国家税务总局规定的其他费用。

纳税人从事代理报关业务，应按其从事代理报关业务取得的全部价款和价外费用向委托人开具发票。纳税人从事代理报关业务，应凭其取得的开具给本纳税人的发票或其他合法有效凭证作为差额征收营业税的扣除凭证。

《国家税务总局关于加强代理报关业务营业税征收管理有关问题的通知》 国税函〔2006〕1310号

6.8.2.14 纳税人代垫拆迁补偿费，如何确定营业额？

■纳税人受托代委托方向原土地使用权人支付拆迁补偿费，应以提供代理劳务取得的全部收入减去其代委托方支付的拆迁补偿费后的余额为营业额计算缴纳营业税。

《国家税务总局关于政府收回土地使用权及纳税人代垫拆迁补偿费有关营业税问题的通知》二 国税函〔2009〕520号

6.8.2.15　外事服务单位提供人力资源服务的，营业额如何确定？

■外事服务单位为外国常驻机构、三资企业和其他企业提供人力资源服务的，其营业额为从委托方取得的全部收入减除代委托方支付给聘用人员的工资及福利费和缴纳的社会统筹、住房公积金后的余额。

《国家税务总局关于外事服务单位营业额问题的通知》　国税函〔2002〕1095

6.8.2.16　劳务公司接受用工单位的委托，为其安排劳动力，如何确定营业额？

■劳务公司接受用工单位的委托，为其安排劳动力，凡用工单位将其应支付给劳动力的工资和为劳动力上交的社会保险（包括养老保险金、医疗保险、失业保险、工伤保险等）以及住房公积金统一交给劳务公司代为发放或办理的，以劳务公司从用工单位收取的全部价款减去代收转付给劳动力的工资和为劳动力办理社会保险及住房公积金后的余额为营业额。

《财政部　国家税务总局关于营业税若干政策问题的通知》三　财税〔2003〕16号

6.8.2.17　海员劳务，是否免征营业税？

■对中华人民共和国境内（境内）单位提供的外派海员劳务，免征营业税。（减免性质代码：03013604）

外派海员劳务，是指境内单位派出属于本单位员工的海员，为境外单位或个人在境外提供的船舶驾驶和船舶管理等劳务。

《财政部　国家税务总局关于外派海员等劳务免征营业税的通知》一　财税〔2012〕54号

6.8.2.18　对外劳务合作方式，向境外单位提供的完全发生在境外的人员管理劳务，是否免征营业税？

■对中华人民共和国境内（境内）单位提供的以对外劳务合作方式，向境外单位提供的完全发生在境外的人员管理劳务，免征营业税。

对外劳务合作，是指境内单位与境外单位签订劳务合作合同，按照合同约定组织和协助中国公民赴境外工作的活动。

《财政部　国家税务总局关于外派海员等劳务免征营业税的通知》一　财税〔2012〕54号

6.8.3　印花税

6.8.3.1　代理单位与委托单位签订的代理合同，是否属于应税凭证？

■在代理业务中，代理单位与委托单位之间签订的委托代理合同，凡仅明确代理事项、权限和责任的，不属于应税凭证，不贴印花。

《国家税务局关于印花税若干具体问题的解释和规定的通知》十四　国税发〔1991〕155号

6.9 其他现代服务

6.9.1 增值税

6.9.1.1 其他现代服务，增值税的征收范围？

■其他现代服务，是指除研发和技术服务、信息技术服务、文化创意服务、物流辅助服务、租赁服务、鉴证咨询服务、广播影视服务和商务辅助服务以外的现代服务。

《财政部 国家税务总局关于全面推开营业税改征增值税试点的通知》附件1：营业税改征增值税试点实施办法 附：销售服务、无形资产、不动产注释一 财税〔2016〕36号

6.9.1.2 提供其他现代服务，增值税的适用税率？

■纳税人提供其他现代服务，增值税税率为6%。

《财政部 国家税务总局关于全面推开营业税改征增值税试点的通知》附件1：营业税改征增值税试点实施办法第十五条 财税〔2016〕36号

6.10 技术先进型服务企业

6.10.1 增值税

6.10.1.1 向境外单位提供的完全在境外消费的离岸服务外包业务，是否适用增值税零税率？

■中华人民共和国境内的单位和个人向境外单位提供的完全在境外消费的离岸服务外包业务，适用增值税零税率。

离岸服务外包业务，包括信息技术外包服务（ITO）、技术性业务流程外包服务（BPO）、技术性知识流程外包服务（KPO），其所涉及的具体业务活动，按照《销售服务、无形资产、不动产注释》相对应的业务活动执行。

《财政部 国家税务总局关于全面推开营业税改征增值税试点的通知》附件4：跨境应税行为适用增值税零税率和免税政策的规定一 财税〔2016〕36号

■符合零税率政策但适用简易计税方法或声明放弃适用零税率选择免税的向境外单位提供的完全在境外消费的离岸服务外包业务，免征增值税。

《国家税务总局关于发布〈营业税改征增值税跨境应税行为增值税免税管理办法（试行）〉的公告》第二条 国家税务总局公告2016年第29号

6.10.1.2 提供离岸服务外包业务，办理增值税免抵退税申报，是否提供合同及证明文件？

■提供离岸服务外包业务，在申报免抵退税时，向主管国税机关提供与境外单位签订的离岸服务外包业务的合同，同时提供合同已在商务部“服务外包及软件出口管理信息系统”中登记并审核通过，由该系统出具的证明文件。

《国家税务总局关于〈适用增值税零税率应税服务退（免）税管理办法〉的补充公告》四 国家税务总局公告2015年第88号

6.10.2 企业所得税

6.10.2.1 技术先进型服务企业，企业所得税的政策有哪些？

■同意将北京、天津、上海、重庆、大连、深圳、广州、武汉、哈尔滨、成都、南京、西安、济南、杭州、合肥、南昌、长沙、大庆、苏州、无锡等20个城市确定为中国服务外包示范城市，深入开展承接国际服务外包业务、促进服务外包产业发展试点。

在苏州工业园区技术先进型服务企业有关税收试点政策继续执行的基础上，自2009年1月1日起至2013年12月31日止，对符合条件的技术先进型服务企业，减按15%的税率征收企业所得税；技术先进型服务企业职工教育经费按不超过企业工资总额8%的比例据实在企业所得税税前扣除。

《国务院办公厅关于促进服务外包产业发展问题的复函》二 国办函〔2009〕9号

■自2014年1月1日起至2018年12月31日止，在北京、天津、上海、重庆、大连、深圳、广州、武汉、哈尔滨、成都、南京、西安、济南、杭州、合肥、南昌、长沙、大庆、苏州、无锡、厦门等21个中国服务外包示范城市（示范城市）实行以下企业所得税优惠政策：

（1）对经认定的技术先进型服务企业，减按15%的税率征收企业所得税。（减免税代码：04023003）

（2）经认定的技术先进型服务企业发生的职工教育经费支出，不超过工资薪金总额8%的部分，准予在计算应纳税所得额时扣除；超过部分，准予在以后纳税年度结转扣除。

《财政部 国家税务总局 商务部 科学技术部 国家发展和改革委员会关于完善技术先进型服务企业有关企业所得税政策问题的通知》一 财税〔2014〕59号

■技术先进型服务企业减按15%的税率征收企业所得税的备案资料：

（1）企业所得税优惠事项备案表；

（2）技术先进型服务企业资格证书。

预缴享受、年度备案。主要留存备查资料：

（1）技术先进型服务企业资格证书；

（2）技术先进型服务企业认定资料；

（3）各年度技术先进型服务业务收入总额、离岸服务外包业务收入总额占本企业当年收入总额比例情况说明。

《国家税务总局关于发布〈企业所得税优惠政策事项办理办法〉的公告》附件1：企业所得税优惠事项备案管理目录（2015年版）33 国家税务总局公告2015年第76号

6.10.2.2 享受企业所得税优惠政策的技术先进型服务企业的条件？

■享受企业所得税优惠政策的技术先进型服务企业必须同时符合以下条件：

（1）从事《技术先进型服务业务认定范围（试行）》中的一种或多种技术先进型服务业务，采用先进技术或具备较强的研发能力；

（2）企业的注册地及生产经营地在示范城市（含所辖区、县、县级市等全部行政区划）内；

（3）企业具有法人资格；

（4）具有大专以上学历的员工占企业职工总数的50%以上；

（5）从事《技术先进型服务业务认定范围（试行）》中的技术先进型服务业务取得的收入占企业当年总收入的50%以上。

（6）从事离岸服务外包业务取得的收入不低于企业当年总收入的35%。

从事离岸服务外包业务取得的收入，是指企业根据境外单位与其签订的委托合同，由本企业或其直接转包的企业为境外单位提供《技术先进型服务业务认定范围（试行）》中所规定的信息技术外包服务（ITO）、技术性业务流程外包服务（BPO）和技术性知识流程外包服务（KPO），而从上述境外单位取得的收入。

附件：技术先进型服务业务认定范围（试行）

《财政部 国家税务总局 商务部 科学技术部 国家发展和改革委员会关于完善技术先进型服务企业有关企业所得税政策问题的通知》二 财税〔2014〕59号

6.10.2.3 技术先进型服务企业，如何认定？

■（1）示范城市所在省（直辖市、计划单列市）科技部门会同本级商务、财政、税务和发展改革部门负责指导所辖示范城市的技术先进型服务企业认定管理工作。

（2）符合条件的技术先进型服务企业应向所在示范城市人民政府科技部门提出申请。

（3）经认定的技术先进型服务企业，持相关认定文件向当地主管税务机关办理享受企业所得税优惠。

《财政部 国家税务总局 商务部 科学技术部 国家发展和改革委员会关于完善技术先进型服务企业有关企业所得税政策问题的通知》三 财税〔2014〕59号

6.10.3 孵化器

6.10.3.1 孵化器有哪些税收优惠政策？

■自2013年1月1日至2015年12月31日，对符合条件的孵化器自用以及无偿或通过出租等方式提供给孵化企业使用的房产、土地，免征房产税和城镇土地使用税；（房产税减免性质代码：08021904）（土地税减免税代码：10021905）对其向孵化企业出租场地、

房屋以及提供孵化服务的收入，免征营业税。（营业税减免性质代码：03021905）

■“孵化服务”是指为孵化企业提供的属于营业税“服务业”税目中“代理业”、“租赁业”和“其他服务业”中的咨询和技术服务范围内的服务。

《财政部 国家税务总局关于科技企业孵化器税收政策的通知》一、五 财税〔2013〕117号

■自2016年1月1日至2018年12月31日，对符合条件的孵化器自用以及无偿或通过出租等方式提供给孵化企业使用的房产、土地，免征房产税和城镇土地使用税；自2016年1月1日至2016年4月30日，对其向孵化企业出租场地、房屋以及提供孵化服务的收入，免征营业税；在营业税改征增值税试点期间，对其向孵化企业出租场地、房屋以及提供孵化服务的收入，免征增值税。

■“孵化服务”是指为孵化企业提供的属于营业税“服务业”税目中“代理业”、“租赁业”和“其他服务业”中的咨询和技术服务范围内的服务，改征增值税后是指为孵化企业提供的“经纪代理”、“经营租赁”、“研发和技术”、“信息技术”和“鉴证咨询”等服务。

《财政部 国家税务总局关于科技企业孵化器税收政策的通知》一、五 财税〔2016〕89号

6.10.3.2 符合非营利组织条件的孵化器的收入，是否享受企业所得税优惠？

■符合非营利组织条件的孵化器的收入，按照企业所得税法及其实施条例和有关税收政策规定享受企业所得税优惠政策。

《财政部 国家税务总局关于科技企业孵化器税收政策的通知》二 财税〔2016〕89号

6.10.3.3 孵化器享受税收优惠的条件？

■享受优惠政策的孵化器，应同时符合以下条件：

（1）孵化器的成立和运行符合国务院科技行政主管部门发布的认定和管理办法，经国务院科技行政管理部门认定，并取得国家级孵化器资格。

（2）孵化器应将面向孵化企业出租场地、房屋以及提供孵化服务的业务收入在财务上单独核算。

（3）孵化器提供给孵化企业使用的场地面积（含公共服务场地）应占孵化器可自主支配场地面积的75%以上（含75%），孵化企业数量应占孵化器内企业总数量的75%以上（含75%）。

公共服务场地是指孵化器提供给孵化企业共享的活动场所，包括公共餐厅、接待室、会议室、展示室、活动室、技术检测室和图书馆等非盈利性配套服务场地。

■国务院科技行政主管部门负责组织对孵化器定期进行审核确认，并出具相应的证明材料，列明纳税人用于孵化的房产和土地的地址、范围、面积等具体信息。

《财政部 国家税务总局关于科技企业孵化器税收政策的通知》三、六 财税〔2013〕117号

■享受房产税、城镇土地使用税以及营业税、增值税优惠政策的孵化器，应同时符合以下条件：

（1）孵化器需符合国家级科技企业孵化器条件。国务院科技行政主管部门负责发布国家级科技企业孵化器名单。

（2）孵化器应将面向孵化企业出租场地、房屋以及提供孵化服务的业务收入在财务上单独核算。

（3）孵化器提供给孵化企业使用的场地面积（含公共服务场地）应占孵化器可自主支配场地面积的75%以上（含75%）。孵化企业数量应占孵化器内企业总数量的75%以上（含75%）。

公共服务场地是指孵化器提供给孵化企业共享的活动场所，包括公共餐厅、接待室、会议室、展示室、活动室、技术检测室和图书馆等非盈利性配套服务场地。

■省级科技行政主管部门负责定期核实孵化器是否符合规定的各项条件，并报国务院科技行政主管部门审核确认。国务院科技行政主管部门审核确认后向纳税人出具证明材料，列明用于孵化的房产和土地的地址、范围、面积等具体信息，并发送给国务院税务主管部门。

《财政部　国家税务总局关于科技企业孵化器税收政策的通知》三、六　财税〔2016〕89号

6.10.3.4　孵化器享受税收优惠政策，是否需要备案？

■孵化器的房产税、城镇土地使用税和营业税优惠政策按照备案类减免税管理，纳税人应向主管税务机关提出备案申请。凡纳税人骗取税收优惠政策的，除处罚外，自发生上述违法违规行为年度起取消其享受税收优惠政策的资格，2年内不得再次申请。

《财政部　国家税务总局关于科技企业孵化器税收政策的通知》七　财税〔2013〕117号

■纳税人持相应证明材料向主管税务机关备案，主管税务机关按照《税收减免管理办法》等有关规定，以及国务院科技行政主管部门发布的符合规定条件的孵化器名单信息，办理税收减免。

《财政部　国家税务总局关于科技企业孵化器税收政策的通知》六　财税〔2016〕89号

6.10.3.5　“孵化企业”应具备的条件？

■“孵化企业”应当同时符合以下条件：

（1）企业注册地和主要研发、办公场所必须在孵化器的孵化场地内。

（2）属新注册企业或申请进入孵化器前企业成立时间不超过24个月。

（3）企业在孵化器内孵化的时间不超过42个月。纳入“创新人才推进计划”及“海外高层次人才引进计划”的人才或从事生物医药、集成电路设计、现代农业等特殊领域的创业企业，孵化时间不超过60个月。

（4）符合《中小企业划型标准规定》所规定的小型、微型企业划型标准。

（5）属迁入企业的，上年营业收入不超过500万元。

（6）单一在孵企业入驻时使用的孵化场地面积不大于1000平方米。从事航空航天等特殊领域的在孵企业，不大于3000平方米。

（7）企业产品（服务）属于科学技术部、财政部、国家税务总局印发的《国家重点

支持的高新技术领域》规定的范围，且研究开发费用总额占销售收入总额的比例不低于4%。

《财政部　国家税务总局关于科技企业孵化器税收政策的通知》四　财税〔2013〕117号

■“孵化企业”应当同时符合以下条件：

（1）企业注册地和主要研发、办公场所必须在孵化器的孵化场地内。

（2）新注册企业或申请进入孵化器前企业成立时间不超过2年。

（3）企业在孵化器内孵化的时间不超过48个月。纳入“创新人才推进计划”及“海外高层次人才引进计划”的人才或从事生物医药、集成电路设计、现代农业等特殊领域的创业企业，孵化时间不超过60个月。

（4）符合《中小企业划型标准规定》所规定的小型、微型企业划型标准。

（5）单一在孵企业入驻时使用的孵化场地面积不大于1000平方米。从事航空航天等特殊领域的在孵企业，不大于3000平方米。

（6）企业产品（服务）属于科学技术部、财政部、国家税务总局印发的《国家重点支持的高新技术领域》规定的范围。

《财政部　国家税务总局关于科技企业孵化器税收政策的通知》四　财税〔2016〕89号

6.10.4　国家大学科技园

6.10.4.1　国家大学科技园，有哪些税收优惠政策？

■自2013年1月1日至2015年12月31日，对符合条件的科技园自用以及无偿或通过出租等方式提供给孵化企业使用的房产、土地，免征房产税和城镇土地使用税（房产税减免税代码：08021905）（土地税减免税代码：10021906）；对其向孵化企业出租场地、房屋以及提供孵化服务的收入，免征营业税（营业税减免性质代码：03021906）。营业税改征增值税后的营业税优惠政策处理问题由营改增试点过渡政策另行规定。

■符合非营利组织条件的科技园的收入，按照企业所得税法及其实施条例和有关税收政策规定享受企业所得税优惠政策。

《财政部　国家税务总局关于国家大学科技园税收政策的通知》一、二　财税〔2013〕118号

■自2016年1月1日至2018年12月31日，对符合条件的科技园自用以及无偿或通过出租等方式提供给孵化企业使用的房产、土地，免征房产税和城镇土地使用税；自2016年1月1日至2016年4月30日，对其向孵化企业出租场地、房屋以及提供孵化服务的收入，免征营业税；在营业税改征增值税试点期间，对其向孵化企业出租场地、房屋以及提供孵化服务的收入，免征增值税。

■符合非营利组织条件的科技园的收入，按照企业所得税法及其实施条例和有关税收政策规定享受企业所得税优惠政策。

《财政部　国家税务总局关于国家大学科技园税收政策的通知》一、

二 财税〔2016〕98 号

6.10.4.2 享受优惠政策的国家大学科技园，应该符合的条件？

■享受房产税、城镇土地使用税以及营业税优惠政策的科技园，应同时符合以下条件：

（1）科技园的成立和运行符合国务院科技和教育行政主管部门公布的认定和管理办法，经国务院科技和教育行政管理部门认定，并取得国家大学科技园资格。

（2）科技园应将面向孵化企业出租场地、房屋以及提供孵化服务的业务收入在财务上单独核算。

（3）科技园提供给孵化企业使用的场地面积（含公共服务场地）应占科技园可自主支配场地面积的60%以上（含60%），孵化企业数量应占科技园内企业总数量的75%以上（含75%）。

公共服务场地是指科技园提供给孵化企业共享的活动场所，包括公共餐厅、接待室、会议室、展示室、活动室、技术检测室和图书馆等非盈利性配套服务场地。

■“孵化服务”是指为孵化企业提供的属于营业税“服务业”税目中“代理业”、“租赁业”和“其他服务业”中的咨询和技术服务范围内的服务。

《财政部 国家税务总局关于国家大学科技园税收政策的通知》三、五 财税〔2013〕118 号

■享受房产税、城镇土地使用税以及营业税、增值税优惠政策的科技园，应当同时符合以下条件：

（1）科技园符合国家大学科技园条件。国务院科技和教育行政主管部门负责发布国家大学科技园名单。

（2）科技园将面向孵化企业出租场地、房屋以及提供孵化服务的业务收入在财务上单独核算。

（3）科技园提供给孵化企业使用的场地面积（含公共服务场地）占科技园可自主支配场地面积的60%以上（含60%），孵化企业数量占科技园内企业总数量的75%以上（含75%）。

公共服务场地是指科技园提供给孵化企业共享的活动场所，包括公共餐厅、接待室、会议室、展示室、活动室、技术检测室和图书馆等非营利性配套服务场地。

■“孵化服务”是指为孵化企业提供的属于营业税“服务业”税目中“代理业”、“租赁业”和“其他服务业”中的咨询和技术服务范围内的服务，改征增值税后是指为孵化企业提供的“经纪代理”、“经营租赁”、“研发和技术”、“信息技术”和“鉴证咨询”等服务。

《财政部 国家税务总局关于国家大学科技园税收政策的通知》三、五 财税〔2016〕98 号

6.10.4.3 “孵化企业”应符合的条件？

■“孵化企业”应当同时符合以下条件：

（1）企业注册地及主要研发、办公场所必须在科技园工作场地内。

（2）属新注册企业或申请进入科技园前企业成立时间不超过 3 年。

（3）企业在科技园的孵化时间不超过 42 个月。海外高层次创业人才或从事生物医药、

集成电路设计等特殊领域的创业企业，孵化时间不超过60个月。

（4）符合《中小企业划型标准规定》所规定的小型、微型企业划型标准。

（5）迁入的企业，上年营业收入不超过500万元。

（6）单一在孵企业使用的孵化场地面积不大于1000平方米。从事航空航天、现代农业等特殊领域的单一在孵企业，不大于3000平方米。

（7）企业产品（服务）属于科学技术部、财政部、国家税务总局印发的《国家重点支持的高新技术领域》规定的范围，且研究开发费用总额占销售收入总额的比例不低于4%。

《财政部 国家税务总局关于国家大学科技园税收政策的通知》四 财税〔2013〕118号

■“孵化企业”应当同时符合以下条件：

（1）企业注册地及主要研发、办公场所在科技园的工作场地内。

（2）新注册企业或申请进入科技园前企业成立时间不超过3年。

（3）企业在科技园内孵化的时间不超过48个月。海外高层次创业人才或从事生物医药、集成电路设计等特殊领域的创业企业，孵化时间不超过60个月。

（4）符合《中小企业划型标准规定》所规定的小型、微型企业划型标准。

（5）单一在孵企业使用的孵化场地面积不超过1000平方米。从事航空航天、现代农业等特殊领域的单一在孵企业，不超过3000平方米。

（6）企业产品（服务）属于科学技术部、财政部、国家税务总局印发的《国家重点支持的高新技术领域》规定的范围。

《财政部 国家税务总局关于国家大学科技园税收政策的通知》四 财税〔2016〕98号

6.10.4.4 国家大学科技园，享受税收优惠政策的程序？

■国务院科技和教育行政主管部门负责组织对科技园是否符合各项条件定期进行审核确认，并出具相应的证明材料，列明纳税人用于孵化的房产和土地的地址、范围、面积等具体信息。

■国家大学科技园的房产税、城镇土地使用税和营业税优惠政策按照备案类减免税管理，纳税人应向主管税务机关提出备案申请。

凡纳税人骗取税收优惠政策的，除根据现行规定进行处罚外，自发生上述违法违规行为年度起取消其享受本通知规定的税收优惠政策的资格，2年内不得再次申请。

《财政部 国家税务总局关于国家大学科技园税收政策的通知》六、七 财税〔2013〕118号

■国务院科技和教育行政主管部门负责组织对科技园是否符合规定的各项条件定期进行审核确认，并向纳税人出具证明材料，列明纳税人用于孵化的房产和土地的地址、范围、面积等具体信息，并发送给国务院税务主管部门。

纳税人持相应证明材料向主管税务机关备案，主管税务机关按照《税收减免管理办法》等有关规定，以及国务院科技和教育行政主管部门发布的符合规定条件的科技园名单信息，办理税收减免。

《财政部 国家税务总局关于国家大学科技园税收政策的通知》六 财税〔2016〕98号

6.10.4.5 申请认定国家大学科技园，应具备哪些条件？

■申请认定国家大学科技园，应具备以下条件：

（1）具有完整的发展规划，发展方向明确，实际运营时间在2年以上，经营状况良好。

（2）必须有具备独立法人资格的专业化管理机构。

（3）具有边界清晰、相对集中、法律关系明确、可自主支配的园区建筑面积15000平方米以上，其中孵化场地面积10000平方米以上。

（4）地方政府和依托高校应有支持大学科技园发展的具体政策，高校资源向大学科技园开放。

（5）大学科技园50%以上的企业在技术、成果、人才方面与依托高校有实质性关联。

（6）机构设置合理，有专门的经营管理团队，管理人员中本科以上学历占85%以上。

（7）服务设施齐备，功能完善，可为企业提供商务、融资、信息、咨询、市场、交流、国际合作等多方面的服务。

（8）管理规范，具有严格的财务管理制度，自身及在孵、在园企业的统计数据齐全。

（9）园内的在孵企业达50家以上。

（10）为社会提供1000个以上的就业机会。

（11）与创业投资、风险投资、担保机构等建立合作关系。

《科学技术部 教育部关于印发〈国家大学科技园认定和管理办法〉的通知》第九条 国科发高字〔2006〕487号

7 生活服务

7.1 文化体育服务

7.1.1 增值税

一般规定

7.1.1.1 生活服务，增值税的征收范围？

■生活服务，是指为满足城乡居民日常生活需求提供的各类服务活动。包括文化体育服务、教育医疗服务、旅游娱乐服务、餐饮住宿服务、居民日常服务和其他生活服务。

《财政部 国家税务总局关于全面推开营业税改征增值税试点的通知》附件1：营业税改征增值税试点实施办法 附：销售服务、无形资产、不动产注释一 财税〔2016〕36号

7.1.1.2 生活服务，增值税的适用税率？

■一般纳税人提供生活服务适用税率为6%；小规模纳税人以及一般纳税人选择适用简易计税办法计税的，征收率为3%。

《财政部 国家税务总局关于全面推开营业税改征增值税试点的通知》附件1：营业税改征增值税试点实施办法 附：销售服务、无形资产、不动产注释一 财税〔2016〕36号

7.1.1.3 文化体育服务，增值税的征收范围？

■文化体育服务，包括文化服务和体育服务。

（1）文化服务，是指为满足社会公众文化生活需求提供的各种服务。包括：文艺创作、文艺表演、文化比赛，图书馆的图书和资料借阅，档案馆的档案管理，文物及非物质遗产保护，组织举办宗教活动、科技活动、文化活动，提供游览场所。

（2）体育服务，是指组织举办体育比赛、体育表演、体育活动，以及提供体育训练、体育指导、体育管理的业务活动。

《财政部 国家税务总局关于全面推开营业税改征增值税试点的通知》附件1：营业税改征增值税试点实施办法 附：销售服务、无形资产、不动产注释一 财税〔2016〕36号

7.1.1.4 一般纳税人发生文化体育服务，是否可以选择适用简易计税方法计税？

■一般纳税人发生文化体育服务，可以选择适用简易计税方法计税。

《财政部 国家税务总局关于全面推开营业税改征增值税试点的通知》附件2：营业税改征增值税试点有关事项的规定一 财税〔2016〕36号

7.1.1.5 提供文化体育服务取得的第一道门票收入，是否免征增值税？

■纪念馆、博物馆、文化馆、文物保护单位管理机构、美术馆、展览馆、书画院、图书馆在自己的场所提供文化体育服务取得的第一道门票收入，免征增值税。

《财政部 国家税务总局关于全面推开营业税改征增值税试点的通知》附件3：营业税改征增值税试点过渡政策的规定一 财税〔2016〕36号

7.1.1.6 文化、宗教活动的门票收入，是否免征增值税？

■寺院、宫观、清真寺和教堂举办文化、宗教活动的门票收入，免征增值税。

《财政部 国家税务总局关于全面推开营业税改征增值税试点的通知》附件3：营业税改征增值税试点过渡政策的规定一 财税〔2016〕36号

7.1.1.7 跨境的文化体育服务，是否免征增值税？

■境内的单位和个人销售的在境外提供的文化体育服务，免征增值税，但财政部和国家税务总局规定适用增值税零税率的除外。

《财政部 国家税务总局关于全面推开营业税改征增值税试点的通知》附件4：跨境应税行为适用增值税零税率和免税政策的规定二 财税〔2016〕36号

■在境外提供的文化体育服务，免征增值税。

在境外提供的文化体育服务，是指纳税人在境外现场提供的文化体育服务。

为参加在境外举办的科技活动、文化活动、文化演出、文化比赛、体育比赛、体育表演、体育活动而提供的组织安排服务，属于在境外提供的文化体育服务。

通过境内的电台、电视台、卫星通信、互联网、有线电视等媒体向境外单位或个人提供的文化体育服务，不属于在境外提供的文化体育服务。

《国家税务总局关于发布〈营业税改征增值税跨境应税行为增值税免税管理办法（试行）〉的公告》第二条 国家税务总局公告2016年第29号

科普单位和科普活动

7.1.1.8 科普单位的门票收入，是否免征增值税？

■ 2017年12月31日前，科普单位的门票收入，免征增值税。

科普单位，是指科技馆、自然博物馆，对公众开放的天文馆（站、台）、气象台（站）、地震台（站），以及高等院校、科研机构对公众开放的科普基地。

《财政部 国家税务总局关于全面推开营业税改征增值税试点的通知》

附件 3：营业税改征增值税试点过渡政策的规定一 财税〔2016〕36 号

7.1.1.9 哪些单位，可以申请科普基地认定？

■科技馆、对公众开放的自然博物馆、天文馆（站、台）、气象台（站）、地震台（站）和设有植物园、标本馆、陈列馆等科普场所的高校和科研机构可以申请科普基地认定。

申请认定为科普基地的科技馆等，必须专门从事面向公众的科普活动，有开展科普活动的科普专职工作人员、场所、设施、工作经费等条件。有关科普工作的经费不得挪用，科普场所不得改作他用。

《科学技术部 财政部 国家税务总局 海关总署 新闻出版总署关于印发〈科普税收优惠政策实施办法〉的通知》二 国科发政字〔2003〕416 号

7.1.1.10 申请认定为科普基地，应具备的条件？

■申请认定为科普基地的自然博物馆、天文馆（站、台）、气象台（站）、地震台（站）以及设有植物园、标本馆、陈列馆等科普场所的高校和科研机构必须同时具备以下条件：

（1）面向公众从事《科普法》所规定的科普活动，有稳定的科普活动投入；

（2）有适合常年向公众开放的一定的科普设施、器材和场所等，累计每年不能少于 200 天；对青少年实行优惠或免费开放的时间不少于每年 20 天（含法定节假日）；

（3）有常设内部科普工作机构并配备有必要的专职科普工作人员；

（4）有明确的科普工作规划和年度科普工作计划。

《科学技术部 财政部 国家税务总局 海关总署 新闻出版总署关于印发〈科普税收优惠政策实施办法〉的通知》二 国科发政字〔2003〕416 号

7.1.1.11 科普单位从境外进口的拷贝、工作带，是否征收进口环节增值税？

■经国务院批准，自 2012 年 1 月 1 日至 2015 年 12 月 31 日，对公众开放的科技馆、自然博物馆、天文馆（站、台）和气象台（站）、地震台（站）、高校和科研机构对外开放的科普基地，从境外购买自用科普影视作品播映权而进口的拷贝、工作带，免征进口关税，不征进口环节增值税；

《财政部 海关总署 国家税务总局关于鼓励科普事业发展的进口税收政策的通知》 财关税〔2012〕4 号

7.1.1.12 科普单位进口的自用影视作品，是否免征进口环节增值税？

■对公众开放的科技馆、自然博物馆、天文馆（站、台）和气象台（站）、地震台（站）、高校和科研机构对外开放的科普基地以其他形式进口的自用影视作品，免征进口关税和进口环节增值税。

进口科普影视作品的商品名称及税号见附件。

以上科普单位进口的自用科普影视作品，由省、自治区、直辖市和计划单列市科技厅（委、局）认定。经认定享受税收优惠政策的进口科普影视作品，由海关凭相关证明办理免税手续。

《财政部 海关总署 国家税务总局关于鼓励科普事业发展的进口税收

政策的通知》 财关税〔2012〕4号

7.1.1.13 科普基地进口科普影视作品，如何认定?

■《通知》规定的从境外购买科普影视作品播映权而进口的拷贝、工作带必须同时符合下列条件：

（1）必须是由按照本办法经认定的科普基地自行进口或委托进口的；

（2）必须属于《通知》附件3所列税号范围；

（3）必须是为其自用，不得进行商业销售或挪作他用。

经认定的科普基地进口的科普影视作品拷贝、工作带符合以上条件的，可以提出申请，并附带进口影视作品的合同、协议（含中文译本）和相关资料报经所在地的地（市）级科技行政管理部门初审合格后，由所在地的省级科技、新闻出版行政管理部门批准，并在批准后一个月内向同级财政部门及国家科学技术部和新闻出版总署备案。

对经认定的进口科普影视作品拷贝、工作带申请享受税收优惠时，科普基地须持进口科普影视作品批准文件、其他证明文件以及海关要求的其他材料，向所在地海关提出申请，海关按规定办理减免税手续。

《科学技术部 财政部 国家税务总局 海关总署 新闻出版总署关于印发〈科普税收优惠政策实施办法〉的通知》四 国科发政字〔2003〕416号

7.1.1.14 科普活动的门票收入，是否免征增值税?

■ 2017年12月31日前，县级及以上党政部门和科协开展科普活动的门票收入，免征增值税。

科普活动，是指利用各种传媒以浅显的、让公众易于理解、接受和参与的方式，向普通大众介绍自然科学和社会科学知识，推广科学技术的应用，倡导科学方法，传播科学思想，弘扬科学精神的活动。

《财政部 国家税务总局关于全面推开营业税改征增值税试点的通知》附件3：营业税改征增值税试点过渡政策的规定一 财税〔2016〕36号

7.1.1.15 党政部门开展科普活动，享受税收优惠的条件?

■县及县级以上（含县级市、区、旗等）的党委、政府及其工作部门以及科协、工会、妇联、共青团组织开展的科普活动，同时具备下列条件的，可以申请享受《通知》规定的税收优惠。

（1）必须是符合《科普法》规定，以普及科学知识、倡导科学方法、传播科学思想、弘扬科学精神为宗旨的社会性、群众性科普活动；

（2）地方党委、政府及其工作部门和科协、工会、妇联、共青团必须是科普活动的主办单位，并且应当设置有专门的科普活动组织工作机构；

（3）应当有具体的科普活动方案；

（4）应当建立有完备的组织管理、财务管理等制度。

《科学技术部 财政部 国家税务总局 海关总署 新闻出版总署关于印发〈科普税收优惠政策实施办法〉的通知》三 国科发政字〔2003〕

416 号

7.1.2 营业税

7.1.2.1 单位和个人提供文化体育业劳务，营业税的征税范围？

■在中华人民共和国境内提供文化体育业的单位和个人，应当缴纳营业税。

《中华人民共和国营业税暂行条例》第一条

■文化体育业税目的征收范围包括：文化业、体育业。

文化业，是指经营文化活动的业务，包括表演、播映、其他文化业。

表演，是指进行戏剧、歌舞、时装、健美、杂技、民间艺术、武术、体育等表演活动的业务。

其他文化业，是指经营上列活动以外的文化活动的业务，如各种展览、培训活动，举办文学、艺术、科技讲座、演讲、报告会，图书馆的图书和资料借阅业务等。

体育业，是指举办各种体育比赛和为体育比赛或体育活动提供场所的业务。

《国家税务总局关于印发〈营业税税目注释（试行稿）〉的通知》五
国税发〔1993〕149 号

7.1.2.2 经营游览场所的业务，是否按“文化业”征收营业税？

■经营游览场所的业务，比照文化业征税。

经营游览场所的业务，是指公园、动（植）物园及其他各种游览场所销售门票的业务。

《国家税务总局关于印发〈营业税税目注释（试行稿）〉的通知》五
国税发〔1993〕149 号

7.1.2.3 以租赁方式为文化活动、体育比赛提供场所，是否按“体育业”征收营业税？

■以租赁方式为文化活动、体育比赛提供场所，不按“体育业”征收营业税。

《国家税务总局关于印发〈营业税税目注释（试行稿）〉的通知》五
国税发〔1993〕149 号

7.1.2.4 有线电视，如何征收营业税？

■有线电视安装费，是指有线电视台为用户安装有线电视接收装置，一次性向用户收取的安装费。对有线电视安装费，应按“建筑业”税目征税。

《国家税务总局关于营业税若干征税问题的通知》六 国税发〔1994〕159 号

■有线电视台向用户提供服务而收取的有线电视安装费、收视维护费、广告费等，是其提供应税劳务取得的收入，属于营业税的征税范围，应按营业税的有关税目税率征收营业税。

《国家税务总局关于有线电视台有关收费收营业税问题的批复》 国税函〔1998〕748 号

■对付费电视业务，应由直接向用户收取收视费的单位按其向用户收取的收视费全额缴纳营业税，对各合作单位分得的收视费收入，不再征收营业税。

《国家税务总局关于付费电视业务取得的收入征收营业税问题的批复》
国税函〔2003〕384 号

■数字付费频道业务按“文化体育业”税目中的“播映”项目征收营业税。

数字付费频道业务应由直接向用户收取数字付费频道收视费的单位按其向用户收取的收视费全额，向所在地主管税务机关缴纳营业税。对各合作单位分得的收视费收入，不再征收营业税。

《国家税务总局关于广播电视有线数字付费频道业务征收营业税问题的通知》 国税函〔2004〕141号

■对本通知附件所列有关单位根据省级物价部门有关文件规定标准收取的有线数字电视基本收视维护费，自2009年1月1日起，3年内免征营业税。

《财政部 国家税务总局关于免征部分省市有线数字电视收入营业税的通知》 财税〔2009〕38号

7.1.2.5 对境外单位或者个人在境外向境内单位或者个人提供的文化体育业，是否征收营业税？

■对境外单位或者个人在境外向境内单位或者个人提供的文化体育业（除播映），不征收营业税。

《财政部 国家税务总局关于个人金融商品买卖等营业税若干免税政策的通知》四 财税〔2009〕111号

7.1.2.6 对境内单位或者个人在境外提供文化体育业劳务，是否征收营业税？

■对中华人民共和国境内（境内）单位或者个人在中华人民共和国境外（境外）提供文化体育业（除播映）劳务，暂免征收营业税。（减免税代码：03129910）

《财政部 国家税务总局关于个人金融商品买卖等营业税若干免税政策的通知》三 财税〔2009〕111号

7.1.2.7 文化体育业，适用的营业税税率？

■文化体育业，适用的营业税税率为3%。

《中华人民共和国营业税暂行条例》附：营业税税目税率表

7.1.2.8 新华社各分社向当地用户有偿转让新闻信息产品，如何缴纳营业税？

■新华社各分社向当地用户有偿转让新闻信息产品，应由直接向用户收费的单位以其收费全额，按“文化体育业”税目缴纳营业税。

新华社从各地分社分得的新闻信息产品收入，不再缴纳营业税。

“新闻信息产品”，是指新华总社编辑的新闻信息产品，不包括新华社和分社再编辑的新闻信息产品。

《国家税务总局关于新闻产品征收流转税问题的通知》二 国税发〔2001〕105号

7.1.2.9 国家电影事业发展专项资金，是否免征营业税？

■国家电影事业发展专项资金管理委员会收取的国家电影事业发展专项资金，自2009年1月1日起，同时满足以下条件，暂免征收营业税：

（1）由国务院或者财政部批准设立的政府性基金，由国务院或者省级人民政府及其财政、价格主管部门批准设立的政府性基金；

（2）收取时开具省级以上（含省级）财政部门统一印制或监制的财政票据；

（3）所收款项全额上缴财政。

凡不同时符合上述三个条件，且属于营业税征税范围的行政事业性收费或政府性基金应照章征收营业税。

政府性基金是指各级人民政府及其所属部门根据法律、国家行政法规和中共中央、国务院有关文件的规定，为支持某项事业发展，按照国家规定程序批准，向公民、法人和其他组织征收的具有专项用途的资金。包括各种基金、资金、附加和专项收费。

《财政部　国家税务总局关于国家电影事业发展专项资金营业税政策问题的通知》 财税〔2010〕16号

7.1.2.10　哪些文化单位取得的门票收入免征营业税？

■纪念馆、博物馆、文化馆、文物保护单位管理机构、美术馆、展览馆、书画院、图书馆举办文化活动的门票收入，免征营业税。（减免税代码：03103211）

《中华人民共和国营业税暂行条例》第八条

■举办文化活动，是指这些单位在自己的场所举办的属于文化体育业税目征税范围的文化活动。其门票收入，是指销售第一道门票的收入。

《中华人民共和国营业税暂行条例实施细则》第二十二条

■“免征营业税的博物馆”，是指经各级文物、文化主管部门批准并实行财政预算管理的博物馆。对其他虽冠以博物馆的名称，但不符合上述条件的单位，不免征营业税。

《国家税务总局关于“免征营业税的博物馆”范围界定问题的批复》 国税函发〔1996〕679号

7.1.2.11　宗教场所举办文化、宗教活动的门票收入，是否免征营业税？

■宗教场所举办文化、宗教活动的门票收入，免征营业税。（减免税代码：03103211）

《中华人民共和国营业税暂行条例》第八条

■宗教场所举办文化、宗教活动的门票收入，是指寺院、宫观、清真寺和教堂举办文化、宗教活动销售门票的收入。

《中华人民共和国营业税暂行条例实施细则》第二十二条

7.1.2.12　对科普单位和科普活动的门票收入，是否免征营业税？

■自2013年1月1日起至2017年12月31日，对科普单位的门票收入，以及县（含县级市、区、旗）及县以上党政部门和科协开展的科普活动的门票收入免征营业税。

自2013年1月1日至2013年7月31日，对境外单位向境内科普单位转让科普影视作品播映权取得的收入，免征营业税。（减免税代码：03103220）

《财政部　国家税务总局关于延续宣传文化增值税和营业税优惠政策的通知》三　财税〔2013〕87号

7.1.2.13　科普基地开展科普活动的门票收入，申请免征营业税时，应提交哪些材料？

■经认定的科普基地开展科普活动的门票收入申请免征营业税时，须持科普基地认定批准文件、其他证明文件以及税务机关要求的其他材料，向所在地主管税务机关提出申请，经审核批准后，享受《通知》规定的税收优惠政策。取得享受税收优惠资格的科普基地，需进口科普影视作品的，应按海关规定向所在地海关备案。

《科学技术部　财政部　国家税务总局　海关总署　新闻出版总署关于

印发〈科普税收优惠政策实施办法〉的通知》二　国科发政字〔2003〕416号

7.1.3　企业所得税

7.1.3.1　文化企业，是否按15%征收企业所得税？

■对从事文化产业支撑技术等领域的文化企业，按规定认定为高新技术企业的，减按15%的税率征收企业所得税。

《国务院办公厅关于印发进一步支持文化企业发展的规定的通知》四　国办发〔2014〕15号

■2014年1月1日至2018年12月31日，对从事文化产业支撑技术等领域的文化企业，按规定认定为高新技术企业的，减按15%的税率征收企业所得税（减免税代码：04024501）主席令第63号。

文化产业支撑技术等领域的具体范围和认定工作由科技部、财政部、税务总局商中央宣传部等部门另行明确。

《财政部　海关总署　国家税务总局关于继续实施支持文化企业发展若干税收政策的通知》四　财税〔2014〕85号

7.1.3.2　文化企业的研究开发费用，是否可以加计扣除？

■对从事文化产业支撑技术等领域的文化企业，按规定认定为高新技术企业的，开发新技术、新产品、新工艺发生的研究开发费用，允许按国家税法规定，在计算应纳税所得额时加计扣除。

《国务院办公厅关于印发进一步支持文化企业发展的规定的通知》四　国办发〔2014〕15号

■2014年1月1日至2018年12月31日，对从事文化产业支撑技术等领域的文化企业，按规定认定为高新技术企业的，开发新技术、新产品、新工艺发生的研究开发费用，允许按照税收法律法规的规定，在计算应纳税所得额时加计扣除。

《财政部　海关总署　国家税务总局关于继续实施支持文化企业发展若干税收政策的通知》四　财税〔2014〕85号

7.1.3.3　体育企业，是否按15%税率征收企业所得税？

■将体育服务、用品制造等内容及其支撑技术纳入国家重点支持的高新技术领域，对经认定为高新技术企业的体育企业，减按15%的税率征收企业所得税。

提供体育服务的社会组织，经认定取得非营利组织企业所得税免税优惠资格的，依法享受相关优惠政策。

《国务院关于加快发展体育产业促进体育消费的若干意见》三　国发〔2014〕46号

7.1.3.4　体育企业的广告费支出，创意和设计费用如何扣除？

■体育企业发生的符合条件的广告费支出，符合税法规定的可在税前扣除。落实符合条件的体育企业创意和设计费用税前加计扣除政策。

《国务院关于加快发展体育产业促进体育消费的若干意见》三　国发〔2014〕46号

7.1.4　个人所得税

7.1.4.1　参加演出的演职员，按什么税目缴纳个人所得税？

■凡参加演出（包括舞台演出、录音、录像、拍摄影视等）而取得报酬的演职员，所取得的所得，为个人所得税的应纳税项目。

■演职员参加非任职单位组织的演出取得的报酬为劳务报酬所得，按次缴纳个人所得税。演职员参加任职单位组织的演出取得的报酬为工资、薪金所得，按月缴纳个人所得税。

《国家税务总局　文化部关于印发〈演出市场个人所得税征收管理暂行办法〉的通知》第二、六条　国税发〔1995〕171号

7.1.4.2　演职员交的管理费及收入分成，是否可以在计算应纳税所得额时扣除？

■演职员取得报酬后上交给单位和文化行政部门的管理费及收入分成，可以经主管税务机关确认后在计算应纳税所得额时扣除。

《国家税务总局　文化部关于印发〈演出市场个人所得税征收管理暂行办法〉的通知》第十一条　国税发〔1995〕171号（2016年5月29日废止，详见国家税务总局令第40号）

7.1.4.3　演职员取得的报酬为不含税收入的，扣缴义务人支付的税款如何计算？

■演职员取得的报酬为不含税收入的，扣缴义务人支付的税款应按以下公式计算：

（1）应纳税所得额=不含税收入-费用减除标准-速算扣除数1-税率

（2）应纳税额=应纳税所得额×适用税率-速算扣除数

《国家税务总局　文化部关于印发〈演出市场个人所得税征收管理暂行办法〉的通知》第十二条　国税发〔1995〕171号

7.1.4.4　演员、运动员个人的所得，缴纳个人所得税的地点？

■参加组合（团）演出的演职员取得的报酬，由主办单位或承办单位通过银行转账支付给演职员所在单位或发放演职员演出许可证的文化行政部门或其授权单位的，经演出所在地主管税务机关确认后，由演职员所在单位或者发放演职员许可证的文化行政部门或其授权单位，按实际支付给演职员个人的报酬代扣个人所得税，并在原单位所在地缴入金库。

■组合（团）演出，不按上述方式支付演职员报酬，或者虽按上述方式支付但未经演出所在地主管税务机关确认的，由向演职员支付报酬的演出经纪机构或者主办、承办单位扣缴个人所得税，税款在演出所在地缴纳。申报的演职员报酬明显偏低又无正当理由的，主管税务机关可以在查账核实的基础上，依据演出报酬总额、演职员分工、演员演出通常收费额等情况核定演职员的应纳税所得，扣缴义务人据此扣缴税款。

《国家税务总局　文化部关于印发〈演出市场个人所得税征收管理暂行办法〉的通知》第七、八条　国税发〔1995〕171号

7.1.4.5　演职员劳务报酬所得的扣缴义务人？

■向演职员支付报酬的单位或个人，是个人所得税的扣缴义务人。

扣缴义务人必须扣缴或预扣个人所得税。预扣办法由各省、自治区、直辖市地方税务机关根据有利控管的原则自行确定。

■参与录音、录像、拍摄影视和在歌厅、舞厅、卡拉OK厅、夜总会、娱乐城等娱乐场所演出的演职员取得的报酬，由向演职员支付报酬的单位或业主扣缴个人所得税。

《国家税务总局　文化部关于印发〈演出市场个人所得税征收管理暂行办法〉的通知》第三、十条　国税发〔1995〕171号

7.1.4.6　在什么情况下，演职员应自行申报纳税？

■有下列情形的，演职员应在取得报酬的次月七日内自行到演出所在地或者单位所在地主管税务机关申报纳税：

（1）在两处或者两处以上取得工资、薪金性质所得的，应将各处取得的工资、薪金性质的所得合并计算纳税；

（2）分笔取得属于一次报酬的；

（3）扣缴义务人没有依法扣缴税款的；

（4）主管税务机关要求其申报纳税的。

《国家税务总局　文化部关于印发〈演出市场个人所得税征收管理暂行办法〉的通知》第十四条　国税发〔1995〕171号

7.1.4.7　演出单位，如何向税务机关备案？

■演出经纪机构领取《演出经营许可证》、《临时营业演出许可证》或变更以上证件内容的，必须在领证后或变更登记后的30日内到机构所在地主管税务机关办理税务登记或变更税务登记。文化行政部门向演出经纪机构或个人发放《演出经营许可证》和《临时营业演出许可证》时，应将演出经纪机构的名称、住所、法人代表等情况抄送当地主管税务机关备案。

■演出活动主办单位应在每次演出前两日内，将文化行政部门的演出活动批准件和演出合同、演出计划（时间、地点、场次）、报酬分配方案等有关材料报送演出所在地主管税务机关。

《国家税务总局　文化部关于印发〈演出市场个人所得税征收管理暂行办法〉的通知》第四、五条　国税发〔1995〕171号

7.1.4.8　娱乐场所演职员的个人所得税，征收方式如何确定？

■主管税务机关可以根据当地实际情况，自行确定对在歌厅、舞厅、卡拉OK厅、夜总会、娱乐城等娱乐场所演出的演职员的个人所得税征收管理方式。

《国家税务总局　文化部关于印发〈演出市场个人所得税征收管理暂行办法〉的通知》第十五条　国税发〔1995〕171号

7.1.5　新闻出版单位

增值税

7.1.5.1　纳税人销售或者进口图书、报纸、杂志，增值税的适用税率？

■纳税人销售或者进口图书、报纸、杂志，增值税税率为13%。

《中华人民共和国增值税暂行条例》第二条　国务院令第 666 号（下同）

■图书、报纸、杂志是采用印刷工艺，按照文字、图画和线条原稿印刷成的纸制品。本货物的范围包括：

（1）图书。是指由国家新闻出版署批准的出版单位出版，采用国际标准书号编序的书籍，以及图片。

（2）报纸。是指经国家新闻出版署批准，在各省、自治区、直辖市新闻出版部门登记，具有国内统一刊号（CN）的报纸。

（3）杂志。是指经国家新闻出版署批准，在省、自治区、直辖市新闻出版管理部门登记，具有国内统一刊号（CN）的刊物。

《国家税务总局关于印发〈增值税部分货物征税范围注释〉的通知》十一　国税发〔1993〕151 号

■教材配套产品与中小学课本辅助使用，包括各种纸制品或图片，是课本的必要组成部分。对纳税人生产销售的与中小学课本相配套的教材配套产品（包括各种纸制品或图片），应按照税目“图书”13%的增值税税率征税。

《国家税务总局关于中小学课本配套产品适用增值税税率的批复》　国税函〔2006〕770 号

7.1.5.2　纳税人进口音像制品，增值税的适用税率？

■自 2007 年 9 月 15 日起，音像制品的进口环节增值税税率为 13%。

《财政部　国家税务总局关于调整音像制品和电子出版物进口环节增值税税率的通知》一　财关税〔2007〕65 号

■音像制品，是指正式出版的录有内容的录音带、录像带、唱片、激光唱盘和激光视盘。

《财政部　国家税务总局关于部分货物适用增值税低税率和简易办法征收增值税政策的通知》一　财税〔2009〕9 号

7.1.5.3　纳税人进口电子出版物，增值税的适用税率？

■自 2007 年 9 月 15 日起，电子出版物的进口环节增值税税率为 13%。

《财政部　国家税务总局关于调整音像制品和电子出版物进口环节增值税税率的通知》一　财关税〔2007〕65 号

■电子出版物，是指以数字代码方式，使用计算机应用程序，将图文声像等内容信息编辑加工后存储在具有确定的物理形态的磁、光、电等介质上，通过内嵌在计算机、手机、电子阅读设备、电子显示设备、数字音/视频播放设备、电子游戏机、导航仪以及其他具有类似功能的设备上读取使用，具有交互功能，用以表达思想、普及知识和积累文化的大众传播媒体。载体形态和格式主要包括只读光盘（CD 只读光盘 CD-ROM、交互式光盘 CD-I、照片光盘 Photo-CD、高密度只读光盘 DVD-ROM、蓝光只读光盘 HD-DVD ROM 和 BDROM）、一次写入式光盘（一次写入 CD 光盘 CD-R、一次写入高密度光盘 DVD-R、一次写入蓝光光盘 HD-DVD/R，BD-R）、可擦写光盘（可擦写 CD 光盘 CD-RW、可擦写高密度光盘 DVD-RW、可擦写蓝光光盘 HDDVD-RW 和 BD-RW、磁光盘 MO）、软磁盘

（FD）、硬磁盘（HD）、集成电路卡（CF卡、MD卡、SM卡、MMC卡、RS-MMC卡、MS卡、SD卡、XD卡、T-F1ash卡、记忆棒）和各种存储芯片。

《财政部　国家税务总局关于部分货物适用增值税低税率和简易办法征收增值税政策的通知》— 财税〔2009〕9号

7.1.5.4　销售给高等学校、教育科研单位和北京图书馆的进口图书、报刊资料，是否免征增值税？

■经国务院批准，自1998年1月1日起，对中国教育图书进出口公司销售给高等学校、教育科研单位和北京图书馆的进口图书、报刊资料给予免征增值税的照顾。（减免性质代码：01103208）

《财政部　国家税务总局关于中国教育图书进出口公司销售给高等学校教育科研单位和北京图书馆的进口图书报刊资料免征增值税问题的通知》　财税字〔1998〕67号

■经国务院批准，自1998年1月1日起，对中国国际图书贸易总公司销售给高等学校、教育科研单位和北京图书馆的进口图书、报刊资料给予免征增值税的照顾。（减免性质代码：01103207）

《财政部　国家税务总局关于中国国际图书贸易总公司销售给高等学校教育科研单位和北京图书馆的进口图书报刊资料免征增值税问题的通知》　财税字〔1998〕68号

■经国务院批准，自1998年1月1日起，对北京中科进出口公司销售给高等学校、科研单位和北京图书馆的进口图书、报刊资料给予免征增值税的照顾。（减免性质代码：01103203）

《财政部　国家税务总局关于北京中科进出口公司销售给高等学校科研单位和北京图书馆的进口图书报刊资料免征增值税问题的通知》　财税字〔1998〕69号

■经国务院批准，自1999年1月1日起，对中国经济图书进出口公司、中国出版对外贸易总公司为大专院校和科研单位免税进口的图书、报刊等资料，在其销售给上述院校和单位时，免征国内销售环节的增值税。（减免性质代码：01103209）

《财政部　国家税务总局关于中国经济图书进出口公司、中国出版对外贸易总公司销售给大专院校和科研单位的进口书刊资料免征增值税的通知》　财税字〔1999〕255号

7.1.5.5　新华通讯社系统销售印刷品，是否可按小规模纳税人征税办法征收增值税？

■鉴于新华社系统属于非企业性单位，对其销售印刷品可按小规模纳税人的征税办法征收增值税。

《国家税务总局关于新闻产品征收流转税问题的通知》— 国税发〔2001〕105号

7.1.5.6　中国科技资料进出口总公司进口的哪些产品，免征国内销售环节增值税？

■经国务院批准，自2004年1月1日起，对中国科技资料进出口总公司为科研单位、大专院校进口的用于科研、教学的图书、文献、报刊及其他资料（包括只读光盘、缩微平

片、胶卷、地球资源卫星照片、科技和教学声像制品），免征国内销售环节增值税。（减免性质代码：01103211）财税字〔1997〕66号。

《财政部　国家税务总局关于中国科技资料进出口总公司销售进口图书享受免征国内销售环节增值税政策的通知》　财税〔2004〕69号

7.1.5.7　县及县以下新华书店和农村供销社销售出版物，增值税是否实行先征后退？

■全国县（含县级市）及县以下新华书店和农村供销社销售出版物的增值税，继续实行先征后退的办法。

《国务院关于支持文化事业发展若干经济政策的通知》三　国发〔2000〕41号

7.1.5.8　图书批发、零售，是否免征增值税？

■自2013年1月1日起至2017年12月31日，免征图书批发、零售环节增值税。（减免性质代码：01103220）

《财政部　国家税务总局关于延续宣传文化增值税和营业税优惠政策的通知》二　财税〔2013〕87号

7.1.5.9　国内印刷企业承印的境外图书，增值税的适用税率？

■自2013年4月1日起，国内印刷企业承印的经新闻出版主管部门批准印刷且采用国际标准书号编序的境外图书，适用13%增值税税率。

《国家税务总局关于承印境外图书增值税适用税率问题的公告》　国家税务总局公告2013年第10号

7.1.5.10　印刷企业接受出版单位委托，印刷报纸书刊，如何征收增值税？

■印刷企业接受出版单位委托，自行购买纸张，印刷有统一刊号（CN）以及采用国际标准书号编序的图书、报纸和杂志，按货物销售征收增值税。

《财政部　国家税务总局关于增值税若干政策的通知》十二　财税〔2005〕165号

7.1.5.11　哪些印刷、制作业务，增值税100%先征后退？

■自2013年1月1日起至2017年12月31日，对下列印刷、制作业务执行增值税100%先征后退的政策：

（1）对少数民族文字出版物的印刷或制作业务。

（2）列入本通知附件3的新疆维吾尔自治区印刷企业的印刷业务。

《财政部　国家税务总局关于延续宣传文化增值税和营业税优惠政策的通知》一　财税〔2013〕87号

7.1.5.12　出版单位支付给发行单位的经销手续费，是否可以从增值税的销售额中扣除？

■对出版单位委托发行图书、报刊、杂志等支付给发行单位的经销手续费，在征收增值税时按“折扣销售”的有关规定办理，如果销售额和支付的经销手续费在同一发票上分别注明的，可按减除经销手续费后的销售额征收增值税；如果经销手续费不在同一发票上注明，另外开具发票，不论其在财务上如何处理，均不得从销售额中减除经销手续费。

《国家税务总局关于印发〈增值税问题解答（之一）〉的通知》九　国税函发〔1995〕288号

7.1.5.13 文化出版单位用于广告业务的进项税额，如何划分不得抵扣的部分？

■确定文化出版单位用于广告业务的购进货物的进项税额，应以广告版面占整个出版物版面的比例为划分标准，凡文化出版单位能准确提供广告所占版面比例的，应按此项比例划分不得抵扣的进项税额。

《国家税务总局关于出版物广告收入有关增值税问题的通知》 国税发〔2000〕188号

7.1.5.14 哪些出版物的增值税100%先征后退？

■自2013年1月1日起至2017年12月31日，对下列出版物在出版环节执行增值税100%先征后退的政策：

（1）中国共产党和各民主党派的各级组织的机关报纸和机关期刊，各级人大、政协、政府、工会、共青团、妇联、残联、科协的机关报纸和机关期刊，新华社的机关报纸和机关期刊，军事部门的机关报纸和机关期刊。

上述各级组织不含其所属部门。机关报纸和机关期刊增值税先征后退范围掌握在一个单位一份报纸和一份期刊以内。

（2）专为少年儿童出版发行的报纸和期刊，中小学的学生课本。

（3）专为老年人出版发行的报纸和期刊。

（4）少数民族文字出版物。

（5）盲文图书和盲文期刊。

（6）经批准在内蒙古、广西、西藏、宁夏、新疆五个自治区内注册的出版单位出版的出版物。

（7）列入本通知附件1的图书、报纸和期刊。

■“出版物”，是指根据国务院出版行政主管部门的有关规定出版的图书、报纸、期刊、音像制品和电子出版物。

所述图书、报纸和期刊，包括随同图书、报纸、期刊销售并难以分离的光盘、软盘和磁带等信息载体。

“专为少年儿童出版发行的报纸和期刊”，是指以初中及初中以下少年儿童为主要对象的报纸和期刊。

“中小学的学生课本”，是指普通中小学学生课本和中等职业教育课本。

“专为老年人出版发行的报纸和期刊”，是指以老年人为主要对象的报纸和期刊，具体范围详见附件4。

图书包括“租型”出版的图书。

《财政部 国家税务总局关于延续宣传文化增值税和营业税优惠政策的通知》一、七 财税〔2013〕87号

7.1.5.15 哪些出版物，增值税50%先征后退？

■自2013年1月1日起至2017年12月31日，对下列出版物在出版环节执行增值税先征后退50%的政策：

（1）各类图书、期刊、音像制品、电子出版物，但本通知规定执行增值税100%先征后退的出版物除外。

（2）列入本通知附件 2 的报纸。

■已按软件产品享受增值税退税政策的电子出版物不得再申请增值税先征后退政策。

《财政部　国家税务总局关于延续宣传文化增值税和营业税优惠政策的通知》一、五　财税〔2013〕87 号

7.1.5.16　享受增值税先征后退政策纳税人的条件？

■享受增值税先征后退政策的纳税人，必须是具有相关出版物的出版许可证的出版单位（含以“租型”方式取得专有出版权进行出版物的印刷发行的出版单位）。

承担省级及以上出版行政主管部门指定出版、发行任务的单位，因进行重组改制等原因尚未办理出版、发行许可的出版单位，经财政部驻各地财政监察专员办事处商省级出版行政主管部门核准，可以享受相应的增值税先征后退政策。

违规出版物、多次出现违规的出版单位及图书批发零售单位不得享受本通知规定的优惠政策。

《财政部　国家税务总局关于延续宣传文化增值税和营业税优惠政策的通知》四　财税〔2013〕87 号

企业所得税

7.1.5.17　出版、发行企业处置库存呆滞出版物形成的损失，是否准许税前扣除？

■出版、发行企业处置库存呆滞出版物形成的损失，允许按照税收法律法规的规定在企业所得税前扣除。

《财政部　海关总署　国家税务总局关于继续实施支持文化企业发展若干税收政策的通知》五　财税〔2014〕85 号

印花税

7.1.5.18　出版合同，是否需要贴花？

■出版合同不属于印花税列举征税的凭证，不贴印花。

《国家税务局关于印花税若干具体问题的解释和规定的通知》十二　国税发〔1991〕155 号

7.1.5.19　出版单位与发行单位之间订立的征订凭证，是否征收印花税？

■各类出版单位与发行单位之间订立的图书、报纸、期刊以及音像制品的征订凭证（包括订购单、订数单等），应由持证双方按规定纳税。

《国家税务局关于印花税若干具体问题的解释和规定的通知》一　国税发〔1991〕155 号

■各类发行单位之间，以及发行单位与订阅单位或个人之间书立的征订凭证，暂免征印花税。（减免税代码：09103201）

《国家税务局关于图书、报刊等征订凭证征免印花税问题的通知》二　国税地字〔1989〕142 号

7.1.5.20　征订凭证，是否可由出版发行单位采取按期汇总方式，计算缴纳印花税？

■征订凭证发生次数频繁，为简化纳税手续，可由出版发行单位采取按期汇总方式，计

算缴纳印花税。实行汇总缴纳以后，购销双方个别订立的协议均不再重复计税贴花。

《国家税务局关于印花税若干具体问题的解释和规定的通知》四　国税发〔1991〕155号

7.1.6 广播影视单位

7.1.6.1 一般纳税人提供的城市电影放映服务，是否可以选择按照简易计税办法计算缴纳增值税?

■一般纳税人提供的城市电影放映服务，可以选择按照简易计税办法计算缴纳增值税。

《国土资源部　中国人民银行　住房和城乡建设部关于支持电影发展若干经济政策的通知》四　财教〔2014〕56号

■2014年1月1日至2018年12月31日，新闻出版广电行政主管部门（包括中央、省、地市及县级）按照各自职能权限批准从事电影制片、发行、放映的电影集团公司（含成员企业）、电影制片厂及其他电影企业一般纳税人提供的城市电影放映服务，可以按现行政策规定，选择按照简易计税办法计算缴纳增值税。

《财政部　海关总署　国家税务总局关于继续实施支持文化企业发展若干税收政策的通知》一　财税〔2014〕85号

7.1.6.2 电影制片厂销售的电影拷贝收入，是否免征增值税?

■自2014年1月1日至2018年12月31日，对电影制片企业销售电影拷贝（含数字拷贝）、转让版权取得的收入，免征增值税。

《国土资源部　中国人民银行　住房和城乡建设部关于支持电影发展若干经济政策的通知》四　财教〔2014〕56号

■2014年1月1日至2018年12月31日，新闻出版广电行政主管部门（包括中央、省、地市及县级）按照各自职能权限批准从事电影制片、发行、放映的电影集团公司（含成员企业）、电影制片厂及其他电影企业取得的销售电影拷贝（含数字拷贝）收入、转让电影版权（包括转让和许可使用）收入、免征增值税（减免性质代码：01103224）。

《财政部　海关总署　国家税务总局关于继续实施支持文化企业发展若干税收政策的通知》一　财税〔2014〕85号

7.1.6.3 电影发行企业取得的电影发行收入，是否免征增值税?

■对电影发行企业取得的电影发行收入，自2014年1月1日至2018年12月31日免征增值税。

《国土资源部　中国人民银行　住房和城乡建设部关于支持电影发展若干经济政策的通知》四　财教〔2014〕56号

■2014年1月1日至2018年12月31日，新闻出版广电行政主管部门（包括中央、省、地市及县级）按照各自职能权限批准从事电影制片、发行、放映的电影集团公司（含成员企业）、电影制片厂及其他电影企业取得的电影发行收入免征增值税（减免性质代码：01103224）。

《财政部　海关总署　国家税务总局关于继续实施支持文化企业发展若干

干税收政策的通知》一　财税〔2014〕85号

7.1.6.4　电影放映企业在农村的电影放映收入，是否免征增值税?

■对电影放映企业在农村的电影放映收入，自2014年1月1日至2018年12月31日免征增值税。

《国土资源部　中国人民银行　住房和城乡建设部关于支持电影发展若干经济政策的通知》四　财教〔2014〕56号

■2014年1月1日至2018年12月31日，新闻出版广电行政主管部门（包括中央、省、地市及县级）按照各自职能权限批准从事电影制片、发行、放映的电影集团公司（含成员企业）、电影制片厂及其他电影企业在农村取得的电影放映收入免征增值税（减免性质代码：01103224）。

《财政部　海关总署　国家税务总局关于继续实施支持文化企业发展若干税收政策的通知》一　财税〔2014〕85号

7.1.6.5　广播电视运营服务企业收取的有线数字电视基本收视维护费和农村有线电视基本收视费，是否免征增值税?

■2014年1月1日至2016年12月31日，对广播电视运营服务企业收取的有线数字电视基本收视维护费和农村有线电视基本收视费，免征增值税。

《国务院办公厅关于印发进一步支持文化企业发展的规定的通知》一　国办发〔2014〕15号

■2014年1月1日至2016年12月31日，对广播电视运营服务企业收取的有线数字电视基本收视维护费和农村有线电视基本收视费，免征增值税（减免性质代码：01103226）。

《财政部　海关总署　国家税务总局关于继续实施支持文化企业发展若干税收政策的通知》二　财税〔2014〕85号

7.1.6.6　对国家重点鼓励的文化产品出口，是否实行增值税零税率?

■对国家重点鼓励的文化产品出口实行增值税零税率。

享受上述税收优惠政策的国家重点鼓励的文化产品和服务的具体范围由财政部、税务总局会同有关部门确定。

《国务院办公厅关于印发进一步支持文化企业发展的规定的通知》一　国办发〔2014〕15号

7.1.6.7　为承担国家鼓励类文化产业项目而进口国内不能生产的自用设备及配套件、备件，是否免征进口关税?

■为承担国家鼓励类文化产业项目而进口国内不能生产的自用设备及配套件、备件，在政策规定范围内，免征进口关税。

《国务院办公厅关于印发进一步支持文化企业发展的规定的通知》一　国办发〔2014〕15号

7.1.7　国有公益性收藏单位

7.1.7.1　国有公益性收藏单位进口的藏品，是否免征进口环节增值税?

■国有公益性收藏单位以从事永久收藏、展示和研究等公益性活动为目的，以接受境外捐赠、归还、追索和购买等方式进口的藏品，免征进口关税和进口环节增值税、消费税。

■国有公益性收藏单位进口与其收藏范围相应的藏品，方能享受税收政策。

《国有公益性收藏单位进口藏品免税暂行规定》第二、五条　财政部　海关总署　国家税务总局公告 2009 年第 2 号

■捐赠，指境外机构、个人将合法所有的藏品无偿捐献给国有公益性收藏单位的行为；

归还，指境外机构、个人将持有的原系从中国劫掠、盗窃、走私或以其他方式非法出境的藏品无偿交还给国有公益性收藏单位的行为；

追索，指国家主管文化文物行政管理部门依据有关国际公约从境外索回原系从中国劫掠、盗窃、走私或以其他方式非法出境的藏品的行为；

购买，指国有公益性收藏单位通过合法途径从境外买入藏品的行为。

《海关总署关于实施〈国有公益性收藏单位进口藏品免税暂行规定〉的有关事宜的公告》一　海关总署公告 2010 年第 7 号

7.1.7.2　国有公益性收藏单位，包括哪些？

■国有公益性收藏单位，是指：

（1）国家有关部门和省、自治区、直辖市、计划单列市相关部门所属的国有公益性图书馆、博物馆、纪念馆及美术馆（省级以上国有公益性收藏单位）。

省级以上国有公益性收藏单位的名单，由财政部会同国务院有关部门以公告的形式发布。

（2）财政部会同国务院有关部门核定的其他国有公益性收藏单位。

《国有公益性收藏单位进口藏品免税暂行规定》第三条　财政部　海关总署　国家税务总局公告 2009 年第 2 号

■将享受该项税收优惠政策的省级以上国有公益性收藏单位名单（第一批）予以公告。

《财政部　海关总署　国家税务总局关于公布省级以上国有公益性收藏单位名单（第一批）的公告》　财政部　海关总署　国家税务总局联合公告　2010 年第 2 号

7.1.7.3　藏品的具体范围？

■藏品，是指具有收藏价值的各种材质的器皿和器具、钱币、砖瓦、石刻、印章封泥、拓本（片）、碑帖、法帖、艺术品、工艺美术品、典图、文献、古籍善本、照片、邮品、邮驿用品、徽章、家具、服装、服饰、织绣品、皮毛、民族文物、古生物化石标本和其他物品。

《国有公益性收藏单位进口藏品免税暂行规定》第四条　财政部　海关总署　国家税务总局公告 2009 年第 2 号

7.1.7.4　国有公益性收藏单位进口藏品，如何办理海关手续？

■符合规定的国有公益性收藏单位进口藏品，应持捐赠、归还、追索和购买等有效进口证明及海关规定的其他有关文件办理海关手续。免税进口藏品属于海关监管货物。

《国有公益性收藏单位进口藏品免税暂行规定》第六条　财政部　海关

总署　国家税务总局公告2009年第2号

■符合规定的收藏单位，首次申请免税进口藏品前，应先持凭《事业单位法人证书》向单位所在地直属海关申请办理资格备案手续。

对于财政部会同国务院有关部门核定的其他国有公益性收藏单位，其所在地直属海关需验凭该单位的《事业单位法人证书》和海关总署下发的审核认定文件办理相关资格备案手续。

■《名单》中所列收藏单位名称发生变更的，有关收藏单位应持主管部门的批复文件和更名后的《事业单位法人证书》到所在地直属海关办理资格备案变更手续。

《海关总署关于实施〈国有公益性收藏单位进口藏品免税暂行规定〉的有关事宜的公告》二、三　海关总署公告2010年第7号

7.1.7.5　国有公益性收藏单位进口藏品，如何申请办理免税审批手续？

■国有公益性收藏单位进口藏品前，应先向所在地直属海关申请办理免税审批手续，并提供以下材料：

（1）相关机构、个人出具的境外捐赠、归还、追索藏品的书面证明材料或购买藏品的合同、发票；

（2）有关进口藏品的特征的详细资料及清晰的彩色图片；

（3）承诺接受的藏品将作为永久收藏，并仅用于向公众展示和科学研究等公益性活动的有关材料；

（4）海关认为需要提供的其他材料。

■国有公益性收藏单位所在地直属海关对收藏单位提交的有关单证进行审核后，符合免税条件的，出具《进出口货物征免税证明》，进口地海关凭以办理有关免税进口手续。

《海关总署关于实施〈国有公益性收藏单位进口藏品免税暂行规定〉的有关事宜的公告》四、五　海关总署公告2010年第7号

7.1.7.6　国有公益性收藏单位免税进口的藏品，如何保管？

■国有公益性收藏单位免税进口的藏品应依照《中华人民共和国文物保护法》、《中华人民共和国文物保护法实施条例》和《博物馆管理办法》进行管理，建立藏品登记备案制度。免税进口藏品入境30个工作日内须记入藏品总账——进口藏品子账，列入本单位内部年度审计必审科目。同时按规定格式（见附表）报送主管文化文物行政管理部门备案，并抄报海关。

《国有公益性收藏单位进口藏品免税暂行规定》第七条　财政部　海关总署　国家税务总局公告2009年第2号

■国有公益性收藏单位应填写《免税进口藏品备案表》报送主管文化文物行政管理部门备案，并抄报单位所在地直属海关。

《海关总署关于实施〈国有公益性收藏单位进口藏品免税暂行规定〉的有关事宜的公告》六　海关总署公告2010年第7号

7.1.7.7　国有公益性收藏单位免税进口的藏品，如何使用？

■国有公益性收藏单位免税进口的藏品应永久收藏，并仅用于非营利性展示和科学研究

等公益性活动，不得转让、抵押、质押或出租。

■国有公益性收藏单位将免税进口藏品转让、抵押、质押或出租的，由海关依照国家有关法律法规的规定予以处罚；构成犯罪的，依法追究刑事责任。

《国有公益性收藏单位进口藏品免税暂行规定》第八、九条　财政部　海关总署　国家税务总局公告2009年第2号

■国有公益性收藏单位免税进口的藏品属于海关永久监管货物，进口藏品的国有公益性收藏单位应当接受海关监管。

《海关总署关于实施〈国有公益性收藏单位进口藏品免税暂行规定〉的有关事宜的公告》八　海关总署公告2010年第7号

7.1.7.8　免税进口藏品如何进行调拨、交换、借用？

■免税进口藏品如需在国有公益性收藏单位之间依照国家有关法律法规的规定进行调拨、交换、借用，应依照法律法规的规定履行相关手续，同时报送主管文化文物行政管理部门备案，并抄报单位所在地直属海关。

《海关总署关于实施〈国有公益性收藏单位进口藏品免税暂行规定〉的有关事宜的公告》七　海关总署公告2010年第7号

7.1.7.9　国有公益性收藏单位有违法违规行为，如何处罚？

■有违法违规行为的国有公益性收藏单位，按照有关规定被处罚但未被追究刑事责任的，自违规行为发现之日起1年内不得享受本税收优惠政策；被依法追究刑事责任的，自违法行为发现之日起3年内不得享受本税收优惠政策。

在违法违规行为性质最终确定前，自违法违规行为发现之日起，海关不予受理相关单位进口藏品的免税审批申请，但可验凭相关单位提供的税款担保办理先予放行手续。待违法违规行为性质确定后，按前款规定处理。

《海关总署关于实施〈国有公益性收藏单位进口藏品免税暂行规定〉的有关事宜的公告》九　海关总署公告2010年第7号

7.1.8　转制文化企业

7.1.8.1　经营性文化事业单位转制为企业，有哪些税收政策规定？

■经营性文化事业单位转制为企业，党报、党刊将其发行、印刷业务及相应的经营性资产剥离组建的文化企业，自注册之日起所取得的党报、党刊发行收入和印刷收入免征增值税。(减免性质代码：01103225)

2014年1月1日至2018年12月31日，经营性文化事业单位转制为企业，自转制注册之日起免征企业所得税。(企业所得税减免税代码：04103214)

经营性文化事业单位转制为企业，对经营性文化事业单位转制中资产评估增值、资产转让或划转涉及的企业所得税、增值税、营业税、城市维护建设税、印花税、契税等，符合现行规定的享受相应税收优惠政策。(增值税减免性质代码：01103225)（营业税减免税代码：03103222）（印花税减免税代码：09103203）

由财政部门拨付事业经费的文化单位转制为企业，自转制注册之日起对其自用房产免

征房产税。（房产税减免性质代码：08103207）

“经营性文化事业单位”，是指从事新闻出版、广播影视和文化艺术的事业单位。

转制包括整体转制和剥离转制。其中，整体转制包括：（图书、音像、电子）出版社、非时政类报刊出版单位、新华书店、艺术院团、电影制片厂、电影（发行放映）公司、影剧院、重点新闻网站等整体转制为企业；剥离转制包括：新闻媒体中的广告、印刷、发行、传输网络等部分，以及影视剧等节目制作与销售机构，从事业体制中剥离出来转制为企业。

“转制注册之日”，是指经营性文化事业单位转制为企业并进行工商注册之日。

对于经营性文化事业单位转制前已进行企业法人登记，则按注销事业单位法人登记之日或核销事业编制的批复之日（转制前未进行事业单位法人登记的）起确定转制完成并享受本通知所规定的税收优惠政策。

《财政部　国家税务总局　中宣部关于继续实施文化体制改革中经营性文化事业单位转制为企业若干税收政策的通知》一　财税〔2014〕84号

7.1.8.2　享受税收优惠政策的转制文化企业，应符合的条件？

■享受税收优惠政策的转制文化企业应同时符合以下条件：

（1）根据相关部门的批复进行转制。

（2）转制文化企业已进行企业工商注册登记。

（3）整体转制前已进行事业单位法人登记的，转制后已核销事业编制、注销事业单位法人。

（4）已同在职职工全部签订劳动合同，按企业办法参加社会保险。

（5）转制文化企业引入非公有资本和境外资本的，须符合国家法律法规和政策规定；变更资本结构依法应经批准的，需经行业主管部门和国有文化资产监管部门批准。

已认定发布的转制文化企业名称发生变更的，如果主营业务未发生变化，可持同级文化体制改革和发展工作领导小组办公室出具的同意变更函，到主管税务机关履行变更手续；如果主营业务发生变化，依照本条规定的条件重新认定。

《财政部　国家税务总局　中宣部关于继续实施文化体制改革中经营性文化事业单位转制为企业若干税收政策的通知》二　财税〔2014〕84号

7.1.8.3　经认定的转制文化企业享受税收优惠政策，向主管税务机关备案提交哪些材料？

■经营性文化事业单位转制为企业的免征企业所得税的备案资料：

（1）企业所得税优惠事项备案表；

（2）有关部门对文化体制改革单位转制方案批复文件。

预缴享受、年度备案。主要留存备查资料：

（1）企业转制方案文件；

（2）有关部门对文化体制改革单位转制方案批复文件；

（3）整体转制前已进行事业单位法人登记的，同级机构编制管理机关核销事业编制的证明，以及注销事业单位法人的证明；

（4）企业转制的工商登记情况；

（5）企业与职工签订的劳动合同；

（6）企业缴纳社会保险费记录；

（7）有关部门批准引入非公有资本、境外资本和变更资本结构的批准函；

（8）同级文化体制改革和发展工作领导小组办公室出具的同意变更函（已认定发布的转制文化企业名称发生变更，且主营业务未发生变化的）。

《国家税务总局关于发布〈企业所得税优惠政策事项办理办法〉的公告》附件1：企业所得税优惠事项备案管理目录（2015年版）28　国家税务总局公告2015年第76号

7.1.8.4　转制为企业的出版、发行单位，库存资产损失，是否允许税前扣除？

■经营性文化事业单位在转制过程中，对于清查出的资产损失按规定报经批准后进行核销。

2014年1月1日至2018年12月31日，转制为企业的出版、发行单位，转制时可按规定对其库存积压待报废的出版物进行资产处置，对经确认的损失可以在净资产中予以扣除；对于出版、发行单位处置库存呆滞出版物形成的损失，允许据实在企业所得税前扣除。

《国务院办公厅关于印发文化体制改革中经营性文化事业单位转制为企业的通知》二　国办发〔2014〕15号

■转制为企业的出版、发行单位处置库存呆滞出版物形成的损失，允许在企业所得税前扣除。

《财政部　国家税务总局　中宣部关于继续实施文化体制改革中经营性文化事业单位转制为企业若干税收政策的通知》一　财税〔2014〕84号

7.1.8.5　转制后企业为职工建立企业年金和补充医疗保险，是否可以税前扣除？

■企业根据国家有关政策规定，为在本企业任职或者受雇的全体员工支付的补充养老保险费、补充医疗保险费，分别在不超过职工工资总额5%标准内的部分，在计算应纳税所得额时准予扣除；超过的部分，不予扣除。

《国务院办公厅关于印发文化体制改革中经营性文化事业单位转制为企业的通知》二　国办发〔2014〕15号

7.1.9　公益性青少年活动场所

7.1.9.1　对公益性青少年活动场所，是否免征企业所得税？

■对公益性青少年活动场所暂免征收企业所得税。

公益性青少年活动场所，是指专门为青少年学生提供科技、文化、德育、爱国主义教育、体育活动的青少年宫、青少年活动中心等校外活动的公益性场所。

《财政部　国家税务总局关于对青少年活动场所、电子游戏厅有关所得税和营业税政策问题的通知》一　财税〔2000〕21号

7.1.10 体育赛事组委会

7.1.10.1 对组委会，有何增值税优惠政策？

■对亚运会、大运会组委会为举办亚运会、大运会进口的亚奥理事会、国际大体联或国际单项体育组织指定的，国内不能生产或性能不能满足需要的直接用于亚运会、大运会比赛的消耗品，免征关税、进口环节增值税和消费税。

享受免税政策的进口比赛用消耗品的范围、数量清单，由亚运会、大运会组委会汇总后报财政部商有关部门审核确定。

对亚运会、大运会组委会进口的其他特需物资，包括亚奥理事会、国际大体联或国际单项体育组织指定的、我国国内不能生产或性能不能满足需要的体育竞赛器材、医疗检测设备、安全保障设备、交通通讯设备、技术设备，在亚运会、大运会期间按暂准进口货物规定办理，亚运会、大运会结束后复运出境的予以核销；留在境内或做变卖处理的，按有关规定办理正式进口手续，并照章缴纳关税、进口环节增值税和消费税。

《财政部　海关总署　国家税务总局关于第16届亚洲运动会等三项国际综合运动会税收政策的通知》三　财税〔2009〕94号（自2016年8月18日起全文失效，详见中华人民共和国财政部令经83号）

■对组委会为举办亚沙会进口的亚奥理事会或国际单项体育组织指定的，国内不能生产或性能不能满足需要的直接用于亚沙会比赛的消耗品，免征关税、进口环节增值税和消费税。享受免税政策的进口比赛用消耗品的范围、数量清单，由组委会汇总后报财政部商有关部门审核确定。

《财政部　海关总署　国家税务总局关于第三届亚洲沙滩运动会税收政策的通知》三　财税〔2011〕11号

■对组委会为举办运动会进口的国际奥委会、亚奥理事会、东亚运动会联合会理事会或国际单项体育组织指定的，国内不能生产或性能不能满足需要的直接用于运动会比赛的消耗品，免征关税、进口环节增值税和消费税。

享受免税政策的进口比赛用消耗品的范围、数量清单，由组委会汇总后报财政部商有关部门审核确定。

对组委会进口的其他特需物资，包括国际奥委会、亚奥理事会、东亚运动会联合会理事会或国际单项体育组织指定的、我国国内不能生产或性能不能满足需要的体育竞赛器材、医疗检测设备、安全保障设备、交通通讯设备、技术设备，在运动会期间按暂准进口货物规定办理，运动会结束后复运出境的予以核销；留在境内或做变卖处理的，按有关规定办理正式进口手续，并照章缴纳关税、进口环节增值税和消费税。

《财政部　海关总署　国家税务总局关于第二届夏季青年奥林匹克运动会等三项国际综合运动会税收政策的通知》三　财税〔2013〕11号

7.1.10.2 对组委会取得的哪些收入，免征营业税？

■关于青奥会组织委员会、亚青会组织委员会和东亚会组织委员会的税收政策：

（1）对组委会取得的电视转播权销售分成收入、赞助计划分成收入（包括实物和资金），免征应缴纳的营业税。

（2）对组委会取得的国内外赞助收入、转让无形资产（如标志）特许收入、宣传推广费收入、销售门票收入及所发收费卡收入，免征应缴纳的营业税。

（3）对组委会取得的与国家邮政局合作发行纪念邮票收入、与中国人民银行合作发行纪念币收入，免征应缴纳的营业税。

（4）对组委会取得的来源于广播、因特网、电视等媒体收入，免征应缴纳的营业税。

（5）对组委会按国际奥委会、亚奥理事会或东亚运动会联合会理事会核定价格收取的运动员食宿费及提供有关服务取得的收入，免征应缴纳的营业税。

（6）对组委会赛后出让资产取得的收入，免征应缴纳的营业税。

《财政部　海关总署　国家税务总局关于第二届夏季青年奥林匹克运动会等三项国际综合运动会税收政策的通知》一　财税〔2013〕11号

7.1.10.3　对组委会赛后出让资产取得的收入，是否免征土地增值税？

■对组委会赛后出让资产取得的收入，免征应缴纳的土地增值税。（减免性质代码：11102902）

《财政部　海关总署　国家税务总局关于第16届亚洲运动会等三项国际综合运动会税收政策的通知》一　财税〔2009〕94号

7.1.10.4　对组委会是否免征印花税？

■对组委会使用的营业账簿和签订的各类合同等应税凭证，免征组委会应缴纳的印花税。

■对财产所有人将财产（物品）捐赠给组委会所书立的产权转移书据，免征应缴纳的印花税。

《财政部　海关总署　国家税务总局关于第二届夏季青年奥林匹克运动会等三项国际综合运动会税收政策的通知》一、二　财税〔2013〕11号

7.1.10.5　对组委会是否免征车船税？

■对组委会免征应缴纳的车船税。

《财政部　海关总署　国家税务总局关于第三届亚洲沙滩运动会税收政策的通知》一　财税〔2011〕11号

■对组委会的车船，由江苏省、天津市人民政府根据车船税法实施条例第十条第二款的规定，确定相应车船税的具体减免期限和数额，并报国务院备案。

《财政部　海关总署　国家税务总局关于第二届夏季青年奥林匹克运动会等三项国际综合运动会税收政策的通知》一　财税〔2013〕11号

7.1.11　体育场馆

7.1.11.1　哪些体育场馆，免征房产税和土地使用税？

■2016年1月1日起，国家机关、军队、人民团体、财政补助事业单位、居民委员会、村民委员会拥有的体育场馆，用于体育活动的房产、土地，免征房产税和城镇土地使用税。

■用于体育活动的房产、土地，是指运动场地，看台、辅助用房（包括观众用房、运动员用房、竞赛管理用房、新闻媒介用房、广播电视用房、技术设备用房和场馆运营用房等）及占地，以及场馆配套设施（包括通道、道路、广场、绿化等）。

《财政部　国家税务总局关于体育场馆房产税和城镇土地使用税政策的通知》一、五　财税〔2015〕130号

7.1.11.2　哪些体育场馆，在符合一定条件下免征房产税和土地使用税？

■2016年1月1日起，经费自理事业单位、体育社会团体、体育基金会、体育类民办非企业单位拥有并运营管理的体育场馆，同时符合下列条件的，其用于体育活动的房产、土地，免征房产税和城镇土地使用税：

（1）向社会开放，用于满足公众体育活动需要；

（2）体育场馆取得的收入主要用于场馆的维护、管理和事业发展；

（3）拥有体育场馆的体育社会团体、体育基金会及体育类民办非企业单位，除当年新设立或登记的以外，前一年度登记管理机关的检查结论为“合格”。

《财政部　国家税务总局关于体育场馆房产税和城镇土地使用税政策的通知》二　财税〔2015〕130号

7.1.11.3　企业拥有并运营管理的大型体育场馆，如何征收房产税和城镇土地使用税？

■企业拥有并运营管理的大型体育场馆，其用于体育活动的房产、土地，减半征收房产税和城镇土地使用税。

■大型体育场馆，是指由各级人民政府或社会力量投资建设、向公众开放、达到《体育建筑设计规范》（JGJ 31-2003）有关规模规定的体育场（观众座位数20000座及以上），体育馆（观众座位数3000座及以上），游泳馆、跳水馆（观众座位数1500座及以上）等体育建筑。

《财政部　国家税务总局关于体育场馆房产税和城镇土地使用税政策的通知》三、四　财税〔2015〕130号

7.1.11.4　享受优惠政策的体育场馆的范围？

■体育场馆，是指用于运动训练、运动竞赛及身体锻炼的专业性场所。

■享受税收优惠体育场馆的运动场地用于体育活动的天数不得低于全年自然天数的70%。

体育场馆辅助用房及配套设施用于非体育活动的部分，不得享受上述税收优惠。

■高尔夫球、马术、汽车、卡丁车、摩托车的比赛场、训练场、练习场，除另有规定外，不得享受房产税、城镇土地使用税优惠政策。各省、自治区、直辖市财政、税务部门可根据本地区情况适时增加不得享受优惠体育场馆的类型。

《财政部　国家税务总局关于体育场馆房产税和城镇土地使用税政策的通知》四、六、七　财税〔2015〕130号

7.1.11.5　体育场馆享受房产税、土地使用税减免税，是否办理备案手续？

■符合上述减免税条件的纳税人，应当按照税收减免管理规定，持相关材料向主管税务机关办理减免税备案手续。

《财政部　国家税务总局关于体育场馆房产税和城镇土地使用税政策的

通知》八　财税〔2015〕130号

7.2 教育医疗服务

7.2.1 教育服务

一般规定

7.2.1.1 教育医疗服务，增值税的征收范围？

■教育医疗服务，包括教育服务和医疗服务。

《财政部　国家税务总局关于全面推开营业税改征增值税试点的通知》附件1：营业税改征增值税试点实施办法　附：销售服务、无形资产、不动产注释一　财税〔2016〕36号

7.2.1.2 教育服务，增值税的具体征收范围？

■教育服务，是指提供学历教育服务、非学历教育服务、教育辅助服务的业务活动。

学历教育服务，是指根据教育行政管理部门确定或者认可的招生和教学计划组织教学，并颁发相应学历证书的业务活动。包括初等教育、初级中等教育、高级中等教育、高等教育等。

非学历教育服务，包括学前教育、各类培训、演讲、讲座、报告会等。

教育辅助服务，包括教育测评、考试、招生等服务。

《财政部　国家税务总局关于全面推开营业税改征增值税试点的通知》附件1：营业税改征增值税试点实施办法　附：销售服务、无形资产、不动产注释一　财税〔2016〕36号

7.2.1.3 一般纳税人提供非学历教育服务，是否可以选择简易计税方法计算缴纳增值税？

■一般纳税人提供非学历教育服务，可以选择适用简易计税方法按照3%征收率计算应纳税额。

《财政部　国家税务总局关于进一步明确全面推开营改增试点有关再保险不动产租赁和非学历教育等政策的通知》三　财税〔2016〕68号

7.2.1.4 跨境的教育服务，是否免征增值税？

■境内的单位和个人销售的在境外提供的教育服务，免征增值税，但财政部和国家税务总局规定适用增值税零税率的除外。

《财政部　国家税务总局关于全面推开营业税改征增值税试点的通知》附件4：跨境应税行为适用增值税零税率和免税政策的规定二　财税〔2016〕36号

■在境外提供的教育服务，免征增值税。

在境外提供的教育服务，是指纳税人在境外现场提供的教育服务。

通过境内的电台、电视台、卫星通信、互联网、有线电视等媒体向境外单位或个人提

供的教育服务，不属于在境外提供的教育服务。

《国家税务总局关于发布〈营业税改征增值税跨境应税行为增值税免税管理办法（试行）〉的公告》第二条　国家税务总局公告 2016 年第 29 号

托儿所、幼儿园

7.2.1.5　托儿所、幼儿园提供的保育和教育服务，是否免征增值税？

■托儿所、幼儿园提供的保育和教育服务，免征增值税。

托儿所、幼儿园，是指经县级以上教育部门审批成立、取得办园许可证的实施 0–6 岁学前教育的机构，包括公办和民办的托儿所、幼儿园、学前班、幼儿班、保育院、幼儿院。

公办托儿所、幼儿园免征增值税的收入是指，在省级财政部门和价格主管部门审核报省级人民政府批准的收费标准以内收取的教育费、保育费。

民办托儿所、幼儿园免征增值税的收入是指，在报经当地有关部门备案并公示的收费标准范围内收取的教育费、保育费。

超过规定收费标准的收费，以开办实验班、特色班和兴趣班等为由另外收取的费用以及与幼儿入园挂钩的赞助费、支教费等超过规定范围的收入，不属于免征增值税的收入。

《财政部　国家税务总局关于全面推开营业税改征增值税试点的通知》附件 3：营业税改征增值税试点过渡政策的规定一　财税〔2016〕36 号

7.2.1.6　托儿所、幼儿园自用的房产、土地，是否免征房产税、城镇土地使用税？

■对国家拨付事业经费和企业办的托儿所、幼儿园自用的房产、土地，免征房产税、城镇土地使用税。（房产税减免性质代码：08101401）（土地使用税减免税代码：10101401）

《财政部　国家税务总局关于教育税收政策的通知》二　财税〔2004〕39 号

■企业办的托儿所、幼儿园，其用地能与企业其他用地明确区分的，可以免征土地使用税。

《国家税务局关于〈关于土地使用税若干具体问题的解释和暂行规定〉的通知》十七　（88）国税地字第 15 号

7.2.1.7　幼儿园占用应税土地，是否免征耕地占用税？

■幼儿园占用应税土地，免征耕地占用税。（耕地占用税减免税代码：14101402）

免税的幼儿园，具体范围限于县级人民政府教育行政部门登记注册或者备案的幼儿园内专门用于幼儿保育、教育的场所。

《国家税务总局关于发布〈耕地占用税管理规程（试行）〉的公告》第四十条　国家税务总局公告 2016 年第 2 号

学校

7.2.1.8　从事学历教育的学校提供的教育服务，免征增值税的范围？

■从事学历教育的学校提供的教育服务，免征增值税。

提供教育服务免征增值税的收入，是指对列入规定招生计划的在籍学生提供学历教育服务取得的收入，具体包括：经有关部门审核批准并按规定标准收取的学费、住宿费、课本费、作业本费、考试报名费收入，以及学校食堂提供餐饮服务取得的伙食费收入。除此之外的收入，包括学校以各种名义收取的赞助费、择校费等，不属于免征增值税的范围。

学校食堂是指依照《学校食堂与学生集体用餐卫生管理规定》（教育部令第 14 号）管理的学校食堂。

《财政部　国家税务总局关于全面推开营业税改征增值税试点的通知》附件 3：营业税改征增值税试点过渡政策的规定一　财税〔2016〕36 号

7.2.1.9　从事学历教育的学校的具体范围？

■学历教育，是指受教育者经过国家教育考试或者国家规定的其他入学方式，进入国家有关部门批准的学校或者其他教育机构学习，获得国家承认的学历证书的教育形式。具体包括：

（1）初等教育：普通小学、成人小学。

（2）初级中等教育：普通初中、职业初中、成人初中。

（3）高级中等教育：普通高中、成人高中和中等职业学校（包括普通中专、成人中专、职业高中、技工学校）。

（4）高等教育：普通本专科、成人本专科、网络本专科、研究生（博士、硕士）、高等教育自学考试、高等教育学历文凭考试。

从事学历教育的学校，是指：

（1）普通学校。

（2）经地（市）级以上人民政府或者同级政府的教育行政部门批准成立、国家承认其学员学历的各类学校。

（3）经省级及以上人力资源社会保障行政部门批准成立的技工学校、高级技工学校。

（4）经省级人民政府批准成立的技师学院。

上述学校均包括符合规定的从事学历教育的民办学校，但不包括职业培训机构等国家不承认学历的教育机构。

《财政部　国家税务总局关于全面推开营业税改征增值税试点的通知》附件 3：营业税改征增值税试点过渡政策的规定一　财税〔2016〕36 号

7.2.1.10　从事学历教育的学校举办进修班、培训班取得的收入，如何纳税？

■政府举办的从事学历教育的高等、中等和初等学校（不含下属单位），举办进修班、培训班取得的全部归该学校所有的收入，免征增值税。

《财政部　国家税务总局关于全面推开营业税改征增值税试点的通知》附件 3：营业税改征增值税试点过渡政策的规定一　财税〔2016〕36 号

■对政府举办的高等、中等和初等学校（不含下属单位）举办进修班、培训班取得的收入，收入全部归学校所有的，免征企业所得税。

《财政部　国家税务总局关于教育税收政策的通知》一　财税〔2004〕39号

■“政府举办的高等、中等和初等学校（不含下属单位）”是指“从事学历教育的学校”（不含下属单位）。

“收入全部归学校所有”是指：举办进修班、培训班取得的收入进入学校统一账户，并作为预算外资金全额上缴财政专户管理，同时由学校对有关票据进行统一管理、开具。

《财政部　国家税务总局关于加强教育劳务营业税征收管理有关问题的通知》三　财税〔2006〕3号

7.2.1.11　学校取得的技术性服务收入，是否缴纳企业所得税？

■对高等学校、各类职业学校服务于各业的技术转让、技术培训、技术咨询、技术服务、技术承包所取得的技术性服务收入，暂免征收企业所得税。

《财政部　国家税务总局关于教育税收政策的通知》一　财税〔2004〕39号

7.2.1.12　学校的收费和财政拨款，是否缴纳企业所得税？

■对学校经批准收取并纳入财政预算管理的或财政预算外资金专户管理的收费不征收企业所得税；对学校取得的财政拨款，从主管部门和上级单位取得的用于事业发展的专项补助收入，不征收企业所得税。

《财政部　国家税务总局关于教育税收政策的通知》一　财税〔2004〕39号

7.2.1.13　国有企业办中小学，对教师的补助，是否可以税前扣除？

■对已经移交地方政府管理的企业所办中小学，其退休教师仍留在企业的，企业对退休教师基本养老金加统筹外项目补助低于政府办中小学同类人员退休金标准的，其差额部分由所在企业予以计发，所需支出允许计入企业费用，在所得税前扣除。

尚未移交地方政府管理的企业办中小学，其在职教师的工资和退休教师的基本养老金加统筹外项目补助，低于政府办中小学同类人员标准的，由企业按政府办中小学同类人员标准计发，所需支出允许计入企业费用，在所得税前扣除。

《财政部　国家税务总局关于国有企业办中小学教师待遇问题有关所得税政策的通知》　财税〔2004〕68号

7.2.1.14　学校自用的房产、土地，如何征税？

■高等学校属于由国家财政部门拨付事业经费的单位。高等学校自用的房产，免征房产税；其附属的招待所，属于营业用房，不能视为自用的房产，应照章征收房产税。

《财政部　国家税务总局关于高等学校的招待所应征收房产税的复函》财税地字〔1987〕14号

■集体和个人办的各类学校用地的征免税，由省、自治区、直辖市税务局确定。

《国家税务局关于〈关于土地使用税若干具体问题的解释和暂行规定〉的通知》十八　（88）国税地字第15号

■对国家拨付事业经费和企业办的各类学校自用的房产、土地，免征房产税、城镇土地使用税（房产税减免性质代码：08101401）（土地使用税减免税代码：10101401）；对财

产所有人将财产赠给学校所立的书据，免征印花税。（印花税减免税代码：09101401）

《财政部　国家税务总局关于教育税收政策的通知》二　财税〔2004〕39号

■对高校学生公寓免征房产税（减免性质代码：08101404）。

“高校学生公寓”是指为高校学生提供住宿服务，按照国家规定的收费标准收取住宿费的学生公寓。

《财政部　国家税务总局关于经营高校学生公寓和食堂有关税收政策的通知》财税〔2013〕83号

7.2.1.15　承受土地房屋权属用于教学、科研的，是否免征契税？

■国家机关、事业单位、社会团体、军事单位承受土地房屋权属用于教学、科研的，免征契税。用于教学的，是指教室（教学楼）以及其他直接用于教学的土地、房屋。用于科研的，是指科学实验的场所以及其他直接用于科研的土地、房屋。

对县级以上人民政府教育行政主管部门或劳动行政主管部门审批并颁发办学许可证，由企业事业组织、社会团体及其他社会和公民个人利用非国家财政性教育经费面向社会举办的学校及教育机构，其承受的土地、房屋权属用于教学的，免征契税。

《财政部　国家税务总局关于教育税收政策的通知》三　财税〔2004〕39号

7.2.1.16　学校占用耕地，是否免征耕地占用税？

■享受免税的学校用地的具体范围是：全日制大、中、小学校（包括部门、企业办的学校）的教学用房、实验室、操场、图书馆、办公室及师生员工食堂宿舍用地。学校从事非农业生产经营占用的耕地，不予免税。

职工夜校、学习班、培训中心、函授学校等不在免征耕地占用税之列。

《财政部　国家税务总局关于教育税收政策的通知》三　财税〔2004〕39号

■党校、干校及其他培训在职人员的学校不属免税范围。

《财政部复河南省财政厅关于党校、干校、私人医院、诊所等征免耕地占用税问题》一　财农税字〔1988〕25号

■团校占用耕地，不属免税范围。

《财政部复广西壮族自治区财政厅关于街道、人行道、厕所和市场等公共设施应照章征收耕地占用税问题》二　财农税字〔1988〕58号

■学校占用应税土地，免征耕地占用税。

免税的学校，具体范围包括县级以上人民政府教育行政部门批准成立的大学、中学、小学、学历性职业教育学校以及特殊教育学校。由国务院人力资源社会保障行政部门，省、自治区、直辖市人民政府或其人力资源社会保障行政部门批准成立的技工院校。学校内经营性场所和教职工住房占用应税土地的，按照当地适用税额缴纳耕地占用税。

《国家税务总局关于发布〈耕地占用税管理规程（试行）〉的公告》第四十条　国家税务总局公告2016年第2号

7.2.1.17　对各种职业培训、文化学习、职工业余教育等订立的合同，是否贴花？

■对各种职业培训、文化学习、职工业余教育等订立的合同，不属于技术培训合同，不

贴印花。

《国家税务局关于对技术合同征收印花税问题的通知》三 (89)国税地字第34号

7.2.1.18 对财产所有人将财产赠给学校所立的书据，是否免征印花税？

■对财产所有人将财产赠给学校所立的书据，免征印花税。（印花税减免税代码：09101401）

《财政部 国家税务总局关于教育税收政策的通知》二 财税〔2004〕39号

7.2.1.19 个人取得办班收入，是否缴纳个人所得税？

■对于个人经政府有关部门批准，取得执照，从事办学取得的所得，应按“个体工商户的生产、经营所得”应税项目计征个人所得税。

《国家税务总局关于社会力量办学征收个人所得税问题的批复》 国税函发〔1998〕738号

高校学生公寓和食堂

7.2.1.20 高校学生公寓，是否免征营业税和增值税？

■自2013年1月1日至2015年12月31日，对按照国家规定的收费标准向学生收取的高校学生公寓住宿费收入，免征营业税。(减免税代码：03101405)

“高校学生公寓”是指为高校学生提供住宿服务，按照国家规定的收费标准收取住宿费的学生公寓。

《财政部 国家税务总局关于经营高校学生公寓和食堂有关税收政策的通知》 财税〔2013〕83号

■对按照国家规定的收费标准向学生收取的高校学生公寓住宿费收入，自2016年1月1日至2016年4月30日，免征营业税；自2016年5月1日起，在营改增试点期间免征增值税。

《财政部 国家税务总局关于继续执行高校学生公寓和食堂有关税收政策的通知》二 财税〔2016〕82号

7.2.1.21 高校学生食堂，是否征收营业税和增值税？

■自2013年1月1日至2015年12月31日，对高校学生食堂为高校师生提供餐饮服务取得的收入，免征营业税。(减免税代码：03101405)

“高校学生食堂”是指依照《学校食堂与学生集体用餐卫生管理规定》管理的高校学生食堂。

《财政部 国家税务总局关于经营高校学生公寓和食堂有关税收政策的通知》 财税〔2013〕83号

■对高校学生食堂为高校师生提供餐饮服务取得的收入，自2016年1月1日至2016年4月30日，免征营业税；自2016年5月1日起，在营改增试点期间免征增值税。

《财政部 国家税务总局关于继续执行高校学生公寓和食堂有关税收政策的通知》三 财税〔2016〕82号

7.2.1.22　高校学生公寓，是否免征房产税？

■对高校学生公寓免征房产税。（减免性质代码：08101404）

《财政部　国家税务总局关于经营高校学生公寓和食堂有关税收政策的通知》　财税〔2013〕83 号

■自 2016 年 1 月 1 日至 2018 年 12 月 31 日，对高校学生公寓免征房产税。

《财政部　国家税务总局关于继续执行高校学生公寓和食堂有关税收政策的通知》一　财税〔2016〕82 号

7.2.1.23　高校学生公寓租赁合同，是否免征印花税？

■对与高校学生签订的高校学生公寓租赁合同，免征印花税。（减免税代码：09101404）

自 2016 年 1 月 1 日至 2018 年 12 月 31 日，对与高校学生签订的高校学生公寓租赁合同，免征印花税。

《财政部　国家税务总局关于继续执行高校学生公寓和食堂有关税收政策的通知》一　财税〔2016〕82 号

学生

7.2.1.24　学生勤工俭学提供的服务，是否免征增值税？

■学生勤工俭学提供的服务，免征增值税。

《财政部　国家税务总局关于全面推开营业税改征增值税试点的通知》附件 3：营业税改征增值税试点过渡政策的规定一　财税〔2016〕36 号

7.2.1.25　在校学生参与勤工俭学活动取得的收入，是否征收个人所得税？

■在校学生因参与勤工俭学活动（包括参与学校组织的勤工俭学活动）而取得属于个人所得税法规定的应税所得项目的所得，应缴纳个人所得税。

《国家税务总局关于个人所得税若干业务问题的批复》四　国税函〔2002〕146 号

校办企业

7.2.1.26　校办企业生产的应税货物，是否免征增值税？

■校办企业生产的应税货物，凡用于本校教学、科研方面的，经严格审核确认后，免征增值税。

《财政部　国家税务总局关于校办企业免税问题的通知》一　财税〔2000〕92 号

7.2.1.27　校办企业的范围？

■校办企业的范围是：1994 年 1 月 1 日以前，由教育部门所属的普教性学校举办的校办企业，不包括私人办职工学校和各类成人学校（电大、夜大、业大、企业举办的职工学校等）举办的校办企业。

1994 年 1 月 1 日以后新办校办企业经省级教育主管部门和主管税务机关严格审查批准，也可享受税收优惠。

《国家税务总局关于学校办企业征收流转税问题的通知》一　国税发〔1994〕156号（2016年5月29日废止，详见国家税务总局公告2016年第34号）

7.2.1.28　享受税收优惠校办企业的条件？

■享受税收优惠的校办企业，必须同时具备下列三个条件：

（1）必须是学校出资自办的；

（2）由学校负责经营管理；

（3）经营收入归学校所有。

《国家税务总局关于学校办企业征收流转税问题的通知》二　国税发〔1994〕156号（2016年5月29日废止，详见国家税务总局公告2016年第34号）

7.2.1.29　哪些企业和项目不得享受校办企业税收优惠？

■下列企业和项目不得享受对校办企业的税收优惠：

（1）原有的纳税企业转为校办企业的；

（2）学校在原有的校办企业的基础上吸收外单位投资举办的联营企业；

（3）学校向外单位投资举办的联营企业；

（4）学校与其他企业、单位和个人联合举办的企业；

（5）学校将校办企业转租或承包给外单位、个人经营的企业。

（6）校办企业生产销售属于消费税的应税产品，一律按规定征收消费税。

（7）校办企业生产销售属于消费税的应税产品，不论是用于本校教学还是科研，均不能免征增值税或退还已缴纳的增值税。

（8）校办企业可以享受税收优惠政策的货物，只限于本企业生产的货物，对外购货物直接销售和委托外单位加工的货物，不享受上述税收优惠政策。

（9）校办企业生产销售给外贸或其他企业出口的货物，不享受上述税收优惠政策。

《国家税务总局关于学校办企业征收流转税问题的通知》四　国税发〔1994〕156号（2016年5月29日废止，详见国家税务总局公告2016年第34号）

7.2.1.30　职业学校设立的企业，免征增值税的条件？

■政府举办的职业学校设立的主要为在校学生提供实习场所、并由学校出资自办、由学校负责经营管理、经营收入归学校所有的企业，从事《销售服务、无形资产或者不动产注释》中“现代服务”（不含融资租赁服务、广告服务和其他现代服务）、“生活服务”（不含文化体育服务、其他生活服务和桑拿、氧吧）业务活动取得的收入，免征增值税。

《财政部　国家税务总局关于全面推开营业税改征增值税试点的通知》附件3：营业税改征增值税试点过渡政策的规定一　财税〔2016〕36号

■对特殊教育学校举办的企业可以比照福利企业标准，享受国家对福利企业实行的增值税优惠政策。(减免性质代码：01101401)

《财政部　国家税务总局关于教育税收政策的通知》一　财税〔2004〕

39 号

7.2.1.31 职业学校设立的企业取得的收入，是否免征企业所得税？

■对政府举办的职业学校设立的主要为在校学生提供实习场所、并由学校出资自办、由学校负责经营管理、经营收入归学校所有的企业，对其从事营业税暂行条例“服务业”税目规定的服务项目（广告业、桑拿、按摩、氧吧等除外）取得的收入，免征企业所得税。

对特殊教育学校举办的企业可以比照福利企业标准，享受国家对福利企业实行的企业所得税优惠政策。(减免性质代码：01101401)

《财政部 国家税务总局关于教育税收政策的通知》— 财税〔2004〕39 号

7.2.1.32 校办企业占用耕地，是否免征耕地占用税？

■学校开展勤工俭学，兴办校办企业占用耕地，也不属免税范围，不能免税。

《财政部复河南省财政厅关于党校、干校、私人医院、诊所等征免耕地占用税问题》— 财农税字〔1988〕25 号

营业税

7.2.1.33 学校和其他教育机构提供的教育劳务，是否免征营业税？

■学校和其他教育机构提供的教育劳务，免征营业税。(减免税代码：03103212)

《中华人民共和国营业税暂行条例》第八条

■学校和其他教育机构，是指普通学校以及经地、市级以上人民政府或者同级政府的教育行政部门批准成立、国家承认其学员学历的各类学校。

《中华人民共和国营业税暂行条例实施细则》第二十二条

■对从事学历教育的学校提供教育劳务取得的收入，免征营业税。(减免税代码：03101402)

《财政部 国家税务总局关于教育税收政策的通知》— 财税〔2004〕39 号

■“学历教育”是指：受教育者经过国家教育考试或者国家规定的其他入学方式，进入国家有关部门批准的学校或者其他教育机构学习，获得国家承认的学历证书的教育形式。具体包括：

(1) 初等教育：普通小学、成人小学；

(2) 初级中等教育：普通初中、职业初中、成人初中；

(3) 高级中等教育：普通高中、成人高中和中等职业学校（包括普通中专、成人中专、职业高中、技工学校）；

(4) 高等教育：普通本专科、成人本专科、网络本专科、研究生（博士、硕士）、高等教育自学考试、高等教育学历文凭考试。

“从事学历教育的学校是指：

(1) 普通学校，及经地（市）级以上人民政府或者同级政府的教育行政部门批准成立、国家承认其学员学历的各类学校；

（2）经省级及以上人力资源社会保障行政部门批准成立的技工学校、高级技工学校，以及经省级人民政府批准成立的技师学院。”（财税〔2013〕62号修订）

上述学校均包括符合规定的从事学历教育的民办学校，但不包括职业培训机构等国家不承认学历的教育机构。

超过规定收费标准的收费，不属于免征营业税的教育劳务收入，一律按规定征税。

《财政部　国家税务总局关于加强教育劳务营业税征收管理有关问题的通知》一　财税〔2006〕3号

■“提供教育劳务取得的收入”是指对列入规定招生计划的在籍学生提供学历教育劳务取得的收入，具体包括：经有关部门审核批准并按规定标准收取的学费、住宿费、课本费、作业本费、考试报名费收入，以及学校食堂提供餐饮服务取得的伙食费收入。学校食堂是指依照《学校食堂与学生集体用餐卫生管理规定》（教育部令第14号）管理的学校食堂”。

《财政部　国家税务总局关于支持文化服务出口等营业税政策的通知》三　财税〔2014〕118号

7.2.1.34　从事学历教育的学校举办进修班、培训班取得的收入，如何纳税？

■对政府举办的高等、中等和初等学校（不含下属单位）举办进修班、培训班取得的收入，收入全部归学校所有的，免征营业税和企业所得税。（营业税减免税代码：03101406）

《财政部　国家税务总局关于教育税收政策的通知》一　财税〔2004〕39号

■“政府举办的高等、中等和初等学校（不含下属单位）”是指“从事学历教育的学校”（不含下属单位）。

“收入全部归学校所有”是指：举办进修班、培训班取得的收入进入学校统一账户，并作为预算外资金全额上缴财政专户管理，同时由学校对有关票据进行统一管理、开具。

进入学校下属部门自行开设账户的进修班、培训班收入，不属于收入全部归学校所有的收入，不予免征营业税。

《财政部　国家税务总局关于加强教育劳务营业税征收管理有关问题的通知》三　财税〔2006〕3号

7.2.1.35　学校取得的赞助收入，是否征收营业税？

■对学校取得的各种名目的赞助收入是否征税，要看学校是否发生向赞助方提供应税劳务、转让无形资产或转让不动产所有权的行为。

学校如果没有向赞助方提供应税劳务、转让无形资产或转让不动产所有权，此项赞助收入系属无偿取得，不征收营业税。

学校如果向赞助方提供应税劳务、转让无形资产或转让不动产所有权，此项赞助收入系属有偿取得，应征收营业税。

对于其他单位和个人取得的赞助收入也应按这一原则确定是否征收营业税。

《国家税务总局关于印发〈营业税问题解答（之一）〉的通知》十六　国税函发〔1995〕156号

■学校以各种名义收取的赞助费、择校费等超过规定范围的收入，不属于免征营业税的教育劳务收入，一律按规定征税。

《财政部　国家税务总局关于加强教育劳务营业税征收管理有关问题的通知》一　财税〔2006〕3号

7.2.1.36　对托儿所、幼儿园提供养育服务取得的收入，是否免征营业税？

■对托儿所、幼儿园提供养育服务取得的收入，免征营业税。

《财政部　国家税务总局关于教育税收政策的通知》一　财税〔2004〕39号

■“托儿所、幼儿园”是指经县级以上教育部门审批成立、取得办园许可证的实施0~6岁学前教育的机构，包括公办和民办的托儿所、幼儿园、学前班、幼儿班、保育院、幼儿院；

“提供养育服务”是指上述托儿所、幼儿园对其学员提供的保育和教育服务。

《财政部　国家税务总局关于加强教育劳务营业税征收管理有关问题的通知》二　财税〔2006〕3号

7.2.1.37　对托儿所、幼儿园免征营业税的养育服务收入的范围？

■对公办托儿所、幼儿园予以免征营业税的养育服务收入是指，在经省级财政部门和价格主管部门审核报省级人民政府批准的收费标准以内收取的教育费、保育费；

对民办托儿所、幼儿园予以免征营业税的养育服务收入是指，在报经当地有关部门备案并公示的收费标准范围内收取的教育费、保育费；

超过规定收费标准的收费，以开办实验班、特色班和兴趣班等为由另外收取的费用以及与幼儿入园挂钩的赞助费、支教费等超过规定范围的收入，不属于免征营业税的养育服务收入。

《财政部　国家税务总局关于加强教育劳务营业税征收管理有关问题的通知》二　财税〔2006〕3号

7.2.1.38　学生勤工俭学提供的劳务，是否免征营业税？

■学生勤工俭学提供的劳务，免征营业税。(减免税代码：03103225)

《中华人民共和国营业税暂行条例》第八条

7.2.1.39　校办企业提供的应税服务，是否免征营业税？

■校办企业为本校教学、科研服务所提供的应税劳务（“服务业”税目中的旅店业、饮食业和“娱乐业”税目除外)，经严格审核确认后，免征营业税。

《财政部　国家税务总局关于校办企业免税问题的通知》二　财税〔2000〕92号

7.2.1.40　职业学校设立的企业取得的收入，是否免征营业税？

■对政府举办的职业学校设立的主要为在校学生提供实习场所、并由学校出资自办、由学校负责经营管理、经营收入归学校所有的企业，对其从事营业税暂行条例“服务业”税目规定的服务项目（广告业、桑拿、按摩、氧吧等除外）取得的收入，免征营业税。（营业税减免税代码：03101407）

《财政部　国家税务总局关于教育税收政策的通知》一　财税〔2004〕39号

7.2.2 医疗服务

医疗服务

7.2.2.1 医疗服务的范围?

■医疗服务，是指提供医学检查、诊断、治疗、康复、预防、保健、接生、计划生育、防疫服务等方面的服务，以及与这些服务有关的提供药品、医用材料器具、救护车、病房住宿和伙食的业务。

《财政部 国家税务总局关于全面推开营业税改征增值税试点的通知》附件1：营业税改征增值税试点实施办法 附：销售服务、无形资产、不动产注释一 财税〔2016〕36号

7.2.2.2 医疗机构提供的医疗服务，是否免征增值税?

■医疗机构提供的医疗服务，免征增值税。

医疗服务，是指医疗机构按照不高于地（市）级以上价格主管部门会同同级卫生主管部门及其他相关部门制定的医疗服务指导价格（包括政府指导价和按照规定由供需双方协商确定的价格等）为就医者提供《全国医疗服务价格项目规范》所列的各项服务，以及医疗机构向社会提供卫生防疫、卫生检疫的服务。

《财政部 国家税务总局关于全面推开营业税改征增值税试点的通知》附件3：营业税改征增值税试点过渡政策的规定一 财税〔2016〕36号

7.2.2.3 医疗机构的范围?

■医疗机构，是指依据国务院《医疗机构管理条例》（国务院令第149号）及卫生部《医疗机构管理条例实施细则》（卫生部令第35号）的规定，经登记取得《医疗机构执业许可证》的机构，以及军队、武警部队各级各类医疗机构。具体包括：各级各类医院、门诊部（所）、社区卫生服务中心（站）、急救中心（站）、城乡卫生院、护理院（所）、疗养院、临床检验中心，各级政府及有关部门举办的卫生防疫站（疾病控制中心）、各种专科疾病防治站（所），各级政府举办的妇幼保健所（站）、母婴保健机构、儿童保健机构，各级政府举办的血站（血液中心）等医疗机构。

《财政部 国家税务总局关于全面推开营业税改征增值税试点的通知》附件3：营业税改征增值税试点过渡政策的规定一 财税〔2016〕36号

7.2.2.4 医疗机构的种类?

■医疗机构由接受其登记注册的卫生行政部门核定，在执业登记中注明“非营利性医疗机构”和“营利性医疗机构”。

《财政部 国家税务总局关于医疗卫生机构有关税收政策的通知》三 财税〔2000〕42号

7.2.2.5 跨境的医疗服务，是否免征增值税?

■境内的单位和个人销售的在境外提供的医疗服务，免征增值税，但财政部和国家税务

总局规定适用增值税零税率的除外。

《财政部 国家税务总局关于全面推开营业税改征增值税试点的通知》附件4：跨境应税行为适用增值税零税率和免税政策的规定二 财税〔2016〕36号

■在境外提供的医疗服务，免征增值税。

在境外提供的医疗服务，是指纳税人在境外现场提供的医疗服务。

通过境内的电台、电视台、卫星通信、互联网、有线电视等媒体向境外单位或个人提供的医疗服务，不属于在境外提供的医疗服务。

《国家税务总局关于发布〈营业税改征增值税跨境应税行为增值税免税管理办法（试行）〉的公告》第二条 国家税务总局公告2016年第29号

7.2.2.6 个人开设医院（诊所）而取得的收入，如何征收个人所得税？

■个人投资或个人合伙投资开设医院（诊所）而取得的收入，应按照“个体工商户的生产、经营所得”应税项目计征个人所得税。

对残疾人、转业军人、随军家属和下岗职工等投资开设医院（诊所）而取得的收入，仍按现行相关政策执行。

《财政部 国家税务总局关于医疗机构有关个人所得税政策问题的通知》四 财税〔2003〕109号

7.2.2.7 医生承包经营医疗机构的所得，如何征收个人所得税？

■对于乡村卫生室由医生个人或合伙出资经营，经营成果归医生个人所有，其取得的所有，应比照“对企事业单位的承包经营、承租经营的所得”应税项目征收个人所得税。

《国税总局关于乡村医生征收个人所得税问题的批复》 国税函〔1996〕577号

■医生或其他个人承包、承租经营医疗机构，经营成果归承包人所有的，承包人取得的所得，应按照“对企事业单位的承包经营、承租经营所得”应税项目计征个人所得税。

《财政部 国家税务总局关于医疗机构有关个人所得税政策问题的通知》三 财税〔2003〕109号

7.2.2.8 医疗机构临时聘请坐堂门诊及售药的人员，如何征收个人所得税？

■受医疗机构临时聘请坐堂门诊及售药，由该医疗机构支付报酬，或收入与该医疗机构按比例分成的人员，其取得所得，按照“劳务报酬所得”应税项目缴纳个人所得税，以一个月内取得的所得为一次，税款由该医疗机构代扣代缴。

《国家税务总局关于个人从事医疗服务活动征收个人所得税问题的通知》三 国税发〔1997〕178号

7.2.2.9 个人购买医疗仪器或设备交医院使用取得的分成所得，如何缴纳个人所得税？

■个人和医院签订协议，由个人出资购买医疗仪器或设备交医院使用，取得的收入扣除有关费用后，剩余部分双方按一定比例分成；医疗仪器或设备使用达到一定年限后，产权归医院所有，但收入继续分成。对上述个人取得的分成所得，应按照“财产租赁所得”项目征收个人所得税，具体计征办法为：自合同生效之日起至财产产权发生转移之日止，个人取得的分成所得可在上述年限内按月平均扣除设备投资后，就其余额按税法法规计征个人所得税；产权转移后，个人取得的全部分成收入应按税法法规计征个人所得税。税款由医院在向个人支付所得时代扣代缴。

《国家税务总局关于个人投资设备取得所得征收个人所得税问题的批复》 国税函〔2000〕540号

7.2.2.10 个人在非营利性的医疗机构取得的医疗服务收入，是否缴纳个人所得税?

■对非营利的医疗机构按照国家规定的价格取得的医疗服务收入免征各项税收，仅指机构自身的各项税收，不包括个人从医疗机构取得所得应纳的个人所得税。个人取得应税所得，应缴纳个人所得税。

《财政部 国家税务总局关于医疗机构有关个人所得税政策问题的通知》一 财税〔2003〕109号

7.2.2.11 企业办的医院的房产、土地，是否免征房产税、土地使用税?

■企业办的各类医院自用的房产，可以比照由国家财政部门拨付事业经费的单位自用的房产，免征房产税。

《财政部税务总局关于房产税若干具体问题的解释和暂行规定》十 (86) 财税地字第8号

■企业办的医院，其用地能与企业其他用地明确区分的，可以比照由国家财政部门拨付事业经费的单位自用的土地，免征土地使用税。

《国家税务局关于〈关于土地使用税若干具体问题的解释和暂行规定〉的通知》十七 (88) 国税地字第15号

7.2.2.12 集体和个人办的医院用地，是否免征土地使用税?

■集体和个人办的各类医院用地的征免税，由省、自治区、直辖市税务局确定。

《国家税务局关于〈关于土地使用税若干具体问题的解释和暂行规定〉的通知》十八 (88) 国税地字第15号

7.2.2.13 医院占用应税土地，是否免征耕地占用税?

■医院占用应税土地，免征耕地占用税。(减免税代码：14123401)

《中华人民共和国耕地占用税暂行条例》 国务院令第511号（下同)

■医院内职工住房占用应税土地的，按照当地适用税额缴纳耕地占用税。

《中华人民共和国耕地占用税暂行条例实施细则》第十二条 财政部 国家税务总局令第49号（下同)

■免税的医院，具体范围限于县级以上人民政府卫生行政部门批准设立的医院内专门用于提供医护服务的场所及其配套设施。

《国家税务总局关于发布〈耕地占用税管理规程（试行)〉的公告》第四十条 国家税务总局公告2016年第2号

■医院，包括部队和部门、企业职工医院、卫生院、医疗站、诊所用地，给予免税。疗养院等不在免税之列。

殡仪馆、火葬场用地给予免税。

《财政部关于颁发耕地占用税具体政策的规定的通知》五 (87) 财农

字第206号

非营利性医疗机构

7.2.2.14 非营利性医疗机构取得的医疗服务收入，是否免税？

■对非营利性医疗机构按照国家规定的价格取得的医疗服务收入，免征各项税收。不按照国家规定价格取得的医疗服务收入不得享受这项政策。

《财政部 国家税务总局关于医疗卫生机构有关税收政策的通知》一 财税〔2000〕42号

7.2.2.15 非营利性医疗机构自产自用的制剂，是否免征增值税？

■对非营利性医疗机构自产自用的制剂，免征增值税。(减免性质代码：01129999)

《财政部 国家税务总局关于医疗卫生机构有关税收政策的通知》一 财税〔2000〕42号

7.2.2.16 非营利性医疗机构的药房分离为独立的药品零售企业，如何征税？

■非营利性医疗机构的药房分离为独立的药品零售企业，应征收各项税收。

《财政部 国家税务总局关于医疗卫生机构有关税收政策的通知》一 财税〔2000〕42号

7.2.2.17 对非营利性医疗机构从事非医疗服务取得的收入，如何计算企业所得税应纳税所得额？

■对非营利性医疗机构从事非医疗服务取得的收入，如租赁收入、财产转让收入、培训收入、对外投资收入等应按规定征收各项税收。非营利性医疗机构将取得的非医疗服务收入，直接用于改善医疗卫生服务条件的部分，经税务部门审核批准可抵扣其应纳税所得额，就其余额征收企业所得税。

《财政部 国家税务总局关于医疗卫生机构有关税收政策的通知》一 财税〔2000〕42号

7.2.2.18 对非营利性医疗机构自用的房产、土地，是否免征房产税、城镇土地使用税？

■对非营利性医疗机构自用的房产、土地、车船，免征房产税、城镇土地使用税。(房产税减免性质代码：08123402)(土地使用税减免税代码：10123402)

《财政部 国家税务总局关于医疗卫生机构有关税收政策的通知》一 财税〔2000〕42号

营利性医疗机构

7.2.2.19 对营利性医疗机构取得的收入，如何征税？

■对营利性医疗机构取得的收入，征收各项税收。

对营利性医疗机构的药房分离为独立的药品零售企业，征收各项税收。

《财政部 国家税务总局关于医疗卫生机构有关税收政策的通知》二 财税〔2000〕42号

7.2.2.20 对营利性医疗机构取得的收入，直接用于改善医疗卫生条件的，如何征税？

■对营利性医疗机构取得的收入，直接用于改善医疗卫生条件的，自其取得执业登记之日起，3 年内给予下列优惠：对其自产自用的制剂免征增值税；对营利性医疗机构自用的房产、土地、车船免征房产税、城镇土地使用税和车船使用税。3 年免税期满后恢复征税。（增值税减免性质代码：01129999）（房产税减免性质代码：08123404）（城镇土地使用税减免税代码：10123403）

《财政部　国家税务总局关于医疗卫生机构有关税收政策的通知》二　财税〔2000〕42 号

疾病控制机构和妇幼保健机构

7.2.2.21　卫生机构取得的卫生服务收入，是否免税？

■对疾病控制机构和妇幼保健机构等卫生机构按照国家规定的价格取得的卫生服务收入（含疫苗接种和调拨、销售收入），免征各项税收。不按照国家规定的价格取得的卫生服务收入不得享受这项政策。

疾病控制、妇幼保健等卫生机构具体包括：各级政府及有关部门举办的卫生防疫站（疾病控制中心）、各种专科疾病防治站（所），各级政府举办的妇幼保健所（站）、母婴保健机构、儿童保健机构等，各级政府举办的血站（血液中心）。

《财政部　国家税务总局关于医疗卫生机构有关税收政策的通知》三　财税〔2000〕42 号

7.2.2.22　卫生防疫站调拨生物制品和药械，是否征收增值税？

■对卫生防疫站调拨生物制品和药械，可按照小规模纳税人 3%的增值税征收率征收增值税。

《国家税务总局关于修改若干增值税规范性文件引用法规规章条款依据的通知》　国税发〔2009〕10 号

7.2.2.23　对卫生防疫站调拨或发放免费防疫苗，是否征收增值税？

■对卫生防疫站调拨或发放的由政府财政负担的免费防疫苗不征收增值税。

《国家税务总局关于卫生防疫站调拨生物制品及药械征收增值税的批复》　国税函〔1999〕191 号

7.2.2.24　血站供应给医疗机构的临床用血，有哪些税收优惠政策？

■对血站供应给医疗机构的临床用血，免征增值税。（减免性质代码：01129999）

血站，是指根据《中华人民共和国献血法》的规定，由国务院或省级人民政府卫生行政部门批准的，从事采集、提供临床用血，不以营利为目的的公益性组织。

■对血站自用的房产和土地免征房产税和城镇土地使用税。（房产税减免税代码：08123401）（土地使用税减免税代码：10123401）

《财政部　国家税务总局关于血站有关税收问题的通知》一、二　财税字〔1999〕264 号

7.2.2.25　卫生机构取得的其他经营收入，如何征收企业所得税？

■对疾病控制机构和妇幼保健等卫生机构取得的其他经营收入如直接用于改善本卫生机构卫生服务条件的，经税务部门审核批准可抵扣其应纳税所得额，就其余额征收企业所得税。

《财政部　国家税务总局关于医疗卫生机构有关税收政策的通知》三　财税〔2000〕42号

7.2.2.26　卫生机构自用的房产、土地，是否免征房产税、城镇土地使用税？

■对疾病控制机构和妇幼保健机构等卫生机构自用的房产、土地，免征房产税、城镇土地使用税。（房产税减免性质代码：08123402）（土地使用税减免税代码：10123402）

《财政部　国家税务总局关于医疗卫生机构有关税收政策的通知》三　财税〔2000〕42号

7.2.2.27　卫生防疫站、妇幼保健站（院）占用耕地，是否征收耕地占用税？

■对卫生防疫站、妇幼保健站（院）修建的试验楼、药具库、诊室等占用耕地，不属免税范围，应照章征税。

《财政部复广西壮族自治区财政厅关于街道、人行道、厕所和市场等公共设施应照章征收耕地占用税问题》五　财农税字〔1988〕58号

7.2.2.28　计划生育部门占用耕地，是否征收耕地占用税？

■对计划生育部门修建办公楼、计生药具站、技术指导站和培训班教学楼占用耕地，不属免税范围，应照章征税。

《财政部复广西壮族自治区财政厅关于街道、人行道、厕所和市场等公共设施应照章征收耕地占用税问题》五　财农税字〔1988〕58号

■计划生育工作指导站，应照章征收耕地占用税。

《财政部复湖北省财政厅关于耕地占用税有关政策问题的复函》二　财农税字〔1989〕54号

营业税

7.2.2.29　医院、诊所和其他医疗机构提供的医疗服务，是否免征营业税？

■医院、诊所和其他医疗机构提供的医疗服务，免征营业税。（减免税代码：03123401）

《中华人民共和国营业税暂行条例》第八条

7.3　旅游娱乐服务

7.3.1　旅游服务

增值税

7.3.1.1　旅游服务，增值税的征收范围？

■旅游娱乐服务，包括旅游服务和娱乐服务。

旅游服务，是指根据旅游者的要求，组织安排交通、游览、住宿、餐饮、购物、文娱、商务等服务的业务活动。

《财政部　国家税务总局关于全面推开营业税改征增值税试点的通知》

附件1：营业税改征增值税试点实施办法　附：销售服务、无形资产、不动产注释一　财税〔2016〕36号

7.3.1.2　旅游服务，如何确认销售额？

■试点纳税人提供旅游服务，可以选择以取得的全部价款和价外费用，扣除向旅游服务购买方收取并支付给其他单位或者个人的住宿费、餐饮费、交通费、签证费、门票费和支付给其他接团旅游企业的旅游费用后的余额为销售额。

选择上述办法计算销售额的试点纳税人，向旅游服务购买方收取并支付的上述费用，不得开具增值税专用发票，可以开具普通发票。

《财政部　国家税务总局关于全面推开营业税改征增值税试点的通知》附件2：营业税改征增值税试点有关事项的规定一　财税〔2016〕36号

7.3.1.3　跨境的旅游服务，是否免征增值税？

■境内的单位和个人销售的在境外提供的旅游服务，免征增值税，但财政部和国家税务总局规定适用增值税零税率的除外。

《财政部　国家税务总局关于全面推开营业税改征增值税试点的通知》附件4：跨境应税行为适用增值税零税率和免税政策的规定二　财税〔2016〕36号

■在境外提供的旅游服务，免征增值税。

《国家税务总局关于发布〈营业税改征增值税跨境应税行为增值税免税管理办法（试行）〉的公告》第二条　国家税务总局公告2016年第29号

营业税

7.3.1.4　提供服务业劳务，征收营业税的范围？

■服务业税目的征收范围包括旅游业。

旅游业，是指为旅游者安排食宿、交通工具和提供导游等旅游服务的业务。

《国家税务总局关于印发〈营业税税目注释（试行稿）〉的通知》七　国税发〔1993〕149号

7.3.1.5　经营索道是否征收营业税？

■单位和个人在旅游景点经营索道取得的收入按“服务业”税目“旅游业”项目征收营业税。

《财政部　国家税务总局关于营业税若干政策问题的通知》二　财税〔2003〕16号

7.3.1.6　经营旅游游船、观光电梯、观光电车、景区环保客运车是否征收营业税？

■对单位和个人在旅游景区经营旅游游船、观光电梯、观光电车、景区环保客运车所取得的收入应按“服务业——旅游业”征收营业税。

《国家税务总局关于风景名胜区景点经营收入征收营业税问题的批复》国税函〔2008〕254号

7.3.1.7　提供服务业旅游业劳务，征收营业税的税率？

■服务业旅游业的税率为5%。

《中华人民共和国营业税暂行条例》附：营业税税目税率表

7.3.1.8 纳税人从事旅游业务的，如何确定营业额？

■纳税人从事旅游业务的，以其取得的全部价款和价外费用扣除替旅游者支付给其他单位或者个人的住宿费、餐费、交通费、旅游景点门票和支付给其他接团旅游企业的旅游费后的余额为营业额。

■纳税人从事旅游业务，扣除有关项目，取得的凭证不符合法律、行政法规或者国务院税务主管部门有关规定的，该项目金额不得扣除。

《中华人民共和国营业税暂行条例》第五、六条

■符合国务院税务主管部门有关规定的凭证（合法有效凭证）是指：

（1）支付给境内单位或者个人的款项，且该单位或者个人发生的行为属于营业税或者增值税征收范围的，以该单位或者个人开具的发票为合法有效凭证；

（2）支付的行政事业性收费或者政府性基金，以开具的财政票据为合法有效凭证；

（3）支付给境外单位或者个人的款项，以该单位或者个人的签收单据为合法有效凭证，税务机关对签收单据有疑义的，可以要求其提供境外公证机构的确认证明；

（4）国家税务总局规定的其他合法有效凭证。

《中华人民共和国营业税暂行条例实施细则》第十九条

7.3.1.9 旅游景区采取一票制收费的，如何适用税率？

■单位和个人在旅游景区兼有不同税目应税行为并采取“一票制”收费方式的，应当分别核算不同税目的营业额；未分别核算或核算不清的，从高适用税率。

《国家税务总局关于风景名胜区景点经营收入征收营业税问题的批复》国税函〔2008〕254号

7.3.2 娱乐服务

增值税

7.3.2.1 娱乐服务，增值税的征收范围？

■娱乐服务，是指为娱乐活动同时提供场所和服务的业务。

具体包括：歌厅、舞厅、夜总会、酒吧、台球、高尔夫球、保龄球、游艺（包括射击、狩猎、跑马、游戏机、蹦极、卡丁车、热气球、动力伞、射箭、飞镖）。

《财政部　国家税务总局关于全面推开营业税改征增值税试点的通知》附件1：营业税改征增值税试点实施办法　附：销售服务、无形资产、不动产注释一　财税〔2016〕36号

营业税

7.3.2.2 娱乐业，营业税的征税范围？

■在中华人民共和国境内提供娱乐业劳务的单位和个人，为营业税的纳税人，缴纳营业税。

《中华人民共和国营业税暂行条例》　第一条

■娱乐业，是指为娱乐活动提供场所和服务的业务。征收范围包括：经营歌厅、舞厅、卡拉OK歌舞厅、音乐茶座、台球、高尔夫球、保龄球场、游艺场等娱乐场所，以及娱乐场所为顾客进行娱乐活动提供服务的业务。

歌厅，是指在乐队的伴奏下顾客进行自娱自乐形式的演唱活动的场所。

舞厅，是指供顾客进行跳舞活动的场所。

卡拉OK歌舞厅，是指在音像设备播放的音乐伴奏下，顾客自娱自乐进行歌舞活动的场所。

音乐茶座，是指为顾客同时提供音乐欣赏和茶水、咖啡、酒及其他饮料消费的场所。

台球、高尔夫球、保龄球场，是指顾客进行台球、高尔夫球、保龄球活动的场所。

游艺场，是指举办各种游艺、游乐（如射击、狩猎、跑马、玩游戏机等）活动的场所。

娱乐场所为顾客进行娱乐活动提供的饮食服务及其他各种服务，均属于本税目征收范围。

《国家税务总局关于印发〈营业税税目注释（试行稿）〉的通知》六　国税发〔1993〕149号

7.3.2.3 饮食服务场所为顾客进行歌舞活动所提供的服务，是否按“娱乐业”征收营业税？

■饭馆、餐厅及其他饮食服务场所，为顾客在就餐的同时进行的自娱自乐形式的歌舞活动所提供的服务，按“娱乐业”税目征税。

《国家税务总局关于印发〈营业税税目注释（试行稿）〉的通知》七　国税发〔1993〕149号

7.3.2.4 对娱乐场所举行有奖游艺活动取得的收入，是否按“娱乐业”征收营业税？

■对娱乐场所举行有奖游艺活动取得的收入，应按“娱乐业”税目征收营业税。

《国家税务总局关于有奖游艺和代销彩票征收营业税问题的批复》一　国税函〔1999〕90号

7.3.2.5 单位和个人开办“网吧”取得的收入，是否按“娱乐业”征收营业税？

■单位和个人开办“网吧”取得的收入，按“娱乐业”税目征收营业税。

《财政部　国家税务总局关于营业税若干政策问题的通知》二　财税〔2003〕16号

7.3.2.6 对境外单位或者个人在境外向境内单位或者个人提供的娱乐业劳务，是否征收营业税？

■对境外单位或者个人在境外向境内单位或者个人提供的娱乐业劳务，不征收营业税。

《财政部　国家税务总局关于个人金融商品买卖等营业税若干免税政策的通知》四　财税〔2009〕111号

7.3.2.7 纳税人经营娱乐业，具体适用的税率？

■纳税人经营娱乐业的营业税税率为5%~20%。具体适用的税率，由省、自治区、直辖市人民政府在本条例规定的幅度内决定。

《中华人民共和国营业税暂行条例》第二条、附：营业税税目税率表

7.3.2.8 娱乐业的营业额，如何确定？

■娱乐业的营业额为经营娱乐业收取的全部价款和价外费用，包括门票收费、台位费、

点歌费、烟酒、饮料、茶水、鲜花、小吃等收费及经营娱乐业的其他各项收费。

《中华人民共和国营业税暂行条例实施细则》第十七条

7.3.2.9 对于俱乐部取得的其他类似于会员费的收入，是否并入营业额?

■对于俱乐部取得的其他类似于会员费的收入，应合并作为会员费收入计算征收营业税。

《国家税务总局关于高尔夫球俱乐部税收问题的批复》二 国税函发〔1994〕514号

7.3.2.10 俱乐部向会员收取的会员资格保证金，全额退还的，是否从营业额中扣除?

■俱乐部向会员收取的会员资格保证金，在会员退会时全额退还的，如果是账务上直接冲减营业收入的，可以从当期的营业额中扣除，不计算征收营业税。

《国家税务总局关于高尔夫球俱乐部税收问题的批复》三 国税函发〔1994〕514号

7.3.2.11 对俱乐部会员入会时一次性缴清的入会费，纳税义务发生时间的确认?

■对俱乐部会员入会时一次性缴清的入会费，无论该项收入在财务上如何处理，均以取得收入的当天为纳税义务发生时间，计算征收营业税。

《国家税务总局关于高尔夫球俱乐部税收问题的批复》一 国税函发〔1994〕514号

7.3.2.12 娱乐业如何征收文化事业建设费?

■各种营业性的歌厅、舞厅、卡拉OK歌舞厅、音乐茶座和高尔夫球、台球、保龄球等娱乐场所，按营业收入的3%缴纳文化事业建设费。文化事业建设费由地方税务机关在征收娱乐业的营业税时一并征收。

《国务院关于进一步完善文化经济政策的若干规定》一 国发〔1996〕37号

■对从事娱乐业的营业税纳税人中，月营业额不超过2万元的单位和个人，免征文化事业建设费。(减免性质代码：62042802)

《财政部 国家税务总局关于对部分营业税纳税人免征文化事业建设费的通知》 财综〔2013〕102号

7.3.2.13 电子游戏厅，营业税适用税率?

■对电子游戏厅一律按20%的税率征收营业税。

《财政部 国家税务总局关于对青少年活动场所、电子游戏厅有关所得税和营业税政策问题的通知》二 财税〔2000〕21号

企业所得税

7.3.2.14 电子游戏厅，企业所得税适用税率?

■对账证不全及按有关规定应采取核定征收企业所得税的电子游戏厅，调高定额或应税所得率，调高幅度为20%—50%，具体幅度比例可根据电子游戏厅经营情况确定。

《财政部 国家税务总局关于对青少年活动场所、电子游戏厅有关所得税和营业税政策问题的通知》三 财税〔2000〕21号

个人所得税

7.3.2.15　电子游戏厅，个人所得税适用税率？

■对核定征收个人所得税的电子游戏厅，一律调高50%的个人所得税定额。

《财政部　国家税务总局关于对青少年活动场所、电子游戏厅有关所得税和营业税政策问题的通知》四　财税〔2000〕21号

土地使用税

7.3.2.16　利用林场土地兴建休闲娱乐场所的，是否征收城镇土地使用税？

■在城镇土地使用税征收范围内，利用林场土地兴建度假村等休闲娱乐场所的，其经营、办公和生活用地，应征收城镇土地使用税。

《财政部　国家税务总局关于房产税、城镇土地使用税有关政策的通知》四　财税〔2006〕186号

文化事业建设费

7.3.2.17　在境内提供娱乐服务的单位和个人，是否缴纳文化事业建设费？

■在中华人民共和国境内提供娱乐服务的单位和个人，应缴纳文化事业建设费。

■娱乐服务，是指（财税〔2016〕36号）的《销售服务、无形资产、不动产注释》中“娱乐服务”范围内的服务。

《财政部　国家税务总局关于营业税改征增值税试点有关文化事业建设费政策及征收管理问题的补充通知》一、四　财税〔2016〕60号

7.3.2.18　提供娱乐服务，应缴费额的计算公式？

■缴纳义务人应按照提供娱乐服务取得的计费销售额和3%的费率计算娱乐服务应缴费额，计算公式如下：

娱乐服务应缴费额=娱乐服务计费销售额×3%

娱乐服务计费销售额，为缴纳义务人提供娱乐服务取得的全部含税价款和价外费用。

《财政部　国家税务总局关于营业税改征增值税试点有关文化事业建设费政策及征收管理问题的补充通知》二　财税〔2016〕60号

7.4　餐饮住宿服务

7.4.1　增值税

7.4.1.1　餐饮住宿服务，增值税的征收范围？

■餐饮住宿服务，包括餐饮服务和住宿服务。

（1）餐饮服务，是指通过同时提供饮食和饮食场所的方式为消费者提供饮食消费服务的业务活动。

（2）住宿服务，是指提供住宿场所及配套服务等的活动。包括宾馆、旅馆、旅社、度假村和其他经营性住宿场所提供的住宿服务。

《财政部 国家税务总局关于全面推开营业税改征增值税试点的通知》附件1：营业税改征增值税试点实施办法 附：销售服务、无形资产、不动产注释一 财税〔2016〕36号

7.4.1.2 纳税人销售非现场消费的食品，如何缴纳增值税？

■旅店业和饮食业纳税人销售非现场消费的食品应当缴纳增值税。

《国家税务总局关于旅店业和饮食业纳税人销售食品有关税收问题的公告》 国家税务总局公告2011年第62号

■自2013年5月1日起，旅店业和饮食业纳税人销售非现场消费的食品，属于不经常发生增值税应税行为，可以选择按小规模纳税人缴纳增值税。

《国家税务总局关于旅店业和饮食业纳税人销售非现场消费食品增值税有关问题的公告》 国家税务总局公告2013年第17号

7.4.1.3 餐饮行业增值税一般纳税人购进农业生产者自产农产品，如何抵扣进项税额？

■自2016年5月1日起，餐饮行业增值税一般纳税人购进农业生产者自产农产品，可以使用国税机关监制的农产品收购发票，按照现行规定计算抵扣进项税额。

有条件的地区，应积极在餐饮行业推行农产品进项税额核定扣除办法，按照《财政部 国家税务总局关于在部分行业试行农产品增值税进项税额核定扣除办法的通知》（财税〔2012〕38号）有关规定计算抵扣进项税额。

《国家税务总局关于明确营改增试点若干征管问题的公告》一 国家税务总局公告2016年第26号

■北京市以农产品收购发票或者销售发票抵扣进项税额的增值税一般纳税人，纳入农产品增值税进项税额核定扣除试点范围，其购进农产品的增值税进项税额均按照38号通知所附《农产品增值税进项税额核定扣除试点实施办法》的规定抵扣。

《北京市国家税务局 北京市财政局关于试行农产品增值税进项税额核定扣除办法的公告》北京市国家税务局 北京市财政局公告2015年第17号

7.4.1.4 住宿业增值税小规模纳税人，如何自行开具增值税专用发票？

■自2016年8月1日起，在部分地区开展住宿业增值税小规模纳税人自行开具增值税专用发票试点工作。

试点范围限于全国91个城市（名单见附件）月销售额超过3万元（或季销售额超过9万元）的住宿业增值税小规模纳税人。

试点纳税人提供住宿服务、销售货物或发生其他应税行为，需要开具专用发票的，可以通过增值税发票管理新系统自行开具，主管国税机关不再为其代开。

试点纳税人销售其取得的不动产，需要开具专用发票的，仍须向地税机关申请代开。

主管税务机关为试点纳税人核定的单份专用发票最高开票限额不超过一万元。

试点纳税人所开具的专用发票应缴纳的税款，应在规定的纳税申报期内，向主管税务机关申报纳税。在填写增值税纳税申报表时，应将当期开具专用发票的销售额，

按照3%和5%的征收率，分别填写在《增值税纳税申报表》（小规模纳税人适用）第2栏和第5栏“税务机关代开的增值税专用发票不含税销售额”的“本期数”相应栏次中。

《国家税务总局关于部分地区开展住宿业增值税小规模纳税人自开增值税专用发票试点工作有关事项的公告》 国家税务总局公告2016年第44号

7.4.2 营业税

7.4.2.1 提供服务业劳务，征收营业税的范围？

■服务业税目的征收范围包括旅店业、饮食业。

旅店业，是指提供住宿服务的业务。

饮食业，是指通过同时提供饮食和饮食场所的方式为顾客提供饮食消费服务的业务。

《国家税务总局关于印发〈营业税税目注释（试行稿）〉的通知》七 国税发〔1993〕149号

7.4.2.2 餐饮企业的送餐服务收入，是否征收营业税？

■百胜餐饮（广东）有限公司主要经营中西餐饮服务、制作餐厅食品及冷热饮料，其设立非独立核算分支机构从事“必胜宅急送”业务，提供餐饮食品的送餐服务，其营业范围、食品制作工艺、操作流程及原材料成本构成与传统餐饮服务基本相同。因此，对该公司取得的餐饮食品送餐收入不征收增值税，应征收营业税。

《国家税务总局关于餐饮公司送餐业务有关税收问题的批复》 国税函〔2009〕233号

7.4.2.3 境外单位或者个人在境外向境内单位或者个人提供的旅店业、饮食业服务，是否征收营业税？

■对境外单位或者个人在境外向境内单位或者个人提供的服务业中的旅店业、饮食业，不征收营业税。

《财政部 国家税务总局关于个人金融商品买卖等营业税若干免税政策的通知》四 财税〔2009〕111号

7.4.2.4 提供服务业的旅店业和饮食业劳务，征收营业税的税率？

■服务业的旅店业和饮食业，营业税税率为5%。

《中华人民共和国营业税暂行条例》第二条、附：营业税税目税率表

7.4.2.5 消费者持消费卡进行消费，如何确定营业额？

■消费者持服务单位销售或赠予的固定面值消费卡进行消费时，计税依据为服务单位所冲减的有价消费卡面值额。

《国家税务总局关于有价消费卡征收营业税问题的批复》 国税函〔2004〕1032号

7.4.2.6 服务性单位从事餐饮中介服务，如何确定营业额？

■服务性单位从事餐饮中介服务的营业额为向委托方和餐饮企业实际收取的中介服务

费，不包括其代委托方转付的就餐费用。

《国家税务总局关于代理业营业额问题的通知》 国税发〔2003〕69号

7.4.2.7 纳税人开展“消费储值”业务取得的收入，如何确定营业额？

■纳税人开展“消费储值”业务取得的收入（包括向加盟商家收取的佣金收入；向代理商或地区服务中心经理等机构或个人收取的管理费、合同定金、市场保证金等收入；向持卡消费者收取的注册费、服务费等收入），应全额征收营业税，不得扣除支付给代理商或地区服务中心经理等机构或个人以及持卡消费者的佣金费用、奖励等支出。

《国家税务总局关于“消费储值”业务征收营业税问题的批复》 国税函〔2005〕168号

7.4.2.8 钓鱼台国宾馆，有哪些优惠政策？

■经国务院批准，从2004年1月1日起，对钓鱼台国宾馆免征营业税、企业所得税、城市维护建设税、教育费附加、房产税、土地使用税的政策继续执行。

《财政部 国家税务总局关于钓鱼台国宾馆免税问题的通知》 财税〔2004〕72号

7.4.2.9 已办理税务登记的餐饮、娱乐业单位和个人，是否可以申请代开发票？

■凡已办理税务登记的单位和个人，提供餐饮、娱乐业应税劳务服务，不可以向主管税务机关申请代开普通发票。

《国家税务总局关于加强和规范税务机关代开普通发票工作的通知》二 国税函〔2004〕1024号

7.5 居民日常服务

7.5.1 增值税

7.5.1.1 居民日常服务，增值税的征收范围？

■居民日常服务，是指主要为满足居民个人及其家庭日常生活需求提供的服务，包括市容市政管理、家政、婚庆、养老、殡葬、照料和护理、救助救济、美容美发、按摩、桑拿、氧吧、足疗、沐浴、洗染、摄影扩印等服务。

《财政部 国家税务总局关于全面推开营业税改征增值税试点的通知》附件1：营业税改征增值税试点实施办法 附：销售服务、无形资产、不动产注释一 财税〔2016〕36号

7.5.1.2 家政服务企业，免征增值税的条件？

■家政服务企业由员工制家政服务员提供家政服务取得的收入，免征增值税。

家政服务企业，是指在企业营业执照的规定经营范围中包括家政服务内容的企业。

员工制家政服务员，是指同时符合下列3个条件的家政服务员：

（1）依法与家政服务企业签订半年及半年以上的劳动合同或者服务协议，且在该企业实际上岗工作。

（2）家政服务企业为其按月足额缴纳了企业所在地人民政府根据国家政策规定的基本养老保险、基本医疗保险、工伤保险、失业保险等社会保险。对已享受新型农村养老保险和新型农村合作医疗等社会保险或者下岗职工原单位继续为其缴纳社会保险的家政服务员，如果本人书面提出不再缴纳企业所在地人民政府根据国家政策规定的相应的社会保险，并出具其所在乡镇或者原单位开具的已缴纳相关保险的证明，可视同家政服务企业已为其按月足额缴纳了相应的社会保险。

（3）家政服务企业通过金融机构向其实际支付不低于企业所在地适用的经省级人民政府批准的最低工资标准的工资。

《财政部　国家税务总局关于全面推开营业税改征增值税试点的通知》附件3：营业税改征增值税试点过渡政策的规定一　财税〔2016〕36号

7.5.1.3　残疾人福利机构提供的育养服务，是否免征增值税？

■残疾人福利机构提供的育养服务，免征增值税。

《财政部　国家税务总局关于全面推开营业税改征增值税试点的通知》附件3：营业税改征增值税试点过渡政策的规定一　财税〔2016〕36号

7.5.1.4　婚姻介绍服务，是否免征增值税？

■婚姻介绍服务，免征增值税。

《财政部　国家税务总局关于全面推开营业税改征增值税试点的通知》附件3：营业税改征增值税试点过渡政策的规定一　财税〔2016〕36号

7.5.1.5　殡葬服务，是否免征增值税？

■殡葬服务，免征增值税。

殡葬服务，是指收费标准由各地价格主管部门会同有关部门核定，或者实行政府指导价管理的遗体接运（含抬尸、消毒）、遗体整容、遗体防腐、存放（含冷藏）、火化、骨灰寄存、吊唁设施设备租赁、墓穴租赁及管理等服务。

《财政部　国家税务总局关于全面推开营业税改征增值税试点的通知》附件3：营业税改征增值税试点过渡政策的规定一　财税〔2016〕36号

7.5.2　营业税

7.5.2.1　提供服务业劳务，征收营业税的范围？

■服务业税目的征收范围包括其他服务业。

其他服务业，是指上列业务以外的服务业务，如沐浴、理发、洗染、照相、美术、裱画、誊写、打字、镌刻、计算、测试、试验、化验、录音、录像、复印、晒图、设计、制图、测绘、勘探、打包、咨询等。

《国家税务总局关于印发〈营业税税目注释（试行稿）〉的通知》七

国税发〔1993〕149号

7.5.2.2 非电信部门提供电话信息服务，是否征收营业税？

■非电信部门直属的信息台，其向用户提供电话信息服务的业务取得的收入，应按“服务业”税目征收营业税。

《国家税务总局关于非电信部门开办电话咨询业务适用税目问题的批复》 国税函〔1996〕700号

7.5.2.3 非本企业雇员为企业提供推销、代理等服务取得的收入，是否缴纳营业税？

■非本企业雇员为企业提供非有形商品推销、代理等服务活动取得的佣金、奖励和劳务费等名目的收入，无论该收入采用何种计取方法和支付方式，均应计入个人从事服务业应税劳务的营业额，计算征收营业税。

《财政部 国家税务总局关于个人提供非有形商品推销、代理等服务活动取得收入征收营业税和个人所得税有关问题的通知》二 财税字〔1997〕103号

7.5.2.4 单位和个人受托种植植物、饲养动物，是否征收营业税？

■单位和个人受托种植植物、饲养动物的行为，应按照营业税“服务业”税目征收营业税，不征收增值税。

单位和个人受托种植植物、饲养动物的行为是指，委托方向受托方提供其拥有的植物或动物，受托方提供种植或饲养服务并最终将植物或动物归还给委托方的行为。

《国家税务总局关于受托种植植物、饲养动物征收流转税问题的通知》 国税发〔2007〕17号

7.5.2.5 纳税人开展“消费储值”业务取得的收入如何征收营业税？

■纳税人开展“消费储值”业务取得的收入，应按“服务业——其他服务业”全额征收营业税。

《国家税务总局关于“消费储值”业务征收营业税问题的批复》 国税函〔2005〕168号

7.5.2.6 提供服务业其他服务业劳务，征收营业税的税率？

■服务业其他服务业的税率为5%。

《中华人民共和国营业税暂行条例》第二条、附：营业税税目税率表

7.5.2.7 经营公用电话，如何确定营业税？

■对经营公用电话取得的收入的营业额为向用户收取的全部价款和价外费用减去支付给邮电部门的管理费和电话费的余额。

《国家税务总局关于经营公用电话征收营业税问题的通知》三 国税发〔1997〕161号

7.5.2.8 包机公司从事包机业务的营业额，如何确定？

■对包机公司向旅客或货主收取的运营收入，其营业额为向旅客或货主收取的全部价款和价外费用减除支付给航空运输企业的包机费后的余额。

包机业务，是指航空运输企业与包机公司签订协议，由航空运输企业负责运送旅客或货物，包机公司负责向旅客或货主收取运营收入，并向航空运输企业支付固定包机费用的

业务。

《国家税务总局关于航空运输企业包机业务征收营业税问题的通知》 国税发〔2000〕139号

7.5.2.9 纳税人从事无船承运业务，如何确定营业额？

■纳税人从事无船承运业务，以其向委托人收取的全部价款和价外费用扣除其支付的海运费以及报关、港杂、装卸费用后的余额为计税营业额申报缴纳营业税。

纳税人从事无船承运业务，应按照其从事无船承运业务取得的全部价款和价外费用向委托人开具发票，同时应凭其取得的开具给本纳税人的发票或其他合法有效凭证作为差额缴纳营业税的扣除凭证。

《国家税务总局关于无船承运业务有关营业税问题的通知》 国税函〔2006〕1312号

7.5.2.10 哪些机构提供的育养服务，免征营业税？

■托儿所、幼儿园、养老院、残疾人福利机构提供的育养服务，免征营业税。（育养服务减免性质代码：03012704）

《中华人民共和国营业税暂行条例》 第八条

7.5.2.11 婚姻介绍服务，是否免征营业税？

■婚姻介绍服务，免征营业税。（婚姻介绍减免性质代码：03012707）

《中华人民共和国营业税暂行条例》 第八条

7.5.2.12 殡葬服务，是否免征营业税？

■殡葬服务，免征营业税。（殡葬服务减免性质代码：03012708）

《中华人民共和国营业税暂行条例》 第八条

7.5.2.13 员工制家政服务，是否免征营业税？

■自2011年10月1日至2014年9月30日，对家政服务企业由员工制家政服务员提供的家政服务取得的收入免征营业税。

家政服务企业，是指在企业营业执照的规定经营范围中包括家政服务内容的企业。

员工制家政服务员，是指同时符合下列三个条件的家政服务员：

（1）依法与家政服务企业签订半年及半年以上的劳动合同或服务协议，且在该企业实际上岗工作。

（2）家政服务企业为其按月足额缴纳了企业所在地人民政府根据国家政策规定的基本养老保险、基本医疗保险、工伤保险、失业保险等社会保险。

对已享受新型农村养老保险和新型农村合作医疗等社会保险或者下岗职工原单位继续为其缴纳社会保险的家政服务员，如果本人书面提出不再缴纳企业所在地人民政府根据国家政策规定的相应的社会保险，并出具其所在乡镇或原单位开具的已缴纳相关保险的证明，可视同家政服务企业已为其按月足额缴纳了相应的社会保险。

（3）家政服务企业通过金融机构向其实际支付不低于企业所在地适用的经省级人民政府批准的最低工资标准的工资。

家政服务，是指婴幼儿及小学生看护、老人和病人护理、孕妇和产妇护理、家庭保洁（不含产品售后服务）、家庭烹饪。

家政服务企业应将员工制家政服务员提供的家政服务收入，与其他收入分别核算，未分别核算的，不得享受本通知规定的免征营业税优惠政策。

家政服务企业依法与员工制家政服务员签订半年及半年以上的劳动合同或服务协议，应当在合同签订后三个月内到当地营业税主管税务机关进行备案，经过备案的企业方可申请本通知规定的营业税优惠政策。

家政服务企业凡弄虚作假骗取本通知规定的营业税优惠政策的，除根据现行规定进行处罚外，自发生上述违法违规行为年度起取消其享受本通知规定的营业税优惠政策的资格，3年内不得再次申请。

《财政部　国家税务总局关于员工制家政服务免征营业税的通知》七　财税〔2011〕51号

■（财税〔2011〕51号）规定的员工制家政服务营业税免税政策，自2014年10月1日至2018年12月31日继续执行。纳税人已缴纳的应予免征的营业税，允许从纳税人以后的营业税应纳税款中抵减，家政服务业实施营业税改征增值税改革之日前抵减不完的予以退税。

《财政部　国家税务总局关于员工制家政服务营业税政策的通知》　财税〔2016〕9号

7.5.2.14　纳税人在境外提供文物、遗址等的修复保护服务，是否免征营业税？

■纳税人为境外单位或个人在境外提供文物、遗址等的修复保护服务，免征营业税。（减免税代码：03103223）

《财政部　国家税务总局关于支持文化服务出口等营业税政策的通知》一　财税〔2014〕118号

7.5.2.15　纳税人在境外提供传统医药诊疗保健服务，是否免征营业税？

■纳税人为境外单位或个人在境外提供纳入国家级非物质文化遗产名录的传统医药诊疗保健服务，免征营业税。（减免税代码：03103224）

《财政部　国家税务总局关于支持文化服务出口等营业税政策的通知》一　财税〔2014〕118号

7.5.3　养老服务

7.5.3.1　养老机构提供的养老服务，是否免征增值税？

■养老机构提供的养老服务，免征增值税。

养老机构，是指依照民政部《养老机构设立许可办法》（民政部令第48号）设立并依法办理登记的为老年人提供集中居住和照料服务的各类养老机构；

养老服务，是指上述养老机构按照民政部《养老机构管理办法》（民政部令第49号）的规定，为收住的老年人提供的生活照料、康复护理、精神慰藉、文化娱乐等服务。

《财政部　国家税务总局关于全面推开营业税改征增值税试点的通知》附件3：营业税改征增值税试点过渡政策的规定一　财税〔2016〕36号

7.5.3.2　对老年服务机构，是否免征企业所得税？

■对政府部门和企事业单位、社会团体以及个人等社会力量投资兴办的福利性、非营利性的老年服务机构，暂免征收企业所得税。

老年服务机构，是指专门为老年人提供生活照料、文化、护理、健身等多方面服务的福利性、非营利性的机构，主要包括：老年社会福利院、敬老院（养老院）、老年服务中心、老年公寓（含老年护理院、康复中心、托老所）等。

《财政部　国家税务总局关于对老年服务机构有关税收政策问题的通知》一　财税〔2000〕97号

7.5.3.3　老年服务机构自用房产、土地，是否免征房产税、土地使用税？

■对政府部门和企事业单位、社会团体以及个人等社会力量投资兴办的福利性、非营利性的老年服务机构自用房产、土地，免征房产税、城镇土地使用税。（房产税减免性质代码：08012701）（土地税减免税代码：10012702）

《财政部　国家税务总局关于对老年服务机构有关税收政策问题的通知》一　财税〔2000〕97号

7.5.3.4　养老院占用应税土地，是否免征耕地占用税？

■养老院占用应税土地，免征耕地占用税。（减免税代码：14101402）

免税的养老院，具体范围限于经批准设立的养老院内专门为老年人提供生活照顾的场所。

《国家税务总局关于发布〈耕地占用税管理规程（试行）〉的公告》第四十条　国家税务总局公告2016年第2号

7.5.3.5　老年服务机构自用车船，是否免征车船使用税？

■对政府部门和企事业单位、社会团体以及个人等社会力量投资兴办的福利性、非营利性的老年服务机构自用的车船，免征车船使用税。

《财政部　国家税务总局关于对老年服务机构有关税收政策问题的通知》一　财税〔2000〕97号

7.5.3.6　养老机构提供的养老服务，是否免征营业税？

■养老机构是指依照《养老机构设立许可办法》（民政部令第48号）设立并依法办理登记的为老年人提供集中居住和照料服务的各类养老机构。

养老服务是指上述养老机构按照《养老机构管理办法》（民政部令第49号）的规定，为收住的老年人提供的生活照料、康复护理、精神慰藉、文化娱乐等服务。

《财政部　国家税务总局关于支持文化服务出口等营业税政策的通知》二　财税〔2014〕118号

7.6　其他生活服务

7.6.1　增值税

7.6.1.1　其他生活服务，增值税的征收范围？

■其他生活服务，是指除文化体育服务、教育医疗服务、旅游娱乐服务、餐饮住宿服务和居民日常服务之外的生活服务。

《财政部　国家税务总局关于全面推开营业税改征增值税试点的通知》附件1：营业税改征增值税试点实施办法　附：销售服务、无形资产、不动产注释一　财税〔2016〕36号

7.6.1.2　福利彩票、体育彩票的发行收入，是否免征增值税？

■福利彩票、体育彩票的发行收入，免征增值税。

《财政部　国家税务总局关于全面推开营业税改征增值税试点的通知》附件3：营业税改征增值税试点过渡政策的规定一　财税〔2016〕36号

7.6.2　营业税

7.6.2.1　对社会福利有奖募捐的发行收入，是否征收营业税？

■对社会福利有奖募捐的发行收入不征营业税。

《国家税务总局关于社会福利有奖募捐发行收入税收问题的通知》一　国税发〔1994〕127号（2016年5月29日废止，详见国家税务总局公告2016年第34号）

7.6.2.2　对代销社会福利有奖募捐取得的手续费收入，是否征收营业税？

■对社会福利有奖募捐的代销单位取得的手续费收入，应征收营业税。

《国家税务总局关于社会福利有奖募捐发行收入税收问题的通知》一　国税发〔1994〕127号（2016年5月29日废止，详见国家税务总局公告2016年第34号）

7.6.2.3　企业修建收费商品路，是否征收营业税？

■对该企业所建商品路收费站所收取的费用应依“服务业”税目5%的税率征收营业税。

《国家税务总局关于中外合资××公路桥梁开发有限公司税收问题的批复》　国税函发〔1994〕32号

7.6.2.4　福利彩票销售，是否征收营业税？

■福利彩票机构发行销售福利彩票取得的收入不征收营业税。对福利彩票机构以外的代销单位销售福利彩票取得的手续费收入应按规定征收营业税。

《财政部　国家税务总局关于发行福利彩票有关税收问题的通知》一　财税〔2002〕59号

7.6.3　企业所得税

7.6.3.1　福利彩票机构发行销售福利彩票取得的收入，是否征收企业所得税？

■福利彩票机构发行销售福利彩票取得的收入，包括返还奖金、发行经费、公益金，暂免征收企业所得税。

《财政部　国家税务总局关于发行福利彩票有关税收问题的通知》二　财税〔2002〕59号

8 销售无形资产

8.1 增值税

8.1.1.1 销售无形资产，增值税的征收范围？

■销售无形资产，是指转让无形资产所有权或者使用权的业务活动。无形资产，是指不具实物形态，但能带来经济利益的资产，包括技术、商标、著作权、商誉、自然资源使用权和其他权益性无形资产。

技术，包括专利技术和非专利技术。

自然资源使用权，包括土地使用权、海域使用权、探矿权、采矿权、取水权和其他自然资源使用权。

其他权益性无形资产，包括基础设施资产经营权、公共事业特许权、配额、经营权（包括特许经营权、连锁经营权、其他经营权）、经销权、分销权、代理权、会员权、席位权、网络游戏虚拟道具、域名、名称权、肖像权、冠名权、转会费等。

《财政部国家税务总局关于全面推开营业税改征增值税试点的通知》附件1 营业税改征增值税试点实施办法 附：销售服务、无形资产、不动产注释二 财税〔2016〕36号

8.1.1.2 销售无形资产，增值税适用税率？

■纳税人发生转让土地使用权，税率为11%外，其他销售无形资产，税率为6%。

《财政部 国家税务总局关于全面推开营业税改征增值税试点的通知》附件1：营业税改征增值税试点实施办法第十五条 财税〔2016〕36号

8.1.1.3 纳税人转让2016年4月30日前取得的土地使用权，如何计算缴纳增值税？

■纳税人转让2016年4月30日前取得的土地使用权，可以选择适用简易计税方法，以取得的全部价款和价外费用减去取得该土地使用权的原价后的余额为销售额，按照5%的征收率计算缴纳增值税。

《财政部 国家税务总局关于进一步明确全面推开营改增试点有关劳务派遣服务、收费公路通行费抵扣等政策的通知》三 财税〔2016〕47号

8.1.1.4 向境外单位提供的完全在境外消费的无形资产，是否免征增值税？

■境内的单位和个人向境外单位提供的完全在境外消费的无形资产，免征增值税，但财政部和国家税务总局规定适用增值税零税率的除外。

《财政部 国家税务总局关于全面推开营业税改征增值税试点的通知》附件4：跨境应税行为适用增值税零税率和免税政策的规定二 财税〔2016〕36号

■向境外单位销售的完全在境外消费的无形资产（技术除外），免征增值税。

下列情形不属于向境外单位销售的完全在境外消费的无形资产：

（1）无形资产未完全在境外使用。

（2）所转让的自然资源使用权与境内自然资源相关。

（3）所转让的基础设施资产经营权、公共事业特许权与境内货物或不动产相关。

（4）向境外单位转让在境内销售货物、应税劳务、服务、无形资产或不动产的配额、经营权、经销权、分销权、代理权。

《国家税务总局关于发布〈营业税改征增值税跨境应税行为增值税免税管理办法（试行）〉的公告》第二条 国家税务总局公告2016年第29号

8.1.1.5 向境外单位提供商标著作权转让服务，是否免征增值税？

■境内单位和个人向境外单位提供商标著作权转让服务，免征增值税。

《国家税务总局关于重新发布〈营业税改征增值税跨境应税服务增值税免税管理办法（试行）〉的公告》第二条 国家税务总局公告2014年第49号（自2016年5月1日起全文失效，详见国家税务总局公告2016年第29号）

8.1.1.6 转让商标标识，是否属于转让商标使用权？

■广东省盐业公司从定点生产单位购进“碘盐标志”商标，再有偿转让给生产或经营单位粘贴于包装上，不属于转让商标的所有权或使用权，纯属销售商标的载体，其取得的收入只是载体的工本费，不是转让商标的收入。

《国家税务总局关于有偿转让“碘盐标志”征税问题的批复国税函》〔1999〕564号

8.1.1.7 个人转让著作权，是否免征增值税？

■个人转让著作权，免征增值税。

《财政部 国家税务总局关于全面推开营业税改征增值税试点的通知》附件3：营业税改征增值税试点过渡政策的规定一 财税〔2016〕36号

8.1.1.8 将土地使用权转让给农业生产者用于农业生产，是否免征增值税？

■将土地使用权转让给农业生产者用于农业生产，免征增值税。

《财政部 国家税务总局关于全面推开营业税改征增值税试点的通知》附件3：营业税改征增值税试点过渡政策的规定一 财税〔2016〕36号

8.1.1.9 涉及家庭财产分割的个人无偿转让不动产、土地使用权，是否免征增值税？

■涉及家庭财产分割的个人无偿转让不动产、土地使用权，免征增值税。

家庭财产分割，包括下列情形：离婚财产分割；无偿赠与配偶、父母、子女、祖父母、外祖父母、孙子女、外孙子女、兄弟姐妹；无偿赠与对其承担直接抚养或者赡养义务的抚养人或者赡养人；房屋产权所有人死亡，法定继承人、遗嘱继承人或者受遗赠人依法取得房屋产权。

《财政部　国家税务总局关于全面推开营业税改征增值税试点的通知》附件3：营业税改征增值税试点过渡政策的规定一　财税〔2016〕36号

8.1.1.10　出让土地使用权和归还土地使用权，是否免征增值税？

■土地所有者出让土地使用权和土地使用者将土地使用权归还给土地所有者，免征增值税。

《财政部　国家税务总局关于全面推开营业税改征增值税试点的通知》附件3：营业税改征增值税试点过渡政策的规定一　财税〔2016〕36号

8.1.1.11　出让、转让或收回自然资源使用权，是否免征增值税？

■县级以上地方人民政府或自然资源行政主管部门出让、转让或收回自然资源使用权（不含土地使用权），免征增值税。

《财政部　国家税务总局关于全面推开营业税改征增值税试点的通知》附件3：营业税改征增值税试点过渡政策的规定一　财税〔2016〕36号

8.1.1.12　其他个人转让自然资源使用权，如何确定纳税地点？

■其他个人转让自然资源使用权，应向自然资源所在地主管税务机关申报纳税。

《财政部　国家税务总局关于全面推开营业税改征增值税试点的通知》附件1：营业税改征增值税试点实施办法第四十六条　财税〔2016〕36号

8.2　营业税

8.2.1　征税范围

8.2.1.1　单位和个人转让无形资产，是否缴纳营业税？

■单位和个人在中华人民共和国境内转让无形资产，应当缴纳营业税。

《中华人民共和国营业税暂行条例》第一条

■转让无形资产，是指有偿转让无形资产的行为（应税行为）。

■在中华人民共和国境内转让无形资产，是指：

（1）所转让的无形资产（不含土地使用权）的接受单位或者个人在境内；

（2）所转让或者出租土地使用权的土地在境内。

《中华人民共和国营业税暂行条例实施细则》第三、四条

8.2.1.2　转让无形资产，营业税征收范围？

■转让无形资产税目的征收范围包括：转让土地使用权、转让商标权、转让专利权、转让非专利技术、转让著作权、转让商誉。

转让土地使用权，是指土地使用者转让土地使用权的行为。

转让商誉，是指转让商誉的使用权的行为。

《国家税务总局关于印发〈营业税税目注释（试行稿）〉的通知》八　国税

发〔1993〕149号

■转让非专利技术，是指转让非专利技术的所有权或使用权的行为。提供无所有权的技术，不作为本税目的纳税对象。

无所有权的技术，是指一经转让，转让方就不再对受让方拥有任何支配权的技术，而不是指除了经注册的专利以外的所有非专利技术。如果一项技术在转让后，转让方仍能对该项技术拥有某些权限，就说明该项技术并不是无所有权的。

《国税总局关于技术转让征收营业税问题的批复》二　国税函〔1996〕743号

■自2012年2月1日起，在"转让无形资产"税目注释中增加"转让自然资源使用权"子目。

转让自然资源使用权，是指权利人转让勘探、开采、使用自然资源权利的行为。

自然资源使用权，是指海域使用权、探矿权、采矿权、取水权和其他自然资源使用权（不含土地使用权）。

在境内转让自然资源使用权，是指所转让的自然资源使用权涉及的自然资源在境内。

《财政部　国家税务总局关于转让自然资源使用权营业税政策的通知》财税〔2012〕6号

■自2013年8月1日起，在全国范围内开展交通运输业和部分现代服务业营改增试点。部分现代服务业中包括转让商标权、转让专利权、转让非专利技术、转让著作权，不再征收营业税。

《财政部　国家税务总局关于在全国开展交通运输业和部分现代服务业营业税改征增值税试点税收政策的通知》　财税〔2013〕37号

8.2.1.3　土地所有者出让土地使用权，是否征收营业税？

■凡经人民政府依法定程序批准并办理审批手续的政府出让土地使用权的行为，属于土地所有者出让土地使用权，不征收营业税；

《财政部　国家税务总局关于呼和浩特市土地收购储备拍卖中心转让土地使用权征收营业税问题的批复》　财税〔2006〕23号

8.2.1.4　土地所有者将土地使用权归还给土地所有者，是否征收营业税？

■纳税人将土地使用权归还给土地所有者时，只要出具县级（含）以上地方人民政府收回土地使用权的正式文件，无论支付征地补偿费的资金来源是否为政府财政资金，该行为均属于土地使用者将土地使用权归还给土地所有者的行为，不征收营业税。

《国家税务总局关于土地使用者将土地使用权归还给土地所有者行为营业税问题的通知》　国税函〔2008〕277号

■县级以上（含）地方人民政府收回土地使用权的正式文件，包括县级以上（含）地方人民政府出具的收回土地使用权文件，以及土地管理部门报经县级以上（含）地方人民政府同意后由该土地管理部门出具的收回土地使用权文件。

《国家税务总局关于政府收回土地使用权及纳税人代垫拆迁补偿费有关营业税问题的通知》一　国税函〔2009〕520号

8.2.1.5　以无形资产投资入股，是否征收营业税？

■以无形资产投资入股，参与接受投资方的利润分配、共同承担投资风险的行为，不征收营业税。

《国家税务总局关于印发〈营业税税目注释（试行稿）〉的通知》八　国税发〔1993〕149号

8.2.1.6　单位或者个人将土地使用权无偿赠送其他单位或者个人，是否缴纳营业税？

■单位或者个人将土地使用权无偿赠送其他单位或者个人，视同销售，应当缴纳营业税。

《中华人民共和国营业税暂行条例实施细则》第五条

8.2.1.7　中方以土地与外商合作建房取得的收入，是否征收营业税？

■中方将获得的土地与外方合作，办理土地使用权转移后，不论是按建成的商品房分配面积，还是按商品房销售后的收入进行分配，均应按“转让无形资产”税目征收营业税。

《国家税务总局关于中外合作开发房地产征收营业税问题的批复》一　国税函发〔1994〕644号

8.2.1.8　中方以土地与外商合作建房取得的前期工程开发费，是否征收营业税？

■外方提前支付给中方的前期工程的开发费用，视为中方以预收款方式取得的营业收入，按转让土地使用权，计算征收营业税。

《国家税务总局关于中外合作开发房地产征收营业税问题的批复》二　国税函发〔1994〕644号

8.2.1.9　中方以土地与外商合作建房定期获取的固定利润，是否征收营业税？

■中方以土地与外商合作建房，中方定期获取的固定利润，视为转让土地使用权所取得的收入，计算征收营业税。

《国家税务总局关于中外合作开发房地产征收营业税问题的批复》三　国税函发〔1994〕644号

8.2.1.10　将人工用材林使用权转让，是否按“转让土地使用权”项目征收营业税？

■单位和个人将其拥有的人工用材林使用权转让给其他单位和个人并取得货币、货物或其他经济利益的行为，应按“转让无形资产”税目中“转让土地使用权”项目征收营业税。

《国家税务总局关于林地使用权转让行为征收营业税问题的批复》　国税函〔2002〕700号

8.2.1.11　单位和个人转让尚未进入施工阶段的在建项目，是否按“转让土地使用权”项目征收营业税？

■单位和个人转让在建项目时，不管是否办理土地使用人的更名手续，其实质是发生了转让土地使用权的行为。转让已完成土地前期开发或正在进行土地前期开发，但尚未进入施工阶段的在建项目，按“转让无形资产”税目中“转让土地使用权”项目征收营业税。

在建项目是指立项建设但尚未完工的房地产项目或其他建设项目。

《财政部　国家税务总局关于营业税若干政策问题的通知》二　财税〔2003〕16号

8.2.1.12 土地整理储备供应中心转让土地使用权取得的收入，是否征收营业税?

■土地整理储备供应中心（包括土地交易中心）转让土地使用权取得的收入按“转让无形资产”税目中“转让土地使用权”项目征收营业税。

《财政部 国家税务总局关于营业税若干政策问题的通知》二 财税〔2003〕16号

8.2.1.13 土地使用者转让、抵押或置换土地，是否缴纳营业税?

■土地使用者转让、抵押或置换土地，无论其是否取得了该土地的使用权属证书，无论其在转让、抵押或置换土地过程中是否与对方当事人办理了土地使用权属证书变更登记手续，只要土地使用者享有占有、使用、收益或处分该土地的权利，且有合同等证据表明其实质转让、抵押或置换了土地并取得了相应的经济利益，土地使用者及其对方当事人应当依法缴纳营业税。

《国家税务总局关于未办理土地使用权证转让土地有关税收问题的批复》国税函〔2007〕645号

8.2.1.14 国家收回土地使用权，支付给单位和个人的补偿费，是否征收营业税?

■对国家因公共利益或城市规划需要而收回单位和个人所拥有的土地使用权，并按照《中华人民共和国土地管理法》规定标准支付给单位和个人的土地及地上附着物（包括不动产）的补偿费不征收营业税。

《国家税务总局关于单位和个人土地被国家征用取得土地及地上附着物补偿费有关营业税的批复》 国税函〔2007〕969号

8.2.1.15 出让、转让或收回自然资源使用权，是否征收营业税?

■自2012年2月1日起，县级以上地方人民政府或自然资源行政主管部门出让、转让或收回自然资源使用权的行为，不征收营业税。

《财政部 国家税务总局关于转让自然资源使用权营业税政策的通知》财税〔2012〕6号

8.2.1.16 对纳税人采取技术转让方式销售货物，如何征税?

■对纳税人采取技术转让方式销售货物，其货物部分应照章征收增值税；技术转让收入部分征收营业税。如果货物部分价格明显偏低，按有关法规由主管税务机关核定其计税价格。

《国家税务总局关于专利技术转让过程中销售设备征收增值税问题的批复》 国税函〔1998〕361号

8.2.2 应纳税额

8.2.2.1 转让无形资产，营业税税率是多少?

■转让无形资产的营业税税率为5%。

《中华人民共和国营业税暂行条例》附：营业税目税率表

8.2.2.2 单位和个人销售或转让其受让的土地使用权，如何计算营业额?

■单位和个人销售或转让其受让的土地使用权，以全部收入减去土地使用权的购置或受让原价后的余额为营业额。

《财政部　国家税务总局关于营业税若干政策问题的通知》三　财税〔2003〕16号

8.2.2.3　单位和个人销售或转让抵债所得土地使用权的，如何计算营业额?

■单位和个人销售或转让抵债所得土地使用权的，以全部收入减去抵债时该项土地使用权作价后的余额为营业额。

《财政部　国家税务总局关于营业税若干政策问题的通知》三　财税〔2003〕16号

8.2.3　减免税

8.2.3.1　将土地使用权转让给农业生产者用于农业生产，是否免征营业税?

■将土地使用权转让给农业生产者用于农业生产，免征营业税。

《财政部　国家税务总局关于对若干项目免征营业税的通知》三　(94)财税字第2号

■将土地使用权转让给农业生产者用于农业生产，免征营业税。

"农业"，包括林业、牧业、水产业在内，其具体范围由各省、自治区、直辖市、计划单列市税务局确定。

《国家税务总局关于印发〈土地使用权转让及出售建筑物和经济权益转让征收营业税具体办法〉的通知》附　土地使用权转让及出售建筑物和经济权益转让征收营业税具体办法七、

8.2.3.2　人工用材林使用权转让给农业生产者用于农业生产的，是否免征营业税?

■单位和个人将其拥有的人工用材林使用权转让给农业生产者用于农业生产的，免征营业税。

《国家税务总局关于林地使用权转让行为征收营业税问题的批复》　国税函〔2002〕700号

8.2.3.3　个人无偿赠与土地使用权，是否免征收营业税?

■个人无偿赠与土地使用权，属于下列情形之一的，暂免征收营业税：

（1）离婚财产分割；

（2）无偿赠与配偶、父母、子女、祖父母、外祖父母、孙子女、外孙子女、兄弟姐妹；

（3）无偿赠与对其承担直接抚养或者赡养义务的抚养人或者赡养人；

（4）房屋产权所有人死亡，依法取得房屋产权的法定继承人、遗嘱继承人或者受遗赠人。

《财政部　国家税务总局关于个人金融商品买卖等营业税若干免税政策的通知》二　财税〔2009〕111号

8.2.3.4　无偿赠与土地使用权的，在办理免税手续时，应提交的资料?

■属于继承土地使用权的，继承人应当提交公证机关出具的"继承权公证书"、房产所有权证和《个人无偿赠与不动产登记表》；

属于遗嘱人处分土地使用权的，遗嘱继承人或者受遗赠人须提交公证机关出具的“遗嘱公证书”和“遗嘱继承权公证书”或“接受遗赠公证书”、房产所有权证以及《个人无偿赠与土地使用权登记表》；

属于其他情况无偿赠与土地使用权的，受赠人应当提交房产所有权证和《个人无偿赠与土地使用权登记表》。

《国家税务总局关于加强房地产交易个人无偿赠与不动产税收管理有关问题的通知》一　国税发〔2006〕144号

■无偿赠与土地使用权的，在办理免税手续时，应根据情况提交以下相关资料：

（1）（国税发〔2006〕144号）第一条规定的相关证明材料；

（2）赠与双方当事人的有效身份证件；

（3）证明赠与人和受赠人亲属关系的人民法院判决书（原件）、由公证机构出具的公证书（原件）；

（4）证明赠与人和受赠人抚养关系或者赡养关系的人民法院判决书（原件）、由公证机构出具的公证书（原件）、由乡镇人民政府或街道办事处出具的证明材料（原件）。

《财政部　国家税务总局关于个人金融商品买卖等营业税若干免税政策的通知》六　财税〔2009〕111号

8.2.4 纳税管理

8.2.4.1 纳税人转让无形资产，营业税纳税地点？

■纳税人转让无形资产（不含转让土地使用权）应当向其机构所在地或者居住地的主管税务机关申报纳税。

《中华人民共和国营业税暂行条例》第十四条

8.2.4.2 纳税人转让土地使用权，营业税纳税地点？

■纳税人应当向土地所在地的主管税务机关申报纳税而自应当申报纳税之月起超过6个月没有申报纳税的，由其机构所在地或者居住地的主管税务机关补征税款。

《中华人民共和国营业税暂行条例实施细则》第二十六条

8.2.4.3 纳税人转让土地使用权，采取预收款方式的，纳税义务发生时间？

■纳税人转让土地使用权，采取预收款方式的，其纳税义务发生时间为收到预收款的当天。

《中华人民共和国营业税暂行条例实施细则》第二十五条

8.2.4.4 纳税人将土地使用权无偿赠送其他单位或者个人的，纳税义务发生时间？

■纳税人发生将土地使用权无偿赠送其他单位或者个人的，其纳税义务发生时间为土地使用权转移的当天。

《中华人民共和国营业税暂行条例实施细则》第二十五条

8.2.4.5 转让无形资产的营业税纳税人，纳税申报适用办法？

■转让无形资产的营业税纳税人，目前仍按照各地的申报办法进行纳税申报。

《国家税务总局关于印发〈营业税纳税人纳税申报办法〉的通知》 国税发〔2005〕202号

8.3 技术转让

8.3.1 增值税

8.3.1.1 提供技术转让、技术开发和与之相关的技术咨询、技术服务，是否免征增值税？

■纳税人提供技术转让、技术开发和与之相关的技术咨询、技术服务，免征增值税。

技术转让、技术开发，是指《销售服务、无形资产、不动产注释》中“转让技术”、“研发服务”范围内的业务活动。技术咨询，是指就特定技术项目提供可行性论证、技术预测、专题技术调查、分析评价报告等业务活动。

与技术转让、技术开发相关的技术咨询、技术服务，是指转让方（或者受托方）根据技术转让或者开发合同的规定，为帮助受让方（或者委托方）掌握所转让（或者委托开发）的技术，而提供的技术咨询、技术服务业务，且这部分技术咨询、技术服务的价款与技术转让或者技术开发的价款应当在同一张发票上开具。

试点纳税人申请免征增值税时，须持技术转让、开发的书面合同，到纳税人所在地省级科技主管部门进行认定，并持有关的书面合同和科技主管部门审核意见证明文件报主管税务机关备查。

《财政部 国家税务总局关于全面推开营业税改征增值税试点的通知》附件3：营业税改征增值税试点过渡政策的规定一 财税〔2016〕36号

8.3.1.2 向境外单位提供的完全在境外消费的转让技术，是否适用增值税零税率？

■中华人民共和国境内的单位和个人向境外单位提供的完全在境外消费的转让技术，适用增值税零税率。

《财政部 国家税务总局关于全面推开营业税改征增值税试点的通知》附件4：跨境应税行为适用增值税零税率和免税政策的规定一 财税〔2016〕36号

■境内单位和个人向境外单位提供的技术转让服务，免征增值税。

《国家税务总局关于重新发布〈营业税改征增值税跨境应税服务增值税免税管理办法（试行）〉的公告》第二条 国家税务总局公告2014年第49号（自2016年5月1日起全文失效，详见国家税务总局公告2016年第29号）

■自2016年5月1日起，向境外单位销售的完全在境外消费的专业技术服务，免征增值税。

下列情形不属于完全在境外消费的专业技术服务：

（1）服务的实际接受方为境内单位或者个人。

（2）对境内的天气情况、地震情况、海洋情况、环境和生态情况进行的气象服务、地震服务、海洋服务、环境和生态监测服务。

（3）为境内的地形地貌、地质构造、水文、矿藏等进行的测绘服务。

（4）为境内的城、乡、镇提供的城市规划服务。

符合零税率政策但适用简易计税方法或声明放弃适用零税率选择免税的向境外单位转让完全在境外消费的技术，免征增值税：

《国家税务总局关于发布〈营业税改征增值税跨境应税行为增值税免税管理办法（试行）〉的公告》第二条　国家税务总局公告2016年第29号

8.3.1.3　提供技术转让服务，办理增值税免抵退税申报，是否提供《技术出口合同登记证》？

■提供技术转让服务适用增值税零税率，在申报免抵退税时，向主管国税机关提供与技术转让服务收入相对应的《技术出口合同登记证》及其数据表。

《国家税务总局关于〈适用增值税零税率应税服务退（免）税管理办法〉的补充公告》四　国家税务总局公告2015年第88号

8.3.2　营业税

8.3.2.1　技术转让收入，是否免征营业税？

■对单位和个人（包括外商投资企业、外商投资设立的研究开发中心、外国企业和外籍个人）从事技术转让、技术开发业务和与之相关的技术咨询、技术服务业务取得的收入，免征营业税。

技术转让是指转让者将其拥有的专利和非专利技术的所有权和使用权有偿转让他人的行为。

技术开发是指开发者接受他人委托，就新技术、新产品、新工艺或者新材料及其系统进行研究开发的行为。

技术咨询是指就特定技术项目提供可行性论证、技术预测、专题技术调查、分析评价报告等。

与技术转让、技术开发相关的技术咨询、技术服务业务是指转让方（或受托方）根据技术转让或开发合同的法规，为帮助受让方（或委托方）掌握所转让（或委托开发）的技术，而提供的技术咨询、技术服务业务。且这部分技术咨询、服务的价款与技术转让（或开发）的价款是开在同一张发票上的。

《财政部　国家税务总局关于贯彻落实〈中共中央国务院关于加强技术创新，发展高科技，实现产业化的决定〉有关税收问题的通知》二　财税字〔1999〕273号

■免征营业税的技术开发、技术转让业务，是指自然科学领域的技术开发和技术转让业务。

《财政部　国家税务总局关于技术开发技术转让有关营业税问题的批复》

财税〔2005〕39号

8.3.2.2 免征营业税的技术转让、开发的营业额如何计算?

■（1）以图纸、资料等为载体提供已有技术或开发成果的，其免税营业额为向对方收取的全部价款和价外费用。

（2）以样品、样机、设备等货物为载体提供已有技术或开发成果的，其免税营业额不包括货物的价值。对样品、样机、设备等货物，应当按有关法规征收增值税。转让方（或受让方）应分别反映货物的价值与技术转让、开发的价值，如果货物部分价格明显偏低，应按照《中华人民共和国增值税暂行条例实施细则》第16条的法规，由主管税务机关核定计税价格。

（3）提供生物技术时附带提供的微生物菌种母本和动、植物新品种，应包括在免征营业税的营业额内。但批量销售的微生物菌种，应当征收增值税。

《财政部　国家税务总局关于贯彻落实〈中共中央国务院关于加强技术创新，发展高科技，实现产业化的决定〉有关税收问题的通知》二　财税字〔1999〕273号

8.3.2.3 免税的审批程序?

■（1）纳税人从事技术转让、开发业务申请免征营业税时，须持技术转让、开发的书面合同，到纳税人所在地省级科技主管部门进行认定，再持有关的书面合同和科技主管部门审核意见证明报当地主管税务机关审核。

外国企业和外籍个人从境外向中国境内转让技术需要免征营业税的，需提供技术转让或技术开发书面合同、纳税人或其授权人书面申请以及技术受让方所在地的省级科技主管部门审核意见证明，经省级税务机关审核后，层报国家税务总局批准。

（2）在科技和税务部门审核批准以前，纳税人应当先按有关法规缴纳营业税，待科技、税务部门审核后，再从以后应纳的营业税款中抵交，如以后一年内未发生应纳营业税的行为，或其应纳税款不足以抵顶免税额的，纳税人可向负责征收的税务机关申请办理退税。

《财政部　国家税务总局关于贯彻落实〈中共中央国务院关于加强技术创新，发展高科技，实现产业化的决定〉有关税收问题的通知》二　财税字〔1999〕273号

8.3.3 企业所得税

8.3.3.1 企业取得的技术转让所得，是否可以免征、减征企业所得税?

■企业的符合条件的技术转让所得，可以免征、减征企业所得税。（减免税代码：04021201）

《中华人民共和国企业所得税法》第二十七条　主席令第六十三号（下同）

■符合条件的技术转让所得免征、减征企业所得税，是指一个纳税年度内，居民企业技术转让所得不超过500万元的部分，免征企业所得税；超过500万元的部分，减半征收企

业所得税。

《中华人民共和国企业所得税法实施条例》第九十条

■符合条件的技术转让所得减免征收企业所得税的备案资料：

（1）企业所得税优惠事项备案表；

（2）所转让技术产权证明。

预缴享受、年度备案。主要留存的备查资料：

（1）所转让的技术产权证明；

（2）企业发生境内技术转让：

①技术转让合同（副本）；

②省级以上科技部门出具的技术合同登记证明；

③技术转让所得归集、分摊、计算的相关资料；

④实际缴纳相关税费的证明资料。

（3）企业向境外转让技术：

①技术出口合同（副本）；

②省级以上商务部门出具的技术出口合同登记证书或技术出口许可证；

③技术出口合同数据表；

④技术转让所得归集、分摊、计算的相关资料；

⑤实际缴纳相关税费的证明资料；

⑥有关部门按照商务部、科技部发布的《中国禁止出口限制出口技术目录》出具的审查意见。

（4）转让技术所有权的，其成本费用情况；转让使用权的，其无形资产摊销费用情况；

（5）技术转让年度，转让双方股权关联情况。

《国家税务总局关于发布〈企业所得税优惠政策事项办理办法〉的公告》附件1　企业所得税优惠事项备案管理目录（2015年版）19　国家税务总局公告2015年第76号

8.3.3.2　科研机构、高等学校所取得的技术性服务收入，是否征收企业所得税？

■科研机构、高等学校服务于各业的技术成果转让、技术培训、技术咨询、技术服务、技术承包所取得的技术性服务收入暂免征收企业所得税。

《财政部　国家税务总局关于促进科技成果转化有关税收政策的通知》二　财税字〔1999〕45号

8.3.3.3　居民企业从关联方取得的技术转让所得，是否减免企业所得税？

■居民企业从直接或间接持有股权之和达到100%的关联方取得的技术转让所得，不享受技术转让减免企业所得税优惠政策。

《财政部　国家税务总局关于居民企业技术转让有关企业所得税政策问题的通知》四　财税〔2010〕111号

8.3.3.4　禁止出口和限制出口技术转让所得，是否减免企业所得税？

■居民企业取得禁止出口和限制出口技术转让所得，不享受技术转让减免企业所得税优惠政策。

《财政部　国家税务总局关于居民企业技术转让有关企业所得税政策问题的通知》三　财税〔2010〕111号

8.3.3.5　享受减免企业所得税优惠的技术转让条件？

■享受减免企业所得税优惠的技术转让应符合以下条件：

（1）享受优惠的技术转让主体是企业所得税法规定的居民企业；

（2）技术转让属于财政部、国家税务总局规定的范围；

（3）境内技术转让经省级以上科技部门认定；

（4）向境外转让技术经省级以上商务部门认定；

（5）国务院税务主管部门规定的其他条件。

《国家税务总局关于技术转让所得减免企业所得税有关问题的通知》一　国税函〔2009〕212号

8.3.3.6　技术转让的具体范围？

■技术转让的范围，包括居民企业转让专利技术、计算机软件著作权、集成电路布图设计权、植物新品种、生物医药新品种，以及财政部和国家税务总局确定的其他技术。

■技术转让，是指居民企业转让其拥有技术的所有权或5年以上（含5年）全球独占许可使用权的行为。

《财政部　国家税务总局关于居民企业技术转让有关企业所得税政策问题的通知》一、二　财税〔2010〕111号

■自2015年10月1日起，全国范围内的居民企业转让5年以上非独占许可使用权取得的技术转让所得，纳入享受企业所得税优惠的技术转让所得范围。居民企业的年度技术转让所得不超过500万元的部分，免征企业所得税；超过500万元的部分，减半征收企业所得税。

技术，包括专利（含国防专利）、计算机软件著作权、集成电路布图设计专有权、植物新品种权、生物医药新品种，以及财政部和国家税务总局确定的其他技术。其中，专利是指法律授予独占权的发明、实用新型以及非简单改变产品图案和形状的外观设计。

《财务部　国家税务总局关于将国家自主创新示范区有关税收试点政策推广到全国范围实施的通知》二　财税〔2015〕116号

■企业转让符合条件的5年以上非独占许可使用权的技术，限于其拥有所有权的技术。技术所有权的权属由国务院行政主管部门确定。其中，专利由国家知识产权局确定权属；国防专利由总装备部确定权属；计算机软件著作权由国家版权局确定权属；集成电路布图设计专有权由国家知识产权局确定权属；植物新品种权由农业部确定权属；生物医药新品种由国家食品药品监督管理总局确定权属。

《国家税务总局关于许可使用权技术转让所得企业所得税有关问题的公告》二　国家税务总局公告2015年第82号

8.3.3.7　技术转让所得，如何计算？

■符合条件的技术转让所得应按以下方法计算：

技术转让所得=技术转让收入-技术转让成本-相关税费

技术转让收入是指当事人履行技术转让合同后获得的价款，不包括销售或转让设备、仪器、零部件、原材料等非技术性收入。

技术转让成本是指转让的无形资产的净值，即该无形资产的计税基础减除在资产使用期间按照规定计算的摊销扣除额后的余额。

相关税费是指技术转让过程中实际发生的有关税费，包括除企业所得税和允许抵扣的增值税以外的各项税金及其附加、合同签订费用、律师费等相关费用及其他支出。

《国家税务总局关于技术转让所得减免企业所得税有关问题的通知》二 国税函〔2009〕212号

■符合条件的5年以上非独占许可使用权技术转让所得应按以下方法计算：

技术转让所得=技术转让收入-无形资产摊销费用-相关税费-应分摊期间费用

技术转让收入是指转让方履行技术转让合同后获得的价款，不包括销售或转让设备、仪器、零部件、原材料等非技术性收入。不属于与技术转让项目密不可分的技术咨询、服务、培训等收入，不得计入技术转让收入。技术许可使用权转让收入，应按转让协议约定的许可使用权人应付许可使用权使用费的日期确认收入的实现。

无形资产摊销费用是指该无形资产按税法规定当年计算摊销的费用。涉及自用和对外许可使用的，应按照受益原则合理划分。

相关税费是指技术转让过程中实际发生的有关税费，包括除企业所得税和允许抵扣的增值税以外的各项税金及其附加、合同签订费用、律师费等相关费用。

应分摊期间费用（不含无形资产摊销费用和相关税费）是指技术转让按照当年销售收入占比分摊的期间费用。

《国家税务总局关于许可使用权技术转让所得企业所得税有关问题的公告》三 国家税务总局公告2015年第82号

8.3.3.8 技术咨询、技术服务、技术培训等收入，计入技术转让收入的条件？

■不属于与技术转让项目密不可分的技术咨询、技术服务、技术培训等收入，不得计入技术转让收入。

《国家税务总局关于技术转让所得减免企业所得税有关问题的通知》二 国税函〔2009〕212号

■自2013年11月1日起，可以计入技术转让收入的技术咨询、技术服务、技术培训收入，是指转让方为使受让方掌握所转让的技术投入使用、实现产业化而提供的必要的技术咨询、技术服务、技术培训所产生的收入，并应同时符合以下条件：

（1）在技术转让合同中约定的与该技术转让相关的技术咨询、技术服务、技术培训；

（2）技术咨询、技术服务、技术培训收入与该技术转让项目收入一并收取价款。

《国家税务总局关于技术转让所得减免企业所得税有关问题的公告》一 国家税务总局公告2013年第62号

8.3.3.9 技术转让合同，是否需要登记和审批？

■技术转让应签订技术转让合同。其中，境内的技术转让须经省级以上（含省级）科技部门认定登记，跨境的技术转让须经省级以上（含省级）商务部门认定登记，涉及财政经费支持产生技术的转让，需省级以上（含省级）科技部门审批。

居民企业技术出口应由有关部门按照商务部、科技部发布的《中国禁止出口限制出口技术目录》（商务部、科技部令 2008 年第 12 号）进行审查。

《财政部　国家税务总局关于居民企业技术转让有关企业所得税政策问题的通知》三　财税〔2010〕111 号

9 销售不动产

9.1 增值税

9.1.1 征税范围

9.1.1.1 销售不动产，增值税的征收范围？

■销售不动产，是指转让不动产所有权的业务活动。不动产，是指不能移动或者移动后会引起性质、形状改变的财产，包括建筑物、构筑物等。

建筑物，包括住宅、商业营业用房、办公楼等可供居住、工作或者进行其他活动的建造物。

构筑物，包括道路、桥梁、隧道、水坝等建造物。

《财政部 国家税务总局关于全面推开营业税改征增值税试点的通知》附件1 营业税改征增值税试点实施办法 附：销售服务、无形资产、不动产注释三 财税〔2016〕36号

9.1.1.2 转让建筑物有限产权，是否按照销售不动产缴纳增值税？

■转让建筑物有限产权的，按照销售不动产缴纳增值税。

《财政部 国家税务总局关于全面推开营业税改征增值税试点的通知》附件1 营业税改征增值税试点实施办法 附：销售服务、无形资产、不动产注释三 财税〔2016〕36号

9.1.1.3 转让建筑物永久使用权的，是否按照销售不动产缴纳增值税？

■转让建筑物永久使用权的，按照销售不动产缴纳增值税。

《财政部 国家税务总局关于全面推开营业税改征增值税试点的通知》附件1 营业税改征增值税试点实施办法 附：销售服务、无形资产、不动产注释三 财税〔2016〕36号

9.1.1.4 转让在建的建筑物或者构筑物所有权的，是否按照销售不动产缴纳增值税？

■转让在建的建筑物或者构筑物所有权的，按照销售不动产缴纳增值税。

《财政部 国家税务总局关于全面推开营业税改征增值税试点的通知》附件1 营业税改征增值税试点实施办法 附：销售服务、无形资产、不动产注释三 财税〔2016〕36号

9.1.1.5　在转让建筑物一并转让土地使用权的，是否按照销售不动产缴纳增值税？

■在转让建筑物或者构筑物时一并转让其所占土地的使用权的，按照销售不动产缴纳增值税。

《财政部　国家税务总局关于全面推开营业税改征增值税试点的通知》附件1　营业税改征增值税试点实施办法　附：销售服务、无形资产、不动产注释三　财税〔2016〕36号

9.1.2　应纳税额

9.1.2.1　纳税人销售不动产，增值税税率是多少？

■纳税人发生销售不动产，税率为11%。

《财政部　国家税务总局关于全面推开营业税改征增值税试点的通知》附件1：营业税改征增值税试点实施办法第十五条　财税〔2016〕36号

9.1.2.2　其他个人销售其取得的不动产，如何计算应纳税额？

■其他个人销售其取得（不含自建）的不动产（不含其购买的住房），应以取得的全部价款和价外费用减去该项不动产购置原价或者取得不动产时的作价后的余额为销售额，按照5%的征收率计算应纳税额。

《财政部　国家税务总局关于全面推开营业税改征增值税试点的通知》附件2：营业税改征增值税试点有关事项的规定一　财税〔2016〕36号

9.1.2.3　一般纳税人转让其2016年4月30日前取得（不含自建）的不动产，适用简易计税方法计税，如何缴纳增值税？

■一般纳税人销售其2016年4月30日前取得（不含自建）的不动产，可以选择适用简易计税方法，以取得的全部价款和价外费用减去该项不动产购置原价或者取得不动产时的作价后的余额为销售额，按照5%的征收率计算应纳税额。纳税人应按照上述计税方法在不动产所在地预缴税款后，向机构所在地主管税务机关进行纳税申报。

《财政部　国家税务总局关于全面推开营业税改征增值税试点的通知》附件2：营业税改征增值税试点有关事项的规定一　财税〔2016〕36号

■一般纳税人转让其2016年4月30日前取得（不含自建）的不动产，可以选择适用简易计税方法计税，以取得的全部价款和价外费用扣除不动产购置原价或者取得不动产时的作价后的余额为销售额，按照5%的征收率计算应纳税额。纳税人应按照上述计税方法向不动产所在地主管地税机关预缴税款，向机构所在地主管国税机关申报纳税。

■纳税人转让其取得的不动产，适用本办法。

取得的不动产，包括以直接购买、接受捐赠、接受投资入股、自建以及抵债等各种形式取得的不动产。

房地产开发企业销售自行开发的房地产项目不适用本办法。

《国家税务总局关于公布〈纳税人转让不动产增值税征收管理暂行办法〉的公告》第二、三条　国家税务总局公告2016年第14号

9.1.2.4 一般纳税人转让其2016年4月30日前自建的不动产，适用简易计税方法计税，如何缴纳增值税？

■一般纳税人销售其2016年4月30日前自建的不动产，可以选择适用简易计税方法，以取得的全部价款和价外费用为销售额，按照5%的征收率计算应纳税额。纳税人应按照上述计税方法在不动产所在地预缴税款后，向机构所在地主管税务机关进行纳税申报。

《财政部 国家税务总局关于全面推开营业税改征增值税试点的通知》附件2：营业税改征增值税试点有关事项的规定一 财税〔2016〕36号

■一般纳税人转让其2016年4月30日前自建的不动产，可以选择适用简易计税方法计税，以取得的全部价款和价外费用为销售额，按照5%的征收率计算应纳税额。纳税人应按照上述计税方法向不动产所在地主管地税机关预缴税款，向机构所在地主管国税机关申报纳税。

《国家税务总局关于公布〈纳税人转让不动产增值税征收管理暂行办法〉的公告》第三条 国家税务总局公告2016年第14号

9.1.2.5 一般纳税人转让其2016年4月30日前取得（不含自建）的不动产，适用一般计税方法计税的，如何缴纳增值税？

■一般纳税人销售其2016年4月30日前取得的不动产（不含自建），适用一般计税方法计税的，以取得的全部价款和价外费用为销售额计算应纳税额。上述纳税人应以取得的全部价款和价外费用减去该项不动产购置原价或者取得不动产时的作价后的余额，按照5%的预征率在不动产所在地预缴税款后，向机构所在地主管税务机关进行纳税申报。

《财政部 国家税务总局关于全面推开营业税改征增值税试点的通知》附件2：营业税改征增值税试点有关事项的规定一 财税〔2016〕36号

■一般纳税人转让其2016年4月30日前取得（不含自建）的不动产，选择适用一般计税方法计税的，以取得的全部价款和价外费用为销售额计算应纳税额。纳税人应以取得的全部价款和价外费用扣除不动产购置原价或者取得不动产时的作价后的余额，按照5%的预征率向不动产所在地主管地税机关预缴税款，向机构所在地主管国税机关申报纳税。

《国家税务总局关于公布〈纳税人转让不动产增值税征收管理暂行办法〉的公告》第三条 国家税务总局公告2016年第14号

9.1.2.6 一般纳税人转让其2016年4月30日前自建的不动产，适用一般计税方法计税的，如何缴纳增值税？

■一般纳税人销售其2016年4月30日前自建的不动产，适用一般计税方法计税的，应以取得的全部价款和价外费用为销售额计算应纳税额。纳税人应以取得的全部价款和价外费用，按照5%的预征率在不动产所在地预缴税款后，向机构所在地主管税务机关进行纳税申报。

《财政部 国家税务总局关于全面推开营业税改征增值税试点的通知》附件2：营业税改征增值税试点有关事项的规定一 财税〔2016〕36号

■一般纳税人转让其2016年4月30日前自建的不动产，选择适用一般计税方法计税的，以取得的全部价款和价外费用为销售额计算应纳税额。纳税人应以取得的全部价款和价外费用，按照5%的预征率向不动产所在地主管地税机关预缴税款，向机构所在地主管国税机关申报纳税。

《国家税务总局关于公布〈纳税人转让不动产增值税征收管理暂行办法〉的公告》第三条　国家税务总局公告2016年第14号

9.1.2.7　一般纳税人转让其2016年5月1日后取得（不含自建）的不动产，适用一般计税方法，如何缴纳增值税？

■一般纳税人销售其2016年5月1日后取得（不含自建）的不动产，应适用一般计税方法，以取得的全部价款和价外费用为销售额计算应纳税额。纳税人应以取得的全部价款和价外费用减去该项不动产购置原价或者取得不动产时的作价后的余额，按照5%的预征率在不动产所在地预缴税款后，向机构所在地主管税务机关进行纳税申报。

《财政部　国家税务总局关于全面推开营业税改征增值税试点的通知》附件2：营业税改征增值税试点有关事项的规定一　财税〔2016〕36号

■一般纳税人转让其2016年5月1日后取得（不含自建）的不动产，适用一般计税方法，以取得的全部价款和价外费用为销售额计算应纳税额。纳税人应以取得的全部价款和价外费用扣除不动产购置原价或者取得不动产时的作价后的余额，按照5%的预征率向不动产所在地主管地税机关预缴税款，向机构所在地主管国税机关申报纳税。

《国家税务总局关于公布〈纳税人转让不动产增值税征收管理暂行办法〉的公告》第三条　国家税务总局公告2016年第14号

9.1.2.8　一般纳税人转让其2016年5月1日后自建的不动产，适用一般计税方法，如何缴纳增值税？

■一般纳税人销售其2016年5月1日后自建的不动产，应适用一般计税方法，以取得的全部价款和价外费用为销售额计算应纳税额。纳税人应以取得的全部价款和价外费用，按照5%的预征率在不动产所在地预缴税款后，向机构所在地主管税务机关进行纳税申报。

《财政部　国家税务总局关于全面推开营业税改征增值税试点的通知》附件2：营业税改征增值税试点有关事项的规定一　财税〔2016〕36号

■一般纳税人转让其2016年5月1日后自建的不动产，适用一般计税方法，以取得的全部价款和价外费用为销售额计算应纳税额。纳税人应以取得的全部价款和价外费用，按照5%的预征率向不动产所在地主管地税机关预缴税款，向机构所在地主管国税机关申报纳税。

《国家税务总局关于公布〈纳税人转让不动产增值税征收管理暂行办法〉的公告》第三条　国家税务总局公告2016年第14号

9.1.2.9　小规模纳税人转让其取得的不动产，如何缴纳增值税？

■小规模纳税人销售其取得（不含自建）的不动产（不含个体工商户销售购买的住房和其他个人销售不动产），应以取得的全部价款和价外费用减去该项不动产购置原价或者取得不动产时的作价后的余额为销售额，按照5%的征收率计算应纳税额。纳税人应按照上述计税方法在不动产所在地预缴税款后，向机构所在地主管税务机关进行纳税申报。

小规模纳税人销售其自建的不动产，应以取得的全部价款和价外费用为销售额，按照5%的征收率计算应纳税额。纳税人应按照上述计税方法在不动产所在地预缴税款后，向机构所在地主管税务机关进行纳税申报。

《财政部　国家税务总局关于全面推开营业税改征增值税试点的通知》附件2：营业税改征增值税试点有关事项的规定一　财税〔2016〕36号

■小规模纳税人转让其取得的不动产，除个人转让其购买的住房外，按照以下规定缴纳增值税：

（1）小规模纳税人转让其取得（不含自建）的不动产，以取得的全部价款和价外费用扣除不动产购置原价或者取得不动产时的作价后的余额为销售额，按照5%的征收率计算应纳税额。

（2）小规模纳税人转让其自建的不动产，以取得的全部价款和价外费用为销售额，按照5%的征收率计算应纳税额。

除其他个人之外的小规模纳税人，应按照本条规定的计税方法向不动产所在地主管地税机关预缴税款，向机构所在地主管国税机关申报纳税；其他个人按照本条规定的计税方法向不动产所在地主管地税机关申报纳税。

《国家税务总局关于公布〈纳税人转让不动产增值税征收管理暂行办法〉的公告》第四条　国家税务总局公告2016年第14号

9.1.2.10　其他个人以外的纳税人转让其取得的不动产，如何计算预缴的税款？

■其他个人以外的纳税人转让其取得的不动产，区分以下情形计算应向不动产所在地主管地税机关预缴的税款：

（1）以转让不动产取得的全部价款和价外费用作为预缴税款计算依据的，计算公式为：

应预缴税款＝全部价款和价外费用÷(1+5%)×5%

（2）以转让不动产取得的全部价款和价外费用扣除不动产购置原价或者取得不动产时的作价后的余额作为预缴税款计算依据的，计算公式为：

应预缴税款＝（全部价款和价外费用－不动产购置原价或者取得不动产时的作价）÷(1+5%)×5%

■其他个人转让其取得的不动产，按照本办法第六条规定的计算方法计算应纳税额并向不动产所在地主管地税机关申报纳税。

《国家税务总局关于公布〈纳税人转让不动产增值税征收管理暂行办法〉的公告》第六、七条　国家税务总局公告2016年第14号

9.1.2.11　纳税人扣除不动产购置原价或者取得不动产时的作价的，应当取得哪些凭证？

■纳税人按规定从取得的全部价款和价外费用中扣除不动产购置原价或者取得不动产时的作价的，应当取得符合法律、行政法规和国家税务总局规定的合法有效凭证。否则，不得扣除。

上述凭证是指：

（1）税务部门监制的发票。

（2）法院判决书、裁定书、调解书，以及仲裁裁决书、公证债权文书。

（3）国家税务总局规定的其他凭证。

《国家税务总局关于公布〈纳税人转让不动产增值税征收管理暂行办法〉的公告》第八条　国家税务总局公告2016年第14号

9.1.2.12　纳税人转让其取得的不动产，预缴的增值税税款如何抵减?

■纳税人转让其取得的不动产，向不动产所在地主管地税机关预缴的增值税税款，可以在当期增值税应纳税额中抵减，抵减不完的，结转下期继续抵减。

纳税人以预缴税款抵减应纳税额，应以完税凭证作为合法有效凭证。

《国家税务总局关于公布〈纳税人转让不动产增值税征收管理暂行办法〉的公告》第九条　国家税务总局公告2016年第14号

9.1.3　减免税

9.1.3.1　企业、行政事业单位出售什么住房取得的收入，免征增值税?

■为了配合国家住房制度改革，企业、行政事业单位按房改成本价、标准价出售住房取得的收入，免征增值税。

《财政部　国家税务总局关于全面推开营业税改征增值税试点的通知》附件3：营业税改征增值税试点过渡政策的规定一　财税〔2016〕36号

9.1.4　纳税管理

9.1.4.1　其他个人销售不动产，纳税地点?

■其他个人销售不动产，应向不动产所在地主管税务机关申报纳税。

《财政部　国家税务总局关于全面推开营业税改征增值税试点的通知》附件1：营业税改征增值税试点实施办法第四十六条　财税〔2016〕36号

9.1.4.2　一般纳税人跨省（自治区、直辖市或者计划单列市）销售的不动产，什么情况下暂停预缴增值税?

■一般纳税人跨省（自治区、直辖市或者计划单列市）销售取得的与机构所在地不在同一省（自治区、直辖市或者计划单列市）的不动产，在机构所在地申报纳税时，计算的应纳税额小于已预缴税额，且差额较大的，由国家税务总局通知不动产所在地省级税务机关，在一定时期内暂停预缴增值税。

《财政部　国家税务总局关于全面推开营业税改征增值税试点的通知》附件2：营业税改征增值税试点有关事项的规定一　财税〔2016〕36号

9.1.4.3　纳税人转让不动产，未按照规定预缴和缴纳税款的，如何处理?

■纳税人转让不动产，按照本办法规定应向不动产所在地主管地税机关预缴税款而自应当预缴之月起超过6个月没有预缴税款的，由机构所在地主管国税机关按照《中华人民共和国税收征收管理法》及相关规定进行处理。

纳税人转让不动产，未按照本办法规定缴纳税款的，由主管税务机关按照《中华人民共和国税收征收管理法》及相关规定进行处理。

《国家税务总局关于公布〈纳税人转让不动产增值税征收管理暂行办法〉的公告》第十二条　国家税务总局公告2016年第14号

9.1.4.4　纳税人转让其取得的不动产，如何开具发票？

■小规模纳税人转让其取得的不动产，不能自行开具增值税发票的，可向不动产所在地主管地税机关申请代开。

■纳税人向其他个人转让其取得的不动产，不得开具或申请代开增值税专用发票。

《国家税务总局关于公布〈纳税人转让不动产增值税征收管理暂行办法〉的公告》第十、十一条　国家税务总局公告2016年第14号

■纳税人销售其取得的不动产，申请代开发票的，由代征税款的地税局代开增值税专用发票或者增值税普通发票（简称增值税发票）。对于具备增值税发票安全保管条件、可连通网络、地税局可有效监控代征税款及代开发票情况的政府部门等单位，县（区）以上地税局经评估后认为风险可控的，可以同意其代征税款并代开增值税发票。

■地税局按照纳税人销售其取得的不动产，为纳税人代开增值税发票的流程和发票开具办法，按照地税局为其他个人出租不动产代开发票和流程和开具办法代开增值税发票。

《国家税务总局关于营业税改征增值税委托地税局代征税款和代开增值税发票的通知》一、二　税总函〔2016〕145号

9.1.4.5　纳税人销售不动产，纳税申报和代开增值税发票的管辖机关？

■自2016年5月1日起，营业税改征增值税后由地税机关继续受理纳税人销售其取得的不动产的申报缴税和代开增值税发票业务。

《国家税务总局关于营业税改征增值税委托地税机关代征税款和代开增值税发票的公告》　国家税务总局公告2016年第19号

9.1.4.6　销售不动产，开具增值税发票时有什么要求？

■销售不动产，纳税人自行开具或者税务机关代开增值税发票时，应在发票“货物或应税劳务、服务名称”栏填写不动产名称及房屋产权证书号码（无房屋产权证书的可不填写），“单位”栏填写面积单位，备注栏注明不动产的详细地址。

《国家税务总局关于全面推开营业税改征增值税试点有关税收征收管理事项的公告》四　国家税务总局公告2016年第23号

9.1.4.7　纳税人销售其取得的不动产，办理产权过户如何使用增值税发票？

■纳税人销售其取得的不动产，自行开具或者税务机关代开增值税发票时，使用六联增值税专用发票或者五联增值税普通发票。纳税人办理产权过户手续需要使用发票的，可以使用增值税专用发票第六联或者增值税普通发票第三联。

《国家税务总局关于纳税人销售其取得的不动产办理产权过户手续使用的增值税发票联次问题的通知》　税总函〔2016〕190号

9.2 营业税

9.2.1 征税范围

9.2.1.1 销售不动产，营业税的征收范围？

■在中华人民共和国境内销售不动产的单位和个人，应当缴纳营业税。

《中华人民共和国营业税暂行条例》第一条

■不动产，是指不能移动，移动后会引起性质、形状改变的财产。

销售不动产，是指有偿转让不动产所有权的行为。

销售不动产税目的征收范围包括：销售建筑物或构筑物，销售其他土地附着物。

销售建筑物或构筑物，是指有偿转让建筑物或构筑物的所有权的行为。

销售其他土地附着物，是指有偿转让其他土地附着物的所有权的行为。

其他土地附着物，是指建筑物或构筑物以外的其他附着于土地的不动产。

《国家税务总局关于印发〈营业税税目注释（试行稿）〉的通知》九　国税发〔1993〕149号

■在中华人民共和国境内销售不动产，是指所销售的不动产在境内。

■单位将不动产无偿赠送其他单位或者个人，视同销售，应当缴纳营业税。

《中华人民共和国营业税暂行条例实施细则》第四、五条

9.2.1.2 以转让有限产权或永久使用权方式销售建筑物，是否缴纳营业税？

■以转让有限产权或永久使用权方式销售建筑物，视同销售建筑物，按“销售不动产”缴纳营业税。

《国家税务总局关于印发〈营业税税目注释（试行稿）〉的通知》九　国税发〔1993〕149号

9.2.1.3 在销售不动产时连同不动产所占土地的使用权一并转让的行为，是否缴纳营业税？

■在销售不动产时连同不动产所占土地的使用权一并转让的行为，比照销售不动产征税。

《国家税务总局关于印发〈营业税税目注释（试行稿）〉的通知》九　国税发〔1993〕149号

9.2.1.4 以不动产投资入股，是否征收营业税？

■以不动产投资入股，参与接受投资方利润分配、共同承担投资风险的行为，不征营业税。

《国家税务总局关于印发〈营业税税目注释（试行稿）〉的通知》九　国税发〔1993〕149号

9.2.1.5 借款者无力归还贷款，抵押房屋归银行所有，是否缴纳营业税？

■借款者无力归还贷款，抵押的房屋被银行收走以抵作贷款本息，这表明房屋的所有权

被借款者有偿转让给银行，应对借款者转让房屋所有权的行为按“销售不动产”税目征收营业税。

《国家税务总局关于印发〈营业税问题解答（之一）〉的通知》九 国税函发〔1995〕156号

9.2.1.6 借款者无力归还贷款，银行收归抵押的房产销售，是否征收营业税？

■银行如果将收归其所有的房屋销售，也应按“销售不动产”税目征收营业税。

《国家税务总局关于印发〈营业税问题解答（之一）〉的通知》九 国税函发〔1995〕156号

9.2.1.7 合作建房，提供资金一方转让部分房屋的所有权，换取部分土地的使用权，是否缴纳营业税？

■合作建房，是指由一方（甲方）提供土地使用权，另一方（乙方）提供资金，合作建房。

乙方则以转让部分房屋的所有权为代价，换取部分土地的使用权，发生了销售不动产的行为，应按“销售不动产”税目征收营业税。

《国家税务总局关于印发〈营业税问题解答（之一）〉的通知》十七 国税函发〔1995〕156号

■规定中的“一方提供土地使用权”，包括一方提供有关土地使用权益的行为，如取得规划局批准的《建设用地规划许可证》、国土局核发的《建设用地批准书》、《建设用地通知书》、《土地使用证》，以及通过土地行政主管部门核发的其他建设用地文件中当事人享有的土地使用权益。

《国家税务总局关于合作建房营业税问题的批复》 国税函〔2004〕241号

■甲方提供土地使用权，乙方提供所需资金，以甲方名义合作开发房地产项目的行为，不属于合作建房，不适用（国税发〔1995〕156号）第十七条有关合作建房征收营业税的规定。

《国家税务总局关于合作建房营业税问题的批复》 国税函〔2005〕1003号

9.2.1.8 合作建房的双方，将分得的房屋销售出去，是否征收营业税？

■合作建房的双方将分得的房屋销售出去，发生了销售不动产行为，应对其销售收入再按“销售不动产”税目征收营业税。

《国家税务总局关于印发〈营业税问题解答（之一）〉的通知》十七 国税函发〔1995〕156号

9.2.1.9 合作建房，以建筑物换得土地使用权，是否征收营业税？

■合作建房，甲方将土地使用权出租给乙方若干年，乙方投资在该土地上建造建筑物并使用，租赁期满后，乙方将土地使用权连同所建的建筑物归还甲方。乙方发生了销售不动产的行为，对其按“销售不动产”税目征营业税。

《国家税务总局关于印发〈营业税问题解答（之一）〉的通知》十七 国税函发〔1995〕156号

9.2.1.10 个人出资联合建房，对个人是否按“销售不动产”征收营业税？

■签订联合建房协议，由个人出资并负责雇请施工队建房，房屋建成后，再由个人将分得的房屋销售给各购房户，这实际上是个人先通过合作建房的方式取得房屋，再将房屋销售给各购房户。因此对个人应按“销售不动产”税目征营业税，其营业额为个人向各购房户收取的全部价款和价外费用。

《国家税务总局关于个人从事房地产经营业务征收营业税问题的批复》国税函〔1996〕718号

9.2.1.11　以不动产作为股利进行分配，是否征收营业税？

■东亚公司将属于东亚公司的不动产作价作为股利分配给中外双方，所有权发生了转移，符合现行营业税关于销售不动产的规定。因此对东亚公司分配的不动产应按“销售不动产”征收营业税。

《国家税务总局关于以不动产作为股、利进行分配征收营业税问题的批复》国税函〔1997〕387号

9.2.1.12　单位和个人以房屋抵债，是否按“销售不动产”税目征收营业税？

■对单位或个人以房屋或其他不动产抵顶有关债务的行为，应按“销售不动产”税目征收营业税。

《国家税务总局关于以房屋抵顶债务应征收营业税问题的批复》国税函〔1998〕771号

9.2.1.13　装修合同规定装修合同为房地产买卖契约的一个组成部分，纳税人收取的装修及安装设备的费用，是否按“销售不动产”税目征收营业税？

■纳税人将销售房屋的行为分解成销售房屋与装修房屋两项行为，分别签订两份契约（或合同），向对方收取两份价款。鉴于其装修合同中明确规定，装修合同为房地产买卖契约的一个组成部分，与买卖契约共同成为认购房产的全部合同。因此，根据《中华人民共和国营业税暂行条例》第五条关于“纳税人的营业额为纳税人提供应税劳务、转让无形资产或者销售不动产向对方收取的全部价款和价外费用”的规定，对纳税人向对方收取的装修及安装设备的费用，应一并列人房屋售价，按“销售不动产”税目征收营业税。

《国家税务总局关于销售不动产兼装修行为征收营业税问题的批复》国税函〔1998〕53号

9.2.1.14　转让在建项目，没有办理更名手续，是否缴纳营业税？

■单位和个人转让已进入建筑物施工阶段的在建项目，不管是否办理立项人的更名手续，按“销售不动产”税目征收营业税。

在建项目是指立项建设但尚未完工的房地产项目或其他建设项目。

《财政部　国家税务总局关于营业税若干政策问题的通知》二　财税〔2003〕16号

9.2.1.15　纳税人自建住房销售给本单位职工，是否征收营业税？

■纳税人自建住房销售给本单位职工，属于销售不动产行为，应照章征收营业税。

《国家税务总局关于呼和浩特市铁路局向职工销售住房征免营业税问题的批复》国税函〔2005〕334号

9.2.1.16　纳税人销售不动产的同时一并销售的附着不动产上的固定资产，如何纳税？

■纳税人转让土地使用权或者销售不动产的同时一并销售的附着于土地或者不动产上的

固定资产中，凡属于不动产的，应按照“销售不动产”税目计算缴纳营业税。

纳税人应分别核算增值税应税货物和不动产的销售额，未分别核算或核算不清的，由主管税务机关核定其增值税应税货物的销售额和不动产的销售额。

《国家税务总局关于纳税人转让土地使用权或者销售不动产同时一并销售附着于土地或者不动产上的固定资产有关税收问题的公告》 国家税务总局公告2011年第47号

9.2.2 应纳税额

9.2.2.1 销售不动产，营业税的适用税率？

■销售不动产，营业税税率为5%。

《中华人民共和国营业税暂行条例》附：营业税税目税率表

9.2.2.2 以“还本”方式销售建筑物，如何确定营业额？

■对以“还本”方式销售建筑物的行为，应按向购买者收取的全部价款和价外费用征收营业税，不得减除所谓“还本”支出。

《国家税务总局关于印发〈营业税问题解答（之一）〉的通知》二十 国税函发〔1995〕156号

9.2.2.3 合作建房，提供资金一方转让部分房屋的所有权，换取部分土地的使用权，营业额如何确定？

■合作建房，是指由一方（甲方）提供土地使用权，另一方（乙方）提供资金，合作建房。

乙方则以转让部分房屋的所有权为代价，换取部分土地的使用权，发生了销售不动产的行为，双方没有进行货币结算，应当核定营业额。

《国家税务总局关于印发〈营业税问题解答（之一）〉的通知》十七 国税函发〔1995〕156号

9.2.2.4 合作建房，乙方是以建筑物为代价换得若干年的土地使用权，营业额如何确定？

■合作建房，甲方将土地使用权出租给乙方若干年，乙方投资在该土地上建造建筑物并使用，租赁期满后，乙方将土地使用权连同所建的建筑物归还甲方。乙方发生了销售不动产的行为，营业额要进行核定。

《国家税务总局关于印发〈营业税问题解答（之一）〉的通知》十七 国税函发〔1995〕156号

9.2.2.5 单位和个人销售或转让其购置的不动产，营业额如何确定？

■单位和个人销售或转让其购置的不动产，以全部收入减去不动产的购置或受让原价后的余额为营业额。

《财政部 国家税务总局关于营业税若干政策问题的通知》三 财税〔2003〕16号

9.2.2.6 单位和个人销售或转让抵债所得的不动产，营业额如何确定？

■单位和个人销售或转让抵债所得的不动产的，以全部收入减去抵债时该项不动产作价后的余额为营业额。

《财政部　国家税务总局关于营业税若干政策问题的通知》三　财税〔2003〕16号

9.2.2.7　对外商投资企业从事城市住宅小区建设，如何计算缴纳营业税？

■对外商投资企业从事城市住宅小区建设，应就其取得的营业额计征营业税；对偿还面积与拆迁建筑面积相等的部分，由当地税务机关按同类住宅房屋的成本价核定计征营业税，对最终转让时未作价结算的住宅区配套公共设施（如居委会用房、车棚、托儿所等），凡转让收入已包含在住宅房屋转让价格中并已征收营业税的，不再征收营业税。

《国家税务总局关于外商投资企业从事城市住宅小区建设征收营业税问题的批复》　国税函发〔1995〕549号（2016年5月29日全文废止，详见国家税务总局公告2016年第34号）

9.2.3　优惠政策

9.2.3.1　在住房制度改革中按什么价格出售新、旧住房，免征营业税？

■在住房制度改革中，按省、自治区、直辖市人民政府规定的标准价或低于标准价的价格出售新、旧住房，免征营业税。

《国家税务总局关于印发〈土地使用权转让及出售建筑物和经济权当转让征地营业和具体办法〉的通知》附：土地使用权转让及出售建筑物和经济权益转让征收营业税具体办法七　国税发〔1992〕165号

9.2.3.2　企业、行政事业单位按房改成本价、标准价出售住房的收入，是否免征营业税？

■对企业、行政事业单位按房改成本价、标准价出售住房的收入，免征营业税。

《财政部　国家税务总局关于职业教育等营业税若干政策问题的通知》二　财税〔2013〕62号

9.2.4　纳税管理

9.2.4.1　纳税人销售不动产的纳税地点？

■纳税人销售不动产，应当向不动产所在地的主管税务机关申报纳税。

《中华人民共和国营业税暂行条例》第十四条

9.2.4.2　纳税人销售不动产，纳税义务发生时间？

■纳税人转让土地使用权或者销售不动产，采取预收款方式的，其纳税义务发生时间为收到预收款的当天。

《中华人民共和国营业税暂行条例实施细则》第二十五条

■预收款，包括预收定金。因此，预收定金的营业税纳税义务发生时间为收到预收定金的当天。

《国家税务总局关于印发〈营业税问题解答（之一）〉的通知》十八
国税函发〔1995〕156 号

9.2.4.3 纳税人将不动产无偿赠送其他单位或者个人的，纳税义务发生时间如何确定？

■纳税人将不动产无偿赠送其他单位或者个人的，其纳税义务发生时间为不动产所有权、土地使用权转移的当天。

《中华人民共和国营业税暂行条例实施细则》第二十五条

9.2.4.4 销售不动产的营业税纳税人，纳税申报适用办法？

■销售不动产的营业税纳税人，目前仍按照各地的申报办法进行纳税申报；

《国家税务总局关于印发〈营业税纳税人纳税申报办法〉的通知》 国税发〔2005〕202 号

9.3 房地产开发企业

9.3.1 增值税

9.3.1.1 房地产开发企业中的一般纳税人销售自行开发的房地产项目，销售额如何确定？

■房地产开发企业中的一般纳税人销售其开发的房地产项目（选择简易计税方法的房地产老项目除外），以取得的全部价款和价外费用，扣除受让土地时向政府部门支付的土地价款后的余额为销售额。

《财政部 国家税务总局关于全面推开营业税改征增值税试点的通知》附件 2：营业税改征增值税试点有关事项的规定一 财税〔2016〕36 号

■自 2016 年 5 月 1 日起，房地产开发企业中的一般纳税人销售自行开发的房地产项目，适用一般计税方法计税，按照取得的全部价款和价外费用，扣除当期销售房地产项目对应的土地价款后的余额计算销售额。销售额的计算公式如下：

销售额=(全部价款和价外费用-当期允许扣除的土地价款)÷(1+11%)

■房地产开发企业自行开发，是指在依法取得土地使用权的土地上进行基础设施和房屋建设。

■房地产开发企业以接盘等形式购入未完工的房地产项目继续开发后，以自己的名义立项销售的，属于销售自行开发的房地产项目。

《国家税务总局关于发布〈房地产开发企业销售自行开发的房地产项目增值税征收管理暂行办法〉的公告》第二、三、四条 国家税务总局公告 2016 年第 18 号

9.3.1.2 当期允许扣除的土地价款，如何计算和扣除？

■当期允许扣除的土地价款按照以下公式计算：

当期允许扣除的土地价款=(当期销售房地产项目建筑面积÷房地产项目可供销售建筑面积)×支付的土地价款

当期销售房地产项目建筑面积，是指当期进行纳税申报的增值税销售额对应的建筑面积。

房地产项目可供销售建筑面积，是指房地产项目可以出售的总建筑面积，不包括销售房地产项目时未单独作价结算的配套公共设施的建筑面积。

支付的土地价款，是指向政府、土地管理部门或受政府委托收取土地价款的单位直接支付的土地价款。

■在计算销售额时从全部价款和价外费用中扣除土地价款，应当取得省级以上（含省级）财政部门监（印）制的财政票据。

■一般纳税人应建立台账登记土地价款的扣除情况，扣除的土地价款不得超过纳税人实际支付的土地价款。

《国家税务总局关于发布〈房地产开发企业销售自行开发的房地产项目增值税征收管理暂行办法〉的公告》第五、六、七条　国家税务总局公告2016年第18号

9.3.1.3　一般纳税人销售自行开发的房地产老项目，如何计算缴纳增值税？

■房地产老项目，是指《建筑工程施工许可证》注明的合同开工日期在2016年4月30日前的房地产项目。

房地产开发企业中的一般纳税人，销售自行开发的房地产老项目，可以选择适用简易计税方法按照5%的征收率计税。

房地产开发企业中的一般纳税人销售房地产老项目，以及一般纳税人出租其2016年4月30日前取得的不动产，适用一般计税方法计税的，应以取得的全部价款和价外费用，按照3%的预征率在不动产所在地预缴税款后，向机构所在地主管税务机关进行纳税申报。

《财政部　国家税务总局关于全面推开营业税改征增值税试点的通知》附件2：营业税改征增值税试点有关事项的规定一　财税〔2016〕36号

■一般纳税人销售自行开发的房地产老项目，可以选择适用简易计税方法按照5%的征收率计税。一经选择简易计税方法计税的，36个月内不得变更为一般计税方法计税。

房地产老项目，是指：

（1）《建筑工程施工许可证》注明的合同开工日期在2016年4月30日前的房地产项目；

（2）《建筑工程施工许可证》未注明合同开工日期或者未取得《建筑工程施工许可证》但建筑工程承包合同注明的开工日期在2016年4月30日前的建筑工程项目。

■一般纳税人销售自行开发的房地产老项目适用简易计税方法计税的，以取得的全部价款和价外费用为销售额，不得扣除对应的土地价款。

《国家税务总局关于发布〈房地产开发企业销售自行开发的房地产项目增值税征收管理暂行办法〉的公告》第八、九条　国家税务总局公告2016年第18号

9.3.1.4　一般纳税人采取预收款方式销售自行开发的房地产项目，如何预缴增值税？

■一般纳税人采取预收款方式销售自行开发的房地产项目，应在收到预收款时按照3%

的预征率预缴增值税。

■应预缴税款按照以下公式计算：

应预缴税款=预收款÷(1+适用税率或征收率)×3%

适用一般计税方法计税的，按照11%的适用税率计算；适用简易计税方法计税的，按照5%的征收率计算。

■一般纳税人应在取得预收款的次月纳税申报期向主管国税机关预缴税款。

《国家税务总局关于发布〈房地产开发企业销售自行开发的房地产项目增值税征收管理暂行办法〉的公告》第十、十一、十二条　国家税务总局公告2016年第18号

9.3.1.5　一般纳税人销售自行开发的房地产项目，如何划分不得抵扣的进项税额？

■一般纳税人销售自行开发的房地产项目，兼有一般计税方法计税、简易计税方法计税、免征增值税的房地产项目而无法划分不得抵扣的进项税额的，应以《建筑工程施工许可证》注明的"建设规模"为依据进行划分。

不得抵扣的进项税额=当期无法划分的全部进项税额×（简易计税、免税房地产项目建设规模÷房地产项目总建设规模）

《国家税务总局关于发布〈房地产开发企业销售自行开发的房地产项目增值税征收管理暂行办法〉的公告》第十三条　国家税务总局公告2016年第18号

9.3.1.6　房地产开发企业开发的，开工日期在4月30日之前的不同房产，可以分别选择简易征收和一般计税方法吗？

■房地产开发企业开发的，开工日期在4月30日之前的同一《施工许可证》下的不同房产，如开发项目中既有普通住房，又有别墅，不可以分别选择简易征收和一般计税方法。同一房地产项目只能选择适用一种计税方法。

《营改增问答》四　税总纳便函〔2016〕71号

9.3.1.7　一般纳税人销售自行开发的房地产项目适用一般计税方法计税的，如何进行纳税申报？

■一般纳税人销售自行开发的房地产项目适用一般计税方法计税的，应以当期销售额和11%的适用税率计算当期应纳税额，抵减已预缴税款后，向主管国税机关申报纳税。未抵减完的预缴税款可以结转下期继续抵减。

《国家税务总局关于发布〈房地产开发企业销售自行开发的房地产项目增值税征收管理暂行办法〉的公告》第十四条　国家税务总局公告2016年第18号

9.3.1.8　一般纳税人销售自行开发的房地产项目适用简易计税方法计税的，如何进行纳税申报？

■一般纳税人销售自行开发的房地产项目适用简易计税方法计税的，应以当期销售额和5%的征收率计算当期应纳税额，抵减已预缴税款后，向主管国税机关申报纳税。未抵减完的预缴税款可以结转下期继续抵减。

《国家税务总局关于发布〈房地产开发企业销售自行开发的房地产项目

增值税征收管理暂行办法〉的公告》第十五条　国家税务总局公告2016年第18号

9.3.1.9　一般纳税人销售自行开发的房地产项目，如何开具发票?

■一般纳税人销售自行开发的房地产项目，自行开具增值税发票。

■一般纳税人销售自行开发的房地产项目，其2016年4月30日前收取并已向主管地税机关申报缴纳营业税的预收款，未开具营业税发票的，可以开具增值税普通发票，不得开具增值税专用发票。

■一般纳税人向其他个人销售自行开发的房地产项目，不得开具增值税专用发票。

《国家税务总局关于发布〈房地产开发企业销售自行开发的房地产项目增值税征收管理暂行办法〉的公告》第十六、十七、十八条　国家税务总局公告2016年第18号

9.3.1.10　房地产开发企业中的小规模纳税人采取预收款方式销售自行开发的房地产项目，如何预缴税款?

■房地产开发企业中的小规模纳税人，销售自行开发的房地产项目，按照5%的征收率计税。

《财政部　国家税务总局关于全面推开营业税改征增值税试点的通知》附件2：营业税改征增值税试点有关事项的规定一　财税〔2016〕36号

■房地产开发企业中的小规模纳税人采取预收款方式销售自行开发的房地产项目，应在收到预收款时按照3%的预征率预缴增值税。

■应预缴税款按照以下公式计算：

应预缴税款=预收款÷(1+5%)×3%

■小规模纳税人应在取得预收款的次月纳税申报期或主管国税机关核定的纳税期限向主管国税机关预缴税款。

《国家税务总局关于发布〈房地产开发企业销售自行开发的房地产项目增值税征收管理暂行办法〉的公告》第十九、二十、二十一条　国家税务总局公告2016年第18号

9.3.1.11　小规模纳税人销售自行开发的房地产项目，如何进行纳税申报?

■小规模纳税人销售自行开发的房地产项目，应按照《试点实施办法》第四十五条规定的纳税义务发生时间，以当期销售额和5%的征收率计算当期应纳税额，抵减已预缴税款后，向主管国税机关申报纳税。未抵减完的预缴税款可以结转下期继续抵减。

《国家税务总局关于发布〈房地产开发企业销售自行开发的房地产项目增值税征收管理暂行办法〉的公告》第二十二条　国家税务总局公告2016年第18号

9.3.1.12　小规模纳税人销售自行开发的房地产项目，如何开具发票?

■小规模纳税人销售自行开发的房地产项目，自行开具增值税普通发票。购买方需要增值税专用发票的，小规模纳税人向主管国税机关申请代开。

■小规模纳税人销售自行开发的房地产项目，其2016年4月30日前收取并已向主管地税机关申报缴纳营业税的预收款，未开具营业税发票的，可以开具增值税普通发票，不得申请代开增值税专用发票。

■小规模纳税人向其他个人销售自行开发的房地产项目，不得申请代开增值税专用发票。

《国家税务总局关于发布〈房地产开发企业销售自行开发的房地产项目增值税征收管理暂行办法〉的公告》第二十三、二十四、二十五条　国家税务总局公告2016年第18号

9.3.1.13　房地产开发企业销售自行开发的房地产项目预缴税款，是否填报《增值税预缴税款表》？

■房地产开发企业销售自行开发的房地产项目，按照本办法规定预缴税款时，应填报《增值税预缴税款表》。

《国家税务总局关于发布〈房地产开发企业销售自行开发的房地产项目增值税征收管理暂行办法〉的公告》第二十六条　国家税务总局公告2016年第18号

9.3.1.14　房地产开发企业以预缴税款抵减应纳税额，是否需要合法有效凭证？

■房地产开发企业以预缴税款抵减应纳税额，应以完税凭证作为合法有效凭证。

《国家税务总局关于发布〈房地产开发企业销售自行开发的房地产项目增值税征收管理暂行办法〉的公告》第二十七条　国家税务总局公告2016年第18号

9.3.1.15　房地产开发企业出租自行开发的房地产，如何缴纳增值税？

■（1）房地产开发企业中的一般纳税人，出租自行开发的房地产老项目，可以选择适用简易计税方法，按照5%的征收率计算应纳税额。纳税人出租自行开发的房地产老项目与其机构所在地不在同一县（市）的，应按照上述计税方法在不动产所在地预缴税款后，向机构所在地主管税务机关进行纳税申报。

房地产开发企业中的一般纳税人，出租其2016年5月1日后自行开发的与机构所在地不在同一县（市）的房地产项目，应按照3%预征率在不动产所在地预缴税款后，向机构所在地主管税务机关进行纳税申报。

（2）房地产开发企业中的小规模纳税人，出租自行开发的房地产项目，按照5%的征收率计算应纳税额。纳税人出租自行开发的房地产项目与其机构所在地不在同一县（市）的，应按照上述计税方法在不动产所在地预缴税款后，向机构所在地主管税务机关进行纳税申报。

《财政部　国家税务总局关于进一步明确全面推开营改增试点有关再保险不动产租赁和非学历教育等政策的通知》二　财税〔2016〕68号

9.3.2　营业税

9.3.2.1　中方将土地使用权与外方合作建房，对中方如何征收营业税？

■中方将获得的土地与外方合作，办理土地使用权转移后，对中方应按“转让无形资

产”税目征收营业税。

外方提前支付给中方的前期工程的开发费用，视为中方以预收款方式取得的营业收入，计算征收营业税。对该项已税的开发费用，在中外双方分配收入时如数从中方应得收入中扣除的，可直接冲减中方当期的营业收入。

对中方定期获取的固定利润视为转让土地使用权所取得的收入，计算征收营业税。

《国家税务总局关于中外合作开发房地产征收营业税问题的批复》 国税函〔1994〕644 号

9.3.2.2　中外双方合作建房销售，如何征收营业税？

■中方将获得的土地与外方合作，如果采取分房（包括分面积）各自销房的，则对中外双方各自销售商品房收入按“销售不动产”征营业税；如果采取统一销房再分配销售收入的，则就统一的销售商品房收入按“销售不动产”征营业税；如果采取对中方支付固定利润方式的，则对外方销售商品房的全部收入按“销售不动产”征营业税。

《国家税务总局关于中外合作开发房地产征收营业税问题的批复》 国税函〔1994〕644 号

9.3.2.3　包销商包销房地产开发公司房屋，如何征收营业税？

■包销合同期满后，房屋未售出，由包销商进行收购，对房产开发企业应按“销售不动产”征收营业税。

包销商将房产再次销售，对包销商也应按“销售不动产”征收营业税。

《国家税务总局关于房产开发企业销售不动产征收营业税问题的通知》 国税函发〔1996〕684 号

9.3.2.4　房地产开发企业“代建”房屋，如何征收营业税？

■房地产开发企业（甲方）取得土地使用权并办理施工手续后根据其他单位（乙方）的要求进行施工，并按施工进度向乙方预收房款，工程完工后，甲方替乙方办理产权转移等手续。甲方的上述行为属于销售不动产，应按“销售不动产”税目征收营业税；如甲方自备施工力量修建该房屋，还应对甲方的自建行为，按“建筑业”税目征收营业税。

《国家税务总局关于“代建”房屋行为应如何征收营业税问题的批复》 国税函〔1998〕554 号

9.3.2.5　房地产开发公司采用“购房回租”形式，如何征收营业税？

■房地产开发公司采用“购房回租”等形式，进行促销经营活动（即与购房者签订“商品房买卖合同书”，将商品房卖给购房者；同时，根据合同约定的期限，在一定时期后，又将该商品房购回）。对房地产开发公司和购房者，均应按“销售不动产”税目征收营业税。

《国家税务总局关于房地产开发企业从事“购房回租”等经营活动征收营业税问题的批复》 国税函〔1999〕144 号

9.3.2.6　纳税人代收的住房专项维修基金，是否征收营业税？

■住房专项维修基金是属全体业主共同所有的一项代管基金，专项用于物业保修期满后物业共用部位、共用设施设备的维修和更新、改造。

对房地产主管部门或其指定机构、公积金管理中心、开发企业以及物业管理单位代收的住房专项维修基金，不计征营业税。

《国家税务总局关于住房专项维修基金征免营业税问题的通知》 国税发〔2004〕69号

9.3.2.7 对委托代销房地产，如何征收营业税？

■房地产开发公司将自行开发的商品房委托地产交易公司销售，双方以代销基价作为结算价格，甲方向乙方开具销售商品房发票；乙方将商品房销售给购房者并按实际销售价格开具发票，同时为业主办理产权证；这种行为是商品房销售而不是委托代销。

因此，对甲方取得的收入应按“销售不动产”税目征收营业税，其计税依据是双方按照协议约定的代销基价实际结算的收入；对乙方也应按“销售不动产”税目征收营业税，其计税依据是商品房实际销售价减除代销基价后的余额。

《国家税务总局关于代销商品房业务征收营业税问题的批复》 国税函〔2005〕917号

9.3.2.8 房地产开发公司给与拆迁户拆迁补偿住房，是否缴纳营业税？

■房地产开发公司对被拆迁户实行房屋产权调换时，房地产开发公司将所拥有的不动产所有权转移给了被拆迁户，应按“销售不动产”税目缴纳营业税。

《国家税务总局关于个人销售拆迁补偿住房征收营业税问题的批复》— 国税函〔2007〕768号

9.3.2.9 纳税人投资政府土地改造项目，是否征收营业税？

■投资方与地方政府合作，投资政府土地改造项目，投资方负责按计划支付土地整理所需资金。当该地块符合国家土地出让条件时，地方政府将该地块进行挂牌出让，若成交价低于投资方投入的所有资金，亏损由投资方自行承担；若成交价超过投资方投入的所有资金，则所获收益归投资方。

自2013年5月1日起，投资方的行为属于投资行为，不属于营业税征税范围，其取得的投资收益不征收营业税。

《国家税务总局关于纳税人投资政府土地改造项目有关营业税问题的公告》 国家税务总局公告2013年第15号

9.3.2.10 纳税人向原居民无偿转让回迁安置房所有权，如何征收营业税？

■自2014年3月1日起，纳税人以自己名义立项，在该纳税人不承担土地出让价款的土地上开发回迁安置房，并向原居民无偿转让回迁安置房所有权的行为，视同销售不动产，征收营业税。

征收营业税的计税营业额予以核定，但不包括回迁安置房所处地块的土地使用权价款。

《国家税务总局关于纳税人开发回迁安置用房有关营业税问题的公告》 国家税务总局公告2014年第2号

9.3.2.11 采用预收款方式转让土地使用权或者销售不动产的，纳税义务发生时间？

■纳税人采取预收款方式转让土地使用权或者销售不动产的，以收到预收款的当天为纳税义务发生的时间。

《国家税务总局关于经营房地产收入纳税义务发生时间的通知》 国税发〔1994〕86号

9.3.3 企业所得税

收入的税务处理

9.3.3.1 从事房地产开发经营业务的企业，是否可以核定征收企业所得税？

■企业出现应当核定征收的情形，税务机关可对其以往应缴的企业所得税按核定征收方式进行征收管理，但不得事先确定企业的所得税按核定征收方式。

《国家税务总局关于印发〈房地产开发经营业务企业所得税处理办法〉的通知》第四条 国税发〔2009〕31号

9.3.3.2 开发产品销售收入的范围，包括哪些？

■开发产品销售收入的范围为销售开发产品过程中取得的全部价款，包括现金、现金等价物及其他经济利益。

企业代有关部门、单位和企业收取的各种基金、费用和附加等，凡纳入开发产品价内或由企业开具发票的，应按规定全部确认为销售收入；未纳入开发产品价内并由企业之外的其他收取部门、单位开具发票的，可作为代收代缴款项进行管理。

《国家税务总局关于印发〈房地产开发经营业务企业所得税处理办法〉的通知》第五条 国税发〔2009〕31号

9.3.3.3 企业销售收入的实现，如何确认？

■企业通过正式签订《房地产销售合同》或《房地产预售合同》所取得的收入，应确认为销售收入的实现，具体按以下规定确认：

（1）采取一次性全额收款方式销售开发产品的，应于实际收讫价款或取得索取价款凭据（权利）之日，确认收入的实现。

（2）采取分期收款方式销售开发产品的，应按销售合同或协议约定的价款和付款日确认收入的实现。付款方提前付款的，在实际付款日确认收入的实现。

（3）采取银行按揭方式销售开发产品的，应按销售合同或协议约定的价款确定收入额，其首付款应于实际收到日确认收入的实现，余款在银行按揭贷款办理转账之日确认收入的实现。

（4）采取委托方式销售开发产品的，应按以下原则确认收入的实现：

①采取支付手续费方式委托销售开发产品的，应按销售合同或协议中约定的价款于收到受托方已销开发产品清单之日确认收入的实现。

②采取视同买断方式委托销售开发产品的，属于企业与购买方签订销售合同或协议，或企业、受托方、购买方三方共同签订销售合同或协议的，如果销售合同或协议中约定的价格高于买断价格，则应按销售合同或协议中约定的价格计算的价款于收到受托方已销开发产品清单之日确认收入的实现；如果属于前两种情况中销售合同或协议中约定的价格低于买断价格，以及属于受托方与购买方签订销售合同或协议的，则应按买断价格计算的价款于收到受托方已销开发产品清单之日确认收入的实现。

③采取基价（保底价）并实行超基价双方分成方式委托销售开发产品的，属于由企业与购买方签订销售合同或协议，或企业、受托方、购买方三方共同签订销售合同或协议的，如果销售合同或协议中约定的价格高于基价，则应按销售合同或协议中约定的价格计算的价款于收到受托方已销开发产品清单之日确认收入的实现，企业按规定支付受托方的分成额，不得直接从销售收入中减除；如果销售合同或协议约定的价格低于基价的，则应按基价计算的价款于收到受托方已销开发产品清单之日确认收入的实现。属于由受托方与购买方直接签订销售合同的，则应按基价加上按规定取得的分成额于收到受托方已销开发产品清单之日确认收入的实现。

④采取包销方式委托销售开发产品的，包销期内可根据包销合同的有关约定，参照上述1至3项规定确认收入的实现；包销期满后尚未出售的开发产品，企业应根据包销合同或协议约定的价款和付款方式确认收入的实现。

《国家税务总局关于印发〈房地产开发经营业务企业所得税处理办法〉的通知》第六条　国税发〔2009〕31号

9.3.3.4　企业的视同销售行为，如何确认收入的实现？

■企业将开发产品用于捐赠、赞助、职工福利、奖励、对外投资、分配给股东或投资人、抵偿债务、换取其他企事业单位和个人的非货币性资产等行为，应视同销售，于开发产品所有权或使用权转移，或于实际取得利益权利时确认收入（或利润）的实现。确认收入（或利润）的方法和顺序为：

（1）按本企业近期或本年度最近月份同类开发产品市场销售价格确定；

（2）由主管税务机关参照当地同类开发产品市场公允价值确定；

（3）按开发产品的成本利润率确定。开发产品的成本利润率不得低于15%，具体比例由主管税务机关确定。

《国家税务总局关于印发〈房地产开发经营业务企业所得税处理办法〉的通知》第七条　国税发〔2009〕31号

■房地产开发企业以房屋抵顶地价款赔偿给原住户的，在计算缴纳企业所得税时，对赔偿的房屋应视同对外销售，销售收入按其公允价值或参照同期同类房屋的市场价格确定。

《国家税务总局关于房地产开发企业以房屋抵顶地价计算缴纳企业所得税问题的批复》　国税函〔2002〕172号

9.3.3.5　企业销售未完工开发产品的计税毛利率，如何确定？

■企业销售未完工开发产品的计税毛利率由各省、自治、直辖市国家税务局、地方税务局按下列规定进行确定：

（1）开发项目位于省、自治区、直辖市和计划单列市人民政府所在地城市城区和郊区的，不得低于15%。

（2）开发项目位于地及地级市城区及郊区的，不得低于10%。

（3）开发项目位于其他地区的，不得低于5%。

（4）属于经济适用房、限价房和危改房的，不得低于3%。

《国家税务总局关于印发〈房地产开发经营业务企业所得税处理办法〉

的通知》第八条　国税发〔2009〕31号

9.3.3.6　企业销售未完工开发产品取得的收入，如何计入应纳税所得额？

■企业销售未完工开发产品取得的收入，应先按预计计税毛利率分季（或月）计算出预计毛利额，计入当期应纳税所得额。开发产品完工后，企业应及时结算其计税成本并计算此前销售收入的实际毛利额，同时将其实际毛利额与其对应的预计毛利额之间的差额，计入当年度企业本项目与其他项目合并计算的应纳税所得额。

在年度纳税申报时，企业须出具对该项开发产品实际毛利额与预计毛利额之间差异调整情况的报告以及税务机关需要的其他相关资料。

《国家税务总局关于印发〈房地产开发经营业务企业所得税处理办法〉的通知》第九条　国税发〔2009〕31号

9.3.3.7　企业取得的预租价款，确认收入实现的时间？

■企业新建的开发产品在尚未完工或办理房地产初始登记、取得产权证前，与承租人签订租赁预约协议的，自开发产品交付承租人使用之日起，出租方取得的预租价款按租金确认收入的实现。

《国家税务总局关于印发〈房地产开发经营业务企业所得税处理办法〉的通知》第十条　国税发〔2009〕31号

成本、费用扣除的税务处理

9.3.3.8　企业应如何对成本、费用进行区分？

■企业在进行成本、费用的核算与扣除时，必须按规定区分期间费用和开发产品计税成本、已销开发产品计税成本与未销开发产品计税成本。

《国家税务总局关于印发〈房地产开发经营业务企业所得税处理办法〉的通知》第十一条　国税发〔2009〕31号

9.3.3.9　企业发生的哪些成本费用，准予当期扣除？

■企业发生的期间费用、已销开发产品计税成本、营业税金及附加、土地增值税准予当期按规定扣除。

■已销开发产品的计税成本，按当期已实现销售的可售面积和可售面积单位工程成本确认。可售面积单位工程成本和已销开发产品的计税成本按下列公式计算确定：

可售面积单位工程成本=成本对象总成本÷成本对象总可售面积

已销开发产品的计税成本=已实现销售的可售面积×可售面积单位工程成本

■企业对尚未出售的已完工开发产品和按照有关法律、法规或合同规定对已售开发产品（包括共用部位、共用设施设备）进行日常维护、保养、修理等实际发生的维修费用，准予在当期据实扣除。

《国家税务总局关于印发〈房地产开发经营业务企业所得税处理办法〉的通知》第十二、十四、十五条　国税发〔2009〕31号

9.3.3.10　企业将维修基金移交，如何扣除？

■企业将已计入销售收入的共用部位、共用设施设备维修基金按规定移交给有关部门、单位的，应于移交时扣除。

《国家税务总局关于印发〈房地产开发经营业务企业所得税处理办法〉的通知》第十六条 国税发〔2009〕31号

9.3.3.11 企业建造的配套设施，如何进行税务处理？

■企业在开发区内建造的会所、物业管理场所、电站、热力站、水厂、文体场馆、幼儿园等配套设施，按以下规定进行处理：

（1）属于非营利性且产权属于全体业主的，或无偿赠与地方政府、公用事业单位的，可将其视为公共配套设施，其建造费用按公共配套设施费的有关规定进行处理。

（2）属于营利性的，或产权归企业所有的，或未明确产权归属的，或无偿赠与地方政府、公用事业单位以外其他单位的，应当单独核算其成本。除企业自用应按建造固定资产进行处理外，其他一律按建造开发产品进行处理。

《国家税务总局关于印发〈房地产开发经营业务企业所得税处理办法〉的通知》第十七条 国税发〔2009〕31号

9.3.3.12 企业建造的邮电通讯、学校、医疗设施等，如何进行税务处理？

■企业在开发区内建造的邮电通讯、学校、医疗设施应单独核算成本，其中，由企业与国家有关业务管理部门、单位合资建设，完工后有偿移交的，国家有关业务管理部门、单位给予的经济补偿可直接抵扣该项目的建造成本，抵扣后的差额应调整当期应纳税所得额。

《国家税务总局关于印发〈房地产开发经营业务企业所得税处理办法〉的通知》第十八条 国税发〔2009〕31号

9.3.3.13 企业向银行提供的保证金，如何进行税务处理？

■企业采取银行按揭方式销售开发产品的，凡约定企业为购买方的按揭贷款提供担保的，其销售开发产品时向银行提供的保证金（担保金）不得从销售收入中减除，也不得作为费用在当期税前扣除，但实际发生损失时可据实扣除。

《国家税务总局关于印发〈房地产开发经营业务企业所得税处理办法〉的通知》第十九条 国税发〔2009〕31号

9.3.3.14 企业支付的销售费用，如何税前扣除？

■企业委托境外机构销售开发产品的，其支付境外机构的销售费用（含佣金或手续费）不超过委托销售收入10%的部分，准予据实扣除。

《国家税务总局关于印发〈房地产开发经营业务企业所得税处理办法〉的通知》第二十条 国税发〔2009〕31号

9.3.3.15 企业的利息支出，如何扣除？

■企业的利息支出按以下规定进行处理：

（1）企业为建造开发产品借入资金而发生的符合税收规定的借款费用，可按企业会计准则的规定进行归集和分配，其中属于财务费用性质的借款费用，可直接在税前扣除。

（2）企业集团或其成员企业统一向金融机构借款分摊集团内部其他成员企业使用的，借入方凡能出具从金融机构取得借款的证明文件，可以在使用借款的企业间合理的分摊利息费用，使用借款的企业分摊的合理利息准予在税前扣除。

《国家税务总局关于印发〈房地产开发经营业务企业所得税处理办法〉

的通知》第二十一条　国税发〔2009〕31号

9.3.3.16　企业的损失，如何扣除？

■企业因国家无偿收回土地使用权而形成的损失，可作为财产损失按有关规定在税前扣除。

■企业开发产品（以成本对象为计量单位）整体报废或毁损，其净损失按有关规定审核确认后准予在税前扣除。

《国家税务总局关于印发〈房地产开发经营业务企业所得税处理办法〉的通知》第二十二、二十三条　国税发〔2009〕31号

9.3.3.17　企业开发产品转为自用又销售的，是否可在税前扣除折旧费用？

■企业开发产品转为自用的，其实际使用时间累计未超过12个月又销售的，不得在税前扣除折旧费用。

《国家税务总局关于印发〈房地产开发经营业务企业所得税处理办法〉的通知》第二十四条　国税发〔2009〕31号

计税成本的核算

9.3.3.18　计税成本对象的确定原则？

■计税成本是指企业在开发、建造开发产品（包括固定资产）过程中所发生的按照税收规定进行核算与计量的应归入某项成本对象的各项费用。

■成本对象是指为归集和分配开发产品开发、建造过程中的各项耗费而确定的费用承担项目。计税成本对象的确定原则如下：

（1）可否销售原则。开发产品能够对外经营销售的，应作为独立的计税成本对象进行成本核算；不能对外经营销售的，可先作为过渡性成本对象进行归集，然后再将其相关成本摊入能够对外经营销售的成本对象。

（2）分类归集原则。对同一开发地点、竣工时间相近、产品结构类型没有明显差异的群体开发的项目，可作为一个成本对象进行核算。

（3）功能区分原则。开发项目某组成部分相对独立，且具有不同使用功能时，可以作为独立的成本对象进行核算。

（4）定价差异原则。开发产品因其产品类型或功能不同等而导致其预期售价存在较大差异的，应分别作为成本对象进行核算。

（5）成本差异原则。开发产品因建筑上存在明显差异可能导致其建造成本出现较大差异的，要分别作为成本对象进行核算。

《国家税务总局关于印发〈房地产开发经营业务企业所得税处理办法〉的通知》第二十五、二十六条　国税发〔2009〕31号

■房地产开发企业应依据计税成本对象确定原则确定已完工开发产品的成本对象，并就确定原则、依据，共同成本分配原则、方法，以及开发项目基本情况、开发计划等出具专项报告，在开发产品完工当年企业所得税年度纳税申报时，随同《企业所得税年度纳税申报表》一并报送主管税务机关。

房地产开发企业将已确定的成本对象报送主管税务机关后，不得随意调整或相互混

淆。如确需调整成本对象的，应就调整的原因、依据和调整前后成本变化情况等出具专项报告，在调整当年企业所得税年度纳税申报时报送主管税务机关。

■房地产开发企业应建立健全成本对象管理制度，合理区分已完工成本对象、在建成本对象和未建成本对象，及时收集、整理、保存成本对象涉及的证据材料，以备税务机关检查。

■主管税务机关应对成本对象确定不合理或共同成本分配方法不合理的，主管税务机关有权进行合理调整；对成本对象确定情况异常的，主管税务机关应进行专项检查；对不如实出具专项报告或不出具专项报告的，应按《中华人民共和国税收征收管理法》的相关规定进行处理。

《国家税务总局关于房地产开发企业成本对象管理问题的公告》一、二、三　国家税务总局公告2014年第35号

9.3.3.19　计税成本支出的内容？

■开发产品计税成本支出的内容如下：

（1）土地征用费及拆迁补偿费。指为取得土地开发使用权（或开发权）而发生的各项费用，主要包括土地买价或出让金、大市政配套费、契税、耕地占用税、土地使用费、土地闲置费、土地变更用途和超面积补交的地价及相关税费、拆迁补偿支出、安置及动迁支出、回迁房建造支出、农作物补偿费、危房补偿费等。

（2）前期工程费。指项目开发前期发生的水文地质勘察、测绘、规划、设计、可行性研究、筹建、场地通平等前期费用。

（3）建筑安装工程费。指开发项目开发过程中发生的各项建筑安装费用。主要包括开发项目建筑工程费和开发项目安装工程费等。

（4）基础设施建设费。指开发项目在开发过程中所发生的各项基础设施支出，主要包括开发项目内道路、供水、供电、供气、排污、排洪、通讯、照明等社区管网工程费和环境卫生、园林绿化等园林环境工程费。

（5）公共配套设施费：指开发项目内发生的、独立的、非营利性的，且产权属于全体业主的，或无偿赠与地方政府、政府公用事业单位的公共配套设施支出。

（6）开发间接费。指企业为直接组织和管理开发项目所发生的，且不能将其归属于特定成本对象的成本费用性支出。主要包括管理人员工资、职工福利费、折旧费、修理费、办公费、水电费、劳动保护费、工程管理费、周转房摊销以及项目营销设施建造费等。

《国家税务总局关于印发〈房地产开发经营业务企业所得税处理办法〉的通知》第二十七条　国税发〔2009〕31号

9.3.3.20　计税成本核算的一般程序？

■企业计税成本核算的一般程序如下：

（1）对当期实际发生的各项支出，按其性质、经济用途及发生的地点、时间区进行整理、归类，并将其区分为应计入成本对象的成本和应在当期税前扣除的期间费用。同时还应按规定对在有关预提费用和待摊费用进行计量与确认。

（2）对应计入成本对象中的各项实际支出、预提费用、待摊费用等合理的划分为直接成本、间接成本和共同成本，并按规定将其合理的归集、分配至已完工成本对象、在建成

本对象和未建成本对象。

（3）对期前已完工成本对象应负担的成本费用按已销开发产品、未销开发产品和固定资产进行分配，其中应由已销开发产品负担的部分，在当期纳税申报时进行扣除，未销开发产品应负担的成本费用待其实际销售时再予扣除。

（4）对本期已完工成本对象分类为开发产品和固定资产并对其计税成本进行结算。其中属于开发产品的，应按可售面积计算其单位工程成本，据此再计算已销开发产品计税成本和未销开发产品计税成本。对本期已销开发产品的计税成本，准予在当期扣除，未销开发产品计税成本待其实际销售时再予扣除。

（5）对本期未完工和尚未建造的成本对象应当负担的成本费用，应按分别建立明细台账，待开发产品完工后再予结算。

《国家税务总局关于印发〈房地产开发经营业务企业所得税处理办法〉的通知》第二十八条　国税发〔2009〕31号

9.3.3.21　企业开发、建造的开发产品计量与核算的方法？

■企业开发、建造的开发产品应按制造成本法进行计量与核算。其中，应计入开发产品成本中的费用属于直接成本和能够分清成本对象的间接成本，直接计入成本对象，共同成本和不能分清负担对象的间接成本，应按受益的原则和配比的原则分配至各成本对象，具体分配方法可按以下规定选择其一：

（1）占地面积法。指按已动工开发成本对象占地面积占开发用地总面积的比例进行分配。

①一次性开发的，按某一成本对象占地面积占全部成本对象占地总面积的比例进行分配。

②分期开发的，首先按本期全部成本对象占地面积占开发用地总面积的比例进行分配，然后再按某一成本对象占地面积占期内全部成本对象占地总面积的比例进行分配。

期内全部成本对象应负担的占地面积为期内开发用地占地面积减除应由各期成本对象共同负担的占地面积。

（2）建筑面积法。指按已动工开发成本对象建筑面积占开发用地总建筑面积的比例进行分配。

①一次性开发的，按某一成本对象建筑面积占全部成本对象建筑面积的比例进行分配。

②分期开发的，首先按期内成本对象建筑面积占开发用地计划建筑面积的比例进行分配，然后再按某一成本对象建筑面积占期内成本对象总建筑面积的比例进行分配。

（3）直接成本法。指按期内某一成本对象的直接开发成本占期内全部成本对象直接开发成本的比例进行分配。

（4）预算造价法。指按期内某一成本对象预算造价占期内全部成本对象预算造价的比例进行分配。

《国家税务总局关于印发〈房地产开发经营业务企业所得税处理办法〉的通知》第二十九条　国税发〔2009〕31号

9.3.3.22　企业成本分配的方法？

■企业下列成本应按以下方法进行分配：

（1）土地成本，一般按占地面积法进行分配。如果确需结合其他方法进行分配的，应商税务机关同意。

土地开发同时连结房地产开发的，属于一次性取得土地分期开发房地产的情况，其土地开发成本经商税务机关同意后可先按土地整体预算成本进行分配，待土地整体开发完毕再行调整。

（2）单独作为过渡性成本对象核算的公共配套设施开发成本，应按建筑面积法进行分配。

（3）借款费用属于不同成本对象共同负担的，按直接成本法或按预算造价法进行分配。

（4）其他成本项目的分配法由企业自行确定。

■企业以非货币交易方式取得土地使用权的，应按下列规定确定其成本：

（1）企业、单位以换取开发产品为目的，将土地使用权投资企业的，按下列规定进行处理：

①换取的开发产品如为该项土地开发、建造的，接受投资的企业在接受土地使用权时暂不确认其成本，待首次分出开发产品时，再按应分出开发产品（包括首次分出的和以后应分出的）的市场公允价值和土地使用权转移过程中应支付的相关税费计算确认该项土地使用权的成本。如涉及补价，土地使用权的取得成本还应加上应支付的补价款或减除应收到的补价款。

②换取的开发产品如为其他土地开发、建造的，接受投资的企业在投资交易发生时，按应付出开发产品市场公允价值和土地使用权转移过程中应支付的相关税费计算确认该项土地使用权的成本。如涉及补价，土地使用权的取得成本还应加上应支付的补价款或减除应收到的补价款。

（2）企业、单位以股权的形式，将土地使用权投资企业的，接受投资的企业应在投资交易发生时，按该项土地使用权的市场公允价值和土地使用权转移过程中应支付的相关税费计算确认该项土地使用权的取得成本。如涉及补价，土地使用权的取得成本还应加上应支付的补价款或减除应收到的补价款。

《国家税务总局关于印发〈房地产开发经营业务企业所得税处理办法〉的通知》第三十、三十一条　国税发〔2009〕31号

9.3.3.23　计税成本，是否为实际发生的成本?

■除以下几项预提（应付）费用外，计税成本均应为实际发生的成本。

（1）出包工程未最终办理结算而未取得全额发票的，在证明资料充分的前提下，其发票不足金额可以预提，但最高不得超过合同总金额的10%。

（2）公共配套设施尚未建造或尚未完工的，可按预算造价合理预提建造费用。此类公共配套设施必须符合已在售房合同、协议或广告、模型中明确承诺建造且不可撤销，或按照法律法规规定必须配套建造的条件。

（3）应向政府上交但尚未上交的报批报建费用、物业完善费用可以按规定预提。物业完善费用是指按规定应由企业承担的物业管理基金、公建维修基金或其他专项基金。

《国家税务总局关于印发〈房地产开发经营业务企业所得税处理办法〉

的通知》第三十二条　国税发〔2009〕31号

9.3.3.24　企业单独建造的停车场所，如何处理？

■企业单独建造的停车场所，应作为成本对象单独核算。利用地下基础设施形成的停车场所，作为公共配套设施进行处理。

《国家税务总局关于印发〈房地产开发经营业务企业所得税处理办法〉的通知》第三十三条　国税发〔2009〕31号

9.3.3.25　实际发生的支出未取得合法凭据的，是否计入计税成本？

■企业在结算计税成本时其实际发生的支出应当取得但未取得合法凭据的，不得计入计税成本，待实际取得合法凭据时，再按规定计入计税成本。

《国家税务总局关于印发〈房地产开发经营业务企业所得税处理办法〉的通知》第三十四条　国税发〔2009〕31号

9.3.3.26　已完工开发产品在完工年度未按规定结算计税成本，如何处理？

■开发产品完工以后，企业可在完工年度企业所得税汇算清缴前选择确定计税成本核算的终止日，不得滞后。凡已完工开发产品在完工年度未按规定结算计税成本，主管税务机关有权确定或核定其计税成本，据此进行纳税调整，并按《中华人民共和国税收征收管理法》的有关规定对其进行处理。

《国家税务总局关于印发〈房地产开发经营业务企业所得税处理办法〉的通知》第三十五条　国税发〔2009〕31号

9.3.3.27　中国境内从事房地产开发经营业务的企业，开发产品已经完工的条件？

■房地产开发企业建造、开发的开发产品，无论工程质量是否通过验收合格，或是否办理完工（竣工）备案手续以及会计决算手续，当企业开始办理开发产品交付手续（包括入住手续）、或已开始实际投入使用时，为开发产品开始投入使用，应视为开发产品已经完工。房地产开发企业应按规定及时结算开发产品计税成本，并计算企业当年度应纳税所得额。

《国家税务总局关于房地产开发企业开发产品完工条件确认问题的通知》国税函〔2010〕201号

特定事项的税务处理

9.3.3.28　企业联合其他企业、单位、个人合作或合资开发房地产项目，如何处理？

■企业以本企业为主体联合其他企业、单位、个人合作或合资开发房地产项目，且该项目未成立独立法人公司的，按下列规定进行处理：

（1）凡开发合同或协议中约定向投资各方（即合作、合资方）分配开发产品的，企业在首次分配开发产品时，如该项目已经结算计税成本，其应分配给投资方开发产品的计税成本与其投资额之间的差额计入当期应纳税所得额；如未结算计税成本，则将投资方的投资额视同销售收入进行相关的税务处理。

（2）凡开发合同或协议中约定分配项目利润的，应按以下规定进行处理：

①企业应将该项目形成的营业利润额并入当期应纳税所得额统一申报缴纳企业所得税，不得在税前分配该项目的利润。同时不能因接受投资方投资额而在成本中摊销或在税

前扣除相关的利息支出。

②投资方取得该项目的营业利润应视同股息、红利进行相关的税务处理。

《国家税务总局关于印发〈房地产开发经营业务企业所得税处理办法〉的通知》第三十六条　国税发〔2009〕31号

9.3.3.29　企业将土地使用权投资其他企业房地产开发项目的，如何处理？

■企业以换取开发产品为目的，将土地使用权投资其他企业房地产开发项目的，按以下规定进行处理：

企业应在首次取得开发产品时，将其分解为转让土地使用权和购入开发产品两项经济业务进行所得税处理，并按应从该项目取得的开发产品（包括首次取得的和以后应取得的）的市场公允价值计算确认土地使用权转让所得或损失。

《国家税务总局关于印发〈房地产开发经营业务企业所得税处理办法〉的通知》第三十七条　国税发〔2009〕31号

纳税申报

9.3.3.30　房地产开发企业的预售收入，如何预缴企业所得税？

■房地产开发企业（从事房地产开发经营业务的居民纳税人）按当年实际利润据实分季（或月）预缴企业所得税的，对开发、建造的住宅、商业用房以及其他建筑物、附着物、配套设施等开发产品，在未完工前采取预售方式销售取得的预售收入，按照规定的预计利润率分季（或月）计算出预计利润额，计入利润总额预缴，开发产品完工、结算计税成本后按照实际利润再行调整。

《国家税务总局关于房地产开发企业所得税预缴问题的通知》一　国税函〔2008〕299号　（2016年5月29日全文废止，详见国家税务总局公告2016年第34号）

9.3.3.31　房地产开发企业的预售收入，如何填报纳税申报表？

■房地产开发企业按当年实际利润据实预缴企业所得税的，对开发、建造的住宅、商业用房以及其他建筑物、附着物、配套设施等开发产品，在未完工前采取预售方式销售取得的预售收入，按照规定的预计利润率分季（或月）计算出预计利润额，填报在《中华人民共和国企业所得税月（季）度预缴纳税申报表（A类）》（国税函〔2008〕44号文件附件1）第4行“利润总额”内。

《国家税务总局关于房地产开发企业所得税预缴问题的通知》三　国税函〔2008〕299号（2016年5月29日全文废止，详见国家税务总局公告2016年第34号）

9.3.3.32　房地产开发企业对经济适用房项目的预售收入初始纳税申报时，报送哪些材料？

■房地产开发企业对经济适用房项目的预售收入进行初始纳税申报时，必须附送有关部门批准经济适用房项目开发、销售的文件以及其他相关证明材料。凡不符合规定或未附送有关部门的批准文件以及其他相关证明材料的，一律按销售非经济适用房的规定执行。

《国家税务总局关于房地产开发企业所得税预缴问题的通知》四　国税

函〔2008〕299号（2016年5月29日全文废止，详见国家税务总局公告2016年第34号）

退税

9.3.3.33　房地产开发企业注销前多缴企业所得税，是否可以退税？

■房地产开发企业（以下简称企业）按规定对开发项目进行土地增值税清算后，在向税务机关申请办理注销税务登记时，如注销当年汇算清缴出现亏损，计税出项目开发各年度多缴的企业所得税税款，并申请退税。

■企业按规定对开发项目进行土地增值税清算后，在向税务机关申请办理注销税务登记时，如注销当年汇算清缴出现亏损，但土地增值税清算当年未出现亏损，或尽管土地增值税清算当年出现亏损，但在注销之前年度已按税法规定弥补完毕的，不执行本公告。

《国家税务总局关于房地产开发企业注销前有关企业所得税处理问题的公告》一、三　国家税务总局公告2010年第29号

9.3.3.34　企业申请退税，计算多缴的企业所得税税款的方法？

■企业应按照以下方法计算出其在注销前项目开发各年度多缴的企业所得税税款：

（1）企业整个项目缴纳的土地增值税总额，应按照项目开发各年度实现的项目销售收入占整个项目销售收入总额的比例，在项目开发各年度进行分摊，具体按以下公式计算：

各年度应分摊的土地增值税=土地增值税总额×（项目年度销售收入÷整个项目销售收入总额）

本公告所称销售收入包括视同销售房地产的收入，但不包括企业销售的增值额未超过扣除项目金额20%的普通标准住宅的销售收入。

（2）项目开发各年度应分摊的土地增值税减去该年度已经税前扣除的土地增值税后，余额属于当年应补充扣除的土地增值税；企业应调整当年度的应纳税所得额，并按规定计算当年度应退的企业所得税税款；当年度已缴纳的企业所得税税款不足退税的，应作为亏损向以后年度结转，并调整以后年度的应纳税所得额。

（3）企业对项目进行土地增值税清算的当年，由于按照上述方法进行土地增值税分摊调整后，导致当年度应纳税所得额出现正数的，应按规定计算缴纳企业所得税。

（4）企业按上述方法计算的累计退税额，不得超过其在项目开发各年度累计实际缴纳的企业所得税。

《国家税务总局关于房地产开发企业注销前有关企业所得税处理问题的公告》一　国家税务总局公告2010年第29号

9.3.3.35　企业申请退税，是否应提交计算过程？

■企业在申请退税时，应向主管税务机关提供书面材料证明应退企业所得税款的计算过程，包括企业整个项目缴纳的土地增值税总额、整个项目销售收入总额、项目年度销售收入、各年度应分摊的土地增值税和已经税前扣除的土地增值税、各年度的适用税率等。

《国家税务总局关于房地产开发企业注销前有关企业所得税处理问题的公告》二　国家税务总局公告2010年第29号

9.3.4 其他税种

9.3.4.1 房地产开发企业开发的商品房，是否征收房产税？

■对房地产开发企业建造的商品房，在售出前，不征收房产税；但对售出前房地产开发企业已使用或出租、出借的商品房应按规定征收房产税。

《国家税务总局关于房产税城镇土地使用税有关政策规定的通知》一
国税发〔2003〕89号

9.3.4.2 房地产开发企业自用、出租、出借本企业建造的商品房，纳税义务发生时间？

■房地产开发企业自用、出租、出借本企业建造的商品房，自房屋使用或交付之次月起计征房产税和城镇土地使用税。

《国家税务总局关于房产税城镇土地使用税有关政策规定的通知》二
国税发〔2003〕89号

9.3.4.3 经济适用住房建设用地，是否免征土地使用税？

■经济适用住房建设用地，免征城镇土地使用税。

开发商在商品住房项目中配套建造经济适用住房，如能提供政府部门出具的相关材料，可按经济适用住房建筑面积占总建筑面积的比例免征开发商应缴纳的城镇土地使用税。

《财政部　国家税务总局关于廉租住房经济适用住房和住房租赁有关税收政策的通知》一　财税〔2008〕24号

■除经批准开发建设经济适用房的用地外，对各类房地产开发用地一律不得减免城镇土地使用税。

《国家税务总局关于进一步加强城镇土地使用税和土地增值税征收管理工作的通知》一　国税发〔2004〕100号

9.3.4.4 开发商建造廉租住房、经济适用住房，是否免征印花税？

■开发商在经济适用住房、商品住房项目中配套建造廉租住房，在商品住房项目中配套建造经济适用住房，如能提供政府部门出具的相关材料，可按廉租住房、经济适用住房建筑面积占总建筑面积的比例免征开发商应缴纳的印花税。（减免性质代码：09011706）

《财政部　国家税务总局关于廉租住房经济适用住房和住房租赁有关税收政策的通知》一　财税〔2008〕24号

9.4 棚户区改造

9.4.1.1 改造安置住房建设用地，是否免征土地使用税？

■对改造安置住房建设用地免征城镇土地使用税。（减免性质代码：10011705）

在商品住房等开发项目中配套建造安置住房的，依据政府部门出具的相关材料、房屋征收（拆迁）补偿协议或棚户区改造合同（协议），按改造安置住房建筑面积占总建筑面积的比例免征城镇土地使用税。

■改造安置住房是指相关部门和单位与棚户区被征收人签订的房屋征收（拆迁）补偿协议或棚户区改造合同（协议）中明确用于安置被征收人的住房或通过改建、扩建、翻建等方式实施改造的住房。

棚户区是指简易结构房屋较多、建筑密度较大、房屋使用年限较长、使用功能不全、基础设施简陋的区域，具体包括城市棚户区、国有工矿（含煤矿）棚户区、国有林区棚户区和国有林场危旧房、国有垦区危房。

棚户区改造是指列入省级人民政府批准的棚户区改造规划或年度改造计划的改造项目；改造安置住房是指相关部门和单位与棚户区被征收人签订的房屋征收（拆迁）补偿协议或棚户区改造合同（协议）中明确用于安置被征收人的住房或通过改建、扩建、翻建等方式实施改造的住房。

《财政部 国家税务总局关于棚户区改造有关税收政策的通知》一、六 财税〔2013〕101号

9.4.1.2 改造安置住房相关的印花税，是否免征？

■对改造安置住房经营管理单位、开发商与改造安置住房相关的印花税予以免征。（减免性质代码：09011704）

在商品住房等开发项目中配套建造安置住房的，依据政府部门出具的相关材料、房屋征收（拆迁）补偿协议或棚户区改造合同（协议），按改造安置住房建筑面积占总建筑面积的比例免征印花税。

《财政部 国家税务总局关于棚户区改造有关税收政策的通知》一 财税〔2013〕101号

9.4.1.3 经营管理单位回购已分配的改造安置住房继续作为改造安置房源的，是否免征契税？

■对经营管理单位回购已分配的改造安置住房继续作为改造安置房源的，免征契税。（减免性质代码：15011712）

《财政部 国家税务总局关于棚户区改造有关税收政策的通知》三 财税〔2013〕101号

10　农林牧渔

10.1　增值税

10.1.1　征税范围

10.1.1.1　农业产品，增值税的征税范围包括几大类？

■农业产品是指种植业生产的各种植物、养殖业、牧业生产的各种动物的初级产品。农业产品的征税范围包括：

（1）植物类，包括人工种植和天然生长的各种植物的初级产品。

（2）动物类，包括人工养殖和天然生长的各种动物的初级产品。

《财政部　国家税务总局关于印发〈农业产品征税范围注释〉的通知》附件：农业产品征税范围注释　财税字〔1995〕52号

10.1.1.2　粮食，增值税的具体征税范围？

■粮食是指各种主食食料植物果实的总称。本货物的征税范围包括小麦、稻谷、玉米、高粱、谷子和其他杂粮（如大麦、燕麦等），以及经碾磨、脱壳等工艺加工后的粮食（如面粉，米，玉米面、渣等）。

切面、饺子皮、馄饨皮、面皮、米粉等粮食复制品，也属于粮食的征税范围。

以粮食为原料加工的速冻食品、方便面、副食品和各种熟食品，不属于粮食的征税范围。

《财政部　国家税务总局关于印发〈农业产品征税范围注释〉的通知》附件：农业产品征税范围注释　财税字〔1995〕52号

■挂面按照粮食复制品，适用13%的增值税税率。

《国家税务总局关于挂面适用增值税税率问题的通知》　国税函〔2008〕1007号

10.1.1.3　蔬菜，增值税的具体征税范围？

■蔬菜是指可作副食的草本、木本植物的总称。本货物的征税范围包括各种蔬菜、菌类植物和少数可作副食的木本植物。

经晾晒、冷藏、冷冻、包装、脱水等工序加工的蔬菜，腌菜、咸菜、酱菜和盐渍蔬菜等，也属于本货物的征税范围。

各种蔬菜罐头（罐头是指以金属罐、玻璃瓶和其他材料包装，经排气密封的各种食品。）不属于本货物的征税范围。

《财政部　国家税务总局关于印发〈农业产品征税范围注释〉的通知》附件：农业产品征税范围注释　财税字〔1995〕52号

10.1.1.4　烟叶，增值税的具体征税范围？

■烟叶是指各种烟草的叶片和经过简单加工的叶片。本货物的征税范围包括晒烟叶、晾烟叶和初烤烟叶。

（1）晒烟叶。是指利用太阳能露天晒制的烟叶。

（2）晾烟叶。是指在晾房内自然干燥的烟叶。

（3）初考烟叶。是指烟草种植者直接烤制的烟叶。不包括专业复烤厂烤制的复烤烟叶。

《财政部　国家税务总局关于印发〈农业产品征税范围注释〉的通知》附件：农业产品征税范围注释　财税字〔1995〕52号

10.1.1.5　茶叶，增值税的具体征税范围？

■茶叶是指从茶树上采摘下来的鲜叶和嫩芽（即茶青），以及经吹干、揉拌、发酵、烘干等工序初制的茶。本货物的征税范围包括各种毛茶（如红毛茶、绿毛茶、乌龙毛茶、白毛茶、黑毛茶等）。

精制茶、边销茶、掺对各种药物的茶、茶饮料，都不属于茶叶的征税范围。

《财政部　国家税务总局关于印发〈农业产品征税范围注释〉的通知》附件：农业产品征税范围注释　财税字〔1995〕52号

10.1.1.6　园艺植物，增值税的具体征税范围？

■园艺植物是指可供食用的果实，如水果、果干（如荔枝干、桂圆干、葡萄干等）、干果、果仁、果用瓜（如甜瓜、西瓜、哈密瓜等），以及胡椒、花椒、大料、咖啡豆等。

经冷冻、冷藏、包装等工序加工的园艺植物，也属于本货物的征税范围。

各种水果罐头，果脯，蜜饯，炒制的果仁、坚果，碾磨后的园艺植物（如胡椒粉、花椒粉等），不属于园艺植物的征税范围。

《财政部　国家税务总局关于印发〈农业产品征税范围注释〉的通知》附件：农业产品征税范围注释　财税字〔1995〕52号

10.1.1.7　药用植物，增值税的具体征税范围？

■药用植物是指用作中药原药的各种植物的根、茎、皮、叶、花、果实等。

利用上述药用植物加工制成的片、丝、块、段等中药饮片，也属于本货物的征税范围。

中成药不属于药用植物的征税范围。

《财政部　国家税务总局关于印发〈农业产品征税范围注释〉的通知》附件：农业产品征税范围注释　财税字〔1995〕52号

10.1.1.8　油料植物，增值税的具体征税范围？

■油料植物是指主要用作榨取油脂的各种植物的根、茎、叶、果实、花或者胚芽组织等初级产品，如菜子（包括芥菜子）、花生、大豆、葵花子、蓖麻子、芝麻子、胡麻子、茶子、桐子、橄榄仁、棕榈仁、棉籽等。

提取芳香油的芳香油料植物，也属于本货物的征税范围。

《财政部 国家税务总局关于印发〈农业产品征税范围注释〉的通知》附件：农业产品征税范围注释 财税字〔1995〕52号

10.1.1.9 纤维植物，增值税的具体征税范围？

■纤维植物是指利用其纤维作纺织、造纸原料或者绳索的植物，如棉（包括籽棉、皮棉、絮棉）、大麻、黄麻、槿麻、苎麻、苘麻、亚麻、罗布麻、蕉麻、剑麻等。

棉短绒和麻纤维经脱胶后的精干（洗）麻，也属于本货物的征税范围。

《财政部 国家税务总局关于印发〈农业产品征税范围注释〉的通知》附件：农业产品征税范围注释 财税字〔1995〕52号

10.1.1.10 糖料植物，增值税的具体征税范围？

■糖料植物是指主要用作制糖的各种植物，如甘蔗、甜菜等。

《财政部 国家税务总局关于印发〈农业产品征税范围注释〉的通知》附件：农业产品征税范围注释 财税字〔1995〕52号

10.1.1.11 林业产品，增值税的具体征税范围？

■林业产品是指乔木、灌木和竹类植物，以及天然树脂、天然橡胶。林业产品的征税范围包括：

（1）原木。是指将砍伐倒的乔木去其枝芽、梢头或者皮的乔木、灌木，以及锯成一定长度的木段。

锯材不属于本货物的征税范围。

（2）原竹。是指将砍倒的竹去其枝、梢或者叶的竹类植物，以及锯成一定长度的竹段。

（3）天然树脂。是指木科植物的分泌物，包括生漆、树脂和树胶，如松脂、桃胶、樱胶、阿拉伯胶、古巴胶和天然橡胶（包括乳胶和干胶）等。

（4）其他林业产品。是指除上述列举林业产品以外的其他各种林业产品，如竹笋、笋干、棕竹、棕榈衣、树枝、树叶、树皮、藤条等。

盐水竹笋也属于本货物的征税范围。

竹笋罐头不属于林业产品的征税范围。

《财政部 国家税务总局关于印发〈农业产品征税范围注释〉的通知》附件：农业产品征税范围注释 财税字〔1995〕52号

10.1.1.12 其他植物，增值税的具体征税范围？

■其他植物是指除上述列举植物以外的其他各种人工种植和野生的植物，如树苗、花卉、植物种子、植物叶子、草、麦秸、豆类、薯类、藻类植物等。

干花、干草、薯干、干制的藻类植物，农业产品的下脚料等，也属于本货物的征税范围。

《财政部 国家税务总局关于印发〈农业产品征税范围注释〉的通知》附件：农业产品征税范围注释 财税字〔1995〕52号

10.1.1.13 水产品，增值税的具体征税范围？

■水产品是指人工放养和人工捕捞的鱼、虾、蟹、鳖、贝类、棘皮类、软体类、腔肠类、海兽类动物。本货物的征税范围包括鱼、虾、蟹、鳖、贝类、棘皮类、软体类、腔肠类、海兽类、鱼苗（卵）、虾苗、蟹苗、贝苗（秧），以及经冷冻、冷藏、盐渍等防腐处理和包装的水产品。

干制的鱼、虾、蟹、贝类、棘皮类、软体类、腔肠类，如干鱼、干虾、干虾仁、干贝等，以及未加工成工艺品的贝壳、珍珠，也属于本货物的征税范围。

熟制的水产品和各类水产品的罐头，不属于水产品的征税范围。

《财政部　国家税务总局关于印发〈农业产品征税范围注释〉的通知》附件：农业产品征税范围注释　财税字〔1995〕52号

10.1.1.14　畜牧产品，增值税的具体征税范围？

■畜牧产品是指人工饲养、繁殖取得和捕获的各种畜禽。本货物的征税范围包括：

（1）兽类、禽类和爬行类动物，如牛、马、猪、羊、鸡、鸭等。

（2）兽类、禽类和爬行类动物的肉产品，包括整块或者分割的鲜肉、冷藏或者冷冻肉、盐渍肉，兽类、禽类和爬行类动物的内脏、头、尾、蹄等组织。

各种兽类、禽类和爬行类动物的肉类生制品，如腊肉、腌肉、熏肉等，也属于本货物的征税范围。

各种肉类罐头、肉类熟制品，不属于兽类、禽类和爬行类动物的肉产品的征税范围。

（3）蛋类产品。是指各种禽类动物和爬行类动物的卵，包括鲜蛋、冷藏蛋。

经加工的咸蛋、松花蛋、腌制的蛋等，也属于本货物的征税范围。

各种蛋类的罐头不属于本货物的征税范围。

（4）鲜奶。是指各种哺乳类动物的乳汁和经净化、杀菌等加工工序生产的乳汁。

用鲜奶加工的各种奶制品，如酸奶、奶酪、奶油等，不属于本货物的征税范围。

《财政部　国家税务总局关于印发〈农业产品征税范围注释〉的通知》附件：农业产品征税范围注释　财税字〔1995〕52号

10.1.1.15　动物皮张，增值税的具体征税范围？

■动物皮张是指从各种动物（兽类、禽类和爬行类动物）身上直接剥取的，未经鞣制的生皮、生皮张。

将生皮、生皮张用清水、盐水或者防腐药水浸泡、刮里、脱毛、晒干或者熏干，未经鞣制的，也属于本货物的征税范围。

《财政部　国家税务总局关于印发〈农业产品征税范围注释〉的通知》附件：农业产品征税范围注释　财税字〔1995〕52号

10.1.1.16　动物毛绒，增值税的具体征税范围？

■动物毛绒是指未经洗净的各种动物的毛发、绒发和羽毛。

洗净毛、洗净绒等不属于本货物的征税范围。

《财政部　国家税务总局关于印发〈农业产品征税范围注释〉的通知》附件：农业产品征税范围注释　财税字〔1995〕52号

■水洗猪鬃是生猪鬃经过浸泡（脱脂）、打洗、分绒等加工过程生产的产品，已不属于农业产品征税范围，应按“洗净毛、洗净绒”征收增值税。

《国家税务总局关于水洗猪鬃征收增值税问题的批复》　国税函〔2006〕

773 号

10.1.1.17 其他动物组织，增值税的具体征税范围?

■其他动物组织是指上述列举以外的兽类、禽类、爬行类动物的其他组织，以及昆虫类动物。

（1）蚕茧。包括鲜茧和干茧，以及蚕蛹。

（2）天然蜂蜜。是指采集的未经加工的天然蜂蜜、鲜蜂王浆等。

（3）动物树脂，如虫胶等。

（4）其他动物组织，如动物骨、壳、兽角、动物血液、动物分泌物、蚕种等。

《财政部 国家税务总局关于印发〈农业产品征税范围注释〉的通知》附件：农业产品征税范围注释 财税字〔1995〕52 号

■人工合成牛胚胎属于动物类“其他动物组织”，征税范围。

《国家税务总局关于人工合成牛胚胎适用增值税税率问题的通知》 国税函〔2010〕97 号

10.1.1.18 单位和个人销售的外购的农业产品，是否征收增值税?

■直接从事植物的种植、收割和动物的饲养、捕捞的单位和个人单位和个人销售的外购的农业产品，以及单位和个人外购农业产品生产、加工后销售的仍然属于注释所列的农业产品，不属于免税的范围，应当按照规定税率征收增值税。

《财政部 国家税务总局关于印发〈农业产品征税范围注释〉的通知》 财税字〔1995〕52 号

10.1.1.19 非农业生产者销售生猪，是否征收增值税?

■农业生产者销售自己饲养的生猪免缴增值税，非农业生产者销售生猪，应当征收增值税。

《国家税务总局关于生猪生产流通过程中有关税收问题的通知》三 国税发〔1999〕113 号 2016 年 5 月 29 日全文废止，详见国家税务总局公告 2016 年第 34 号

10.1.1.20 销售林木以及同时提供林木管护劳务的行为，是否征收增值税?

■纳税人销售林木以及销售林木的同时提供林木管护劳务的行为，属于增值税征收范围，应征收增值税。

《国家税务总局关于林木销售和管护征收流转税问题的通知》 国税函〔2008〕212 号

10.1.2 应纳税额

10.1.2.1 纳税人销售或者进口粮食、食用植物油，增值税税率?

■纳税人销售或者进口粮食、食用植物油，增值税税率为 13%。

《中华人民共和国增值税暂行条例》第二条

■食用植物油仅指：芝麻油、花生油、豆油、菜籽油、米糠油、葵花籽油、棉籽油、玉米胚油、茶油、胡麻油，以及以上述油为原料生产的混合油。

《国家税务总局关于印发〈增值税部分货物征税范围注释〉的通知》 二　国税发〔1993〕151号

10.1.2.2　棕榈油、棉籽油，增值税税率？

■棕榈油、棉籽油按照食用植物油13%的税率征收增值税。

《财政部　国家税务总局关于增值税、营业税若干政策规定的通知》 六　(94) 财税字第26号

10.1.2.3　淀粉，增值税税率？

■淀粉不属于农业产品的范围，应按照17%的税率征收增值税。

《国家税务总局关于淀粉的增值税适用税率问题的批复》　国税函发〔1996〕744号

10.1.2.4　洗净毛，增值税税率？

■洗净毛属应按17%的税率征收增值税的应税货物，不能比照农产品按13%的税率征收增值税。

《国家税务总局关于洗净毛征收增值税问题的批复》　国税函〔1996〕609号

10.1.2.5　薄荷油，增值税适用税率？

■薄荷油应按17%的税率征收增值税。

《国家税务总局关于增值税若干税收政策问题的批复》一　国税函〔2001〕248号

10.1.2.6　茴油、毛椰子油，增值税税率？

■茴油、毛椰子油均属于农业初级产品，可按13%的税率征收增值税。

《国家税务总局关于茴油、毛椰子油适用增值税税率的批复》　国税函〔2003〕426号

10.1.2.7　农产品，增值税适用税率？

■农产品，适用13%的增值税税率。

农产品，是指种植业、养殖业、林业、牧业、水产业生产的各种植物、动物的初级产品。具体征税范围继续按照（财税字〔1995〕52号）及现行相关规定执行。

《财政部　国家税务总局关于部分货物适用增值税低税率和简易办法征收增值税政策的通知》一　财税〔2009〕9号

10.1.2.8　麦芽，增值税税率？

■麦芽不属于农业产品范围，应适用17%的增值税税率。

《国家税务总局关于麦芽适用税率问题的批复》　国税函〔2009〕177号

10.1.2.9　复合胶，增值税税率？

■复合胶是以新鲜橡胶液为主要原料，经过压片、造粒、烤干等工序加工生产的橡胶制品。不属于农业产品中的“天然橡胶”产品，适用增值税税率应为17%。

《国家税务总局关于复合胶适用增值税税率问题的批复》　国税函〔2009〕453号

10.1.2.10　核桃油，增值税税率？

■核桃油，按照食用植物油13%的税率征收增值税。

《国家税务总局关于核桃油适用税率问题的批复》 国税函〔2009〕455号

10.1.2.11 人发，增值税税率？

■人发不属于农业产品范围，应适用17%的增值税税率。

《国家税务总局关于人发适用增值税税率问题的批复》 国税函〔2009〕625号

10.1.2.12 橄榄油，增值税税率？

■橄榄油，可按照食用植物油13%的税率征收增值税。

《国家税务总局关于橄榄油适用税率问题的批复》 国税函〔2010〕144号

10.1.2.13 肉桂油、桉油、香茅油，增值税税率？

■肉桂油、桉油、香茅油不属于农业产品的范围，其增值税适用税率为17%。

《国家税务总局关于肉桂油、桉油、香茅油增值税适用税率问题的公告》 国家税务总局公告2010年第5号

10.1.2.14 干姜、姜黄，增值税税率？

■干姜、姜黄属于农业产品的范围，其增值税适用税率为13%。

干姜是将生姜经清洗、刨皮、切片、烘烤、晾晒、熏硫等工序加工后制成的产品。

姜黄包括生姜黄，以及将生姜黄经去泥、清洗、蒸煮、晾晒、烤干、打磨等工序加工后制成的产品。

《国家税务总局关于干姜、姜黄增值税适用税率问题的公告》 国家税务总局公告2010年第9号

10.1.2.15 皂脚，增值税税率？

■皂脚是碱炼动植物油脂时的副产品，不能食用，主要用作化学工业原料。不属于食用植物油，也不属于农业产品的范围，应按照17%的税率征收增值税。

《国家税务总局关于皂脚适用增值税税率问题的公告》 国家税务总局2011年第20号公告

10.1.2.16 花椒油，增值税税率？

■花椒油，按照食用植物油13%的税率征收增值税。

《国家税务总局关于花椒油增值税适用税率问题的公告》 国家税务总局公告2011年第33号

10.1.2.17 巴氏杀菌乳、灭菌乳，增值税税率？

■按照《食品安全国家标准巴氏杀菌乳》（GB196452010）生产的巴氏杀菌乳和按照《食品安全国家标准灭菌乳》（GB251902010）生产的灭菌乳，均属于初级农业产品，可依照鲜奶按13%的税率征收增值税。

《国家税务总局关于部分液体乳增值税适用税率的公告》 国家税务总局公告2011年第38号

10.1.2.18 调制乳，增值税税率？

■按照《食品安全国家标准调制乳》（GB251912010）生产的调制乳，不属于初级农业产品，应按照17%税率征收增值税。

《国家税务总局关于部分液体乳增值税适用税率的公告》 国家税务总局

公告2011年第38号

10.1.2.19　环氧大豆油、氢化植物油，增值税税率？

■环氧大豆油、氢化植物油不属于食用植物油的征税范围，应适用17%增值税税率。

环氧大豆油是将大豆油滴加双氧水后经过环氧反应、水洗、减压脱水等工序后形成的产品。

氢化植物油是将普通植物油在一定温度和压力下经过加氢、催化等工序后形成的产品。

《国家税务总局关于环氧大豆油氢化植物油增值税适用税率问题的公告》国家税务总局公告2011年第43号

10.1.2.20　玉米胚芽，增值税税率？

■玉米胚芽属于初级农产品的范围，适用13%的增值税税率。

《国家税务总局关于部分玉米深加工产品增值税税率问题的公告》　国家税务总局公告2012年第11号

10.1.2.21　玉米浆、玉米皮、玉米纤维和玉米蛋白粉，增值税税率？

■玉米浆、玉米皮、玉米纤维（又称喷浆玉米皮）和玉米蛋白粉不属于初级农产品，适用17%的增值税税率。

《国家税务总局关于部分玉米深加工产品增值税税率问题的公告》　国家税务总局公告2012年第11号

10.1.2.22　杏仁油、葡萄籽油，增值税适用税率？

■自2014年6月1日起，杏仁油、葡萄籽油属于食用植物油，适用13%增值税税率。

《国家税务总局关于杏仁油葡萄籽油增值税适用税率问题的公告》　国家税务总局公告2014年第22号

10.1.2.23　天然肠衣，增值税税率？

■天然肠衣按农产品适用13%的增值税税率。

《国家税务总局关于明确天然肠衣适用征税率、出口退税率等有关问题的通知》—　国税发〔2005〕74号

10.1.2.24　动物骨粒，增值税税率？

■自2014年1月1日起，动物骨粒属于农业产品中“其他动物组织”，其适用的增值税税率为13%。

动物骨粒是指将动物骨经筛选、破碎、清洗、晾晒等工序加工后的产品。

《国家税务总局关于动物骨粒适用增值税税率的公告》　国家税务总局公告2013年第71号

10.1.2.25　牡丹籽油，增值税适用税率？

■自2015年2月1日起，牡丹籽油属于食用植物油，适用13%增值税税率。

牡丹籽油是以丹凤牡丹和紫斑牡丹的籽仁为原料，经压榨、脱色、脱臭等工艺制成的产品。

《国家税务总局关于牡丹籽油增值税适用税率问题的公告》　国家税务总局公告2014年第75号

10.1.3 税收优惠

10.1.3.1 农业生产者销售的自产农产品，是否免征增值税？

■农业生产者销售的自产农产品，免征增值税。

《中华人民共和国增值税暂行条例》第十五条

■农业，是指种植业、养殖业、林业、牧业、水产业。

农业生产者，包括从事农业生产的单位和个人。

农产品，是指初级农产品，具体范围由财政部、国家税务总局确定。

《中华人民共和国增值税暂行条例实施细则》第三十五条

■“农业生产者销售的自产农业产品”，是指直接从事植物的种植、收割和动物的饲养、捕捞的单位和个人销售的注释所列的自产农业产品。

《财政部 国家税务总局关于印发〈农业产品征税范围注释〉的通知》财税字〔1995〕52号

10.1.3.2 农民个人手工编织竹，是否属于自产农业初级产品？

■对于农民个人按照竹器企业提供样品规格，自产或购买竹、芒、藤、木条等，再通过手工简单编织成竹制或竹芒藤柳混合坯具的，属于自产农业初级产品，应当免征销售环节增值税。

《国家税务总局关于农户手工编织的竹制和竹芒藤柳坯具征收增值税问题的批复》国税函〔2005〕56号

10.1.3.3 制种企业销售种子，是否属于农业生产者销售自产农产品？

■制种企业利用自有土地或承租土地，雇佣农户或雇工进行种子繁育，再经烘干、脱粒、风筛等深加工后销售种子，属于农业生产者销售自产农业产品，应免征增值税。

制种企业提供亲本种子委托农户繁育并从农户手中收回，再经烘干、脱粒、风筛等深加工后销售种子，属于农业生产者销售自产农业产品，应免征增值税。

《国家税务总局关于制种行业增值税有关问题的公告》国家税务总局公告2010年第17号

10.1.3.4 纳税人从农户手中回收的农产品用于销售，是否属于农业生产者销售自产农产品？

■一些纳税人采取“公司+农户”经营模式从事畜禽饲养，即公司与农户签订委托养殖合同，向农户提供畜禽苗、饲料、兽药及疫苗等（所有权属于公司），农户饲养畜禽苗至成品后交付公司回收，公司将回收的成品畜禽用于销售。在上述经营模式下，纳税人回收再销售畜禽，属于农业生产者销售自产农产品，应免征增值税。

《国家税务总局关于纳税人采取“公司+农户”经营模式销售畜禽有关增值税问题的公告》国家税务总局公告2013年第8号

10.1.3.5 蔬菜批发、零售，是否免征增值税？

■自2012年1月1日起，对从事蔬菜批发、零售的纳税人销售的蔬菜免征增值税。（减税性质代码：01010504）

蔬菜是指可作副食的草本、木本植物，包括各种蔬菜、菌类植物和少数可作副食的木本植物。蔬菜的主要品种参照《蔬菜主要品种目录》（见附件）执行。

《财政部　国家税务总局关于免征蔬菜流通环节增值税有关问题的通知》财税〔2011〕137 号

10.1.3.6　鲜活肉蛋产品批发、零售，是否免征增值税？

■自 2012 年 10 月 1 日起，对从事农产品批发、零售的纳税人销售的部分鲜活肉蛋产品免征增值税。（减税性质代码：01010503）

免征增值税的鲜活肉产品，是指猪、牛、羊、鸡、鸭、鹅及其整块或者分割的鲜肉、冷藏或者冷冻肉，内脏、头、尾、骨、蹄、翅、爪等组织。

免征增值税的鲜活蛋产品，是指鸡蛋、鸭蛋、鹅蛋，包括鲜蛋、冷藏蛋以及对其进行破壳分离的蛋液、蛋黄和蛋壳。

上述产品中不包括《中华人民共和国野生动物保护法》所规定的国家珍贵、濒危野生动物及其鲜活肉类、蛋类产品。

《财政部　国家税务总局关于免征部分鲜活肉蛋产品流通环节增值税政策的通知》财税〔2012〕75 号

10.1.3.7　农业机耕，是否免征增值税？

■农业机耕，免征增值税。

农业机耕，是指在农业、林业、牧业中使用农业机械进行耕作（包括耕耘、种植、收割、脱粒、植物保护等）的业务。

《财政部　国家税务总局关于全面推开营业税改征增值税试点的通知》附件 3：营业税改征增值税试点过渡政策的规定一　财税〔2016〕36 号

10.1.3.8　排灌，是否免征增值税？

■排灌，免征增值税。

排灌，是指对农田进行灌溉或者排涝的业务。

《财政部　国家税务总局关于全面推开营业税改征增值税试点的通知》附件 3：营业税改征增值税试点过渡政策的规定一　财税〔2016〕36 号

10.1.3.9　病虫害防治，是否免征增值税？

■病虫害防治，免征增值税。

病虫害防治，是指从事农业、林业、牧业、渔业的病虫害测报和防治的业务。

《财政部　国家税务总局关于全面推开营业税改征增值税试点的通知》附件 3：营业税改征增值税试点过渡政策的规定一　财税〔2016〕36 号

10.1.3.10　植物保护，是否免征增值税？

■植物保护，免征增值税。

《财政部　国家税务总局关于全面推开营业税改征增值税试点的通知》附件 3：营业税改征增值税试点过渡政策的规定一　财税〔2016〕36 号

10.1.3.11　农牧保险，是否免征增值税？

■农牧保险，免征增值税。

农牧保险，是指为种植业、养殖业、牧业种植和饲养的动植物提供保险的业务。

《财政部　国家税务总局关于全面推开营业税改征增值税试点的通知》附件3：营业税改征增值税试点过渡政策的规定一　财税〔2016〕36号

10.1.3.12　相关技术培训，是否免征增值税？

■相关技术培训业务，免征增值税。

相关技术培训，是指与农业机耕、排灌、病虫害防治、植物保护业务相关以及为使农民获得农牧保险知识的技术培训业务。

《财政部　国家税务总局关于全面推开营业税改征增值税试点的通知》附件3：营业税改征增值税试点过渡政策的规定一　财税〔2016〕36号

10.1.3.13　家禽、牲畜、水生动物的配种和疾病防治，是否免征增值税？

■家禽、牲畜、水生动物的配种和疾病防治，免征增值税。

家禽、牲畜、水生动物的配种和疾病防治业务的免税范围，包括与该项服务有关的提供药品和医疗用具的业务。

《财政部　国家税务总局关于全面推开营业税改征增值税试点的通知》附件3：营业税改征增值税试点过渡政策的规定一　财税〔2016〕36号

10.1.3.14　个体工商销售农产品，增值税起征点如何规定？

■自2004年1月1日起，对于销售水产品、畜牧产品、蔬菜、果品、粮食等农产品的个体工商户，以及以销售上述农产品为主的个体工商户，其起征点一律确定为月销售额5000元，按次纳税的，起征点一律确定为每次（日）销售额200元。

农产品的具体范围由各省、自治区、直辖市和计划单列市国家税务局依据现行《农业产品征税范围注释》（财税字〔1995〕52号）确定，并报总局备案。

“以销售农产品为主”是指纳税人月（次）农产品销售额与其他货物销售额的合计数中，农产品销售额超过50%（含50%），其他货物销售额不到50%。

《国家税务总局关于个体工商户销售农产品有关税收政策问题的通知》一　国税发〔2003〕149号（2016年5月29日全文废止，详见国家税务总局公告2016年第34号）

10.1.4　农业生产资料

饲料

10.1.4.1　纳税人销售或者进口饲料，增值税税率？

■纳税人销售或者进口饲料，增值税税率为13%。

《中华人民共和国增值税暂行条例》第二条

10.1.4.2　直接用于动物饲养的粮食、饲料添加剂，是否属于饲料的范围？

■直接用于动物饲养的粮食、饲料添加剂不属于饲料的范围。

《国家税务总局关于印发〈增值税部分货物征税范围注释〉的通知》十二　国税发〔1993〕151号

10.1.4.3　鱼骨、鱼粉，是否属于饲料范围？

■鱼骨、鱼粉按照“饲料”征收增值税。

《财政部　国家税务总局关于金银首饰等货物征收增值税问题的通知》二　财税字〔1996〕74号

10.1.4.4　销售饲料，按什么确定是否免收增值税？

■销售饲料，可按饲料的销售对象确定征免，即凡销售给饲料生产企业、饲养单位及个体养殖户的饲料，免征增值税，销售给其他单位的一律征税。

《国家税务总局关于修订"饲料"注释及加强饲料征免增值税管理问题的通知》三　国税发〔1999〕39号

10.1.4.5　饲料产品，免征增值税的范围？

■免税饲料产品范围包括：单一大宗饲料、混合饲料、配合饲料、复合预混料和浓缩饲料。（减免性质代码：01092202）

《财政部　国家税务总局关于饲料产品免征增值税问题的通知》一　财税〔2001〕121号

10.1.4.6　单一大宗饲料，免征增值税的范围？

■单一大宗饲料。指以一种动物、植物、微生物或矿物质为来源的产品或其副产品。其范围仅限于糠麸、酒糟、鱼粉、草饲料、饲料级磷酸氢钙及除豆粕以外的菜子粕、棉子粕、向日葵粕、花生粕等粕类产品。

《财政部　国家税务总局关于饲料产品免征增值税问题的通知》一　财税〔2001〕121号

■饲用鱼油属于单一大宗饲料，免予征收增值税。

《国家税务总局关于饲用鱼油产品免征增值税的批复》　国税函〔2003〕1395号

■对饲料级磷酸二氢钙产品可按照"单一大宗饲料"，免征增值税。

《国家税务总局关于饲料级磷酸二氢钙产品增值税政策问题的通知》一　国税函〔2007〕10号

■膨化血粉、膨化肉粉、水解羽毛粉不属于单一大宗饲料产品，应征收增值税。

《国家税务总局关于部分饲料产品征免增值税政策问题的批复》　国税函〔2009〕324号

■自2010年1月1日起，豆粕属于征收增值税的饲料产品，除豆粕以外的其他粕类饲料产品，均免征增值税。

《国家税务总局关于粕类产品征免增值税问题的通知》　国税函〔2010〕75号

10.1.4.7　混合饲料，免征增值税的范围？

■免税饲料产品包括混合饲料。指由两种以上单一大宗饲料、粮食、粮食副产品及饲料添加剂按照一定比例配置，其中单一大宗饲料、粮食及粮食副产品的参兑比例不低于95%的饲料。

《财政部　国家税务总局关于饲料产品免征增值税问题的通知》一　财税〔2001〕121号

■添加其他成分的膨化血粉、膨化肉粉、水解羽毛粉等饲料产品，不属于混合饲料，应征收增值税。

《国家税务总局关于部分饲料产品征免增值税政策问题的批复》 国税函〔2009〕324号

10.1.4.8 配合饲料，免征增值税的范围？

■免税饲料产品包括配合饲料。指根据不同的饲养对象，饲养对象的不同生长发育阶段的营养需要，将多种饲料原料按饲料配方经工业生产后，形成的能满足饲养动物全部营养需要（除水分外）的饲料。

《财政部 国家税务总局关于饲料产品免征增值税问题的通知》— 财税〔2001〕121号

■精料补充料属于“配合饲料”范畴，可免征增值税。

精料补充料是指为补充草食动物的营养，将多种饲料和饲料添加剂按照一定比例配制的饲料。

《国家税务总局关于精料补充料免征增值税问题的公告》 国家税务总局公告2013年第46号

10.1.4.9 复合预混料，免征增值税的范围？

■免税饲料产品包括复合预混料。指能够按照国家有关饲料产品的标准要求量，全面提供动物饲养相应阶段所需微量元素（4种或以上）、维生素（8种或以上），由微量元素、维生素、氨基酸和非营养性添加剂中任何两类或两类以上的组分与载体或稀释剂按一定比例配置的均匀混合物。

《财政部 国家税务总局关于饲料产品免征增值税问题的通知》— 财税〔2001〕121号

10.1.4.10 浓缩饲料，免征增值税的范围？

■免税饲料产品包括浓缩饲料。指由蛋白质、复合预混料及矿物质等按一定比例配制的均匀混合物。

《财政部 国家税务总局关于饲料产品免征增值税问题的通知》— 财税〔2001〕121号

10.1.4.11 饲料用赖氨酸，是否免征增值税？

■饲料用赖氨酸属增值税应税货物饲料添加剂范畴，不予免征增值税。

《国家税务总局关于饲料用赖氨酸征收增值税问题的批复》 国税函〔1997〕69号

10.1.4.12 饲料生产企业，如何申请免征增值税？

■饲料生产企业申请免征增值税的饲料除单一大宗饲料、混合饲料以外，配合饲料、复合预混料和浓缩饲料均应由省一级税务机关确定的饲料检测机构进行检测。

新办饲料生产企业或原饲料生产企业新开发的饲料产品申请免征增值税应出具检测证明。

《国家税务总局关于调整饲料生产企业饲料免征增值税审批程序的通知》— 国税发〔2003〕114号

■符合免税条件的饲料生产企业，取得有计量认证资质的饲料质量检测机构（名单由省级国家税务局确认）出具的饲料产品合格证明后即可按规定享受免征增值税优惠政策，并将饲料产品合格证明报其所在地主管税务机关备案。

《国家税务总局关于取消饲料产品免征增值税审批程序后加强后续管理的通知》一 国税函〔2004〕884号

10.1.4.13 宠物饲料产品，增值税适用税率？

■宠物饲料产品不属于免征增值税的饲料，应按照饲料产品13%的税率征收增值税。

《国家税务总局关于宠物饲料征收增值税问题的批复》 国税函〔2002〕812号

10.1.4.14 矿物质微量元素舔砖，是否免征增值税？

■矿物质微量元素舔砖，应按照“饲料”免征增值税。

《国家税务总局关于矿物质微量元素舔砖免征增值税问题的批复》 国税函〔2005〕1127号

■对进口的矿物质微量元素舔砖（税号ex38249090）免征进口环节增值税。

矿物质微量元素舔砖是以四种以上微量元素、非营养性添加剂和载体为原料，经高压浓缩制成的块状预混物，供牛、羊等直接食用。

《财政部 国家税务总局关于矿物质微量元素舔砖免征进口环节增值税的通知》 财关税〔2006〕73号

肥料

10.1.4.15 纳税人销售或者进口化肥，增值税税率？

■纳税人销售或者进口化肥，增值税税率为13%。

《中华人民共和国增值税暂行条例》第二条

10.1.4.16 化肥出口，是否征收增值税？

■化肥出口视同内销征收增值税。

《财政部 国家税务总局关于对化肥恢复征收增值税政策的补充通知》二 财税〔2015〕97号

10.1.4.17 化肥的范围？

■化肥的范围包括：

（1）化学氮肥。主要品种有尿素和硫酸铵、硝酸铵、碳酸氢铵、氯化铵、石灰氨、氨水等。

（2）磷肥。主要品种有磷矿粉、过磷酸钙（包括普通过磷酸钙和重过磷酸钙两种）、钙镁磷肥、钢渣磷肥等。

（3）钾肥。主要品种有硫酸钾、氯化钾等。

（4）复合肥料。是用化学方法合成或混配制成含有氮、磷、钾中的两种或两种以上的营养元素的肥料。含有两种的称二元复合肥，含有三种的称三元复合肥料，也有含三种元素和某些其他元素的叫多元复合肥料。主要产品有硝酸磷肥、磷酸铵、磷酸二氢钾肥、钙镁磷钾肥、磷酸一铵、磷粉二铵、氮磷钾复合肥等。

（5）微量元素肥。是指含有一种或多种植物生长所必需的，但需要量又极少的营养元素的肥料，如硼肥、锰肥、锌肥、铜肥、钼肥等。

（6）其他肥。是指上述列举以外的其他化学肥料。

《国家税务总局关于印发〈增值税部分货物征税范围注释〉的通知》十三 国税发〔1993〕151号

■生产含硝态氮的复合肥（俗称硝基复合肥）的中间产品熔融态氮肥属于氮肥的一种，在此基础上生产的硝基复合肥，应根据免税化肥成本占该硝基复合肥原料中全部化肥成本的比重是否高于70%的规定，确定其是否属于免税的复合肥。

硝基复合肥，是以煤、天然气为原料生产合成氨，经氨氧化、吸收、浓缩后与氨反应生成熔融态氮肥，再加入磷肥、钾肥后造粒，最终形成的氮、磷二元素复合肥或氮、磷、钾三元素复合肥。

《国家税务总局关于硝基复合肥有关增值税问题的公告》 国家税务总局公告2012年第52号

10.1.4.18 对库存化肥，如何征收增值税？

■自2015年9月1日起至2016年6月30日，对增值税一般纳税人销售的库存化肥，允许选择按照简易计税方法依照3%征收率征收增值税。

纳税人应当单独核算库存化肥的销售额，未单独核算的，不得适用简易计税方法。

库存化肥，是指纳税人2015年8月31日前生产或购进的尚未销售的化肥。

2015年9月30日前，纳税人应将库存化肥品种、数量等资料向主管税务机关备案。

纳税人按期办理增值税纳税申报时，需随同纳税申报表向税务机关提交库存化肥销售情况的有关说明材料，详细列明本期销售库存化肥的品种、数量、发票开具份数、发票号码、发票代码、销售额、增值税税额等情况。

纳税人2016年7月1日后销售的库存化肥，一律按适用税率缴纳增值税。

《国家税务总局关于化肥恢复征收增值税后库存化肥有关税收管理事项的公告》三 国家税务总局公告2015年第64号

■氨化硝酸钙属于氮肥，对氨化硝酸钙免征增值税。

《国家税务总局关于氨化硝酸钙免征增值税问题的批复》 国税函〔2009〕430号

10.1.4.19 纳税人生产销售和批发、零售有机肥产品，是否免征增值税？

■自2008年6月1日起，纳税人生产销售和批发、零售有机肥产品免征增值税。（减免性质代码：01092203）

■享受免税政策的有机肥产品是指有机肥料、有机—无机复混肥料和生物有机肥。

有机肥料：指来源于植物和（或）动物，施于土壤以提供植物营养为主要功能的含碳物料。

有机无机复混肥料：指由有机和无机肥料混合和（或）化合制成的含有一定量有机肥料的复混肥料。

生物有机肥：指特定功能微生物与主要以动植物残体（如禽畜粪便、农作物秸秆等）为来源并经无害化处理、腐熟的有机物料复合而成的一类兼具微生物肥料和有机肥效应的肥料。

《财政部　国家税务总局关于有机肥产品免征增值税的通知》一、二　财税〔2008〕56号

■享受免税政策的有机肥产品是指有机肥料、有机—无机复混肥料和生物有机肥。其产品执行标准为：有机肥料NY525—2002，有机—无机复混肥料GB18877—2002，生物有机肥NY884—2004其他不符合上述标准的产品，应征收增值税。（自2016年1月1日起废止。）

《国家税务总局关于有机肥产品免征增值税问题的批复》　国税函〔2008〕1020号

■自2016年1月1日起，享受增值税免税政策的有机肥产品中，有机肥料按《有机肥料》（NY525—2012）标准执行，有机—无机复混肥料按《有机—无机复混肥料》（GB18877—2009）标准执行，生物有机肥按《生物有机肥》（NY884—2012）标准执行。不符合上述标准的有机肥产品，不得享受增值税免税政策。有机肥产品的国家标准、行业标准，如在执行过程中有更新、替换，统一按最新的国家标准、行业标准执行。

《国家税务总局关于明确有机肥产品执行标准的公告》　国家税务总局公告2015年第86号

10.1.4.20　生产有机肥产品的纳税人，申请免征增值税，应提交哪些资料？

■生产有机肥产品的纳税人申请免征增值税，应向主管税务机关提供以下资料，凡不能提供的，一律不得免税。

（1）由农业部或省、自治区、直辖市农业行政主管部门批准核发的在有效期内的肥料登记证复印件，并出示原件。

（2）由肥料产品质量检验机构一年内出具的有机肥产品质量技术检测合格报告原件。出具报告的肥料产品质量检验机构须通过相关资质认定。

（3）在省、自治区、直辖市外销售有机肥产品的，还应提供在销售使用地省级农业行政主管部门办理备案的证明原件。

《财政部　国家税务总局关于有机肥产品免征增值税的通知》五　财税〔2008〕56号

10.1.4.21　批发、零售有机肥产品的纳税人，申请免征增值税，应提交哪些资料？

■批发、零售有机肥产品的纳税人申请免征增值税，应向主管税务机关提供以下资料，凡不能提供的，一律不得免税。

（1）生产企业提供的在有效期内的肥料登记证复印件。

（2）生产企业提供的产品质量技术检验合格报告原件。

（3）在省、自治区、直辖市外销售有机肥产品的，还应提供在销售使用地省级农业行政主管部门办理备案的证明复印件。

《财政部　国家税务总局关于有机肥产品免征增值税的通知》五　财税〔2008〕56号

农机

10.1.4.22　农机的具体范围？

■农机是指用于农业生产（包括林业、牧业、副业、渔业）的各种机器和机械化和半机

械化农具，以及小农具。

农机的范围包括：

（1）拖拉机。是以内燃机为驱动牵引机具从事作业和运载物资的机械。包括轮拖拉机、履带拖拉机、手扶拖拉机、机耕船。

（2）土壤耕整机械。是对土壤进行耕翻整理的机械。包括机引犁、机引耙、旋耕机、镇压器、联合整地器、合壤器、其他土壤耕整机械。

（3）农田基本建设机械。是指从事农田基本建设的专用机械。包括开沟筑埂机、开沟铺管机、铲抛机、平地机、其他农田基本建设机械。

（4）种植机械。是指将农作物种子或秧苗移植到适于作物生长的苗床机械。包括播作机、水稻插秧机、栽植机、地膜覆盖机、复式播种机、秧苗准备机械。

（5）植物保护和管理机械。是指农作物在生长过程中的管理、施肥、防治病虫害的机械。包括机动喷粉机、喷雾机（器）、弥雾喷粉机、修剪机、中耕除草机、播种中耕机、培土机具、施肥机。

（6）收获机械。是指收获各种农作物的机械。包括粮谷、棉花、薯类、甜菜、甘蔗、茶叶、油料等收获机。

（7）场上作业机械。是指对粮食作物进行脱粒、清选、烘干的机械设备。包括各种脱粒机、清选机、粮谷干燥机、种子精选机。

（8）排灌机械。是指用于农牧业排水、灌溉的各种机械设备。包括喷灌机、半机械化提水机具、打井机。

（9）农副产品加工机械。是指对农副产品进行初加工，加工后的产品仍属农副产品的机械。包括茶叶机械、剥壳机械、棉花加工机械（包括棉花打包机）、食用菌机械（培养木耳、蘑菇等）、小型粮谷机械。

以农副产品为原料加工工业产品的机械，不属于本货物的范围。

（10）农业运输机械。是指农业生产过程中所需的各种运输机械。包括人力车（不包括三轮运货车）、畜力车和拖拉机挂车。

农用汽车不属于本货物的范围。

（11）畜牧业机械。是指畜牧业生产中所需的各种机械。包括草原建设机械、牧业收获机械、饲料加工机械、畜禽饲养机械、畜产品采集机械。

（12）渔业机械。是指捕捞、养殖水产品所用的机械。包括捕捞机械、增氧机、饵料机。

机动渔船不属于本货物的范围。

（13）林业机械。是指用于林业的种植、育林的机械。包括清理机械、育林机械、树苗栽植机械。

森林砍伐机械、集材机械不属于本货物征收范围。

（14）小农具。包括畜力犁、畜力耙、锄头和镰刀等农具。

农机零部件不属于本货物的征收范围。

《国家税务总局关于印发〈增值税部分货物征税范围注释〉的通知》十六　国税发〔1993〕151 号

10.1.4.23　农机，增值税适用税率？

■纳税人销售或者进口农机，增值税税率为13%。

《增值税暂行条例》第二条

10.1.4.24　农用水泵，增值税适用税率？

■农用水泵，按农机产品依13%的税率征收增值税。

农用水泵是指主要用于农业生产的水泵，包括农村水井用泵、农田作业面潜水泵、农用轻便离心泵、与喷灌机配套的喷灌自吸泵。其他水泵不属于农机产品征税范围。

《财政部　国家税务总局关于增值税几个税收政策问题的通知》六（94）财税字第60号

10.1.4.25　农用柴油机，增值税适用税率？

■农用柴油机，按农机产品依13%的税率征收增值税。

农用柴油机是指主要配套于农田拖拉机、田间作业机具、农副产品加工机械以及排灌机械，以柴油为燃料，油缸数在3缸以下（含3缸）的往复式内燃动力机械。4缸以上（含4缸）柴油机不属于农机产品征税范围。

《财政部　国家税务总局关于增值税几个税收政策问题的通知》六（94）财税字第60号

10.1.4.26　不带动力的手扶拖拉机，是否属于农机？

■不带动力的手扶拖拉机（也称“手扶拖拉机底盘”）属于“农机”，应按有关“农机”的增值税政策规定征免增值税。（减免性质代码：01092301）

《财政部　国家税务总局关于不带动力的手扶拖拉机和三轮农用运输车增值税政策的通知》财税〔2002〕89号

■对不带动力的手扶拖拉机按照“农机”依13%的增值税税率征收增值税，应当从2002年6月1日起按“农机”征收增值税，在此之前，应按17%的税率征收增值税。

《国家税务总局关于不带动力的手扶拖拉机和三轮农用运输车适用13%税率执行时间的批复》国税函〔2003〕1118号

10.1.4.27　三轮农用运输车，是否属于农机？

■三轮农用运输车（指以单缸柴油机为动力装置的三个车轮的农用运输车辆）属于“农机”，应按有关“农机”的增值税政策规定征免增值税。

《财政部　国家税务总局关于不带动力的手扶拖拉机和三轮农用运输车增值税政策的通知》财税〔2002〕89号

■对三轮农用运输车按照“农机”依13%的增值税税率征收增值税，应当从2002年6月1日起按“农机”征收增值税，在此之前，应按17%的税率征收增值税。

《国家税务总局关于不带动力的手扶拖拉机和三轮农用运输车适用13%税率执行时间的批复》国税函〔2003〕1118号

10.1.4.28　密集型烤房设备，增值税适用税率？

■密集型烤房设备属于农机范围，应适用13%增值税税率。

密集型烤房设备主要由锅炉、散热主机、风机、电机和自控设备等通用设备组成，用于烟叶、茶叶等原形态农产品的烘干脱水初加工。

《国家税务总局关于部分产品增值税适用税率问题的公告》 国家税务总局公告2012年第10号

10.1.4.29 频振式杀虫灯，增值税适用税率?

■频振式杀虫灯属于农机范围，应适用13%增值税税率。

频振式杀虫灯是采用特定波长范围的光源，诱集并有效杀灭昆虫的装置。一般由高压电网、发光灯管、风雨帽、接虫盘和接虫袋等组成，诱集光源波长范围应覆盖（320—680）nm。

《国家税务总局关于部分产品增值税适用税率问题的公告》 国家税务总局公告2012年第10号

10.1.4.30 自动虫情测报灯，增值税适用税率?

■自动虫情测报灯是采用特定的诱集光源及远红外自动处理等技术，自动完成诱虫、杀虫、收集、分装等虫情测报功能的装置。诱集光源应采用功能为20W，主波长为（365±10）nm的黑光灯管；或功率为200W，光通量为2700（1m）—2920（1m）的白炽灯泡。

《国家税务总局关于部分产品增值税适用税率问题的公告》 国家税务总局公告2012年第10号

10.1.4.31 粘虫板，增值税适用税率?

■粘虫板属于农机范围，应适用13%增值税税率。

粘虫板是采用涂有特殊粘胶的色板，诱集并粘附昆虫的工具。

《国家税务总局关于部分产品增值税适用税率问题的公告》 国家税务总局公告2012年第10号

10.1.4.32 卷帘机，增值税适用税率?

■卷帘机属于农机范围，应适用13%的增值税税率。

卷帘机是指用于农业温室、大棚，以电机驱动，对保温被或草帘进行自动卷放的机械设备，一般由电机、变速箱、联轴器、卷轴、悬臂、控制装置等部分组成。

《国家税务总局关于卷帘机适用增值税税率问题的公告》 国家税务总局公告2012年第29号

10.1.4.33 农用挖掘机产品，增值税适用税率?

■自2014年4月1日起农用挖掘机产品属于农机，适用13%增值税税率。

农用挖掘机是指型式和相关参数符合《农用挖掘机质量评价技术规范》（NY/T1774—2009）要求，用于农田水利建设和小型土方工程作业的挖掘机械，包括拖拉机挖掘机组和专用动力挖掘机。拖拉机挖掘机组是指挖掘装置安装在轮式拖拉机三点悬挂架上，且以轮式拖拉机为动力的挖掘机械；专用动力挖掘机指挖掘装置回转角度小于270°，以专用动力和行走装置组成的挖掘机械。

《国家税务总局关于农用挖掘机 养鸡设备系列养猪设备系列产品增值税适用税率问题的公告》 国家税务总局公告2014年第12号

10.1.4.34 养鸡设备系列产品，增值税适用税率?

■自2014年4月1日起，养鸡设备系列产品属于农机，适用13%增值税税率。

养鸡设备系列包括喂料设备（系统）、送料设备（系统）、刮粪清粪设备、集蛋分蛋装置（系统）、鸡只生产性能测定设备（系统）、产品标示鸡脚环、孵化机、小鸡保温装置、环境控制设备（鸡只）等。

《国家税务总局关于农用挖掘机 养鸡设备系列养猪设备系列产品增值税适用税率问题的公告》 国家税务总局公告2014年第12号

10.1.4.35 养猪设备系列产品，增值税适用税率？

■自2014年4月1日起，养猪设备系列产品属于农机，适用13%增值税税率。

养猪设备系列包括猪只群养管理设备（系统）、猪只生产性能测定设备（系统）、自动喂养系统、刮粪清粪设备、定位栏、分娩栏、保育栏（含仔猪保温装置）、环境控制设备（猪）等。

《国家税务总局关于农用挖掘机 养鸡设备系列养猪设备系列产品增值税适用税率问题的公告》 国家税务总局公告2014年第12号

10.1.4.36 动物尸体降解处理机，增值税适用税率？

■自2015年12月1日起，动物尸体降解处理机属于农机，适用13%增值税税率。

动物尸体降解处理机是指采用生物降解技术将病死畜禽尸体处理成粉状有机肥原料，实现无害化处理的设备。

《国家税务总局关于动物尸体降解处理机 蔬菜清洗机增值税适用税率问题的公告》 国家税务总局公告2015年第72号

10.1.4.37 蔬菜清洗机，增值税适用税率？

■自2015年12月1日起，蔬菜清洗机属于农机，适用13%增值税税率。

蔬菜清洗机是指用于农副产品加工生产的采用喷淋清洗、毛刷清洗、气泡清洗、淹没水射流清洗技术对完整或鲜切蔬菜进行清洗，以去除蔬菜表面污物、微生物及农药残留的设备。

《国家税务总局 关于动物尸体降解处理机 蔬菜清洗机增值税适用税率问题的公告》 国家税务总局公告2015年第72号

10.1.4.38 批发和零售的农机，是否免征增值税？

■批发和零售的农机，免征增值税。(减免性质代码：01092312)

《财政部 国家税务总局关于农业生产资料征免增值税政策的通知》— 财税〔2001〕113号

农药

10.1.4.39 农药，增值税税率？

■纳税人销售或者进口农药，增值税税率为13%。

《中华人民共和国增值税暂行条例》第二条

10.1.4.40 农药的征税范围？

■农药是指用于农林业防治病虫害、除草及调节植物生长的药剂。

农药包括农药原药和农药制剂。如杀虫剂、杀菌剂、除草剂、植物生长调节剂、植物性农药、微生物农药、卫生用药、其他农药原药、制剂等。

《国家税务总局关于印发〈增值税部分货物征税范围注释〉的通知》十

四 国税发〔1993〕151 号

10.1.4.41 日用卫生用药，如何征收增值税？

■用于人类日常生活的各种类型包装的日用卫生用药（如卫生杀虫剂、驱虫剂、驱蚊剂、蚊香、消毒剂等），不属于“农药”的范围，应按 17%的税率征税。

《国家税务总局关于加强增值税征收管理若干问题的通知》四 国税发〔1995〕192 号

10.1.4.42 生产销售的哪些农药，免征增值税？

■生产销售的阿维菌素、胺菊酯、百菌清、苯噻酰草胺、苄嘧磺隆、草除灵、吡虫啉、丙烯菊酯、哒螨灵、代森锰锌、稻瘟灵、敌百虫、丁草胺、啶虫脒、多抗霉素、二甲戊乐灵、二嗪磷、氟乐灵、高效氯氰菊酯、炔螨特、甲多丹、甲基硫菌灵、甲基异柳磷、甲（乙）基毒死蜱、甲（乙）基嘧啶磷、精恶唑禾草灵、精喹禾灵、井冈霉素、咪鲜胺、灭多威、灭蝇胺、苜蓿银纹夜蛾核型多角体病毒、噻磺隆、三氟氯氰菊酯、三唑磷、三唑酮、杀虫单、杀虫双、顺式氯氰菊酯、涕灭威、烯唑醇、辛硫磷、辛酰溴苯腈、异丙甲草胺、乙阿合剂、乙草胺、乙酰甲胺磷、莠去津，免征增值税。（减免性质代码：01092312）

《财政部 国家税务总局关于农业生产资料征免增值税政策的通知》一 财税〔2001〕113 号

10.1.4.43 批发和零售的农药，是否免征增值税？

■批发和零售的农药，免征增值税。（减免性质代码：01092312）

《财政部 国家税务总局关于农业生产资料征免增值税政策的通知》二 财税〔2001〕113 号

农膜

10.1.4.44 农膜，增值税税率？

■纳税人销售或者进口农膜，增值税税率为 13%。

《中华人民共和国增值税暂行条例》第二条 国务院令第 538 号

■农膜是指用于农业生产的各种地膜、大棚膜。

《国家税务总局关于印发〈增值税部分货物征税范围注释〉的通知》十五 国税发〔1993〕151 号

10.1.4.45 农膜，是否免征增值税？

■农膜，免征增值税。（减免性质代码：01092312）

《财政部 国家税务总局关于农业生产资料征免增值税政策的通知》一 财税〔2001〕113 号

滴灌带和滴灌管产品

10.1.4.46 纳税人生产销售和批发、零售滴灌带和滴灌管产品，是否免征增值税？

■自 2007 年 7 月 1 日起，纳税人生产销售和批发、零售滴灌带和滴灌管产品免征增值税。（减免性质代码：01099901）

滴灌带和滴灌管产品是指农业节水滴灌系统专用的、具有制造过程中加工的孔口或其他出流装置、能够以滴状或连续流状出水的水带和水管产品。

《财政部 国家税务总局关于免征滴灌带和滴灌管产品增值税的通知》一 财税〔2007〕83 号

10.1.4.47 办理滴灌带和滴灌管产品免征增值税，需要提交什么文件?

■生产滴灌带和滴灌管产品的纳税人申请办理免征增值税时，应向主管税务机关报送由产品质量检验机构出具的质量技术检测合格报告，出具报告的产品质量检验机构须通过省以上质量技术监督部门的相关资质认定。批发和零售滴灌带和滴灌管产品的纳税人申请办理免征增值税时，应向主管税务机关报送由生产企业提供的质量技术检测合格报告原件或复印件。未取得质量技术检测合格报告的，不得免税。

《财政部 国家税务总局关于免征滴灌带和滴灌管产品增值税的通知》四 财税〔2007〕83 号

10.1.5 粮食企业

10.1.5.1 国有粮食购销企业销售粮食，是否免征增值税?

■国有粮食购销企业必须按顺价原则销售粮食。对承担粮食收储任务的国有粮食购销企业销售的粮食免征增值税。(减免性质代码：01019902)

《财政部 国家税务总局关于粮食企业增值税征免问题的通知》一 财税字〔1999〕198 号

■对中国华粮物流集团公司及其直属企业 2009 年 1 月 1 日后销售粮食的业务，符合财税字〔1999〕198 号有关规定的，继续免征增值税。

《国家税务总局关于中国华粮物流集团公司销售粮食免征增值税有关问题的批复》 税总函〔2013〕506 号

■自 2014 年 5 月 1 日起，增值税免税政策适用范围由粮食扩大到粮食和大豆，并可对免税业务开具增值税专用发票。(减免性质代码：01019905)

《财政部 国家税务总局关于免征储备大豆增值税政策的通知》一 财税〔2014〕38 号

■承担粮食收储任务的国有粮食购销企业销售粮食享受免征增值税优惠政策时，实行备案管理。

纳税人分别向所在地县（市）国家税务局及同级粮食管理部门备案。

（1）纳税人应在享受税收优惠政策的首个纳税申报期内，将备案材料送所在地县（市）国家税务局及同级粮食管理部门备案。

（2）纳税人在符合减免税条件期间内，备案资料内容不发生变化的，可进行一次性备案。

（3）纳税人提交的备案资料内容发生变化，如仍符合免税规定，应在发生变化的次月纳税申报期内，向所在地县（市）国家税务局及同级粮食管理部门进行变更备案。如不再符合免税规定，应当停止享受免税，进行纳税申报。

《国家税务总局关于国有粮食购销企业销售粮食免征增值税审批事项取

消后有关管理事项的公告》 国家税务总局公告2015年第42号

10.1.5.2 其他粮食企业销售军队用粮，是否免征增值税？

■对承担粮食收储任务的国有粮食购销企业以外的其他粮食企业经营军队用粮，免征增值税。

军队用粮：指凭军用粮票和军粮供应证按军供价供应中国人民解放军和中国人民武装警察部队的粮食。

《财政部 国家税务总局关于粮食企业增值税征免问题的通知》二 财税字〔1999〕198号

10.1.5.3 其他粮食企业销售救灾救济粮，是否免征增值税？

■对承担粮食收储任务的国有粮食购销企业以外的其他粮食企业经营救灾救济粮，免征增值税外。(减免性质代码：01011606)

救灾救济粮：指经县（含）以上人民政府批准，凭救灾救济粮食（证）按规定的销售价格向需救助的灾民供应的粮食。

《财政部 国家税务总局关于粮食企业增值税征免问题的通知》二 财税字〔1999〕198号

10.1.5.4 其他粮食企业销售水库移民口粮，是否征收增值税？

■对承担粮食收储任务的国有粮食购销企业以外的其他粮食企业经营水库移民口粮，免征增值税外。

水库移民口粮：指经县（含）以上人民政府批准，凭水库移民口粮票（证）按规定的销售价格供应给水库移民的粮食。

《财政部 国家税务总局关于粮食企业增值税征免问题的通知》二 财税字〔1999〕198号

10.1.5.5 销售国家储备糖，有何增值税优惠政策？

■对华商中心销售的国家储备糖缴纳的增值税从2001年起实行先征后退。

《财政部关于华商中心竞卖国家储备糖增值税先征后退的通知》 财税〔2002〕181号

10.1.5.6 其他粮食企业免征增值税，是否备案管理？

■经营免税项目的其他粮食经营企业免征增值税，为备案管理。

《国家税务总局关于明确部分增值税优惠政策审批事项取消后有关管理事项的公告》一 国家税务总局公告2015年第38号

10.1.5.7 政府储备食用植物油，是否免征增值税？

■对销售食用植物油业务，除政府储备食用植物油的销售免征增值税外，一律征收增值税。(减免性质代码：01019906)

《财政部 国家税务总局关于粮食企业增值税征免问题的通知》三 财税字〔1999〕198号

■有政府储备食用植物油销售业务企业免征增值税，为备案管理。

《国家税务总局关于明确部分增值税优惠政策审批事项取消后有关管理事项的公告》一 国家税务总局公告2015年第38号

10.1.5.8 粮食加工，是否征收增值税？

■对粮油加工业务，征收增值税。

《财政部 国家税务总局关于粮食企业增值税征免问题的通知》四 财税字〔1999〕198号

10.1.5.9 国有粮食购销企业销售粮食，如何开具发票？

■审批享受免税优惠的国有粮食购销企业时，税务机关应按规定缴销其《增值税专用发票领购簿》，并收缴其库存未用的增值税专用发票予以注销；兼营其他应税货物的，须重新核定其增值税专用发票用量。

《财政部 国家税务总局关于粮食企业增值税征免问题的通知》一 财税字〔1999〕198号

■国有粮食购销企业销售发票使用的有关问题通知如下：

（1）享受免税优惠的国有粮食购销企业可继续使用增值税专用发票。

（2）自1999年8月1日起，凡国有粮食购销企业销售粮食，暂一律开具增值税专用发票。

（3）国有粮食购销企业开具增值税专用发票时，应当比照非免税货物开具增值税专用发票，企业记账销售额为“价税合计”数。

《国家税务总局关于国有粮食购销企业开具粮食销售发票有关问题的通知》 国税明电〔1999〕10号

■（1）凡享受免征增值税的国有粮食购销企业，均按增值税一般纳税人认定。

（2）经税务机关认定为增值税一般纳税人的国有粮食购销企业，1999年内要全部纳入增值税防伪税控系统管理，自2000年1月1日起，其粮食销售业务必须使用防伪税控系统开具增值税专用发票。

《国家税务总局关于加强国有粮食购销企业增值税管理有关问题的通知》 国税函〔1999〕560号

■享受免征增值税政策的国有粮食购销企业，凡需要向购货方开具增值税专用发票的，自2000年1月1日起，停止供应手写版增值税专用发票。

《国家税务总局关于粮食企业增值税管理问题的补充通知》 国税函〔1999〕829号

■自2002年6月1日起，对中国储备粮总公司及各分公司所属的政府储备食用植物油承储企业，按照国家指令计划销售的政府储备食用植物油，允许其开具增值税专用发票并纳入增值税防伪税控系统管理。

《国家税务总局关于政府储备食用植物油销售业务开具增值税专用发票问题的通知》 国税函〔2002〕531号

■国有粮食购销企业一般纳税人销售免税粮食，可以开具专用发票。

《国家税务总局关于加强免征增值税货物专用发票管理的通知》一 国税函〔2005〕780号

■自2014年5月1日起，对承担粮食收储任务的国有粮食购销企业销售的粮食和大豆免征增值税，并可对免税业务开具增值税专用发票。（减免性质代码：01019905）

《财政部　国家税务总局关于免征储备大豆增值税政策的通知》— 财税〔2014〕38 号

10.1.5.10　纳税人销售国家临时存储粮食，如何开具增值税发票？

■受中国储备粮管理总公司直属企业委托，并在中国农业发展银行直接承贷国家临时存储粮食（含大豆）贷款的非中储粮直属企业，按照中储粮要求，通过粮食批发市场或网上公开竞价方式销售国家临时存储粮食，回笼货款汇划到中储粮在农发行总行营业部开立的回笼货款存款专户上，最后通过中储粮直属企业将国家临时存储粮食收储成本划拨至非中储粮直属企业。

鉴于以上情况，现就纳税人在上述交易方式下的发票开具问题批复如下：

（1）中储粮直属企业应按照国家临时存储粮食的成交金额向购买方开具增值税发票。

（2）非中储粮直属企业应按照中储粮直属企业划拨的国家临时存储粮食收储成本金额，向中储粮直属企业开具增值税发票。

《国家税务总局关于纳税人销售国家临时存储粮食发票开具有关问题的批复》 税总函〔2015〕448 号

10.2　营业税

10.2.1.1　农业机耕，是否免征营业税？

■农业机耕，免征营业税。(减免税代码：03092304)

《中华人民共和国营业税暂行条例》第八条

■农业机耕，是指在农业、林业、牧业中使用农业机械进行耕作（包括耕耘、种植、收割、脱粒、植物保护等）的业务。

《中华人民共和国营业税暂行条例实施细则》第二十二条

10.2.1.2　排灌，是否免征营业税？

■排灌，免征营业税。(减免税代码：03092304)

《中华人民共和国营业税暂行条例》第八条

■排灌，是指对农田进行灌溉或排涝的业务。

《中华人民共和国营业税暂行条例实施细则》第二十二条

■为农业生产提供灌溉和排涝劳务是指单位和个人直接对农田提供灌溉或排涝的劳务。纳税人未直接为农业生产提供灌溉和排涝劳务取得的水利工程水费等供水不属于营业税的免税范围，应照章征收营业税。

《财政部关于水利工程水费征免营业税问题的批复》 财税〔2005〕19 号

10.2.1.3　病虫害防治，是否免征营业税？

■病虫害防治，免征营业税。(减免税代码：03092304)

《中华人民共和国营业税暂行条例》第八条

■病虫害防治，是指从事农业、林业、牧业、渔业的病虫害测报和防治的业务。

《营业税暂行条例实施细则》第二十二条

■航空公司用飞机开展飞洒农药业务属于从事农业病虫害防治业务，因而应当免征营业税。

《国家税务总局关于印发〈营业税问题解答（之一）〉的通知》 国税函发〔1995〕156号

10.2.1.4 植物保护，是否免征营业税？

■植物保护，免征营业税。(减免税代码：03092304)

《中华人民共和国营业税暂行条例》第八条

10.2.1.5 农牧保险，是否免征营业税？

■农牧保险，免征营业税。(减免税代码：03092304)

《中华人民共和国营业税暂行条例》第八条

■农牧保险，是指为种植业、养殖业、牧业种植和饲养的动植物提供保险的业务。

《中华人民共和国营业税暂行条例实施细则》第二十二条

10.2.1.6 相关技术培训业务，是否免征营业税？

■相关技术培训业务，免征营业税。(减免税代码：03092304)

《中华人民共和国营业税暂行条例》第八条

■相关技术培训，是指与农业机耕、排灌、病虫害防治、植物保护业务相关以及为使农民获得农牧保险知识的技术培训业务。

《中华人民共和国营业税暂行条例实施细则》第二十二条

10.2.1.7 家禽、牲畜、水生动物的配种和疾病防治，是否免征营业税？

■家禽、牲畜、水生动物的配种和疾病防治，免征营业税。(减免税代码：03092304)

《中华人民共和国营业税暂行条例》第八条

■家禽、牲畜、水生动物的配种和疾病防治业务的免税范围，包括与该项劳务有关的提供药品和医疗用具的业务。

《中华人民共和国营业税暂行条例实施细则》第二十二条

10.2.1.8 将土地使用权转让给农业生产者用于农业生产，是否免征营业税？

■将土地使用权转让给农业生产者用于农业生产，免征营业税。(减免税代码：03099903)

《财政部　国家税务总局关于对若干项目免征营业税的通知》三　财税字〔1994〕2号

■农场将土地承包（出租）给个人或公司用于农业生产，收取的固定承包金（租金），可免征营业税。

《国家税务总局关于农业土地出租征税问题的批复》 国税函〔1998〕82号

10.2.1.9 将人工用材林使用权转让给农业生产者用于农业生产的，是否免征营业税？

■单位和个人将其拥有的人工用材林使用权转让给其他单位和个人并取得货币、货物或其他经济利益的行为，应按“转让无形资产”税目中“转让土地使用权”项目征收营业税。如果转让的人工用材林是转让给农业生产者用于农业生产的，可免征营业税。

《国家税务总局关于林地使用权转让行为征收营业税问题的批复》四
国税函〔2002〕700号

10.2.1.10 纳税人单独提供林木管护劳务行为，是否征收营业税？

■纳税人单独提供林木管护劳务行为属于营业税征收范围，其取得的提供农业机耕、排灌、病虫害防治、植保劳务取得的收入以外的其他收入的，应照章征收营业税。

《国家税务总局关于林木销售和管护征收流转税问题的通知》 国税函〔2008〕212号

10.3 企业所得税

10.3.1 种植、养殖项目

10.3.1.1 企业从事农、林、牧、渔业项目的所得，是否免征、减征企业所得税？

■企业从事农、林、牧、渔业项目的所得，可以免征、减征企业所得税。(减免税代码：04099905)

《中华人民共和国企业所得税法》第二十七条

■企业从事国家限制和禁止发展的项目，不得享受企业所得税优惠。

《中华人民共和国企业所得税法实施条例》第八十六条

■农场内部承包经营的形式，黑龙江垦区国有农场从家庭农场承包户以“土地承包费”形式取得的从事农、林、牧、渔业生产的收入，属于农场“从事农、林、牧、渔业项目”的所得，可以适用“企业从事农、林、牧、渔业项目的所得，可以免征、减征企业所得税”的企业所得税优惠政策。

《国家税务总局关于黑龙江垦区国有农场土地承包费缴纳企业所得税问题的批复》 国税函〔2009〕779号

■“公司+农户”经营模式从事农、林、牧、渔业项目生产的企业，可以享受减免企业所得税优惠政策。

《国家税务总局关于“公司+农户”经营模式企业所得税优惠问题的通知》 国家税务总局公告2010年第2号

■企业委托其他企业或个人从事农、林、牧、渔业项目取得的所得，可享受相应的税收优惠政策。

企业受托从事农、林、牧、渔业项目取得的收入，比照委托方享受相应的税收优惠政策。

■企业从事享受税收优惠的农、林、牧、渔业项目，除另有规定外，参照《国民经济行业分类》(GB/T4754—2002) 的规定标准执行。

企业从事农、林、牧、渔业项目，凡属于《产业结构调整指导目录(2011年版)》

(国家发展和改革委员会令第9号) 中限制和淘汰类的项目，不得享受优惠政策。

《国家税务总局关于实施农、林、牧、渔业项目企业所得税优惠问题的公告》九、一 国家税务总局公告2011年第48号

10.3.1.2 企业从事哪些项目所得，可以免征企业所得税?

■企业从事下列项目的所得，免征企业所得税：

(1) 蔬菜、谷物、薯类、油料、豆类、棉花、麻类、糖料、水果、坚果的种植；

(2) 农作物新品种的选育；

(3) 中药材的种植；

(4) 林木的培育和种植；

(5) 牲畜、家禽的饲养；

(6) 林产品的采集；

(7) 灌溉、农产品初加工、兽医、农技推广、农机作业和维修等农、林、牧、渔服务业项目；

(8) 远洋捕捞。

《中华人民共和国企业所得税法实施条例》第八十六条

■企业从事农作物新品种选育的免税所得，是指企业对农作物进行品种和育种材料选育形成的成果，以及由这些成果形成的种子（苗）等繁殖材料的生产、初加工、销售一体化取得的所得。

企业从事林木的培育和种植的免税所得，是指企业对树木、竹子的育种和育苗、抚育和管理以及规模造林活动取得的所得，包括企业通过拍卖或收购方式取得林木所有权并经过一定的生长周期，对林木进行再培育取得的所得。

企业从事猪、兔的饲养，饲养牲畜、家禽产生的分泌物、排泄物，按“牲畜、家禽的饲养”项目处理。

对取得农业部颁发的“远洋渔业企业资格证书”并在有效期内的远洋渔业企业，从事远洋捕捞业务取得的所得免征企业所得税。

企业将购入的农、林、牧、渔产品，在自有或租用的场地进行育肥、育秧等再种植、养殖，经过一定的生长周期，使其生物形态发生变化，且并非由于本环节对农产品进行加工而明显增加了产品的使用价值的，可视为农产品的种植、养殖项目享受相应的税收优惠。

主管税务机关对企业进行农产品的再种植、养殖是否符合上述条件难以确定的，可要求企业提供县级以上农、林、牧、渔业政府主管部门的确认意见。

《国家税务总局关于实施农、林、牧、渔业项目企业所得税优惠问题的公告》 国家税务总局公告2011年第48号

10.3.1.3 企业从事哪些项目所得，可以减半征收企业所得税?

■企业从事下列项目所得，可以减半征收企业所得税：

(1) 花卉、茶以及其他饮料作物和香料作物的种植；

(2) 海水养殖、内陆养殖。

企业从事国家限制和禁止发展的项目，不得享受本条规定的企业所得税优惠。

《中华人民共和国企业所得税法实施条例》第八十六条

■企业从事观赏性作物的种植，按“花卉、茶及其他饮料作物和香料作物的种植”项目处理。

企业从事“牲畜、家禽的饲养”以外的生物养殖项目，按“海水养殖、内陆养殖”项目处理。

《国家税务总局关于实施农、林、牧、渔业项目企业所得税优惠问题的公告》四　国家税务总局公告2011年第48号

10.3.1.4　企业同时从事不同项目的，分别核算不清的，如何处理？

■企业同时从事适用不同企业所得税政策规定项目的，应分别核算，单独计算优惠项目的计税依据及优惠数额；分别核算不清的，可由主管税务机关按照比例分摊法或其他合理方法进行核定。

《国家税务总局关于实施农、林、牧、渔业项目企业所得税优惠问题的公告》八　国家税务总局公告2011年第48号

10.3.1.5　企业购买农产品后直接进行销售的，是否享受税收优惠政策？

■企业购买农产品后直接进行销售的贸易活动产生的所得，不能享受农、林、牧、渔业项目的税收优惠政策。

《国家税务总局关于实施农、林、牧、渔业项目企业所得税优惠问题的公告》十　国家税务总局公告2011年第48号

10.3.1.6　企业从事农林牧渔业项目所得享受所得税优惠，如何进行管理？

■企业从事农林牧渔业项目所得享受所得税优惠，纳税人应当在汇算清缴期内，向主管税务机关提供《企业所得税优惠事项备案表》，同时可以在季度预缴环节享受该项优惠政策。

另外，纳税人应当将以下资料留存备查：

（1）经营业务属于《国民经济行业分类》中的农、林、牧、渔业具体项目的说明；

（2）有效期内的远洋渔业企业资格证书复印件（从事远洋捕捞业务的提供）；

（3）县级以上农、林、牧、渔业政府主管部门的确认意见（进行农产品的再种植、养殖是否可以视为农产品的种植、养殖项目享受相应的税收优惠难以确定时提供）；

（4）从事农作物新品种选育的认定证书复印件（从事农作物新品种选育的提供）。

《国家税务总局关于部分税务行政审批事项取消后有关管理问题的公告》六　国家税务总局公告2015年第56号

■从事农、林、牧、渔业项目的所得减免征收企业所得税的备案资料：

（1）企业所得税优惠事项备案表；

（2）有效期内的远洋渔业企业资格证书（从事远洋捕捞业务的）；

（3）从事农作物新品种选育的认定证书（从事农作物新品种选育的）。

预缴享受、年度备案。主要留存的备查资料：

（1）有效期内的远洋渔业企业资格证书（从事远洋捕捞业务的）；

（2）从事农作物新品种选育的认定证书（从事农作物新品种选育的）；

（3）与农户签订的委托养殖合同（“公司+农户”经营模式的企业）；

（4）与家庭承包户签订的内部承包合同（国有农场实行内部家庭承包经营）；

（5）农产品初加工项目及工艺流程说明（二个或二个以上的分项目说明）；

（6）同时从事适用不同企业所得税待遇项目的，每年度单独计算减免税项目所得的计算过程及其相关账册，期间费用合理分摊的依据和标准；

（7）省税务机关规定的其他资料。

《国家税务总局关于发布〈企业所得税优惠政策事项办理办法〉的公告》 附件1：企业所得税优惠事项备案管理目录（2015年版）16 国家税务总局公告2015年第76号

10.3.2 农产品初加工

10.3.2.1 企业从事农产品初加工项目的所得，是否免征企业所得税？

■企业从事农产品初加工项目的所得，免征企业所得税。

《中华人民共和国企业所得税法实施条例》第八十六条

■企业根据委托合同，受托对符合（财税〔2008〕149号）和（财税〔2011〕26号）规定的农产品进行初加工服务，其所收取的加工费，可以按照农产品初加工的免税项目处理。

《国家税务总局关于实施农、林、牧、渔业项目企业所得税优惠问题的公告》五 国家税务总局公告2011年第48号

10.3.2.2 粮食初加工的范围？

■粮食初加工包括：

（1）小麦初加工。通过对小麦进行清理、配麦、磨粉、筛理、分级、包装等简单加工处理，制成的小麦面粉及各种专用粉。

（2）稻米初加工。通过对稻谷进行清理、脱壳、碾米（或不碾米）、烘干、分级、包装等简单加工处理，制成的成品粮及其初制品，具体包括大米、蒸谷米。

（3）玉米初加工。通过对玉米籽粒进行清理、浸泡、粉碎、分离、脱水、干燥、分级、包装等简单加工处理，生产的玉米粉、玉米碴、玉米片等；鲜嫩玉米经筛选、脱皮、洗涤、速冻、分级、包装等简单加工处理，生产的鲜食玉米（速冻粘玉米、甜玉米、花色玉米、玉米籽粒）。

（4）薯类初加工。通过对马铃薯、甘薯等薯类进行清洗、去皮、磋磨、切制、干燥、冷冻、分级、包装等简单加工处理，制成薯类初级制品。具体包括：薯粉、薯片、薯条。

（5）食用豆类初加工。通过对大豆、绿豆、红小豆等食用豆类进行清理去杂、浸洗、晾晒、分级、包装等简单加工处理，制成的豆面粉、黄豆芽、绿豆芽。

（6）其他类粮食初加工。通过对燕麦、荞麦、高粱、谷子等杂粮进行清理去杂、脱壳、烘干、磨粉、轧片、冷却、包装等简单加工处理，制成的燕麦米、燕麦粉、燕麦麸皮、燕麦片、荞麦米、荞麦面、小米、小米面、高粱米、高粱面。

《财政部 国家税务总局关于发布〈享受企业所得税优惠政策的农产品

初加工范围（试行）〉的通知》附件：享受企业所得税优惠政策的农产品初加工范围（试行）（2008 年版）　财税〔2008〕149 号

■小麦初加工产品还包括麸皮、麦糠、麦仁。

稻米初加工产品还包括稻糠（砻糠、米糠和统糠）。

薯类初加工产品还包括变性淀粉以外的薯类淀粉。薯类淀粉生产企业需达到国家环保标准，且年产量在一万吨以上。

杂粮还包括大麦、糯米、青稞、芝麻、核桃；相应的初加工产品还包括大麦芽、糯米粉、青稞粉、芝麻粉、核桃粉。

《财政部　国家税务总局关于享受企业所得税优惠的农产品初加工有关范围的补充通知》一　财税〔2011〕26 号

10.3.2.3　林木产品初加工的范围？

■林木产品初加工包括：

通过将伐倒的乔木、竹（含活立木、竹）去枝、去梢、去皮、去叶、锯段等简单加工处理，制成的原木、原竹、锯材。

《财政部　国家税务总局关于发布〈享受企业所得税优惠政策的农产品初加工范围（试行）〉的通知》附件：享受企业所得税优惠政策的农产品初加工范围（试行）（2008 年版）　一　财税〔2008〕149 号

10.3.2.4　园艺植物初加工的范围？

■园艺植物初加工包括：

（1）蔬菜初加工

将新鲜蔬菜通过清洗、挑选、切割、预冷、分级、包装等简单加工处理，制成净菜、切割蔬菜。

利用冷藏设施，将新鲜蔬菜通过低温贮藏，以备淡季供应的速冻蔬菜，如速冻茄果类、叶类、豆类、瓜类、葱蒜类、柿子椒、蒜苔。

将植物的根、茎、叶、花、果、种子和食用菌通过干制等简单加工处理，制成的初制干菜，如黄花菜、玉兰片、萝卜干、冬菜、梅干菜、木耳、香菇、平菇。以蔬菜为原料制作的各类蔬菜罐头（罐头是指以金属罐、玻璃瓶、经排气密封的各种食品。下同）及碾磨后的园艺植物（如胡椒粉、花椒粉等）不属于初加工范围。

（2）水果初加工。通过对新鲜水果（含各类山野果）清洗、脱壳、切块（片）、分类、储藏保鲜、速冻、干燥、分级、包装等简单加工处理，制成的各类水果、果干、原浆果汁、果仁、坚果。

（3）花卉及观赏植物初加工。通过对观赏用、绿化及其他各种用途的花卉及植物进行保鲜、储藏、烘干、分级、包装等简单加工处理，制成的各类鲜、干花。

《财政部　国家税务总局关于发布〈享受企业所得税优惠政策的农产品初加工范围（试行）〉的通知》附件：享受企业所得税优惠政策的农产品初加工范围（试行）（2008 年版）　一　财税〔2008〕149 号

■水果初加工的新鲜水果包括番茄。

《财政部　国家税务总局关于享受企业所得税优惠的农产品初加工有关

范围的补充通知》一　财税〔2011〕26号

10.3.2.5　油料植物初加工的范围？

■油料植物初加工包括：

通过对菜籽、花生、大豆、葵花籽、蓖麻籽、芝麻、胡麻籽、茶子、桐子、棉籽、红花籽及米糠等粮食的副产品等，进行清理、热炒、磨坯、榨油（搅油、墩油）、浸出等简单加工处理，制成的植物毛油和饼粕等副产品。

具体包括菜籽油、花生油、豆油、葵花油、蓖麻籽油、芝麻油、胡麻籽油、茶子油、桐子油、棉籽油、红花油、米糠油以及油料饼粕、豆饼、棉籽饼。

精炼植物油不属于初加工范围。

《财政部　国家税务总局关于发布〈享受企业所得税优惠政策的农产品初加工范围（试行）〉的通知》附件：享受企业所得税优惠政策的农产品初加工范围（试行）（2008年版）　一　财税〔2008〕149号

■粮食副产品还包括玉米胚芽、小麦胚芽。

《财政部　国家税务总局关于享受企业所得税优惠的农产品初加工有关范围的补充通知》一　财税〔2011〕26号

■“油料植物初加工”工序包括“冷却、过滤”等。

《国家税务总局关于实施农、林、牧、渔业项目企业所得税优惠问题的公告》五　国家税务总局公告2011年第48号

10.3.2.6　糖料植物初加工的范围？

■糖料植物初加工包括：

通过对各种糖料植物，如甘蔗、甜菜、甜菊等，进行清洗、切割、压榨等简单加工处理，制成的制糖初级原料产品。

《财政部　国家税务总局关于发布〈享受企业所得税优惠政策的农产品初加工范围（试行）〉的通知》附件：享受企业所得税优惠政策的农产品初加工范围（试行）（2008年版）　一　财税〔2008〕149号

■甜菊又名甜叶菊。

《财政部　国家税务总局关于享受企业所得税优惠的农产品初加工有关范围的补充通知》一　财税〔2011〕26号

■“糖料植物初加工”工序包括“过滤、吸附、解析、碳脱、浓缩、干燥”等。

《国家税务总局关于实施农、林、牧、渔业项目企业所得税优惠问题的公告》五　国家税务总局公告2011年第48号

10.3.2.7　茶叶初加工的范围？

■茶叶初加工包括：

通过对茶树上采摘下来的鲜叶和嫩芽进行杀青（萎凋、摇青）、揉捻、发酵、烘干、分级、包装等简单加工处理，制成的初制毛茶。

精制茶、边销茶、紧压茶和掺兑各种药物的茶及茶饮料不属于初加工范围。

《财政部　国家税务总局关于发布〈享受企业所得税优惠政策的农产品初加工范围（试行）〉的通知》附件：享受企业所得税优惠政策的农

产品初加工范围（试行）（2008年版） 一 财税〔2008〕149号

■企业对外购茶叶进行筛选、分装、包装后进行销售的所得，不享受农产品初加工的优惠政策。

《国家税务总局关于实施农、林、牧、渔业项目企业所得税优惠问题的公告》五 国家税务总局公告2011年第48号

10.3.2.8 药用植物初加工的范围?

■药用植物初加工包括：

通过对各种药用植物的根、茎、皮、叶、花、果实、种子等，进行挑选、整理、捆扎、清洗、晾晒、切碎、蒸煮、炒制等简单加工处理，制成的片、丝、块、段等中药材。加工的各类中成药不属于初加工范围。

《财政部 国家税务总局关于发布〈享受企业所得税优惠政策的农产品初加工范围（试行）〉的通知》附件：享受企业所得税优惠政策的农产品初加工范围（试行）（2008年版） 一 财税〔2008〕149号

10.3.2.9 纤维植物初加工的范围?

■纤维植物初加工包括：

（1）棉花初加工。通过轧花、剥绒等脱绒工序简单加工处理，制成的皮棉、短绒、棉籽。

（2）麻类初加工。通过对各种麻类作物（大麻、黄麻、槿麻、苎麻、苘麻、亚麻、罗布麻、蕉麻、剑麻等）进行脱胶、抽丝等简单加工处理，制成的干（洗）麻、纱条、丝、绳。

（3）蚕茧初加工。通过烘干、杀蛹、缫丝、煮剥、拉丝等简单加工处理，制成的蚕、蛹、生丝、丝棉。

《财政部 国家税务总局关于发布〈享受企业所得税优惠政策的农产品初加工范围（试行）〉的通知》附件：享受企业所得税优惠政策的农产品初加工范围（试行）（2008年版） 一 财税〔2008〕149号

■麻类初加工的麻类作物还包括芦苇。

蚕茧初加工的蚕包括蚕茧，生丝包括厂丝。

《财政部 国家税务总局关于享受企业所得税优惠的农产品初加工有关范围的补充通知》一 财税〔2011〕26号

10.3.2.10 热带、南亚热带作物初加工的范围?

■热带、南亚热带作物初加工包括：

通过对热带、南亚热带作物去除杂质、脱水、干燥、分级、包装等简单加工处理，制成的工业初级原料。具体包括：天然橡胶生胶和天然浓缩胶乳、生咖啡豆、胡椒籽、肉桂油、桉油、香茅油、木薯淀粉、木薯干片、坚果。

《财政部 国家税务总局关于发布〈享受企业所得税优惠政策的农产品初加工范围（试行）〉的通知》附件：享受企业所得税优惠政策的农产品初加工范围（试行）（2008年版） 一 财税〔2008〕149号

10.3.2.11 畜禽类初加工的范围?

■畜禽类初加工包括：

（1）肉类初加工。通过对畜禽类动物（包括各类牲畜、家禽和人工驯养、繁殖的野生动物以及其他经济动物）宰杀、去头、去蹄、去皮、去内脏、分割、切块或切片、冷藏或冷冻、分级、包装等简单加工处理，制成的分割肉、保鲜肉、冷藏肉、冷冻肉、绞肉、肉块、肉片、肉丁。

（2）蛋类初加工。通过对鲜蛋进行清洗、干燥、分级、包装、冷藏等简单加工处理，制成的各种分级、包装的鲜蛋、冷藏蛋。

（3）奶类初加工。通过对鲜奶进行净化、均质、杀菌或灭菌、灌装等简单加工处理，制成的巴氏杀菌奶、超高温灭菌奶。

（4）皮类初加工。通过对畜禽类动物皮张剥取、浸泡、刮里、晾干或熏干等简单加工处理，制成的生皮、生皮张。

（5）毛类初加工。通过对畜禽类动物毛、绒或羽绒分级、去杂、清洗等简单加工处理，制成的洗净毛、洗净绒或羽绒。

（6）蜂产品初加工。通过去杂、过滤、浓缩、熔化、磨碎、冷冻简单加工处理，制成的蜂蜜、蜂蜡、蜂胶、蜂花粉。

肉类罐头、肉类熟制品、蛋类罐头、各类酸奶、奶酪、奶油、王浆粉、各种蜂产品口服液、胶囊不属于初加工范围。

《财政部　国家税务总局关于发布〈享受企业所得税优惠政策的农产品初加工范围（试行）〉的通知》附件：享受企业所得税优惠政策的农产品初加工范围（试行）（2008 年版）　二　财税〔2008〕149 号

■肉类初加工产品还包括火腿等风干肉、猪牛羊杂骨。

《财政部　国家税务总局关于享受企业所得税优惠的农产品初加工有关范围的补充通知》二　财税〔2011〕26 号

10.3.2.12　饲料类初加工的范围？

■饲料类初加工包括：

（1）植物类饲料初加工。通过碾磨、破碎、压榨、干燥、酿制、发酵等简单加工处理，制成的糠麸、饼粕、糟渣、树叶粉。

（2）动物类饲料初加工。通过破碎、烘干、制粉等简单加工处理，制成的鱼粉、虾粉、骨粉、肉粉、血粉、羽毛粉、乳清粉。

（3）添加剂类初加工。通过粉碎、发酵、干燥等简单加工处理，制成的矿石粉、饲用酵母。

《财政部　国家税务总局关于发布〈享受企业所得税优惠政策的农产品初加工范围（试行）〉的通知》附件：享受企业所得税优惠政策的农产品初加工范围（试行）（2008 年版）　二　财税〔2008〕149 号

10.3.2.13　牧草类初加工的范围？

■牧草类初加工包括：

通过对牧草、牧草种籽、农作物秸秆等，进行收割、打捆、粉碎、压块、成粒、分选、青贮、氨化、微化等简单加工处理，制成的干草、草捆、草粉、草块或草饼、草颗粒、牧草种籽以及草皮、秸秆粉（块、粒）。

《财政部 国家税务总局关于发布〈享受企业所得税优惠政策的农产品初加工范围（试行）〉的通知》附件：享受企业所得税优惠政策的农产品初加工范围（试行）（2008年版） 二 财税〔2008〕149号

10.3.2.14 水生动物初加工的范围？

■水生动物初加工包括：

将水产动物（鱼、虾、蟹、鳖、贝、棘皮类、软体类、腔肠类、两栖类、海兽类动物等）整体或去头、去鳞（皮、壳）、去内脏、去骨（刺）、擂溃或切块、切片，经冰鲜、冷冻、冷藏等保鲜防腐处理、包装等简单加工处理，制成的水产动物初制品。

熟制的水产品和各类水产品的罐头以及调味烤制的水产食品不属于初加工范围。

《财政部 国家税务总局关于发布〈享受企业所得税优惠政策的农产品初加工范围（试行）〉的通知》附件：享受企业所得税优惠政策的农产品初加工范围（试行）（2008年版） 三 财税〔2008〕149号

10.3.2.15 水生植物初加工的范围？

■水生植物初加工包括：

将水生植物（海带、裙带菜、紫菜、龙须菜、麒麟菜、江篱、浒苔、羊栖菜、莼菜等）整体或去根、去边梢、切段，经热烫、冷冻、冷藏等保鲜防腐处理、包装等简单加工处理的初制品，以及整体或去根、去边梢、切段、经晾晒、干燥（脱水）、包装、粉碎等简单加工处理的初制品。

罐装（包括软罐）产品不属于初加工范围。

《财政部 国家税务总局关于发布〈享受企业所得税优惠政策的农产品初加工范围（试行）〉的通知》附件：享受企业所得税优惠政策的农产品初加工范围（试行）（2008年版） 三 财税〔2008〕149号

10.3.2.16 企业从事适用企业所得税优惠政策的多个项目，如何享受税收优惠？

■企业从事适用企业所得税减半优惠的种植、养殖项目，并直接进行初加工且符合农产品初加工目录范围的，企业应合理划分不同项目的各项成本、费用支出，分别核算种植、养殖项目和初加工项目的所得，并各按适用的政策享受税收优惠。

《国家税务总局关于实施农、林、牧、渔业项目企业所得税优惠问题的公告》五 国家税务总局公告2011年第48号

10.4 个人所得税

10.4.1.1 从事种植业、养殖业、饲养业、捕捞业的所得，是否征收个人所得税？

■对个人或个体户从事种植业、养殖业、饲养业、捕捞业，且经营项目属于农业税（包括农业特产税）、牧业税征税范围的，其取得的“四业”所得暂不征收个人所得税。（减免税代码：05099901）

《财政部 国家税务总局关于农村税费改革试点地区有关个人所得税问

题的通知》一　财税〔2004〕30号

■对个人独资企业和合伙企业从事种植业、养殖业、饲养业和捕捞业，其投资者取得的“四业”所得暂不征收个人所得税。(减免税代码：05129999) 财税〔2014〕81号

《财政部　国家税务总局关于个人独资企业和合伙企业投资者取得种植业、养殖业、饲养业、捕捞业所得有关个人所得税问题的批复》　财税〔2010〕96号

10.4.1.2　非专业养猪户取得的养猪收入，是否征收个人所得税？

■非专业养猪户取得的养猪收入，暂不征收个人所得税。

专业养猪户由各省、自治区、直辖市地方税务局根据以下条件制定具体的界定标准：

(1) 以养猪为其主业；

(2) 养猪取得的收入为其全部收入的主要部分；

(3) 以年出栏生猪数为标准的，最低限额不得少于5头（不含自家育养的仔猪数，出售仔猪无数量限制）。

《国家税务总局关于生猪生产流通过程中有关税收问题的通知》四　国税发〔1999〕113号（2016年5月29日全文废止，详见国家税务总局公告2016年第34号）

10.4.1.3　农场职工个人提供农用机械服务，是否征收个人所得税？

■农场职工为他人有偿提供农用机械服务取得的所得，应按“个体工商户的生产、经营所得”应税项目，计算缴纳个人所得税。

《国家税务总局关于农场职工个人提供农用机械服务取得所得延收个人所得税问题的批复》　国税函〔1998〕85号

10.5　城镇土地使用税和房产税

10.5.1.1　直接用于农、林、牧、渔业的生产用地，是否免缴土地使用税？

■直接用于农、林、牧、渔业的生产用地，免缴土地使用税。

《中华人民共和国城镇土地使用税暂行条例》第六条　国务院令第645号

■直接用于农、林、牧、渔业的生产用地，是指直接从事于种植、养殖、饲养的专业用地，不包括农副产品加工场地和生活、办公用地。

《国家税务局关于下发〈关于土地使用税若干具体问题的解释和暂行规定〉的通知》十一　国税地〔1988〕15号

■在城镇土地使用税征收范围内经营采摘、观光农业的单位和个人，其直接用于采摘、观光的种植、养殖、饲养的土地，免征城镇土地使用税。（减免税代码：10129902）

《财政部　国家税务总局关于房产税、城镇土地使用税有关政策的通知》三　财税〔2006〕186号

10.5.1.2 农民居住用房屋及土地，是否征收房产税、土地使用税？

■农民居住用房屋及土地，不征收房产税和土地使用税。

《国家税务总局关于调整房产税和土地使用税具体征税范围解释规定的通知》二 国税发〔1999〕44号

10.5.1.3 对林区的有林地、运材道、防火道、防火设施用地，是否免征土地使用税？

■对林区的有林地、运材道、防火道、防火设施用地，免征土地使用税。（减免税代码：10129913）

《国家税务局关于林业系统征免土地使用税问题的通知》一 国税函〔1991〕1404号

10.5.1.4 林业系统的森林公园、自然保护区，是否免征土地使用税？

■林业系统的森林公园、自然保护区，可比照公园免征土地使用税。

《国家税务局关于林业系统征免土地使用税问题的通知》一 国税函〔1991〕1404号

10.5.1.5 林场中度假村等休闲娱乐场所，是否征收城镇土地使用税？

■在城镇土地使用税征收范围内，利用林场土地兴建度假村等休闲娱乐场所的，其经营、办公和生活用地，应征收城镇土地使用税。

《财政部 国家税务总局关于房产税、城镇土地使用税有关政策的通知》四 财税〔2006〕186号

10.5.1.6 天然林工程实施企业和单位，是否免征城镇土地使用税？

■2011年1月1日至2020年12月31日，对长江上游、黄河中上游地区，东北、内蒙古等国有林区天然林二期工程实施企业和单位专门用于天然林保护工程的房产、土地免征房产税、城镇土地使用税。（房产税减免性质代码：08061002）（土地税减免税代码：10061002）对上述企业和单位用于其他生产经营活动的房产、土地按规定征收房产税、城镇土地使用税。

对由于实施天然林二期工程造成森工企业房产、土地闲置一年以上不用的，暂免征收房产税和城镇土地使用税；（房产税减免性质代码：08061003）（土地税减免税代码：10061003）闲置房产和土地用于出租或重新用于天然林二期工程之外其他生产经营的，按规定征收房产税、城镇土地使用税。

《财政部 国家税务总局关于天然林保护工程（二期）实施企业和单位房产税城镇土地使用税政策的通知》 财税〔2011〕90号

10.5.1.7 农产品批发市场、农贸市场使用的房产、土地，是否免征房产税、城镇土地使用税？

■自2013年1月1日至2015年12月31日，对专门经营农产品的农产品批发市场、农贸市场使用的房产、土地，暂免征收房产税和城镇土地使用税（房产税减免性质代码：08019901）（土地税减免性质代码：10019901）。对同时经营其他产品的农产品批发市场和农贸市场使用的房产、土地，按其他产品与农产品交易场地面积的比例确定征免房产税和城镇土地使用税。

农产品批发市场和农贸市场，是指经工商登记注册，供买卖双方进行农产品及其初加

工品现货批发或零售交易的场所。农产品包括粮油、肉禽蛋、蔬菜、干鲜果品、水产品、调味品、棉麻、活畜、可食用的林产品以及由省、自治区、直辖市财税部门确定的其他可食用的农产品。

符合免税条件的企业需持相关材料向主管税务机关办理备案手续。

《财政部 国家税务总局关于农产品批发市场、农贸市场房产税、城镇土地使用税政策的通知》 财税〔2012〕68号

■自2016年1月1日至2018年12月31日，对专门经营农产品的农产品批发市场、农贸市场使用（包括自有和承租）的房产、土地，暂免征收房产税和城镇土地使用税。

■享受税收优惠的房产、土地，是指农产品批发市场、农贸市场直接为农产品交易提供服务的房产、土地。

农产品批发市场、农贸市场的行政办公区、生活区，以及商业餐饮娱乐等非直接为农产品交易提供服务的房产、土地，不属于优惠范围，应按规定征收房产税和城镇土地使用税。

《财政部 国家税务总局关于继续实行农产品批发市场农贸市场房产税、城镇土地使用税优惠政策的通知》一、三 财税〔2016〕1号

10.5.1.8 城镇内的集贸市场用地，是否征收土地使用税？

■城镇内的集贸市场（农贸市场）用地，按法规应征收土地使用税。为了促进集贸市场的发展及照顾各地的不同情况，各省、自治区、直辖市税务局可根据具体情况自行确定对集贸市场用地征收或者免征土地使用税。(减免税代码：10019902)

《国家税务局关于印发〈关于土地使用税若干具体问题的补充规定〉的通知》五 国税地字〔1989〕140号

10.6 耕地占用税

10.6.1.1 农田水利占用耕地的，是否征收耕地占用税？

■农田水利占用耕地的，不征收耕地占用税。

《中华人民共和国耕地占用税暂行条例实施细则》第二条

■征用的耕地与非耕地，以土地管理机关批准征地的文件为依据确定。

《国家税务局关于〈关于土地使用税若干具体问题的解释和暂行规定〉的通知》十二 (88)国税地字第15号

■直接为农业生产服务的农田水利设施用地，免征耕地占用税。水利工程占用耕地以发电、旅游为主的，不予免税。

《财政部关于颁发耕地占用税具体政策的规定的通知》五 (87)财农字第206号

10.6.1.2 综合性水利工程占地，是否免征耕地占用税？

■综合性水利工程占地不属于农田水利用地，应按照法定税率征收耕地占用税。对其建

设过程中库区、淹没区以及安置移民建房占用的耕地、园地、坡地、林地和牧草地等其他农用地，应全额征收耕地占用税。

《国家税务总局关于红岭水利枢纽工程占地耕地占用税问题的批复》 国税函〔2010〕490 号

10.6.1.3 建设直接为农业生产服务的生产设施占用农用地的，是否征收耕地占用税？

■占用林地、牧草地、农田水利用地、养殖水面以及渔业水域滩涂等其他农用地建设直接为农业生产服务的生产设施的，不征收耕地占用税。

《中华人民共和国耕地占用税暂行条例》第十四条

■直接为农业生产服务的生产设施，是指直接为农业生产服务而建设的建筑物和构筑物。具体包括：

储存农用机具和种子、苗木、木材等农业产品的仓储设施；培育、生产种子、种苗的设施；畜禽养殖设施；木材集材道、运材道；农业科研、试验、示范基地；野生动植物保护、护林、森林病虫害防治、森林防火、木材检疫的设施；专为农业生产服务的灌溉排水、供水、供电、供热、供气、通讯基础设施；农业生产者从事农业生产必需的食宿和管理设施；其他直接为农业生产服务的生产设施。

《中华人民共和国耕地占用税暂行条例实施细则》第三十条

10.6.1.4 农村居民占用耕地新建住宅，是否免征耕地占用税？

■农村居民占用耕地新建住宅，按照当地适用税额减半征收耕地占用税。（减免税代码：14092301）

《中华人民共和国耕地占用税暂行条例》第十条

■农村居民占用耕地新建住宅，是指农村居民经批准在户口所在地按照规定标准占用耕地建设自用住宅。

农村居民经批准搬迁，原宅基地恢复耕种，凡新建住宅占用耕地不超过原宅基地面积的，不征收耕地占用税；超过原宅基地面积的，对超过部分按照当地适用税额减半征收耕地占用税。

《中华人民共和国耕地占用税暂行条例实施细则》第十八条

■农村居民减半征收，是指农业户口居民（包括渔民、牧民）占用耕地建设自用的住宅，按规定税额减半征收。

《财政部关于颁发耕地占用税具体政策的规定的通知》三 （87）财农字第 206 号

10.6.1.5 农村居民建猪圈、牛栏，是否征收耕地占用税？

■农村居民在获准占用的宅基地内，建猪圈、牛栏等，照征耕地占用税。

《财政部关于耕地占用税若干问题的批复》二 （87）财农字第 316 号

10.6.1.6 农民建房占用菜地，是否征收耕地占用税？

■农民建房占用菜地，不征新菜地建设基金，只征耕地占用税。

《财政部关于颁发耕地占用税具体政策的规定的通知》一 （87）财农字第 206 号

10.7 车船税

10.7.1.1 捕捞、养殖渔船，是否免征车船税?

■捕捞、养殖渔船，免征车船税。(减免税代码：12099901)

《中华人民共和国车船税法》第三条

10.7.1.2 在农村地区使用的摩托车、三轮汽车和低速载货汽车，是否减免税?

■省、自治区、直辖市人民政府根据当地实际情况，可以对农村居民拥有并主要在农村地区使用的摩托车、三轮汽车和低速载货汽车定期减征或者免征车船税。

《中华人民共和国车船税法》第五条

10.8 契税、印花税

10.8.1.1 纳税人承受哪些土地使用权用于农、林、牧、渔业生产的，免征契税?

■纳税人承受荒山、荒沟、荒丘、荒滩土地使用权，用于农、林、牧、渔业生产的，免征契税。(减免性质代码：15099901)

《中华人民共和国契税暂行条例细则》第十五条　财法原〔1997〕52号(下同)

10.8.1.2 农副产品收购合同，是否免征印花税?

■国家指定的收购部门与村民委员会、农民个人书立的农副产品收购合同，免纳印花税。

《中华人民共和国印花税暂行条例施行细则》第十三条

■可由省、自治区、直辖市税务局根据当地实际情况具体划定本地区“收购部门”和“农副产品”的范围。

《国家税务局关于印花税若干具体问题的解释和规定的通知》二　国税发〔1991〕155号

10.9 农民专业合作社

10.9.1.1 农民专业合作社销售本社成员生产的农业产品，是否免征增值税?

■对农民专业合作社销售本社成员生产的农业产品，视同农业生产者销售自产农业产品免征增值税。(减免性质代码：01092311)

农民专业合作社，是指依照《中华人民共和国农民专业合作社法》规定设立和登记的农民专业合作社。

《财政部　国家税务总局关于农民专业合作社有关税收政策的通知》一　财税〔2008〕81号

10.9.1.2 农民专业合作社向本社成员销售的哪些物资，免征增值税?

■对农民专业合作社向本社成员销售的农膜、种子、种苗、农药、农机，免征增值税。(减免性质代码：01092311)

《财政部 国家税务总局关于农民专业合作社有关税收政策的通知》三 财税〔2008〕81号

10.9.1.3 农业产品和农业生产资料购销合同，是否免征印花税?

■对农民专业合作社与本社成员签订的农业产品和农业生产资料购销合同，免征印花税。(减免税代码：09092301)

《财政部 国家税务总局关于农民专业合作社有关税收政策的通知》四 财税〔2008〕81号

11 采矿业

11.1 增值税

11.1.1 征税范围

11.1.1.1 煤炭生产企业取得的“铁路支线维护费”，是否征收增值税?

■煤炭生产企业用自备铁路专用线运输煤炭取得的“铁路支线维护费”是在销售煤炭环节收取的，属于增值税条例规定的价外费用，应征收增值税。

《国家税务总局关于铁路支线维护费征收增值税问题的通知》 国税函发〔1996〕561号

11.1.1.2 煤焦管理站收取的量差、价差和各项基金、费用，是否征收增值税?

■应由煤炭生产销售企业向用户、运销企业、运输业户收取而未收取，由煤焦管理站补收的销售煤炭的价差、量差和各项基金、费用属于因销售煤炭而发生的价外费用，因此，对你省煤焦管理站收取的量差、价差和各项基金、费用应征收增值税。

《国家税务总局关于对山西省煤焦管理站收取的价差、量差及各种价外费用征收增值税问题的批复》 国税函〔1996〕589号

11.1.1.3 矿产资源开采、挖掘、切割、破碎、分拣、洗选等劳务，是否征收增值税?

■纳税人提供的矿产资源开采、挖掘、切割、破碎、分拣、洗选等劳务，属于增值税应税劳务，应当缴纳增值税。

《国家税务总局关于纳税人为其他单位和个人开采矿产资源提供劳务有关货物和劳务税问题的公告》 国家税务总局公告2011年第56号

11.1.1.4 原油管理费，是否征收增值税?

■原油管理费属于价外费用的一部分，应征收增值税。

《国家税务总局关于原油管理费征收增值税问题的通知》 国税发〔1996〕111号

11.1.2 应纳税额

11.1.2.1 金属矿、非金属矿采选产品，增值税适用税率？

■金属矿采选产品、非金属矿采选产品，增值税税率为17%。

■金属矿采选产品，包括黑色和有色金属矿采选产品；非金属矿采选产品，包括除金属矿采选产品以外的非金属矿采选产品、煤炭和盐。

《财政部　国家税务总局关于金属矿、非金属矿采选产品增值税税率的通知》一、三　财税〔2008〕171号

11.1.2.2　食用盐，增值税适用税率？

■食用盐仍适用13%的增值税税率，其具体范围是指符合《食用盐》（GB5461—2000）和《食用盐卫生标准》（GB2721—2003）两项国家标准的食用盐。

《财政部　国家税务总局关于金属矿、非金属矿采选产品增值税税率的通知》二　财税〔2008〕171号

11.1.2.3　石油液化气，增值税适用税率？

■对由石油伴生气加工压缩而成的石油液化气，应当按照13%的增值税税率征收增值税。

《国家税务总局关于由石油伴生气加工压缩成的石油液化气适用增值税税率的通知》　国税发〔2005〕83号

11.1.2.4　煤炭采掘企业购进的哪些项目，其进项税额允许从销项税额中抵扣？

■自2015年11月1日起煤炭采掘企业购进的下列项目，其进项税额允许从销项税额中抵扣：

（1）巷道附属设备及其相关的应税货物、劳务和服务；

（2）用于除开拓巷道以外的其他巷道建设和掘进，或者用于巷道回填、露天煤矿生态恢复的应税货物、劳务和服务。

巷道，是指为采矿提升、运输、通风、排水、动力供应、瓦斯治理等而掘进的通道，包括开拓巷道和其他巷道。其中，开拓巷道，是指为整个矿井或一个开采水平（阶段）服务的巷道。巷道附属设备，是指以巷道为载体的给排水、采暖、降温、卫生、通风、照明、通讯、消防、电梯、电气、瓦斯抽排等设备。

《财政部　国家税务总局关于煤炭采掘企业增值税进项税额抵扣有关事项的通知》　财税〔2015〕117号

11.1.3　税收优惠

进口设备、仪器、零附件、专用工具

11.1.3.1　中联煤层气公司进口哪些物资，免征进口环节增值税？

■自2011年1月1日至2015年12月31日，中联煤层气有限责任公司及其国内外合作者（中联煤层气公司），在我国境内进行煤层气勘探开发项目，进口国内不能生产或国内

产品性能不能满足要求，并直接用于勘探开发作业的设备、仪器、零附件、专用工具（详见《免税物资清单》），免征进口关税和进口环节增值税。

■国内其他从事煤层气勘探开发的单位，应在实际进口发生前按有关规定程序向财政部提出申请，经财政部商海关总署、国家税务总局等有关部门认定后，比照中联煤层气公司享受上述进口税收优惠政策。

■在实际进口中，如有《免税物资清单》中未具体列名但确需进口用于我国煤层气的设备、仪器、零附件、专用工具，由海关总署会同财政部、国家税务总局审定。

《财政部 海关总署、国家税务总局关于"十二五"期间煤层气勘探开发项目进口物资免征进口税收的通知》一、二、附件：关于煤层敢勘探开发项目进口物资免征进口税收的管理规定七 财关税〔2011〕30号

11.1.3.2 暂时进口的物资，是否免税？

■勘探开发项目项下暂时进口《免税物资清单》所列的物资，准予免税。进口时海关按暂时进口货物办理手续。超出海关规定暂时进口时限仍需继续使用的，经海关批准可予延期，在暂时进口（包括延期）期限内准予免税。

《财政部 海关总署 国家税务总局关于"十二五"期间煤层气勘探开发项目进口物资免征进口税收的通知》三 财关税〔2011〕30号

11.1.3.3 租赁进口的物资，是否免税？

■勘探开发项目项下租赁进口《免税物资清单》所列的物资准予免征进口税收，租赁进口《免税物资清单》以外的物资应照章征税。

《财政部 海关总署 国家税务总局关于"十二五"期间煤层气勘探开发项目进口物资免征进口税收的通知》四 财关税〔2011〕30号

11.1.3.4 从事煤层气勘探开发的单位，如何免税？

■除中联煤层气有限责任公司及其国内外合作者外，国内其他从事煤层气勘探开发的单位，应在实际进口发生前的每年3月底前，向财政部提交免税资格的申请文件（其中地方单位应通过省级人民政府或同级财政部门向财政部提交申请），同时抄报海关总署和国家税务总局，申请文件应说明申请单位的基本情况以及其所承担的煤层气勘探开发项目情况（包括项目执行期限）、拟进口物资的应用范围，同时附上已取得的探矿证或采矿证以及煤层气勘探开发项目的批准文件（即有关部门出具的项目确认书）。非项目业主单位的承包商需与项目业主单位共同出具关于煤层气勘探开发项目的承包证明文件。

■中联煤层气有限责任公司应于每年11月底前将下一年度符合政策范围的勘探开发项目（包括合作项目）汇总报财政部，并对照上一年度对项目的变化情况进行说明。经财政部商海关总署、国家税务总局等有关部门审核确认后，由进口单位向项目所在地直属海关申请办理项目所需物资进口手续。

■进口单位在办理免税手续时，应向海关提交符合政策规定的进口物资清单，并填报对应的已经审核项目。其中，中联煤层气有限责任公司组织的煤层气勘探开发合作项目，需出具经中联煤层气有限责任公司审核确认的用于该项目的进口物资清单。

■中联煤层气有限责任公司及其他经认定的煤层气勘探开发单位，应于每年3月底前将

上一年度本单位各项目实际进口的免税物资清单、进口金额、免税额、物资使用等情况汇总报财政部备案，并抄报海关总署、国家税务总局。

《财政部 海关总署 国家税务总局关于“十二五”期间煤层气勘探开发项目进口物资免征进口税收的通知》附件：关于煤层气勘探开发项目进口物资免进口税收的管理规定三、四、五、九 财关税〔2011〕30号

11.1.3.5 免税进口的物资，是否可以转让或他用？

■经海关核准备案，免税进口的物资可在经审核认定的不同煤层气勘探开发项目之间转移或转让，并可临时用于煤矿瓦斯治理和抢险救灾。

《财政部 海关总署 国家税务总局关于“十二五”期间煤层气勘探开发项目进口物资免征进口税收的通知》附件：关于煤层气勘探开发项目进口物资免进口税收的管理规定八 财关税〔2011〕30号

11.1.3.6 在我国陆上特定地区进行石油开采作业，进口设备、仪器、零附件、专用工具，是否免征进口环节增值税？

■自2011年1月1日至2015年12月31日，在我国领土内的沙漠、戈壁荒漠进行石油（天然气）开采作业的自营项目，进口国内不能生产或性能不能满足要求，并直接用于勘探、开发作业的设备、仪器、零附件、专用工具（《免税物资清单》），在规定的免税进口额度内，免征进口关税；在经国家批准的陆上石油（天然气）中标区块内进行石油（天然气）开采作业的中外合作项目，进口国内不能生产或性能不能满足要求，并直接用于勘探、开发作业的《免税物资清单》所列范围内的设备、仪器、零附件、专用工具，在规定的免税进口额度内，免征进口关税和进口环节增值税。

■陆上特定地区为：我国领土内的沙漠、戈壁荒漠（附件1）和中外合作开采经国家批准的陆上石油（天然气）中标区块。

《财政部 海关总署 国家税务总局关于“十二五”期间在我国陆上特定地区开采石油（天然气）进口物资税收政策的通知》二、一 财关税〔2011〕31号

11.1.3.7 在我国海洋进行石油开采作业，进口设备、仪器、零附件、专用工具，是否免征进口环节增值税？

■自2011年1月1日至2015年12月31日，在我国海洋进行石油（天然气）开采作业的项目，进口国内不能生产或性能不能满足要求，并直接用于开采作业的设备、仪器、零附件、专用工具（《免税物资清单》），在规定的免税进口额度内，免征进口关税和进口环节增值税。

■海洋为：我国内海、领海、大陆架以及其他海洋资源管辖海域（包括浅海滩涂）。

■ 1994年12月31日之前批准的对外合作“老项目”（项目清单）进口《免税物资清单》所列的原材料，可继续享受免税政策。

《财政部 海关总署 国家税务总局关于“十二五”期间在我国海洋开采石油（天然气）进口物资免征进口税收的通知》一、二、六 财关

税〔2011〕32 号

进口天然气

11.1.3.8 对进口天然气，是否返还进口环节增值税？

■经国务院批准，在 2011 年 1 月 1 日至 2020 年 12 月 31 日期间，在经国家准许的进口天然气项目进口天然气价格高于国家天然气销售定价的情况下，将相关项目进口天然气（包括液化天然气）的进口环节增值税按该项目进口天然气价格和国家天然气销售定价的倒挂比例予以返还。

《财政部　海关总署　国家税务总局关于对 2011—2020 年期间进口天然气及 2010 年底前“中亚气”项目进口天然气按比例返还进口环节增值税有关问题的通知》一　财关税〔2011〕39 号

■经国家准许的进口天然气项目为经国家发展改革委核（批）准建设的天然气管道和液化天然气接收装置项目。

《财政部　海关总署　国家税务总局关于调整进口天然气税收优惠政策有关问题的通知》二　财关税〔2013〕74 号

11.1.3.9 经国家准许的进口天然气项目，包括哪些？

■（1）中亚-中国天然气管道项目，规模为 300 亿立方米/年，进口企业为新疆西北中石油国际事业有限公司。

（2）江苏液化天然气项目，规模为 350 万吨/年，进口企业为江苏中石油国际事业有限公司。

（3）广东液化天然气项目，规模为 680 万吨/年，进口企业为广东大鹏液化天然气有限公司和中海石油气电集团有限责任公司。

（4）福建液化天然气项目，规模为 260 万吨/年（2013 年 10 月 1 日起调整为 630 万吨/年，进口企业为中海福建天然气有限责任公司和中海石油气电集团有限责任公司。

（5）上海液化天然气项目，规模为 300 万吨/年，进口企业为上海液化天然气有限责任公司。

《财政部　海关总署　国家税务总局关于对 2011—2020 年期间进口天然气及 2010 年底前“中亚气”项目进口天然气按比例返还进口环节增值税有关问题的通知》一　财关税〔2011〕39 号

■增加部分项目享受税收优惠政策，具体为：

（1）新增加中缅天然气管道项目享受优惠政策，该项目进口规模为 100 亿立方米/年，进口企业为中国联合石油有限责任公司和云南中石油国际事业有限公司。享受政策起始时间为 2013 年 7 月 1 日。

（2）新增加浙江 LNG 项目享受优惠政策，该项目进口规模为 300 万吨/年，进口企业为中海石油气电集团有限责任公司和中海浙江宁波液化天然气有限公司。享受政策起始时间为 2012 年 9 月 1 日。

（3）新增加广东珠海 LNG 项目享受优惠政策，该项目进口规模为 350 万吨/年，进口企业为中海石油气电集团有限责任公司和广东珠海金湾液化天然气有限公司。享受政策起始时间为 2013 年 8 月 1 日。

《财政部 海关总署 国家税务总局关于调整进口天然气税收优惠政策有关问题的通知》三 财关税〔2013〕74 号

■对进口天然气具体项目和相应企业名单进行调整，具体如下：

（1）新增加天津浮式液化天然气项目享受优惠政策，该项目进口规模为 220 万吨/年，进口企业为中海石油气电集团有限责任公司和中海油天津液化天然气有限责任公司。享受政策起始时间为 2013 年 10 月 1 日。

（2）新增加唐山液化天然气项目享受优惠政策，该项目进口规模为 350 万吨/年，进口企业为中国石油国际事业有限公司和东北中石油国际事业有限公司。享受政策起始时间为 2013 年 10 月 1 日。

（3）新增加海南液化天然气项目享受优惠政策，该项目进口规模为 300 万吨/年，进口企业为中海石油气电集团有限责任公司和中海石油海南天然气有限公司。享受政策起始时间为 2014 年 7 月 1 日。

《财政部 海关总署 国家税务总局关于调整享受税收优惠政策的天然气进口项目的通知》 财关税〔2014〕8 号

11.1.3.10 在国家准许项目年度进口天然气，如何返还进口环节增值税？

■在国家准许项目年度进口天然气总规模内，符合相关规定的开展天然气进口业务的企业在该项目项下三个月（1—3 月，4—6 月，7—9 月，10—12 月，具体进口时间以进口报关单上列示的“申报日期”为准）内进口天然气价格的算术平均值高于这三个月内国家天然气销售定价的算术平均值时，按本规定返还该企业相应比例的进口环节增值税。

在计算进口价格的算术平均值时，应将三个月内同一企业在同一项目项下规模内进口的所有天然气包含在内。具体项目清单、项目项下年度进口天然气规模以及相应进口企业名单见附表 1。进口项目的增补由相关企业在实际进口至少三个月前提出申请，由财政部会同有关部门予以确认；进口企业名单的调整由相关企业提出申请，由财政部会同海关总署、国家税务总局予以确认。

《财政部 海关总署 国家税务总局关于对 2011—2020 年期间进口天然气及 2010 年底前“中亚气”项目进口天然气按比例返还进口环节增值税有关问题的通知》三 财关税〔2011〕39 号

■具体税收返还管理办法按《财政部 中国人民银行、海关总署、国家税务总局关于印发〈进口税收先征后返管理办法〉的通知》（财预〔2009〕84 号）的相关规定执行。

相关企业原则上应在第三条规定中所指的每三个月结束后的三个月内，统一、集中将税收返还申请材料报送纳税地海关，并根据项目性质分别填报《进口液化天然气进口税收先征后返统计表》（附表 2）或《进口管道天然气进口税收先征后返统计表》（附表 3）。纳税地海关应对附表 2、3 中涉及内容进行计算、核实，加盖印章并经直属海关审核后报送财政部（纸质和电子版光盘各一份）。

《财政部 海关总署 国家税务总局关于对 2011—2020 年期间进口天然

气及2010年底前“中亚气”项目进口天然气按比例返还进口环节增值税有关问题的通知》五　财关税〔2011〕39号

11.1.3.11　进口天然气价格和国家天然气销售定价倒挂比例，如何计算？

■进口天然气价格和国家天然气销售定价倒挂比例的具体计算公式为：

倒挂比例=〔(进口价格-销售定价)/进口价格〕×100%。相关计算以三个月为一周期。

管道天然气的销售定价以国家规定的“西气东输”项目用户基准价格，即国家发展改革委规定的天然气出厂（或首站）基准价格中“西气东输”天然气各用户的基准价格为准，取算术平均值。液化天然气的销售定价以“西气东输”项目用户基准价格的1.1倍为准，取算术平均值。销售定价中不包含增值税（目前国家规定的“西气东输”项目用户基准价格中包含的增值税在计算时予以扣除)。

管道天然气的进口价格为实际进口天然气单位体积进口完税价格的算术平均值。液化天然气的进口价格为实际进口液化天然气单位热值进口价格的算术平均值。

计算时，液化天然气的销售定价与进口价格换算成相同条件下的可比价格。

《财政部　海关总署　国家税务总局关于对2011—2020年期间进口天然气及2010年底前“中亚气”项目进口天然气按比例返还进口环节增值税有关问题的通知》四　财关税〔2011〕39号

■自2013年7月1日起，《通知》中规定的液化天然气销售定价调整为31.45元/GJ，管道天然气销售定价调整为1.11元/立方米。

《财政部　海关总署　国家税务总局关于调整进口天然气税收优惠政策有关问题的通知》一　财关税〔2013〕74号

外购石脑油、燃料油生产化工产品

11.1.3.12　外购石脑油、燃料油生产乙烯、芳烃类化工产品，增值税退税有何规定？

■自2014年3月1日起，对外购（含进口）用于生产乙烯、芳烃类化工产品（特定化工产品）的石脑油、燃料油（2类油品)，且使用2类油品生产特定化工产品的产量占本企业用石脑油、燃料油生产各类产品总量的50%（含）以上的企业，其外购2类油品的价格中消费税部分对应的增值税额，予以退还。

予以退还的增值税额=已缴纳消费税的2类油品数量×2类油品消费税单位税额×17%

■符合条件的企业在2014年2月28日前形成的增值税期末留抵税额，可在不超过其购进2类油品的价格中消费税部分对应的增值税额的规模下，申请一次性退还。

2类油品的价格中消费税部分对应的增值税额，根据国家对2类油品开征消费税以来企业购进的已缴纳消费税的2类油品数量和消费税单位税额计算。

增值税期末留抵税额，根据主管税务机关认可的增值税纳税申报表的金额计算。

■符合条件的企业，应于每月纳税申报期结束后10个工作日内向主管税务机关申请退税。

企业申请退税时，应提交下列资料：购进合同、进口协议、增值税专用发票、进口货物报关单，海关进口增值税专用缴款书、外购的2类油品已缴纳消费税的证明材料等购进2类油品相关的资料。

主管税务机关审核无误后，由县（区、市）级主管税务机关审批。

《财政部 国家税务总局关于利用石脑油和燃料油生产乙烯芳烃类产品有关增值税政策的通知》一、二、三 财税〔2014〕17号

11.1.4 油气田企业

11.1.4.1 油气田企业提供的生产性劳务，是否缴纳增值税？

■油气田企业为生产原油、天然气提供的生产性劳务应缴纳增值税。

缴纳增值税的生产性劳务仅限于油气田企业间相互提供的劳务。油气田企业与非油气田企业之间相互提供的生产性劳务，不缴纳增值税。

■油气田企业与其所属非独立核算单位之间以及其所属非独立核算单位之间移送货物或者提供应税劳务，不缴纳增值税。

应税劳务，是指加工、修理修配劳务和生产性劳务。

《财政部 国家税务总局关于印发〈油气田企业增值税管理办法〉的通知》第三、六条 财税〔2009〕8号

■自2013年7月1日起，油气田企业从事煤层气、页岩气生产，以及为生产煤层气、页岩气提供生产性劳务，按照《油气田企业增值税管理办法》缴纳增值税。

《国家税务总局关于油气田企业开发煤层气页岩气增值税有关问题的公告》 国家税务总局公告2013年第27号

11.1.4.2 油气田企业的范围？

■本办法适用于在中华人民共和国境内从事原油、天然气生产的企业。包括中国石油天然气集团公司（中石油集团）和中国石油化工集团公司（中石化集团）重组改制后设立的油气田分（子）公司、存续公司和其他石油天然气生产企业（油气田企业），不包括经国务院批准适用5%征收率缴纳增值税的油气田企业。

存续公司是指中石油集团和中石化集团重组改制后留存的企业。

其他石油天然气生产企业是指中石油集团和中石化集团以外的石油天然气生产企业。

油气田企业持续重组改制继续提供生产性劳务的企业，以及2009年1月1日以后新成立的油气田企业参股、控股的企业，按照本办法缴纳增值税。

《财政部 国家税务总局关于印发〈油气田企业增值税管理办法〉的通知》第二条 财税〔2009〕8号

11.1.4.3 生产性劳务的征税范围？

■生产性劳务是指油气田企业为生产原油、天然气，从地质普查、勘探开发到原油天然气销售的一系列生产过程所发生的劳务。

仅限于提供属于《增值税生产性劳务征税范围注释》内的劳务。具体包括下列劳务：

（1）地质勘探，是指根据地质学、物理学和化学原理，凭借各种仪器设备观测地下情况，研究地壳的性质与结构，借以寻找原油、天然气的工作。种类包括：地质测量；控制地形测量；重力法；磁力法；电法；陆地海滩二维（或三维、四维）地震勘探；垂直地震测井法（即vsp测井法）；卫星定位；地球化学勘探；井间地震；电磁勘探；多波地震勘

探；遥感和遥测；探井；资料（数据）处理、解释和研究。

（2）钻井（含侧钻），是指初步探明储藏有油气水后，通过钻具（钻头、钻杆、钻铤）对地层钻孔，然后用套、油管联接并向下延伸到油气水层，并将油气水分离出来的过程。钻井工程分为探井和开发井。探井包括地质井、参数井、预探井、评价井、滚动井等；开发井包括采油井、采气井、注水（气）井以及调整井、检查研究井、扩边井、油藏评价井等，其有关过程包括：

①新老区临时工程建设。是指为钻井前期准备而进行的临时性工程。含临时房屋修建、临时公路和井场道路的修建、供水（电）工程的建设、保温及供热工程建设、维护、管理。

②钻前准备工程。指为钻机开钻创造必要条件而进行的各项准备工程。含钻机、井架、井控、固控设施、井口工具的安装及维修。

③钻井施工工程。包括钻井、井控、固控所需设备、材料及新老区临时工程所需材料的装卸及搬运。

④包括定向井技术、水平井技术、打捞技术、欠平衡技术、泥浆技术、随钻测量、陀螺测量、电子多点、电子单点、磁性单多点、随钻、通井、套管开窗、老井侧钻、数据处理、小井眼加深、钻井液、顶部驱动钻井、化学监测、分支井技术、气体（泡沫）钻井技术、套管钻井技术、膨胀管技术、垂直钻井技术、地质导向钻井技术、旋冲钻井技术，取芯、下套管作业、钻具服务、井控服务、固井服务、钻井工程技术监督、煤层气钻井技术等。

⑤海洋钻井：包括钻井船拖航定位、海洋环保、安全求生设备的保养检查、试油点火等特殊作业。

（3）测井，是指在井孔中利用测试仪器，根据物理和化学原理，间接获取地层和井眼信息，包括信息采集、处理、解释和油（气）井射孔。根据测井信息，评价储（产）层岩性、物性、含油性、生产能力及固井质量、射孔质量、套管质量、井下作业效果等。按物理方法，主要有电法测井、声波测井、核（放射性）测井、磁测井、力测井、热测井、化学测井；按完井方式分裸眼井测井和套管井测井；按开采阶段分勘探测井和开发测井，开发测井包括生产测井、工程测井和产层参数测井。

（4）录井，是指钻井过程中随着钻井录取各种必要资料的工艺过程。有关项目包括：地质设计；地质录井；气测录井；综合录井；地化录井；轻烃色谱录井；定量荧光录井；核磁共振录井；离子色谱录井；伽马录井；岩心扫描录井；录井信息传输；录井资料处理及解释；地质综合研究；测量工程；单井评价；古生物、岩矿、色谱分析；录井新技术开发；非地震方法勘探；油层工程研究；数据处理；其他技术服务项目。

（5）试井，是指确定井的生产能力和研究油层参数及地下动态，对井进行的专门测试工作。应用试井测试手段可以确定油气藏压力系统、储层特性、生产能力和进行动态预测，判断油气藏边界、评价井下作业效果和估算储量等。包括高压试井和低压试井。

（6）固井，是指向井内下入一定尺寸的套管柱，并在周围注入水泥，将井壁与套管的空隙固定，以封隔疏松易塌易漏等地层、封隔油气水层，防止互相窜漏并形成油气通道。

具体项目包括：表面固井、技术套管固井、油层固井、套管固井、特殊固井。

（7）试油（气），是油气层评价的一种直接手段。是指在钻井过程中或完井后，利用地层测试等手段，获取储层油、气、水产量、液性、压力、温度等资料，为储层评价、油气储量计算和制定油气开发方案提供依据。包括：中途测试、原钻机试油（气）、完井试油（气）、压裂改造、酸化改造、地层测试和抽汲排液求产、封堵等特种作业。

（8）井下作业，是指在油气开发过程中，根据油气田投产、调整、改造、完善、挖潜的需要，利用地面和井下设备、工具，对油、气、水井采取各种井下作业技术措施，以达到维护油气水井正常生产或提高注采量，改善油层渗透条件及井的技术状况，提高采油速度和最终采收率。具体项目包括：新井投产、投注、维护作业、措施作业、油水井大修、试油测试、试采、数据解释。

（9）油（气）集输，是指把油（气）井生产的原油（天然气）收集起来，再进行初加工并输送出去而修建井（平）台、井口装置、管线、计量站、接转站、联合站、油库、油气稳定站、净化厂（站）、污水处理站、中间加热加压站、长输管线、集气站、增压站、气体处理厂等设施及维持设施正常运转发生的运行、保养、维护等劳务。

（10）采油采气，是指为确保油田企业正常生产，通过自然或机械力将油气从油气层提升到地面并输送到联合站、集输站整个过程而发生的工程及劳务。主要包括采油采气、注水注气、三次采油、防腐、为了提高采收率采取的配套技术服务等。

①采油采气。是指钻井完钻后，通过试采作业，采取自然或机械力将油气从油气层提升到地面而进行的井场、生产道路建设、抽油机安装、采油树配套、单井管线铺设、动力设备安装、气层排液等工程及维持正常生产发生的运行、保养、维护等劳务。

②注水注气。是指为保持油气层压力而建设的水源井、取水设施、操作间、水源管线、配水间、配气站、注水注气站、注水增压站、注水注气管线等设施以及维持正常注水注气发生的运行、保养、维护等劳务。

③稠油注汽。是指为开采稠油而修建的向油层注入高压蒸汽的设施工程及维持正常注汽发生的运行、保养、维护等劳务。

④三次采油。是指为提高原油采收率，确保油田采收率而向油层内注聚合物、酸碱、表面活性剂、二氧化碳、微生物等其他新技术，进行相关的技术工艺配套和地面设施工程。包括修建注入和采出各场站、管网及相应的各系统工程；产出液处理的净化场（站）及管网工程等。

⑤防腐。是指为解决现场问题，保证油田稳产，解决腐蚀问题而进行的相关药剂、防腐方案、腐蚀监测网络等的配套工程。

⑥技术服务。是指为确保油气田的正常生产，为采油气工程提供的各种常规技术服务及新技术服务等。主要包括采油采气方案的编制、注水注气方案编制、三次采油方案的编制设计、油井管柱优化设计、相关软件的开发、采油气新工艺的服务、油气水井测试服务等。

（11）海上油田建设，是指为勘探开发海上油田而修建的人工岛、海上平台、海堤、滩海路、海上电力通讯、海底管缆、海上运输、应急系统、弃置等海上生产设施及维持正常生产发生的运行、保养、维护等劳务。

（12）供排水、供电、供热、通讯

①供排水。是指为维持油（气）田正常生产及保证安全所建设的调节水源、管线、泵站等系统工程以及防洪排涝工程以及运行、维护、改造等劳务。

②供电。是指为保证油（气）田正常生产和照明而建设的供、输、变电的系统工程以及运行、维护、改造等劳务。

③供热。是指为保证油气田正常生产而建设的集中热源、供热管网等设施以及运行、维护、改造等劳务。

④通讯。是指在油（气）田建设中为保持电信联络而修建的发射台、线路、差转台（站）等设施以及运行、维护、改造等劳务。

（13）油田基本建设，是指根据油气田生产的需要，在油气田内部修建的道路、桥涵、河堤、输卸油（气）专用码头、海堤、生产指挥场所建设等设施以及维护和改造。

（14）环境保护，是油气田企业为保护生态环境，落实环境管理而发生的生态保护、污染防治、清洁生产、污染处置、环境应急等项目建设的工程与劳务，及施工结束、资源枯竭后应及时恢复自然生态而建设的工程及劳务。

（15）其他，是指油气田企业之间为维持油气田的正常生产而互相提供的其他劳务。包括运输、设计、提供信息、检测、计量、监督、监理、消防、安全、异体监护、数据处理、租赁生产所需的仪器、材料、设备等服务。

《财政部　国家税务总局关于印发〈油气田企业增值税管理办法〉的通知》第三条　财税〔2009〕8号

11.1.4.4　油气田企业承包经营，如何缴纳增值税？

■油气田企业将承包的生产性劳务分包给其他油气田企业或非油气田企业，应当就其总承包额计算缴纳增值税。非油气田企业将承包的生产性劳务分包给油气田企业或其他非油气田企业，其提供的生产性劳务不缴纳增值税。油气田企业分包非油气田企业的生产性劳务，也不缴纳增值税。

《财政部　国家税务总局关于印发〈油气田企业增值税管理办法〉的通知》第四条　财税〔2009〕8号

11.1.4.5　生产性劳务，增值税适用税率？

■油气田企业提供的生产性劳务，增值税税率为17%。

《财政部　国家税务总局关于印发〈油气田企业增值税管理办法〉的通知》第五条　财税〔2009〕8号

11.1.4.6　油气田企业销售额，如何核算？

■油气田企业提供的应税劳务和非应税劳务应当分别核算销售额，未分别核算的，由主管税务机关核定应税劳务的销售额。

《财政部　国家税务总局关于印发〈油气田企业增值税管理办法〉的通知》第七条　财税〔2009〕8号

11.1.4.7　油气田企业的哪些进项税额，不得抵扣？

■油气田企业下列项目的进项税额不得从销项税额中抵扣：

（1）用于非增值税应税项目、免征增值税项目、集体福利或者个人消费的购进货物或者应税劳务。

非增值税应税项目，是指提供非应税劳务、转让无形资产、销售不动产、建造非生产性建筑物及构筑物。

非应税劳务，是指属于应缴营业税的建筑业、金融保险业、邮电通信业、文化体育业、娱乐业、服务业税目征收范围的劳务，但不包括本办法规定的生产性劳务。

用于集体福利或个人消费的购进货物或者应税劳务，包括所属的学校、医院、宾馆、饭店、招待所、托儿所（幼儿园）、疗养院、文化娱乐单位等部门购进的货物或应税劳务。

（2）非正常损失的购进货物及相关的应税劳务；

（3）非正常损失的在产品、产成品所耗用的购进货物或应税劳务。

（4）国务院财政、税务主管部门规定的纳税人自用消费品。

（5）本条第（1）项至第（2）项规定的货物的运输费用和销售免税货物的运输费用。

《财政部 国家税务总局关于印发〈油气田企业增值税管理办法〉的通知》第八条 财税〔2009〕8号

11.1.4.8 油气田企业接受其他油气田企业提供的生产性劳务，是否准予抵扣进项？

■油气田企业为生产原油、天然气接受其他油气田企业提供的生产性劳务，可凭劳务提供方开具的增值税专用发票注明的增值税额予以抵扣。

《财政部 国家税务总局关于印发〈油气田企业增值税管理办法〉的通知》第九条 财税〔2009〕8号

11.1.4.9 跨省、自治区、直辖市开采石油、天然气的油气田企业，如何缴纳增值税？

■跨省、自治区、直辖市开采石油、天然气的油气田企业，由总机构汇总计算应纳增值税税额，并按照各油气田（井口）石油、天然气产量比例进行分配，各油气田按所分配的应纳增值税额向所在地税务机关缴纳。石油、天然气应纳增值税额的计算办法由总机构所在地省级税务部门商各油气田所在地同级税务部门确定。

在省、自治区、直辖市内的油气田企业，其增值税的计算缴纳方法由各省、自治区、直辖市财政和税务部门确定。

■油气田企业跨省、自治区、直辖市提供生产性劳务，应当在劳务发生地按3%预征率计算缴纳增值税。在劳务发生地预缴的税款可从其应纳增值税中抵减。

《财政部 国家税务总局关于印发〈油气田企业增值税管理办法〉的通知》第十、十一条 财税〔2009〕8号

■油气田企业向外省、自治区、直辖市其他油气田企业提供生产性劳务，应当在劳务发生地税务机关办理税务登记或注册税务登记。在劳务发生地设立分（子）公司的，应当申请办理增值税一般纳税人认定手续，经劳务发生地税务机关认定为一般纳税人后，按照增值税一般纳税人的计算方法在劳务发生地计算缴纳增值税。

子公司是指具有企业法人资格，实行独立核算的企业；分公司是指不具有企业法人资格，但领取了工商营业执照的企业。

■新疆的外地区在新疆未设立分（子）公司的油气田企业，在新疆提供的生产性劳务，应按5%的预征率计算缴纳增值税，预缴的税款可在油气田企业的应纳增值税中抵减。

《财政部 国家税务总局关于油气田企业增值税问题的补充通知》一、二 财税〔2009〕97号

■油气田企业在劳务发生地未设立分（子）公司但向外省、自治区、直辖市其他油气田企业提供生产性劳务的，应当在劳务发生地按6%的预征率计算缴纳增值税，按预征率预缴的税款可在油气田企业的应纳增值税中抵减。

《国家税务总局关于中国石油化工集团公司油气田企业提供生产性劳务增值税问题的通知》一 国税函〔2007〕214号

11.1.4.10 油气田企业提供的生产性劳务的纳税义务发生时间?

■油气田企业为生产原油、天然气提供的生产性劳务的纳税义务发生时间为油气田企业收讫劳务收入款或者取得索取劳务收入款项凭据的当天；先开具发票的，为开具发票的当天。

收讫劳务收入款的当天，是指油气田企业应税行为发生过程中或者完成后收取款项的当天；采取预收款方式的，为收到预收款的当天。

取得索取劳务收入款项凭据的当天，是指书面合同确定的付款日期的当天；未签订书面合同或者书面合同未确定付款日期的，为应税行为完成的当天。

《财政部 国家税务总局关于印发〈油气田企业增值税管理办法〉的通知》第十二条 财税〔2009〕8号

11.1.4.11 油气田企业，如何领购发票?

■油气田企业所需发票，经主管税务机关审核批准后，可以采取纳税人统一集中领购、发放和管理的方法，也可以由机构内部所属非独立核算单位分别领购。

《财政部 国家税务总局关于印发〈油气田企业增值税管理办法〉的通知》第十三条 财税〔2009〕8号

11.1.4.12 成品油生产企业，如何开具增值税发票?

■自2014年2月1日起，成品油生产及委托加工企业（简称成品油生产企业）必须通过增值税防伪税控开票系统（石脑油、燃料油专用版）开具增值税专用发票和增值税普通发票。

成品油生产企业销售石脑油、燃料油开具增值税专用发票，应通过“石脑油、燃料油专用发票填开”模块选择油品类型填开。向乙烯、芳烃生产企业销售免征消费税的石脑油、燃料油，应选择“石脑油DDZG”或“燃料油DDZG”油品类型；销售应征消费税的石脑油、燃料油，选择“石脑油”或“燃料油”油品类型。选中的油品类型作为扩展项显示在商品名称后，每张增值税专用发票只能选择一种油品类型填开，“单位”栏必须为吨，“数量”栏必须填写且不能为0。

成品油生产企业销售石脑油、燃料油开具增值税普通发票，应通过“普通发票填开”模块开具。

成品油生产企业销售其他货物、提供应税劳务或服务开具增值税专用发票，应通过“专用发票填开”模块开具；开具增值税普通发票，应通过“普通发票填开”模块开具。

增值税专用发票都不得汇总开具，每张发票的“货物和应税劳务名称”栏最多填列7行。

《国家税务总局关于成品油生产企业开具的增值税发票纳入防伪税控系统汉字防伪项目管理的公告》 国家税务总局公告2013年第79号

11.1.4.13 成品油经销企业，如何开具增值税发票？

■自2014年8月1日起，成品油经销企业（从事成品油批发和零售的经销企业）应通过增值税防伪税控系统汉字防伪版开具增值税专用发票和增值税普通发票。

成品油经销企业销售成品油开具增值税专用发票，应通过系统中“专用发票填开”模块开具，“单位”栏必须为吨，“数量”栏必须填写且不能为0；开具增值税普通发票，应通过“普通发票填开”模块开具。

增值税专用发票不得汇总开具，每张发票的“货物和应税劳务名称”栏最多填列7行。

《国家税务总局关于成品油经销企业开具的增值税发票纳入防伪税控系统汉字防伪版管理的公告》 国家税务总局公告2014年第33号

11.2 营业税

11.2.1.1 转让煤矿井口，是否征收营业税？

■多种经营公司将煤矿井口包括不动产（办公室、供电线路）、无形资产（土地使用权）和动产（机电设备和材料）有偿转让，根据现行营业税和增值税的法规，对多种经营公司转让的不动产、无形资产和动产应分别征收营业税和增值税，考虑到部分机电设备（如变压器、防爆开关等）与矿井连在一起不可分，对多种经营公司随同转让煤矿井口时所转让的土地使用权以及转让矿井时所转让的机电设备等一并按“销售不动产”税目征收营业税。

《国税总局关于煤炭企业转让井口征收营业税问题的批复》 国税函〔1997〕556号

11.2.1.2 石化集团公司总部直接集中收取土地租金收入，如何缴纳营业税？

■（1）石化集团公司在全国各地取得的土地租金收入向其土地使用地主管税务机关申报缴纳营业税。

（2）石化集团公司可根据实际收取的土地租金，向支付土地租金的石化股份公司有关分（子）公司开具由北京市地方税务局监制的发票。所开发票票面必须载明付款单位全称、土地租用面积、单价、总价金额、开票日期等内容。

（3）石化集团公司总部集中收取的土地租金，减除在各省市已缴纳营业税（凭各省市地方税务局开具的完税凭证）后的租金的余额，作为其在北京计算缴纳营业税的营业额，向北京市地方税务局申报缴纳营业税。

《国家税务总局关于中国石油化工集团公司土地租金收入征收营业税问题的通知》 国税发〔2004〕131号

11.2.1.3 中国石化集团销售实业公司收取资产租赁收入，如何缴纳营业税？

■（1）销售实业公司在全国各地取得的资产租赁收入向其资产所在地主管税务机关申报缴纳营业税。

（2）销售实业公司可根据实际收取的租赁收入，向支付租金的石化股份有关分（子）

公司开具由北京市地方税务局监制的发票。所开发票票面必须载明付款单位全称、租金金额、开票日期等内容。

（3）销售实业公司统一收取的资产租赁收入，减除在各省市已缴纳营业税（凭各省、市地方税务局开具的完税凭证）的租赁收入后的余额，作为其在北京清算缴纳营业税的营业额，向北京市地方税务局申报缴纳营业税。

《国家税务总局关于中国石化集团销售实业公司资产租赁收入征收营业税问题的通知》 国税发〔2005〕204号

11.2.1.4　纳税人提供的矿山爆破、穿孔、表面附着物剥离和清理劳务，以及矿井、巷道构筑劳务，是否征收营业税？

■纳税人提供的矿山爆破、穿孔、表面附着物（包括岩层、土层、沙层等）剥离和清理劳务，以及矿井、巷道构筑劳务，属于营业税应税劳务，应当缴纳营业税。

《国家税务总局关于纳税人为其他单位和个人开采矿产资源提供劳务有关货物和劳务税问题的公告》 国家税务总局公告2011年第56号

11.2.1.5　提供管道运输服务是否缴纳营业税？

■中国石油天然气股份有限公司新疆油田油气储运分公司拥有独立的营业执照，办理了注册税务登记，实行独立核算，且其发生的管道运输劳务不属于为维持油气田的正常生产而提供的运输劳务，中国石油天然气股份有限公司新疆油田油气储运分公司为中石油股份公司新疆油田分公司提供管道运输劳务取得的管道运输收入，应按交通运输业税目征收营业税。

《国家税务总局关于新疆油田油气储运公司管道运输收入征收流转税问题的通知》 国税函〔2005〕704号

11.3　企业所得税

11.3.1　应纳税额

11.3.1.1　矿山企业农民工和农村转移劳动力培训费用，是否从职工教育培训经费中支出？

■矿山和建筑企业等聘用外来农民工较多的企业，以及在城市化进程中接受农村转移劳动力较多的企业，对农民工和农村转移劳动力培训所需的费用，可从职工教育培训经费中支出。

《关于印发〈关于企业职工教育经费提取与使用管理的意见〉的通知》三 财建〔2006〕317号

11.3.1.2　煤业有限责任公司取得的补偿款，如何计算收入额？

■煤业有限责任公司取得的未来煤矿开采期间因增加排水或防止浸没支出等而获得的补偿款，应确认为递延收益，按直线法在取得补偿款当年及以后的10年内分期计入应纳税所得，如实际开采年限短于10年，应在最后一个开采年度将尚未计入应纳税所得的赔偿款全部计入应纳税所得。

《国家税务总局关于广西合山煤业有限责任公司取得补偿款有关所得税处理问题的批复》 国税函〔2009〕18号

11.3.1.3 实际发生的煤矿企业维简费和高危行业企业安全生产费用支出，是否可以在企业所得税税前扣除？

■自2011年5月1日起，煤矿企业实际发生的维简费支出和高危行业企业实际发生的安全生产费用支出，属于收益性支出的，可直接作为当期费用在税前扣除；属于资本性支出的，应计入有关资产成本，并按企业所得税法规定计提折旧或摊销费用在税前扣除。

《国家税务总局关于煤矿企业维简费和高危行业企业安全生产费用企业所得税税前扣除问题的公告》一 国家税务总局公告2011年第26号

11.3.1.4 煤矿企业预提的维简费和安全生产费用，是否可以在企业所得税税前扣除？

■自2011年5月1日起，煤矿企业按照有关规定预提的维简费和安全生产费用，不得在税前扣除。

《国家税务总局关于煤矿企业维简费和高危行业企业安全生产费用企业所得税税前扣除问题的公告》一 国家税务总局公告2011年第26号

11.3.1.5 石油石化企业办社会支出，是否可以税前扣除？

■（1）自2009年1月1日至2013年12月31日，中国石油天然气集团公司（石油集团）、中国石油化工集团公司（石化集团）所属企业通过关联交易形式从其对应的中国石油天然气股份有限公司（石油股份）、中国石油化工股份有限公司（石化股份）所属分公司取得的用于企业矿区所在地市政、公交、环卫、非义务教育、医疗、消防、自有供暖、社区管理等社会性支出资金，应作为企业的收入计入当期应纳税所得额；石油股份、石化股份所属分公司以关联交易形式支付给其对应的石油集团、石化集团所属企业的上述社会性支出，在不高于关联交易协议规定限额内的部分，可以在当期计算应纳税所得额时扣除，超过部分不得扣除。

（2）石油集团、石化集团所属企业发生的用于企业矿区所在地市政、公交、环卫、非义务教育、医疗、自有供暖、社区管理等社会性支出，可以在当期计算应纳税所得额时据实扣除。

《财政部 国家税务总局关于石油石化企业办社会支出有关企业所得税政策的通知》 财税〔2010〕93号

11.3.1.6 石油天然气开采企业的折耗（折旧）差异，是否进行纳税调整？

■石油天然气开采企业在计提油气资产折耗（折旧）时，由于会计与税法规定计算方法不同导致的折耗（折旧）差异，应按税法规定进行纳税调整。

《国家税务总局关于企业所得税应纳税所得额若干问题的公告》五 国家税务总局公告2014年第29号

11.3.1.7 我国石油企业在境外从事油资源开采，所得税收如何抵免？

■石油企业可以选择按国（地区）别分别计算（即“分国（地区）不分项”），或者不按国（地区）别汇总计算（即“不分国（地区）不分项”）其来源于境外油（气）项目投资、工程技术服务和工程建设的油（气）资源开采活动的应纳税所得额，并按照财税〔2009〕125号文件第八条规定的税率，分别计算其可抵免境外所得税税额和抵免限额。

上述方式一经选择，5 年内不得改变。

石油企业选择采用不同于以前年度的方式（以下简称新方式）计算可抵免境外所得税税额和抵免限额时，对该企业以前年度按照财税〔2009〕125 号文件规定没有抵免完的余额，可在税法规定结转的剩余年限内，按新方式计算的抵免限额中继续结转抵免。

石油企业在境外从事油（气）项目投资、工程技术服务和工程建设的油（气）资源开采活动取得股息所得，在按规定计算该石油企业境外股息所得的可抵免所得税额和抵免限额时，由该企业直接或者间接持有 20%以上股份的外国企业，限于按照财税〔2009〕125 号文件第六条规定的持股方式确定的五层外国企业，即：

第一层：石油企业直接持有 20%以上股份的外国企业；

第二层至第五层：单一上一层外国企业直接持有 20%以上股份，且由该石油企业直接持有或通过一个或多个符合财税〔2009〕125 号文件第六条规定持股方式的外国企业间接持有总和达到 20%以上股份的外国企业。

《财政部　国家税务总局关于我国石油企业在境外从事油（气）资源开采所得税收抵免有关问题的通知》 财税〔2011〕23 号

11.3.2　商业性生产前发生的费用和有关固定资产

11.3.2.1　从事开采矿产资源的企业，开始商业性生产前发生的费用和有关固定资产，包括哪些？

■从事开采石油、天然气等矿产资源的企业，在开始商业性生产前发生的费用和有关固定资产的折耗、折旧方法，由国务院财政、税务主管部门另行规定。

《企业所得税法实施条例》第六十一条

■费用和有关固定资产，是指油气企业在开始商业性生产前取得矿区权益和勘探、开发的支出所形成的费用和固定资产。

商业性生产，是指油（气）田（井）经过勘探、开发、稳定生产并商业销售石油、天然气的阶段。

《财政部　国家税务总局关于开采油（气）资源企业费用和有关固定资产折耗摊销折旧税务处理问题的通知》一　财税〔2009〕49 号

11.3.2.2　矿区权益支出，如何折耗？

■（1）矿区权益支出，是指油气企业为了取得在矿区内的探矿权、采矿权、土地或海域使用权等所发生的各项支出，包括有偿取得各类矿区权益的使用费、相关中介费或其他可直接归属于矿区权益的合理支出。

（2）油气企业在开始商业性生产前发生的矿区权益支出，可在发生的当期，从本企业其他油（气）田收入中扣除；或者自对应的油（气）田开始商业性生产月份的次月起，分 3 年按直线法计提的折耗准予扣除。

（3）油气企业对其发生的矿区权益支出未选择在发生的当期扣除的，由于未发现商业性油（气）构造而终止作业，其尚未计提折耗的剩余部分，可在终止作业的当年作为损失扣除。

《财政部 国家税务总局关于开采油（气）资源企业费用和有关固定资产折耗摊销折旧税务处理问题的通知》二 财税〔2009〕49号

11.3.2.3 勘探支出，如何摊销？

■（1）勘探支出，是指油气企业为了识别勘探区域或探明油气储量而进行的地质调查、地球物理勘探、钻井勘探活动以及其他相关活动所发生的各项支出。

（2）油气企业在开始商业性生产前发生的勘探支出（不包括预计可形成资产的钻井勘探支出），可在发生的当期，从本企业其他油（气）田收入中扣除；或者自对应的油（气）田开始商业性生产月份的次月起，分3年按直线法计提的摊销准予扣除。

（3）油气企业对其发生的勘探支出未选择在发生的当期扣除的，由于未发现商业性油（气）构造而终止作业，其尚未摊销的剩余部分，可在终止作业的当年作为损失扣除。

（4）油气企业的钻井勘探支出，凡确定该井可作商业性生产，且该钻井勘探支出形成的资产符合《实施条例》第五十七条规定条件的，应当将该钻井勘探支出结转为开发资产的成本，按照本通知第四条的规定计提折旧。

《财政部 国家税务总局关于开采油（气）资源企业费用和有关固定资产折耗摊销折旧税务处理问题的通知》三 财税〔2009〕49号

11.3.2.4 开发资产，如何折旧？

■（1）开发支出，是指油气企业为了取得已探明矿区中的油气而建造或更新井及相关设施活动所发生的各项支出。

（2）油气企业在开始商业性生产之前发生的开发支出，可不分用途，全部累计作为开发资产的成本，自对应的油（气）田开始商业性生产月份的次月起，可不留残值，按直线法计提的折旧准予扣除，其最低折旧年限为8年。

（3）油气企业终止本油（气）田生产的，其开发资产尚未计提折旧的剩余部分可在该油（气）田终止生产的当年作为损失扣除。

《财政部 国家税务总局关于开采油（气）资源企业费用和有关固定资产折耗摊销折旧税务处理问题的通知》四 财税〔2009〕49号

11.3.2.5 油气企业有关费用和资产的折耗、摊销方法，是否可以变更？

■油气企业选择有关费用和资产的折耗、摊销、折旧方法和年限，一经确定，不得变更。

《财政部 国家税务总局关于开采油（气）资源企业费用和有关固定资产折耗摊销折旧税务处理问题的通知》五 财税〔2009〕49号

11.3.2.6 油气企业商业性生产之后新发生的矿区权益、勘探支出、开发支出，如何处理？

■油气企业在本油（气）田进入商业性生产之后对本油（气）田新发生的矿区权益、勘探支出、开发支出，按照本通知规定处理。

■实施之日前，油气企业矿区权益、勘探、开发等费用和固定资产已发生且开始摊销或计提的折耗、折旧，不做调整。对没有摊销完的费用和继续使用的矿区权益和有关固定资产，可以就其尚未摊销或计提折耗、折旧的余额，按本通知规定处理。

《财政部 国家税务总局关于开采油（气）资源企业费用和有关固定资产折耗摊销折旧税务处理问题的通知》六、七 财税〔2009〕49号

11.3.3 海上油气生产设施弃置费

11.3.3.1 海上油气生产设施弃置费，包括哪些？

■弃置费，是指从事开采我国海上油气资源的企业，为承担油气生产设施废弃处置的责任和义务所发生的，用于井及相关设施的废弃、拆移、填埋等恢复生态环境及其前期准备等各项专项支出。主要包括弃置前期研究、停产准备、工程设施弃置、油井弃置等相关费用。

■企业，是指参与开采海上油气资源的中国企业和外国企业。

《国家税务总局关于发布〈海上油气生产设施弃置费企业所得税管理办法〉的公告》第二、四条 国家税务总局公告2011年第22号

11.3.3.2 企业开始提取弃置费前，应备案的内容有哪些？

■企业开始提取弃置费前，应提供作业者编制的海上油（气）田设施废弃处置预备方案，报主管税务机关备案。预备方案应当包括弃置费估算、弃置费筹措方法和弃置方式等内容。

■设施废弃处置预备方案发生修改的，企业应在修改后的30日内报主管税务机关备案。

■海上油（气）田实施弃置作业前，应将其按照国家有关主管部门要求编制的设施废弃处置实施方案，报主管税务机关备案。

《国家税务总局关于发布〈海上油气生产设施弃置费企业所得税管理办法〉的公告》第六、七、八条 国家税务总局公告2011年第22号

11.3.3.3 弃置费的计提时间如何计算？

■海上油（气）田弃置费，按照设施废弃处置预备方案中规定的方法（产量法或年限平均法）按月提取。多个企业合作开发一个油（气）田的，其弃置费计提应该采取同一方法。企业弃置费计提方法确定后，除设施废弃处置预备方案修改外，不得变更。

■本办法实施后进入商业生产的海上油（气）田，弃置费自进入商业生产的次月起开始计提。

本办法实施前已进入商业生产的海上油（气）田，弃置费自作业者补充编制的设施废弃处置预备方案报主管税务机关备案后的次月起开始计提。

作业者修改废弃处置预备方案的，修改后弃置费在废弃处置预备方案重新报主管税务机关备案的次月起开始计提。

■修改设施废弃处置预备方案，导致弃置费提取数额、方法发生变化的，应自方案修改后的下个月开始，就新方案中的弃置费总额，减去累计已计提弃置费后的余额，按照新方案确定的方法继续计提。

《国家税务总局关于发布〈海上油气生产设施弃置费企业所得税管理办法〉的公告》第九、十、十四条 国家税务总局公告2011年第22号

11.3.3.4 采用年限平均法分月计提弃置费，如何计算？

■采用年限平均法分月计提弃置费，应按照以下公式计算：

当月计提弃置费=（预备方案中的弃置费总额-累计已计提弃置费用）÷合同生产期（月）-当月弃置费专款账户损益

“当月弃置费专款账户损益”，包括专款账户利息、汇兑损益等。其中汇兑损益为弃置费以人民币以外货币计提存储情况下，按照上月末即期人民币汇率中间价折算为人民币时，弃置费专款账户余额发生的汇兑损益。

本办法实施前已进入商业生产的海上油（气）田，合同生产期（月）为开始计提弃置费的剩余月份。

《国家税务总局关于发布〈海上油气生产设施弃置费企业所得税管理办法〉的公告》第十一条　国家税务总局公告2011年第22号

11.3.3.5　采用产量法计提弃置费，如何计算？

■采用产量法计提弃置费，应按照以下公式计算：

本月计提弃置费=（预备方案中的弃置费总额-累计已计提弃置费用）×本月计提比例-当月弃置费专款账户损益

本月计提比例=本月油（气）田实际产量÷〔本月油（气）田实际产量+期末探明已开发储量〕

期末探明已开发储量是指，已探明的开发储量，在现有设施条件下对应的可开采储量。

《国家税务总局关于发布〈海上油气生产设施弃置费企业所得税管理办法〉的公告》第十二条　国家税务总局公告2011年第22号

11.3.3.6　作业者计提的弃置费，如何税前列支？

■作业者应在纳税年度结束后，就当年提取的弃置费具体情况进行调整。企业应在年度汇算清缴时，根据作业者的调整情况，确认本年度弃置费列支数额。

■作业者，是指负责海上油（气）田作业的实体。包括开采海上石油资源的本企业或者投资各方企业。

■油（气）田企业或合作各方企业按本办法计提的弃置费，应依照规定作为环境保护、生态恢复等方面专项资金，并准予在计算企业年度应纳税所得额时扣除。

《国家税务总局关于发布〈海上油气生产设施弃置费企业所得税管理办法〉的公告》第十三、五、十五条　国家税务总局公告2011年第22号

11.3.3.7　弃置费放弃或取得，如何纳税或扣除？

■合作油（气）田的合同生产期尚未结束，一方企业决定放弃生产，将油（气）田所有权全部转移给另一方企业、或者合作油（气）田的合同生产期结束，一方企业决定继续生产，若放弃方或退出方企业取得已经计提的弃置费补偿，应作为收入计入企业当年度应纳税所得计算纳税。支付方企业可以作为弃置费，在支付年度一次性扣除。

《国家税务总局关于发布〈海上油气生产设施弃置费企业所得税管理办法〉的公告》第十六条　国家税务总局公告2011年第22号

11.3.3.8　弃置费使用，如何处理？

■作业者实施海上油（气）田设施废弃处置时发生的弃置费，应单独归集核算，并从按

照本办法规定提取的弃置费中扣除。

■作业者完成海上油（气）田设施废弃处置后，提取的弃置费仍有余额，应相应调增弃置费余额所归属企业当年度的应纳税所得额。

■作业者完成海上油（气）田设施废弃处置后，实际发生的弃置费超过计提的部分，应作为企业当年度费用，在计算企业应纳税所得额时扣除。

■企业依本办法计提的弃置费，凡改变用途的，不得在企业所得税前扣除。已经扣除的，应调增改变用途当年的应纳税所得额，并按《中华人民共和国税收征收管理法》的有关规定处理。

《国家税务总局关于发布〈海上油气生产设施弃置费企业所得税管理办法〉的公告》第十七、十八、十九、二十四条　国家税务总局公告2011年第22号

11.3.3.9　弃置费，如何管理？

■弃置费专款账户资金所产生的损益，应计入弃置费，并相应调整当期弃置费提取额。

■弃置费的计提、清算应统一使用人民币作为货币单位。发生的汇兑损益，直接增加或减少弃置费。

《国家税务总局关于发布〈海上油气生产设施弃置费企业所得税管理办法〉的公告》第二十、二十一条　国家税务总局公告2011年第22号

11.3.3.10　企业汇算清缴，是否报送海上油气生产设施弃置费情况表？

■企业在申报当年度企业所得税汇算清缴资料时，应附送海上油气生产设施弃置费情况表。

■海上油气生产设施（设施），包括海上油井、气井、水井、固定平台、人工岛、单点系泊、浮式生产储油装置，海底电缆、管道、水下生产系统，陆岸终端，以及其他水上、水下的油气生产的相关辅助配套设施。

《国家税务总局关于发布〈海上油气生产设施弃置费企业所得税管理办法〉的公告》第三、二十二条　国家税务总局公告2011年第22号

11.3.3.11　进行税务清算，应提供企业哪些说明？

■海上油（气）田设施废弃处置作业完成后，在进行税务清算时，应提供企业对弃置费的计提、使用和各投资方承担等情况的说明。

《国家税务总局关于发布〈海上油气生产设施弃置费企业所得税管理办法〉的公告》第二十三条　国家税务总局公告2011年第22号

11.3.4　合并纳税

11.3.4.1　中国石油天然气股份有限公司，如何合并纳税？

■（1）从2006年度起，北京市春晖投资有限责任公司、北京市同晖投资有限责任公司、中国石油天然气股份有限公司北京油气调控中心，纳入中国石油天然气股份有限公司合并纳税范围，按照年度应纳税额的60%就地预交企业所得税。

（2）中国石油天然气股份有限公司各二级成员企业新增所属企业（不含成品油销售企业，详见附件1），从2006年度起，纳入中国石油天然气股份有限公司合并纳税范围，按照年度应纳税额的60%就地预交企业所得税。

（3）中国石油天然气股份有限公司部分变更名称的合并纳税成员企业（附件2），继续执行合并纳税政策。

（4）中国石油天然气股份有限公司所属各成品油销售企业租入经营的加油站，凡由各成品油销售企业统一核算的，其租赁经营所得由成品油销售企业汇总计算缴纳企业所得税。

（5）中国石油天然气股份有限公司2006年新增合并纳税成员企业在当地已预缴所得税的超缴部分，经当地税务机关核实后，就地退还或者抵减其下一年度在当地应缴所得税。

各新增和变更名称的合并纳税成员企业的所得税征收管理，仍按《国家税务总局关于中国石油天然气股份有限公司缴纳企业所得税问题的通知》（国税函〔2004〕1072号）的规定执行。

《国家税务总局关于中国石油天然气股份有限公司合并纳税问题的补充通知》 国税函〔2007〕434号

11.3.4.2 中国石油化工股份有限公司，如何合并缴纳企业所得税？

■（1）中国石油化工股份有限公司润滑油分公司下属新增的全资单位，中国石油化工股份有限公司润滑油郑州分公司、中国石油化工股份有限公司润滑油研发（北京）中心，从2006年起，作为中国石油化工股份有限公司润滑油分公司的合并纳税成员企业，年终由中国石油化工股份有限公司润滑油分公司统一汇算清缴企业所得税。原中国石油化工股份有限公司重庆一坪润滑油分公司更名为中国石油化工股份有限公司润滑油重庆分公司后，继续作为中国石油化工股份有限公司润滑油分公司合并纳税成员企业，执行中国石油化工股份有限公司润滑油分公司合并纳税有关政策。

（2）中国石油化工股份有限公司催化剂分公司下属新增的全资单位，中国石油化工股份有限公司催化剂北京燕山分公司、中国石油化工股份有限公司催化剂上海分公司，从2006年起，作为中国石油化工股份有限公司催化剂分公司的合并纳税成员企业，执行中国石油化工股份有限公司催化剂分公司合并纳税有关政策。

（3）中国石油化工股份有限公司天然气分公司下属新增的全资单位，中国石油化工股份有限公司天然气分公司济南天然气管道管理处、中国石油化工股份有限公司天燃气分公司山东天然气销售营业部，从2006年起，作为中国石油化工股份有限公司天然气分公司的合并纳税成员企业，执行中国石油化工股份有限公司天然气分公司合并纳税有关政策。

（4）中国石化销售有限公司下属新增的全资单位，中国石化销售有限公司华南分公司，从2006年起，作为中国石化销售有限公司的合并纳税成员企业，年终由中国石化销售有限公司统一汇算清缴企业所得税。原中国石化销售有限公司西北西安分公司更名为中国石化销售有限公司西北陕西分公司，原中国石化销售有限公司东北沈阳分公司更名为中国石化销售有限公司东北辽宁分公司，继续作为中国石化销售有限公司合并纳税成员企业，执行中国石化销售有限公司合并纳税有关政策。

(5) 中国石油化工股份有限公司润滑油分公司下属全资单位（包括新增单位）以前年度和2006年已经就地预交和超交的所得税，均由中国石油化工股份有限公司润滑油分公司在北京统一抵减其2006年应交所得税。

(6) 中国石油化工股份有限公司所属各成品油销售企业租入经营并由各成品油销售企业统一核算的加油站的租赁经营所得，并入成品油销售企业应纳税所得额汇总计算缴纳企业所得税。

各新增和变更名称合并纳税成员企业的所得税征收管理，仍按《国家税务总局关于中国石油化工股份有限公司缴纳企业所得税有关问题的通知》（国税函〔2004〕1071号）的规定执行。

《国家税务总局关于中国石油化工股份有限公司合并纳税问题的补充通知》 国税函〔2007〕438号

■现将2008年度中国石油化工股份有限公司变更合并纳税范围的有关问题通知如下：

(1) 杭州石化有限责任公司、中国石油化工股份有限公司勘探南方分公司纳入中国石油化工股份有限公司的合并纳税范围。

(2) 中国国际石油化工联合有限责任公司及所属宁波分公司、青岛分公司、二连分公司、阿拉山口分公司纳入中国石油化工股份有限公司的合并纳税范围。

(3) 中国石油化工股份有限公司齐鲁分公司下属齐鲁达州化肥分公司纳入中国石油化工股份有限公司的合并纳税范围。

(4) 中国石化销售有限公司下属中国石化销售有限公司技术培训中心，纳入中国石油化工股份有限公司的合并纳税范围，暂不实行就地预交企业所得税办法。

(5) 中国石油化工股份有限公司化工销售分公司下属天津分公司、武汉分公司，纳入中国石油化工股份有限公司的合并纳税范围，按照年度应纳所得税额的40%就地预交企业所得税。

(6) 中国石油化工股份有限公司天然气分公司下属川气东送管道分公司，纳入中国石油化工股份有限公司的合并纳税范围，按照年度应纳所得税额的40%就地预交企业所得税。

(7) 中国石油化工股份有限公司物资装备部下属南京阀门供应储备中心，纳入中国石油化工股份有限公司的合并纳税范围。

(8) 中国石油化工股份有限公司中南分公司、勘探分公司不再作为石化股份公司的合并纳税成员企业。

(9) 原中国石油化工股份有限公司东北分公司更名为中国石油化工股份有限公司东北油气分公司，继续作为中国石油化工股份有限公司的合并纳税成员企业。

(10) 各新设和更名的合并纳税成员企业（详见附件）的所得税征收管理，仍按照《国家税务总局关于中国石油化工股份有限公司缴纳企业所得税有关问题的通知》（国税函〔2004〕1071号）及相关补充规定进行征收管理。本通知下发之前，2008年新增的合并纳税成员企业在当地已预缴的企业所得税超过应预缴比例的，就地退还或抵减其下一年度在当地应缴的企业所得税。

《国家税务总局关于调整中国石油化工股份有限公司合并纳税范围的通知》 国税函〔2009〕300号

11.3.5 纳税地点

11.3.5.1 中石油、中石化的企业所得税，如何征管?

■中石油、中石化下属具有独立法人资格的子公司应按照企业所得税法的有关规定，向所在地主管税务机关申报并计算缴纳企业所得税；上述子公司下设的不具有法人资格的分支机构，由该子公司汇总申报并计算缴纳企业所得税，不就地预缴。

■中石油、中石化下属不具有法人资格的二级分支机构企业所得税的申报方式及就地预缴比例，按照《国家税务总局关于中国石油天然气股份有限公司、中国石油化工股份有限公司缴纳企业所得税问题的通知》(国税函〔2009〕573号)第一条的规定执行。三级以下分支机构不就地申报、预缴企业所得税。

■中石油、中石化下属二级以下分支机构发生的需要在税务机关备案或由税务机关审批的研发费用、财产损失等事项，由其二级分支机构所在省、自治区、直辖市和计划单列市国税机关按照相关规定的权限予以备案或审批。

■中石油、中石化实行就地预缴的二级分支机构购置用于环境保护、节能节水、安全生产等专用设备的投资额，符合企业所得税法规定的抵免企业所得税条件的，应先用该分支机构就地预缴的税款进行抵免，不足部分在总部抵免。

《国家税务总局关于中国石油天然气股份有限公司、中国石油化工股份有限公司企业所得税征管问题的通知》一、二、三、四　国税函〔2010〕623号

11.3.5.2 不具有法人资格的二级分支机构，企业所得税如何预缴?

■从2011年1月1日起，中石油、中石化下属不具有法人资格的二级分支机构，按照年度应纳所得税额50%的比例，就地预缴企业所得税。

《国家税务总局关于中国石油天然气股份有限公司中国石油化工股份有限公司所属二级分支机构就地预缴企业所得税问题的通知》　国税函〔2011〕211号

11.3.5.3 中石油取得增值税返还款，企业所得税纳税地点?

■中国石油国际事业有限公司和新疆西北中石油国际事业有限公司2012年度收到的进口天然气增值税返还款均属于代收款项，不属于本公司的收入。中石油天然气销售分公司收到相关拨付款项后，应作为应税收入在其注册地北京依法缴纳企业所得税。

《国家税务总局关于中国石油天然气股份有限公司进口天然气2012年度取得增值税返还款涉及企业所得税纳税地点问题的通知》　税总函〔2013〕459号

11.4 城镇土地使用税

11.4.1.1 煤炭企业的哪些用地，免征城镇土地使用税?

■煤炭企业的矸石山、排土场用地，防排水沟用地，矿区办公、生活区以外的公路、铁

路专用线及轻便道和输变电线路用地，火炸药库库房外安全区用地，向社会开放的公园及公共绿化带用地，暂免征收土地使用税。(减免税代码：10129910)

■除上述各条列举免税的土地外，其他在开征范围内的煤炭生产及办公、生活区用地，均应征收土地使用税。

《国家税务局关于对煤炭企业用地征免土地使用税问题的规定》一、四 (89) 国税地字第89号

11.4.1.2 煤炭企业已取得土地使用权、但未利用的塌陷地，是否征收城镇土地使用税?

■对位于城镇土地使用税征收范围内的煤炭企业已取得土地使用权、但未利用的塌陷地，自2006年9月1日起恢复征收城镇土地使用税。

《财政部 国家税务总局关于煤炭企业未利用塌陷地城镇土地使用税政策的通知》一 财税〔2006〕74号

11.4.1.3 矿山企业，如何征免城镇土地使用税?

■现对矿山企业（包括黑色冶金矿和有色金属矿及除煤矿外的其他非金属矿）的用地征免土地使用税问题，通知如下：

（1）对矿山的采矿场、排土场、尾矿库、炸药库的安全区、采区运矿及运岩公路、尾矿输送管道及回水系统用地，免征土地使用税。(减免税代码：10129909)

（2）对矿山企业采掘地下矿造成的塌陷地以及荒山占地，在未利用之前，暂免征收土地使用税。

（3）除上述规定外，对矿山企业的其他生产用地及办公、生活区用地，应征收土地使用税。

《国家税务局关于对矿山企业征免土地使用税问题的通知》(89) 国税地字第122号

■对石灰厂、水泥厂、大理石厂、沙石厂等企业的采石场、排土场用地，炸药库的安全区用地以及采区运岩公路，可以比照矿山企业予以免税；对上述企业的其他用地，应予征税。

《国家税务局关于建材企业的采石场、排土场等用地征免土地使用税问题的批复》 国税函发〔1990〕853号

11.4.1.4 盐场、盐矿，如何征免城镇土地使用税?

■(1) 对盐场、盐矿的生产厂房、办公、生活区用地，应照章征收土地使用税。

(2) 对盐场的盐滩、盐矿的矿井用地，暂免征收土地使用税。(减免税代码：10129911)

(3) 对盐场、盐矿的其他用地，由省、自治区、直辖市税务局根据实际情况，确定征收土地使用税或给予定期减征、免征的照顾。

《国家税务局关于对盐场、盐矿征免城镇土地使用税问题的通知》(89) 国税地字第141号

11.4.1.5 中国石化集团胜利石油管理局改制企业所占用的土地，土地使用税纳税人?

■中国石化集团胜利石油管理局改制企业所占用的土地，应由该土地的土地使用权人，即中国石化集团胜利石油管理局缴纳。

《国家税务总局关于中国石化集团胜利石油管理局城镇土地使用税有关政策问题的批复》 税总函〔2014〕99号

11.4.1.6 石油天然气用地，如何征收土地使用税？

■自2015年7月1日起，石油天然气（含页岩气、煤层气）用地按下列规定征收土地使用税：

（1）石油天然气生产企业生产建设用地暂免征收城镇土地使用税：（减免税代码：10129924）

①地质勘探、钻井、井下作业、油气田地面工程等施工临时用地；

②企业厂区以外的铁路专用线、公路及输油（气、水）管道用地；

③油气长输管线用地。

（2）在城市、县城、建制镇以外工矿区内的消防、防洪排涝、防风、防沙设施用地，暂免征收城镇土地使用税。

（3）除上述列举免税的土地外，其他油气生产及办公、生活区用地，征收城镇土地使用税。

（4）享受税收优惠的用地，用于非税收优惠用途的，不得享受税收优惠。

（5）地方人民政府应按照城镇土地使用税有关规定，确定工矿区范围。对在工矿区范围内的油气生产、办公、生活用地，其税额标准不得高于相邻的县城、建制镇的适用税额标准。

（6）石油天然气生产企业应按照有关税收减免管理规定向主管税务机关备案免税土地情况。

（7）对（89）国税地字第088号和（90）国税油发003号文件规定免税，但按本通知规定应当征税的土地，自2015年7月1日至2016年12月31日，按应纳税额减半征收城镇土地使用税；自2017年1月1日起，全额征收城镇土地使用税。

《财政部 国家税务总局关于石油天然气生产企业城镇土地使用税政策的通知》七 财税〔2015〕76号

11.5 耕地占用税

11.5.1.1 年生产能力万两以上的金矿生产设施占用耕地，是否免征耕地占用税？

■为了支持黄金生产，对年生产能力万两以上的金矿生产设施占用耕地，由所在省财政厅：审查核实，提出具体意见，报经财政部批准，可酌情减征耕地占用税。

《财政部复中国黄金总公司关于对年产万两以上黄金矿可酌情减征耕地占用税问题》 财农字〔1987〕418号

11.6 加油站

11.6.1.1 加油站，是否为一般纳税人？

■从2002年1月1日起，对从事成品油销售的加油站，无论其年应税销售额是否超过

180万元，一律按增值税一般纳税人征税。

《国家税务总局关于加油站一律按照增值税一般纳税人征税的通知》 国税函〔2001〕882号

■加油站是指经经贸委批准从事成品油零售业务，并已办理工商、税务登记，有固定经营场所，使用加油机自动计量销售成品油的单位和个体经营者。

《成品油零售加油站增值税征收管理办法》第二条 国家税务总局令第2号

11.6.1.2 成品油销售单位跨县市调配成品油，是否征收增值税？

■对统一核算，且经税务机关批准汇总缴纳增值税的成品油销售单位跨县市调配成品油的，不征收增值税。

《成品油零售加油站增值税征收管理办法》第四条 国家税务总局令第2号

11.6.1.3 纳税人在售卖加油卡、加油凭证时，是否征收增值税？

■发售加油卡、加油凭证销售成品油的纳税人在售卖加油卡、加油凭证时，应按预收账款方法作相关账务处理，不征收增值税。

《成品油零售加油站增值税征收管理办法》第十二条 国家税务总局令第2号

11.6.1.4 加油站，如何核算应税销售额？

■加油站无论以何种结算方式（如收取现金、支票、汇票、加油凭证（簿）、加油卡等）收取售油款，均应征收增值税。加油站销售成品油必须按不同品种分别核算，准确计算应税销售额。

《成品油零售加油站增值税征收管理办法》第五条 国家税务总局令第2号

11.6.1.5 加油站销售成品油，是否开具增值税专用发票？

■加油站以收取加油凭证（簿）、加油卡方式销售成品油，不得向用户开具增值税专用发票。

■发售加油卡、加油凭证销售成品油的纳税人（简称“预售单位”）在发售加油卡或加油凭证时可开具普通发票，如购油单位要求开具增值税专用发票，待用户凭卡或加油凭证加油后，根据加油卡或加油凭证回笼记录，向购油单位开具增值税专用发票。接受加油卡或加油凭证销售成品油的单位与预售单位结算油款时，接受加油卡或加油凭证销售成品油的单位根据实际结算的油款向预售单位开具增值税专用发票。

《成品油零售加油站增值税征收管理办法》第五、十二条 国家税务总局令第2号

11.6.1.6 加油站应税销售额，如何计算？

■加油站应税销售额包括当月成品油应税销售额和其他应税货物及劳务的销售额。其中成品油应税销售额的计算公式为：

成品油应税销售额=（当月全部成品油销售数量-允许扣除的成品油数量）×油品单价

《成品油零售加油站增值税征收管理办法》第六条 国家税务总局令第

2 号

11.6.1.7 加油站在什么情形下，允许在当月成品油销售数量中扣除？

■加油站通过加油机加注成品油属于以下情形的，允许在当月成品油销售数量中扣除：

（1）经主管税务机关确定的加油站自有车辆自用油。

（2）外单位购买的，利用加油站的油库存放的代储油。

加油站发生代储油业务时，应凭委托代储协议及委托方购油发票复印件向主管税务机关申报备案。

（3）加油站本身倒库油。

加油站发生成品油倒库业务时，须提前向主管税务机关报告说明，由主管税务机关派专人实地审核监控。

（4）加油站检测用油（回罐油）。

上述允许扣除的成品油数量，加油站月终应根据《加油站月销售油品汇总表》统计的数量向主管税务机关申报。

《成品油零售加油站增值税征收管理办法》第九条 国家税务总局令第2号

11.6.1.8 加油站的纳税地点？

■采取统一配送成品油方式设立的非独立核算的加油站，在同一县市的，由总机构汇总缴纳增值税。在同一省内跨县市经营的，是否汇总缴纳增值税，由省级税务机关确定。跨省经营的，是否汇总缴纳增值税，由国家税务总局确定。

《成品油零售加油站增值税征收管理办法》第四条 国家税务总局令第2号

11.6.1.9 加油站，是否建立台账？

■加油站必须按规定建立《加油站日销售油品台账》登记制度。加油站应按日登记台账，按日或交接班次填写，完整、详细地记录当日或本班次的加油情况，月终汇总登记《加油站月销售油品汇总表》。台账须按月装订成册，按会计原始账证的期限保管，以备主管税务机关检查。

《成品油零售加油站增值税征收管理办法》第七条 国家税务总局令第2号

■成品油零售加油站应建立、登记《加油站日销售油品台账》，在纳税申报期向主管税务机关报送《加油站______月份加油信息明细表》或加油 IC 卡、《加油站月销售油品汇总表》、《成品油购销存数量明细表》。凡未按规定建立台账、不准确登记台账的，主管税务机关应责令其限期改正，逾期仍不改正的，主管税务机关可根据企业的实际经营状况核定其增值税销售额，按适用税率征税，不得抵扣进项税额。

《国家税务总局关于进一步加强加油站增值税征收管理有关问题的通知》— 国税发〔2003〕142 号

11.6.1.10 加油站，应报送哪些资料？

■加油站除按月向主管税务机关报送增值税一般纳税人纳税申报办法规定的申报资料外，还应报送以下资料：

（1）《加油站______月份加油信息明细表》（附表3）或加油IC卡；

（2）《加油站月销售油品汇总表》；

（3）《成品油购销存数量明细表》（附表4）。

《成品油零售加油站增值税征收管理办法》第八条　国家税务总局令第2号

11.6.1.11　对财务核算不健全的加油站，如何管理？

■对财务核算不健全的加油站，如已全部安装税控加油机，应按照税控加油机所记录的数据确定计税销售额征收增值税。对未全部安装税控加油机（包括未安装）或税控加油机运行不正常的加油站，主管税务机关应要求其严格执行台账制度，并按月报送《成品油购销存数量明细表》。按月对其成品油库存数量进行盘点，定期联合有关执法部门对其进行检查。

主管税务机关应将财务核算不健全的加油站全部纳入增值税纳税评估范围，结合通过金税工程网络所掌握的企业购油信息以及本地区同行业的税负水平等相关信息，按照《国家税务总局关于加强商贸企业增值税纳税评估工作的通知》（国税发〔2001〕140号）的有关规定进行增值税纳税评估。对纳税评估有异常的，应立即移送稽查部门进行税务稽查。

主管税务机关对财务核算不健全的加油站可以根据所掌握的企业实际经营状况，核定征收增值税。

财务核算不健全的加油站，主管税务机关应根据其实际经营情况和专用发票使用管理规定限量供应专用发票。

《成品油零售加油站增值税征收管理办法》第十一条　国家税务总局令第2号

11.6.1.12　对税控加油机，如何管理？

■凡不通过已安装税控装置的加油机或税控加油机加油，擅自改变税控装置或破坏铅封，导致机器记录失真或无法记录，造成少缴或不缴应纳税款的，按《税收征管法》有关规定从重处罚。

■主管税务机关应定期配合技术监督部门对所辖加油站的税控加油机进行检查，对采用技术手段擅自修改加油数量的，除严格按照《税收征管法》有关规定进行处罚外，还应提请经贸委等部门吊销其成品油经营许可证。

《国家税务总局关于进一步加强加油站增值税征收管理有关问题的通知》三、四　国税发〔2003〕142号

11.7　煤层气抽采企业

11.7.1.1　煤层气抽采企业，增值税有哪些政策？

■对煤层气抽采企业的增值税一般纳税人抽采销售煤层气实行增值税先征后退政策。

煤层气是指赋存于煤层及其围岩中与煤炭资源伴生的非常规天然气，也称煤矿瓦斯。

煤层气抽采企业应将享受增值税先征后退政策的业务和其他业务分别核算，不能分别准确核算的，不得享受增值税先征后退政策。

《财政部 国家税务总局关于加快煤层气抽采有关税收政策问题的通知》一 财税〔2007〕16号

11.7.1.2 煤层气抽采企业，企业所得税政策？

■增值税一般纳税人抽采销售煤层气增值税先征后退税款由企业专项用于煤层气技术的研究和扩大再生产，不征收企业所得税。

■对独立核算的煤层气抽采企业购进的煤层气抽采泵、钻机、煤层气监测装置、煤层气发电机组、钻井、录井、测井等专用设备，统一采取双倍余额递减法或年数总和法实行加速折旧，具体加速折旧方法可以由企业自行决定，但一经确定，以后年度不得随意调整。

■对独立核算的煤层气抽采企业利用银行贷款或自筹资金从事技术改造项目国产设备投资，其项目所需国产设备投资的40%可从企业技术改造项目设备购置当年比前一年新增的企业所得税中抵免。

具体管理办法按财政部、国家税务总局《关于印发〈技术改造国产设备投资抵免企业所得税暂行办法〉的通知》（财税字〔1999〕290号）、国家税务总局《关于印发〈技术改造国产设备投资抵免企业所得税审核管理办法〉的通知》（国税发〔2000〕13号）、财政部、国家税务总局《关于外商投资企业和外国企业购买国产设备投资抵免企业所得税有关问题的通知》（财税字〔2000〕49号）和国家税务总局《关于印发〈外商投资企业和外国企业购买国产设备投资抵免企业所得税管理办法〉的通知》（国税发〔2000〕90号）的规定执行。

《财政部 国家税务总局关于加快煤层气抽采有关税收政策问题的通知》一、二、三 财税〔2007〕16号

11.7.1.3 地面抽采煤层气，是否征收资源税？

■对地面抽采煤层气暂不征收资源税。

《财政部 国家税务总局关于加快煤层气抽采有关税收政策问题的通知》五 财税〔2007〕16号

11.8 中外合作开采

11.8.1.1 中外合作开采原油、天然气，如何征收增值税？

■中外合作油（气）田（合作油〈气〉田）开采原油、天然气征收增值税的有关问题如下：

（1）合作油（气）田开采的原油、天然气按实物缴纳增值税，以该油（气）田开采的原油、天然气扣除了石油作业用油（气）量和损耗量之后的原油、天然气产量作为计税依据。

（2）合作油（气）田开采的原油、天然气增值税暂按合作油（气）田每次用于销售

的总量计算征税。计征的增值税原油、天然气实物随同合作油（气）田的原油、天然气一起销售。

（3）增值税的原油、天然气实物，按实际销售额扣除其本身所发生的实际销售费用后入库。原油、天然气销售的定价方法，应事先报经主管税务机关审查。

（4）合作油（气）田的原油、天然气按次纳税，每次销售款划入销售方银行账户之日（最迟不得超过合同法规的付款期限最后一日）起五日内申报纳税。

（5）合作油（气）田销售的原油、天然气按外汇结算销售额的，其销售额的人民币折合率可以选择销售发生的当天或当月 1 日的国家外汇牌价。选择确定后一年内不得变更。

（6）增值税的申报缴纳事宜，由参与合作的中国石油公司负责办理。在办理纳税申报时，应同时附送本次原油、天然气的销售价格、销售费用、销售去向等明细资料。并按月或按季向主管税务机关报送合作油（气）出的产量、存量、分配量、销售量以及主管税务机关所需要的其他有关资料。

（7）合作油（气）田销售原油、天然气时，应按法规向购买方开具增值税专用发票。

（8）中国海洋石油总公司海上自营油（气）田比照上述有关法规执行。

《国家税务总局关于中外合作开采石油资源缴纳增值税有关问题的通知》国税发〔1994〕114 号

11.8.1.2　中外合作开采陆上原油、天然气，如何缴纳增值税？

■中外双方签定的石油合同包括风险勘探石油合同、未动用储量开发合同、提高采收率开发合同和单井技术改造石油合同。

中外双方签定的石油合同合作开采陆上原油、天然气，应按合同开采的原油、天然气应按实物征收增值税，征收率为 5%，在计征增值税时，不抵扣进项税额。原油、天然气出口时不予退税。

《国家税务总局关于对外合作开采陆上石油资源征收增值税问题的通知》国税发〔1998〕219 号

11.8.1.3　开采海洋石油，对哪些业务征收营业税？

■中国海洋石油总公司所属地区公司与地区公司、地区公司与专业公司、专业公司与专业公司之间，凡提供地质勘探、钻井、固井、录井、井下作业，物探，工程设计、采油、平台制造、运输（包括管道及油气运输）、油气生产的注水、注气、船舶运输、建筑安装、通讯等应纳税劳务，应当按照有关税目、税率缴纳营业税。

《国家税务总局关于中国海洋石油总公司所属公司提供劳务征收营业税问题的通知》　国税函〔1996〕112 号

■对从事海洋石油地球物理勘探、定位、泥浆、测井、录井、固井、完井、潜水、套管、管道铺设等工程作业的，适用营业税税目税率表中建筑税目的“其他工程作业”按 3%的税率征收营业税。

《国家税务总局关于合作开采海洋石油提供应税劳务适用营业税税目、税率问题的通知》　国税发〔1997〕42 号

■“泥浆工程”，是指为钻井作业提供泥浆和工程技术服务的行为。纳税人按照客户要求，为钻井作业提供泥浆和工程技术服务的行为，应按提供泥浆工程劳务项目，照章征收营业税，不征收增值税。

无论纳税人与建设单位如何核算，其营业额均包括工程所用原材料及其他物资和动力价款在内。

《国家税务总局关于纳税人提供泥浆工程劳务征收流转税问题的批复》国税函〔2005〕375号

11.8.1.4 中油公司取得的人员服务收入，是否缴纳营业税？

■中油公司派员到外商投资企业、外国企业、外国驻华机构及使用油田联管会中工作，按照合同或有关法规，由雇佣单位统一支付给中油公司的人员服务收入，应按照营业税税目税率表中服务业的其他服务业，依5%的税率缴纳营业税。

《国家税务总局海洋石油税务管理局关于中国海洋石油总公司取得的服务收入征税问题的通知》一 国税油发〔1994〕11号

11.8.1.5 中外合作开采石油资源，如何缴纳城市维护建设税和教育费附加？

■（1）中外合作油（气）田开采的原油、天然气，按5%税率缴纳实物增值税后，以合作油（气）田实际缴纳的增值税税额为计税依据，缴纳城市维护建设税和教育费附加。

（2）合作油（气）田的城市维护建设税和教育费附加的申报缴纳事宜，由参与中外合作开采石油资源的中国石油公司负责办理。

（3）开采海洋石油资源的中外合作油（气）田所在地在海上，其城市维护建设税适用1%的税率。

（4）中国海洋石油总公司海上自营油（气）田按照上述规定执行。

《国家税务总局关于中外合作开采石油资源适用城市维护建设税教育费附加有关事宜的公告》国家税务总局公告2010年第31号

11.8.1.6 中国海洋石油总公司终止用工合同补偿收入，如何征收个人所得税？

■对职工因终止用工合同而一次性取得的补偿收入，计算征收个人所得税时，“当地上年职工平均工资”可用中油公司系统上年职工平均工资标准确定。

适用范围包括中国海洋石油总公司及其投资控股并参与用工薪酬改革的公司中的职工。

《国家税务总局关于中国海洋石油总公司系统深化用工薪酬制度改革有关个人所得税问题的通知》三 国税函〔2003〕330号

11.8.1.7 中国海洋石油总公司使用的“成品油配置计划表”，是否缴纳印花税？

■自2013年2月1日起，中国海油集团与中国石油天然气集团、中国石油化工集团之间，中国海油集团内部各子公司之间，中国海油集团的各分公司和子公司之间互供石油和石油制品所使用的“成品油配置计划表”（或其他名称的表、证、单、书），暂不征收印花税。

《国家税务总局关于中国海洋石油总公司使用的“成品油配置计划表”有关印花税问题的公告》国家税务总局公告2012年第58号

11.8.1.8 海上自营油气田，如何纳税申报？

■适用于中外合作油气田和中国海洋石油总公司海上自营油气田填报的《中外合作及海

上自营油气田资源税纳税申报表》，自2012年2月1日起施行。

《国家税务总局关于发布〈中外合作及海上自营油气田资源税纳税申报表〉的公告》 国家税务总局公告2012年第3号

11.8.1.9 海上油气田开采的原油、天然气，如何计算资源税减征额？

■海上油气田开采稠油、高凝油、高含硫天然气、低丰度油气资源及三次采油的原油、天然气，由主管税务机关据实计算资源税减征额。

《财政部 国家税务总局关于调整原油、天然气资源税有关政策的通知》 三 财税〔2014〕73号

11.8.1.10 中外合作油气田及海上自营油气田，如何缴纳资源税？

■（1）开采海洋或陆上油气资源的中外合作油气田，在2011年11月1日前已签订的合同继续缴纳矿区使用费，不缴纳资源税；自2011年11月1日起新签订的合同缴纳资源税，不再缴纳矿区使用费。

开采海洋油气资源的自营油气田，自2011年11月1日起缴纳资源税，不再缴纳矿区使用费。

（2）开采海洋或陆上油气资源的中外合作油气田，按实物量计算缴纳资源税，以该油气田开采的原油、天然气扣除作业用量和损耗量之后的原油、天然气产量作为课税数量。中外合作油气田的资源税由作业者负责代扣，申报缴纳事宜由参与合作的中国石油公司负责办理。计征的原油、天然气资源税实物随同中外合作油气田的原油、天然气一并销售，按实际销售额（不含增值税）扣除其本身所发生的实际销售费用后入库。

海上自营油气田比照上述规定执行。

（3）海洋原油、天然气资源税由国家税务总局海洋石油税务管理机构负责征收管理

《财政部 国家税务总局关于调整原油、天然气资源税有关政策的通知》 四 财税〔2014〕73号

11.8.1.11 中外合作开采石油天然气，如何缴纳企业所得税？

■外国企业（不含实际管理机构设立在中国境内的外国企业）与中国境内企业签订协议或合同，在中国境内合作开采石油天然气，凡未按照中国法律设立独立企业的，由合作各方分别缴纳企业所得税，外国企业属于在中国境内设立机构、场所从事生产经营活动的非居民企业，其分取的合作生产经营所得应按照企业所得税法第三条第二款的规定申报缴纳企业所得税。在按前述规定缴纳企业所得税后，该外国企业取得的税后利润不属于适用企业所得税法第三条第三款规定的所得，不予扣缴企业所得税。

■外国企业与中国境内企业共同设立中外合作经营企业，由该中外合作经营企业开采石油天然气的，无论其是否具有法人资格，均为居民企业。该中外合作经营企业应就其取得的石油天然气开采所得和其他所得统一缴纳企业所得税。作为投资方的外国企业从中外合作经营企业分取的税后利润属于适用企业所得税法第三条第三款规定的所得，应按有关规定扣缴企业所得税。

■在中国境内设立机构、场所取得石油天然气开采所得和其他所得的外国企业，以及取得石油天然气开采所得和其他所得的中外合作经营企业，符合《财政部海关总署国家税务总局关于深入实施西部大开发战略有关税收政策问题的通知》（财税〔2011〕58号）规定

条件的，可以享受相关企业所得税优惠。

《国家税务总局关于中外合作开采石油天然气有关非居民税收问题的批复》一、二、三　税总函〔2015〕494号

11.9 南海西部海域

11.9.1.1 南海西部海域石油天然气的税收征管机关?

■经国务院批准，现对南海西部海域石油天然气税收的有关问题通知如下：

（1）对机构设在海南、广西，但不直接从事油气勘探开发的企业，由当地税务机关征收管理。目前机构设在海南的南海西部石油公司三亚办事处（招待所)、海口办事处（招待所)、三亚平台制造公司、三亚堪索利公司，由海南省税务机关负责征收管理，设在广西的南海西部石油公司北海办事处（招待所）和涠州岛碳黑厂由广西壮族自治区税务机关负责征收管理。今后陆地上的新建企业，不分投资对象和隶属关系，凡其业务不属于海上石油天然气勘探开发的，均由所在地税务机关征收管理。

（2）油气勘探开发企业发生在海南、广西境内的房产税、车船税、土地使用税和陆地上的营业税等属于地方收入的税种，由当地税务机关负责征收。

（3）南海西部海域石油天然气的增值税、发生在海域内的营业税、油气企业的个人所得税和企业所得税，继续由广东湛江海洋石油税务分局统一征收。

《财政部　国家税务总局关于南海西部海域石油天然气税收有关问题的通知》　财税字〔2000〕24号

12 电力能源业

12.1 增值税

12.1.1 征税范围

12.1.1.1 供电公司收取的“集资费”、“电权费”，缴纳增值税的主体?

■卢龙县供电分公司以卢龙县三电办公室名义按月随电费收取的、分别用于110千伏变电站建设和购买用电指标还贷的“集资费”、“电权费”，应当由销售货物者就其向购买方收取的全部价款和价外费用一并缴纳增值税。

《国家税务总局关于认定“两费”增值税纳税主体问题的批复》 国税函〔1999〕252号

12.1.1.2 对从事公用事业的纳税人收取的一次性费用，是否征收增值税?

■对从事热力、电力、燃气、自来水等公用事业的增值税纳税人收取的一次性费用，凡与货物的销售数量有直接关系的，征收增值税；凡与货物的销售数量无直接关系的，不征收增值税。

《财政部　国家税务总局关于增值税若干政策的通知》八　财税〔2005〕165号

12.1.1.3 供电企业向用户收取的供电工程贴费，是否征收增值税?

■供电企业向用户收取的供电工程贴费，不属于增值税销售货物和收取价外费用的范围，不应当征收增值税。

《财政部　国家税务总局关于供电工程贴费不征收增值税和营业税的通知》 财税字〔1997〕102号

12.1.1.4 电厂取得的发电补贴，是否征收增值税?

■各燃油电厂从政府财政专户取得的发电补贴不属于规定的价外费用，不计入应税销售额，不征收增值税。

《国家税务总局关于燃油电厂取得发电补贴有关增值税政策的通知》 国税函〔2006〕1235号

12.1.1.5 供电公司收取的“集资费”、“电权费”，是否缴纳增值税?

■卢龙县供电分公司按月随电费收取的、分别用于110千伏变电站建设和购买用电指标还贷的“集资费”、“电权费”，应当由销售货物者就其向购买方收取的全部价款和价外费用一并缴纳增值税，应当由卢龙县供电分公司就其收取的电费及随电费收取的“两费”一并缴纳增值税。

《国家税务总局关于认定“两费”增值税纳税主体问题的批复》 国税函〔1999〕252号

12.1.1.6 电力公司向发电企业收取的过网费，是否缴纳增值税？

■电力公司利用自身电网为发电企业输送电力过程中，需要利用输变电设备进行调压，属于提供加工劳务。电力公司向发电企业收取的过网费，应当征收增值税，不征收营业税。

《国家税务总局关于电力公司过网费收入征收增值税问题的批复》 国税函〔2004〕607号

12.1.1.7 供电企业向电厂收取的并网服务费，是否缴纳增值税？

■供电企业利用自身输变电设备对并入电网的企业自备电厂生产的电力产品进行电压调节，属于提供加工劳务。对于供电企业进行电力调压并按电量向电厂收取的并网服务费，应当征收增值税，不征收营业税。

《国家税务总局关于供电企业收取并网服务费征收增值税问题的批复》国税函〔2009〕641号

12.1.1.8 管道煤气集资费，按什么税目缴纳营业税？

■管道煤气集资费（初装费），是用于管道煤气工程建设和技术改造，在报装环节一次性向用户收取的费用。根据现行营业税政策规定，对管道煤气集资费（初装费），应按“建筑业”税目征收营业税。

《国家税务总局关于管道煤气集资费（初装费）征收营业税问题的批复》 国税函〔2002〕105号

■燃气公司和生产、销售货物或提供增值税应税劳务的单位，在销售货物或提供增值税应税劳务时，代有关部门向购买方收取的集资费（包括管道煤气集资款〈初装费〉）、手续费、代收款等，属于增值税价外收费，应征收增值税。

《财政部 国家税务总局关于营业税若干政策问题的通知》一 财税〔2003〕16号

12.1.1.9 供应或开采未经加工的天然水，是否征收增值税？

■供应或开采未经加工的天然水（如水库供应农业灌溉用水，工厂自采地下水用于生产），不征收增值税。

《国家税务总局关于印发〈增值税若干具体问题的规定〉的通知》一 国税发〔1993〕154号

12.1.2 应纳税额

12.1.2.1 电力产品增值税的计税销售额，如何确定？

■电力产品增值税的计税销售额为纳税人销售电力产品向购买方收取的全部价款和价外

费用，但不包括收取的销项税额。价外费用是指纳税人销售电力产品在目录电价或上网电价之外向购买方收取的各种性质的费用。

供电企业收取的电费保证金，凡逾期（超过合同约定时间）未退还的，一律并入价外费用缴纳增值税。

《电力产品增值税征收管理办法》第三条　国家税务总局令第10号

12.1.2.2　县级及县级以下小型水力发电单位销售生产的电力，是否可选择按简易办法计算缴纳增值税？

■县级及县级以下一般纳税人小型水力发电单位销售自行生产的电力，可选择按简易办法依照3%征收率计算缴纳增值税。

小型水力发电单位，是指各类投资主体建设的装机容量为5万千瓦以下（含5万千瓦）的小型水力发电单位。

《财政部　国家税务总局关于部分货物适用增值税低税率和简易办法征收增值税政策的通知》二　财税〔2009〕9号

■一般纳税人小型水力发电单位销售自行生产的电力，选择按简易办法依照3%征收率计算缴纳增值税，可自行开具增值税专用发票。

《国家税务总局关于增值税简易征收政策有关管理问题的通知》三　国税函〔2009〕90号

12.1.2.3　水电站的输水管道的进项税额，是否允许抵扣进项？

■新疆伊犁喀什河尼勒克一级水电站跨尼勒克沟输水管道虽运用“倒吸虹”原理输送水源，但该输水管道仍属于《固定资产分类与代码》（GB/T14885—1994）中的“输水管道（代码099101）”，其增值税进项税额可在销项税额中抵扣。

《国家税务总局关于输水管道有关增值税问题的批复》　税总函〔2013〕642号

12.1.2.4　暖气、热水，增值税适用税率？

■纳税人销售或者进口暖气、热水，税率为13%。

《中华人民共和国增值税暂行条例》第二条

■暖气、热水是指利用各种燃料（如煤、石油、其他各种气体或固体、液体燃料）和电能将水加热，使之生成的气体和热水，以及开发自然热能，如开发地热资源或用太阳能生产的暖气、热气、热水。

利用工业余热生产、回收的暖气、热气和热水也属于本货物的范围。

《国家税务总局关于印发〈增值税部分货物征税范围注释〉的通知》四　国税发〔1993〕151号

12.1.2.5　冷气，增值税适用税率？

■纳税人销售或者进口冷气，税率为13%。

《中华人民共和国增值税暂行条例》第二条

■冷气是指为了调节室内温度，利用制冷设备生产的，并通过供风系统向用户提供的低温气体。

《国家税务总局关于印发〈增值税部分货物征税范围注释〉的通知》

五 国税发〔1993〕151号

12.1.2.6 煤气，增值税适用税率？

■纳税人销售或者进口煤气，税率为13%。

《中华人民共和国增值税暂行条例》第二条

■煤气是指由煤、焦炭、半焦和重油等经干馏或汽化等生产过程所得气体产物的总称。

煤气的范围包括：

（1）焦炉煤气：是指煤在炼焦炉中进行干馏所产生的煤气。

（2）发生炉煤气：是指用空气（或氧气）和少量的蒸气将煤或焦炭、半焦，在煤气发生炉中进行汽化所产生的煤气、混合煤气、水煤气、单水煤气、双水煤气等。

（3）液化煤气：是指压缩成液体的煤气。

《国家税务总局关于印发〈增值税部分货物征税范围注释〉的通知》六 国税发〔1993〕151号

12.1.2.7 石油液化气，增值税适用税率？

■纳税人销售或者进口石油液化气，税率为13%。

《中华人民共和国增值税暂行条例》第二条

■石油液化气是指由石油加工过程中所产生的低分子量的烃类炼厂气经压缩成的液体。主要成分是丙烷、丁烷、丁烯等。

《国家税务总局关于印发〈增值税部分货物征税范围注释〉的通知》七 国税发〔1993〕151号

■工业燃气不属于石油液化气范围，应按17%的税率征收增值税。

《国家税务总局关于工业燃气适用税率问题的批复》 国税函〔1999〕343号

12.1.2.8 天然气，增值税适用税率？

■纳税人销售或者进口天然气，税率为13%。

《中华人民共和国增值税暂行条例》第二条

■天然气是蕴藏在地层内的碳氢化合物可燃气体。主要含有甲烷、乙烷等低分子烷烃和丙烷、丁烷、戊烷及其他重质气态烃类。

天然气包括气田天然气、油田天然气、煤矿天然气和其他天然气。

《国家税务总局关于印发〈增值税部分货物征税范围注释〉的通知》八 国税发〔1993〕151号

■天然二氧化碳不属于天然气，不应比照天然气征税，仍应按17%的适用税率征收增值税。

《国家税务总局关于天然二氧化碳适用增值税税率的批复》 国税函〔2003〕1324号

12.1.2.9 沼气，增值税适用税率？

■纳税人销售或者进口沼气，税率为13%。

《中华人民共和国增值税暂行条例》第二条

■沼气，主要成分为甲烷，由植物残体在与空气隔绝的条件下经自然分解而成，沼气主要作燃料。

本货物的范围包括：天然沼气和人工生产的沼气。

《国家税务总局关于印发〈增值税部分货物征税范围注释〉的通知》 九 国税发〔1993〕151号

12.1.2.10 居民用煤炭制品，增值税适用税率？

■纳税人销售或者进口居民用煤炭制品，税率为13%。

《中华人民共和国增值税暂行条例》第二条

■居民用煤炭制品是指煤球、煤饼、蜂窝煤和引火炭。

《国家税务总局关于印发〈增值税部分货物征税范围注释〉的通知》 十 国税发〔1993〕151号

12.1.2.11 工业燃气，增值税适用税率？

■工业燃气不属于石油液化气范围，应按17%的税率征收增值税。

《国家税务总局关于工业燃气适用税率问题的批复》 国税函〔1999〕343号

12.1.2.12 自来水，增值税适用税率？

■纳税人销售或者进口自来水，税率为13%。

《中华人民共和国增值税暂行条例》第二条

■自来水是指自来水公司及工矿企业经抽取、过滤、沉淀、消毒等工序加工后，通过供水系统向用户供应的水。

农业灌溉用水、引水工程输送的水等，不属于本货物的范围。

《国家税务总局关于印发〈增值税部分货物征税范围注释〉的通知》 三 国税发〔1993〕151号

12.1.2.13 桶装饮用水，增值税适用税率？

■桶装饮用水不属于自来水，应按照17%的适用税率征收增值税。

《国家税务总局关于桶装饮用水生产企业征收增值税问题的批复》 国税函〔2008〕953号

12.1.2.14 一般纳税人销售自产自来水，是否可选择按简易办法缴纳增值税？

■一般纳税人销售自产的自来水，可选择按照简易办法依照3%征收率计算缴纳增值税。

■对属于一般纳税人的自来水公司销售自来水按简易办法依照3%征收率征收增值税，不得抵扣其购进自来水取得增值税扣税凭证上注明的增值税税款。

《财政部 国家税务总局关于部分货物适用增值税低税率和简易办法征收增值税政策的通知》二、三 财税〔2009〕9号

■一般纳税人销售自来水，选择按照简易办法依照3%征收率计算缴纳增值税，可自行开具增值税专用发票。

《国家税务总局关于增值税简易征收政策有关管理问题的通知》三 国税函〔2009〕90号

12.1.3 税收优惠

12.1.3.1 东北电力集团销售电力，增值税适用税率？

■对东北电力集团公司销售电力减按13%税率征收增值税的政策。

《财政部　国家税务总局关于增值税若干过渡性优惠政策问题的通知》财税明电〔1996〕1号

12.1.3.2　装机容量超过100万千瓦的水力发电站销售自产电力产品，增值税是否即征即退？

■装机容量超过100万千瓦的水力发电站（含抽水蓄能电站）销售自产电力产品，自2013年1月1日至2015年12月31日，对其增值税实际税负超过8%的部分实行即征即退政策；自2016年1月1日至2017年12月31日，对其增值税实际税负超过12%的部分实行即征即退政策。(减免性质代码：01064204)

装机容量，是指单站发电机组额定装机容量的总和。该额定装机容量包括项目核准（审批）机关依权限核准（审批）的水力发电站总装机容量（含分期建设和扩机），以及后续因技术改造升级等原因经批准增加的装机容量。

《财政部　国家税务总局关于大型水电企业增值税政策的通知》财税〔2014〕10号

12.1.3.3　核力发电企业生产销售电力产品，是否实行增值税先征后退政策？

■核力发电企业生产销售电力产品，自核电机组正式商业投产次月起15个年度内，统一实行增值税先征后退政策，返还比例分三个阶段逐级递减。具体返还比例为：

（1）自正式商业投产次月起5个年度内，返还比例为已入库税款的75%；

（2）自正式商业投产次月起的第6至第10个年度内，返还比例为已入库税款的70%；

（3）自正式商业投产次月起的第11至第15个年度内，返还比例为已入库税款的55%；

（4）自正式商业投产次月起满15个年度以后，不再实行增值税先征后退政策。

核力发电企业采用按核电机组分别核算增值税退税额的办法，企业应分别核算核电机组电力产品的销售额，未分别核算或不能准确核算的，不得享受增值税先征后退政策。单台核电机组增值税退税额可以按以下公式计算：

单台核电机组增值税退税额=（单台核电机组电力产品销售额/核力发电企业电力产品销售额合计)×核力发电企业实际缴纳增值税额×退税比例

原已享受增值税先征后退政策但该政策已于2007年内到期的核力发电企业，自该政策执行到期后次月起按上述统一政策核定剩余年度相应的返还比例；对2007年内新投产的核力发电企业，自核电机组正式商业投产日期的次月起按上述统一政策执行。

《财政部　国家税务总局关于核电行业税收政策有关问题的通知》—财税〔2008〕38号

12.1.3.4　农村电网维护费，是否免征增值税？

■从1998年1月1日起，对农村电管站在收取电价时一并向用户收取的农村电网维护费（包括低压线路损耗和维护费以及电工经费）给予免征增值税的照顾。（减免性质代码：01092303）

《财政部　国家税务总局关于免征农村电网维护费增值税问题的通知》财税字〔1998〕47号

■对供电企业收取的免征增值税的农村电网维护费，不应分摊转出外购电力产品所支付的进项税额。

《国家税务总局关于供电企业收取的免税农村电网维护费有关增值税问题的通知》— 国税函〔2005〕778号

■对其他单位收取的农村电网维护费免征增值税，不得开具增值税专用发票。

《国家税务总局关于农村电网维护费征免增值税问题的通知》 国税函〔2009〕591号

12.1.3.5 各级政府收取的污水处理费，是否免征增值税？

■对各级政府及主管部门委托自来水厂（公司）随水费收取的污水处理费，免征增值税。(减免性质代码：01064007)

《财政部 国家税务总局关于污水处理费有关增值税政策的通知》 财税〔2001〕97号

12.1.3.6 利用太阳能生产的电力产品，增值税是否即征即退？

■自2013年10月1日至2015年12月31日，对纳税人销售自产的利用太阳能生产的电力产品，实行增值税即征即退50%的政策。(减免性质代码：01021902)

《财政部 国家税务总局关于光伏发电增值税政策的通知》 财税〔2013〕66号

■自2016年1月1日至2018年12月31日，对纳税人销售自产的利用太阳能生产的电力产品，实行增值税即征即退50%的政策。

《财政部 国家税务总局关于继续执行光伏发电增值税政策的通知》 财税〔2016〕81号

12.1.3.7 国家电网公司所属企业购买分布式光伏发电项目电力产品，如何开具增值税发票？

■国家电网公司所属企业从分布式光伏发电项目发电户处购买电力产品，可由国家电网公司所属企业开具普通发票。

国家电网公司所属企业应将发电户名称（姓名）、地址（住址）、联系方式、结算时间、结算金额等信息进行详细登记，以备税务机关查验。

《国家税务总局关于国家电网公司购买分布式光伏发电项目电力产品发票开具等有关问题的公告》— 国家税务总局公告2014年第32号

12.1.3.8 光伏发电项目发电户销售电力产品，如何代征增值税税款和开具发票？

■光伏发电项目发电户销售电力产品，按照税法规定应缴纳增值税的，可由国家电网公司所属企业按照增值税简易计税办法计算并代征增值税税款，同时开具普通发票；按照税法规定可享受免征增值税政策的，可由国家电网公司所属企业直接开具普通发票。

自2013年10月1日至2015年12月31日，国家电网公司所属企业应按发电户销售电力产品应纳税额的50%代征增值税税款。

主管税务机关应当与国家电网公司所属企业签订《委托代征协议书》，明确委托代征相关事宜。

■发电户，为《中华人民共和国增值税暂行条例》及实施细则规定的“其他个人和不经常发生应税行为的非企业性单位”。

《国家税务总局关于国家电网公司购买分布式光伏发电项目电力产品发票开具等有关问题的公告》二、三　国家税务总局公告2014年第32号

12.1.3.9　利用风力生产的电力产品，增值税有何优惠政策？

■自2015年7月1日起，对纳税人销售自产的利用风力生产的电力产品，实行增值税即征即退50%的政策。(减免性质代码：01064018)

《财政部　国家税务总局关于风力发电增值税政策的通知》　财税〔2015〕74号

12.1.4　纳税管理

12.1.4.1　发电企业生产销售电力产品，增值税缴纳办法？

■发电企业（电厂、电站、机组）生产销售的电力产品，按照以下规定计算缴纳增值税：

（1）独立核算的发电企业生产销售电力产品，按照现行增值税有关规定向其机构所在地主管税务机关申报纳税；具有一般纳税人资格或具备一般纳税人核算条件的非独立核算的发电企业生产销售电力产品，按照增值税一般纳税人的计算方法计算增值税，并向其机构所在地主管税务机关申报纳税。

（2）不具有一般纳税人资格且不具有一般纳税人核算条件的非独立核算的发电企业生产销售的电力产品，由发电企业按上网电量，依核定的定额税率计算发电环节的预缴增值税，且不得抵扣进项税额，向发电企业所在地主管税务机关申报纳税。计算公式为：

预征税额=上网电量×核定的定额税率

《电力产品增值税征收管理办法》第四条　国家税务总局令第10号

12.1.4.2　供电企业销售电力产品，增值税的缴纳办法？

■供电企业销售电力产品，实行在供电环节预征、由独立核算的供电企业统一结算的办法缴纳增值税，具体办法如下：

（1）独立核算的供电企业所属的区县级供电企业，凡能够核算销售额的，依核定的预征率计算供电环节的增值税，不得抵扣进项税额，向其所在地主管税务机关申报纳税；不能核算销售额的，由上一级供电企业预缴供电环节的增值税。计算公式为：

预征税额=销售额×核定的预征率

（2）供电企业随同电力产品销售取得的各种价外费用一律在预征环节依照电力产品适用的增值税税率征收增值税，不得抵扣进项税额。

《电力产品增值税征收管理办法》第四条　国家税务总局令第10号

12.1.4.3　实行预缴方式缴纳增值税的发、供电企业，如何结算缴纳增值税？

■实行预缴方式缴纳增值税的发、供电企业按照隶属关系由独立核算的发、供电企业结算缴纳增值税，具体办法为：

独立核算的发、供电企业月末依据其全部销售额和进项税额，计算当期增值税应纳税

额，并根据发电环节或供电环节预缴增值税税额，计算应补（退）税额，向其所在地主管税务机关申报纳税。计算公式为：

应纳税额=销项税额-进项税额

应补（退）税额=应纳税额-发（供）电环节预缴增值税额

独立核算的发、供电企业当期销项税额小于进项税额不足抵扣，或应纳税额小于发、供电环节预缴增值税税额形成多交增值税时，其不足抵扣部分和多交增值税额可结转下期抵扣或抵减下期应纳税额。

实行预缴方式缴纳增值税的发、供电企业，销售电力产品取得的未并入上级独立核算发、供电企业统一核算的销售收入，应单独核算并按增值税的有关规定就地申报缴纳增值税。

■实行预缴方式缴纳增值税的发、供电企业生产销售电力产品以外的其他货物和应税劳务，如果能准确核算销售额的，在发、供电企业所在地依适用税率计算缴纳增值税。不能准确核算销售额的，按其隶属关系由独立核算的发、供电企业统一计算缴纳增值税。

《电力产品增值税征收管理办法》第四、五条　国家税务总局令第10号

12.1.4.4　发、供电企业的增值税预征率，如何核定？

■发、供电企业的增值税预征率（含定额税率），应根据发、供电企业上期财务核算和纳税情况、考虑当年变动因素测算核定，具体权限如下：

（1）跨省、自治区、直辖市的发、供电企业增值税预征率由预缴增值税的发、供电企业所在地和结算增值税的发、供电企业所在地省级国家税务局共同测算，报国家税务总局核定；

（2）省、自治区、直辖市范围内的发、供电企业增值税预征率由省级国家税务局核定。

发、供电企业预征率的执行期限由核定预征率的税务机关根据企业生产经营的变化情况确定。

《电力产品增值税征收管理办法》第四条　国家税务总局令第10号

12.1.4.5　发、供电企业销售电力产品的纳税义务发生时间？

■发、供电企业销售电力产品的纳税义务发生时间的具体规定如下：

（1）发电企业和其他企事业单位销售电力产品的纳税义务发生时间为电力上网并开具确认单据的当天。

（2）供电企业采取直接收取电费结算方式的，销售对象属于企事业单位，为开具发票的当天；属于居民个人，为开具电费缴纳凭证的当天。

（3）供电企业采取预收电费结算方式的，为发行电量的当天。

（4）发、供电企业将电力产品用于非应税项目、集体福利、个人消费，为发出电量的当天。

（5）发、供电企业之间互供电力，为双方核对计数量，开具抄表确认单据的当天。

（6）发、供电企业销售电力产品以外其他货物，其纳税义务发生时间按《中华人民共和国增值税暂行条例》及其实施细则的有关规定执行。

《电力产品增值税征收管理办法》第六条　国家税务总局令第10号

12.1.4.6　发、供电企业如何办理税务登记和纳税申报?

■发、供电企业应按现行增值税的有关规定办理税务登记，进行增值税纳税申报。

实行预缴方式缴纳增值税的发、供电企业应按以下规定办理：

（1）实行预缴方式缴纳增值税的发、供电企业在办理税务开业、变更、注销登记时，应将税务登记证正本复印件按隶属关系逐级上报其独立核算的发、供电企业所在地主管税务机关留存。

独立核算的发、供电企业也应将税务登记证正本复印件报其所属的采用预缴方式缴纳增值税的发、供电企业所在地主管税务机关留存。

（2）采用预缴方式缴纳增值税的发、供电企业在申报纳税的同时，应将增值税进项税额和上网电量、电力产品销售额、其他产品销售额、价外费用、预征税款和查补税款分别归集汇总，填写《电力企业增值税销项税额和进项税额传递单》报送主管税务机关签章确认后，按隶属关系逐级汇总上报给独立核算发、供电企业；预征地主管税务机关也必须将确认后的《传递单》于收到当月传递给结算缴纳增值税的独立核算发、供电企业所在地主管税务机关。

（3）结算缴纳增值税的发、供电企业应按增值税纳税申报的统一规定，汇总计算本企业的全部销项税额、进项税额、应纳税额、应补（退）税额，于本月税款所属期后第二个月征期内向主管税务机关申报纳税。

（4）实行预缴方式缴纳增值税的发、供电企业所在地主管税务机关应定期对其所属企业纳税情况进行检查。发现申报不实，一律就地按适用税率全额补征税款，并将检查情况及结果发函通知结算缴纳增值税的独立核算发、供电企业所在地主管税务机关。

独立核算发、供电企业所在地主管税务机关收到预征地税务机关的发函后，应督促发、供电企业调整申报表。对在预缴环节查补的增值税，独立核算的发、供电企业在结算缴纳增值税时可以予以抵减。

《电力产品增值税征收管理办法》第七条　国家税务总局令第10号

12.2　营业税

12.2.1.1　电力部门将资金贷给使用单位取得的利息收入，是否征收营业税?

■从1996年1月1日起，对电力部门将收取的电力建设资金贷给使用单位而取得的利息收入，应当按“金融保险业”税目征收营业税。

《国家税务总局关于电力建设资金有偿使用利息收入征收营业税的通知》国税函〔1995〕15号

12.2.1.2　电力企业受托进行经营管理所收取的“运营维护费”，是否征收营业税?

■山东电力集团公司受中国华能公司、山东中华发电公司的委托，对其发电机组、电厂进行经营管理，并向委托方收取“运营维护费”。该项收入属于营业税的应税劳务收入，应当征收营业税，不征收增值税。但企业必须就“运营维护费”单独核算，其物耗不得作为增值税的进项抵扣。

《国家税务总局关于电力运营维护费征收营业税问题的批复》 国税函〔2004〕961 号

12.2.1.3 转让小火电机组容量指标，是否征收营业税？

■自 2014 年 2 月 1 日起，纳税人转让小火电机组容量指标的行为，暂不征收营业税。

《国家税务总局关于转让小火电机组容量指标营业税问题的公告》 国家税务总局公告 2013 年第 74 号

12.2.1.4 电力调整试验收入，是否征收营业税？

■内蒙古电力建设调整试验所从事水电机组其他设备调整和试验所取得的电力调整试验收入，应按“服务业”税目征收营业税。

《国家税务总局关于电力调整试验收入适用税目问题的批复》 国税函发〔1994〕552 号

12.2.1.5 水利工程单位向用户收取的水利工程水费，是否征收营业税？

■水利工程单位向用户收取的水利工程水费，属于其向用户提供天然水供应服务取得的收入，不征收增值税，应按“服务业”税目征收营业税。

《国家税务总局关于水利工程水费征收流转税问题的批复》 国税函〔2007〕461 号

12.3 企业所得税

12.3.1.1 企业进行安全保护发生的各项费用，是否准予税前扣除？

■企业对自身油气和“三电”基础设施（石油、天然气和电力、电信、广播电视基础设施）进行安全保护发生的各项费用，包括参加联防工作、组建兼专职群防队伍等发生的支出，由企业自行负担，按规定列入成本（费用），并按照国家税收法律、法规等规定准予税前扣除。

《财政部 公安部 国家税务总局关于石油天然气和“三电”基础设施安全保护费用管理问题的通知》二 财企〔2010〕291 号

12.3.1.2 电网企业输电铁塔和线路损失，企业所得税税前如何扣除？

■由于加大水电送出和增强电网抵御冰雪能力需要等原因，电网企业对原有输电线路进行改造，部分铁塔和线路拆除报废，形成部分固定资产损失。考虑到该部分资产已形成实质性损失，可以按照有关税收规定作为企业固定资产损失允许税前扣除。

上述部分固定资产损失，应按照该固定资产的总计税价格，计算每基铁塔和每公里线路的计税价格后，根据报废的铁塔数量和线路长度以及已计提折旧情况确定。

上述报废的部分固定资产，其中部分能够重新利用的，应合理计算价格，冲减当年度固定资产损失。

新投资建设的线路和铁塔，应单独作为固定资产，在投入使用后，按照税收的规定计提折旧。

《国家税务总局关于电网企业输电线路部分报废损失税前扣除问题的公

告》 国家税务总局公告2010年第30号

12.3.1.3 中央电网企业接受用户资产，如何在企业所得税税前扣除?

■对国家电网公司和中国南方电网有限责任公司及所属全资、控股企业接收用户资产应缴纳的企业所得税不征收入库，直接转增国家资本金。

有关电网企业对接收的用户资产，可按接收价值计提折旧，并在企业所得税税前扣除。

用户资产，是指由用户出资建设的、专门用于电力接入服务的专用网架及其附属设备、设施等供电配套资产，包括：

(1) 由用户出资建设的城市电缆下地等工程形成的资产；

(2) 由用户出资建设的小区配电设施形成的资产；

(3) 用户为满足自身用电需要，出资建设的专用输变电、配电及计量资产等。

用户，包括政府、机关、军队、企业事业单位、社会团体、居民等电力用户。

《财政部 国家税务总局关于电网企业接受用户资产有关企业所得税政策问题的通知》 财税〔2011〕35号

12.3.1.4 居民企业电网新建项目，企业所得税有何优惠政策?

■自2013年1月1日起，居民企业从事符合《公共基础设施项目企业所得税优惠目录(2008年版)》规定条件和标准的电网（输变电设施）的新建项目，可依法享受“三免三减半”的企业所得税优惠政策。

居民企业符合条件的2013年1月1日前的电网新建项目，未享受企业所得税优惠的可依照本公告的规定享受剩余年限的企业所得税优惠政策。

《国家税务总局关于电网企业电网新建项目享受所得税优惠政策问题的公告》— 国家税务总局公告2013年第26号

12.3.1.5 计算电网新建项目的应纳税所得额的方法?

■基于企业电网新建项目的核算特点，暂以资产比例法，即以企业新增输变电固定资产原值占企业总输变电固定资产原值的比例，合理计算电网新建项目的应纳税所得额，并据此享受“三免三减半”的企业所得税优惠政策。

《国家税务总局关于电网企业电网新建项目享受所得税优惠政策问题的公告》— 国家税务总局公告2013年第26号

12.3.1.6 电网企业新建项目享受优惠的具体计算方法?

■(1) 对于企业能独立核算收入的330kv以上跨省及长度超过200km的交流输变电新建项目和500kv以上直流输变电新建项目，应在项目投运后，按该项目营业收入、营业成本等单独计算其应纳税所得额；该项目应分摊的期间费用，可按照企业期间费用与分摊比例计算确定，计算公式为：

应分摊的期间费用=企业期间费用×分摊比例

第一年分摊比例=该项目输变电资产原值/〔(当年企业期初总输变电资产原值+当年企业期末总输变电资产原值)/2〕×(当年取得第一笔生产经营收入至当年底的月份数/12)

第二年及以后年度分摊比例=该项目输变电资产原值/〔(当年企业期初总输变电资产原值

+当年企业期末总输变电资产原值)/2〕

（2）对于企业符合优惠条件但不能独立核算收入的其他新建输变电项目，可先依照企业所得税法及相关规定计算出企业的应纳税所得额，再按照项目投运后的新增输变电固定资产原值占企业总输变电固定资产原值的比例，计算得出该新建项目减免的应纳税所得额。享受减免的应纳税所得额计算公式为：

当年减免的应纳税所得额=当年企业应纳税所得额×减免比例

减免比例=〔当年新增输变电资产原值/(当年企业期初总输变电资产原值+当年企业期末总输变电资产原值)/2〕×1/2+(符合税法规定、享受到第二年和第三年输变电资产原值之和)/〔(当年企业期初总输变电资产原值+当年企业期末总输变电资产原值)/2〕+〔(符合税法规定、享受到第四年至第六年输变电资产原值之和)/(当年企业期初总输变电资产原值+当年企业期末总输变电资产原值)/2〕×1/2

《国家税务总局关于电网企业电网新建项目享受所得税优惠政策问题的公告》一　国家税务总局公告 2013 年第 26 号

12.3.1.7　享受电网新建项目企业所得税优惠政策的企业，是否需要备案？

■享受有关企业所得税优惠的电网企业，应对电网新增输变电资产按年建立台账，并将相关资产的竣工决算报告和相关项目政府核准文件的复印件于次年 3 月 31 日前报当地主管税务机关备案。

《国家税务总局关于电网企业电网新建项目享受所得税优惠政策问题的公告》二　国家税务总局公告 2013 年第 26 号

12.3.1.8　核电企业取得的增值税退税款，是否征收企业所得税？

■自 2008 年 1 月 1 日起，核力发电企业取得的增值税退税款，专项用于还本付息，不征收企业所得税。

《财政部、国家税务总局关于核电行业税收政策有关问题的通知》二　财税〔2008〕38 号

12.3.1.9　核电厂操纵员培养费，是否可以在企业所得税税前扣除？

■核力发电企业为培养核电厂操纵员发生的培养费用，可作为企业的发电成本在税前扣除。企业应将核电厂操纵员培养费与员工的职工教育经费严格区分，单独核算，员工实际发生的职工教育经费支出不得计入核电厂操纵员培养费直接扣除。

《国家税务总局关于企业所得税应纳税所得额若干问题的公告》四　国家税务总局公告 2014 年第 29 号

12.4　房产税、城镇土地使用税

12.4.1.1　对火电厂厂区围墙外的哪些用地，免征城镇土地使用税？

■对火电厂厂区围墙内的用地，均应照章征收土地使用税。

对厂区围墙外的灰场、输灰管、输油（气）管道、铁路专用线用地，免征土地使用

税。(减免税代码：10064201)

《国家税务局关于电力行业征免土地使用税问题的规定》一 (89) 国税地字第13号

■关于火电厂厂区外的水源用地以及热电厂供热管道用地，可以免征土地使用税。

《国家税务局对〈关于请求再次明确电力行业土地使用税征免范围问题的函〉的复函》二 (89) 国税地字第44号

12.4.1.2 对水电站的哪些用地，免征城镇土地使用税?

■对水电站的发电厂房用地（包括坝内、坝外式厂房），生产、办公、生活用地，照章征收土地使用税；对其他用地给予免税照顾。(减免税代码：10064201)

《国家税务局关于电力行业征免土地使用税问题的规定》二 (89) 国税地字第13号

■“生产”用地，是指进行工业、副业等生产经营活动的用地；

水库库区用地，属于“其他用地”的范围，免征土地使用税。

《国家税务局对〈关于请求再次明确电力行业土地使用税征免范围问题的函〉的复函》一 (89) 国税地字第44号

12.4.1.3 兼有发电的水利设施用地，如何征免城镇土地使用税?

■对兼有发电的水利设施用地征免土地使用税问题，比照电力行业征免土地使用税的有关法规办理。(减免税代码：10129906)

《国家税务总局关于水利设施用地征免土地使用税问题的规定》二 国税地字〔1989〕14号

12.4.1.4 生产核系列产品的厂矿，哪些土地免征城镇土地使用税?

■对生产核系列产品的厂矿，除生活区、办公区用地应征收土地使用税外，其他用地暂予免征土地使用税。(减免税代码：10064202)

《国家税务局关于对核工业总公司所属企业征免土地使用税问题的若干规定》一 (89) 国税地字第7号

12.4.1.5 核电站，如何缴纳城镇土地使用税?

■经研究，现将核电站用地城镇土地使用税政策明确如下：

（1）对核电站的核岛、常规岛、辅助厂房和通讯设施用地（不包括地下线路用地），生活、办公用地按规定征收城镇土地使用税，其他用地免征城镇土地使用税。(减免税代码：10064203)

（2）对核电站应税土地在基建期内，减半征收城镇土地使用税。

《财政部 国家税务总局关于核电站用地征免城镇土地使用税的通知》财税〔2007〕124号

12.4.1.6 供电部门的哪些用地，免征城镇土地使用税?

■对供电部门的输电线路用地、变电站用地，免征土地使用税。(减免税代码：10064201)

《国家税务局关于电力行业征免土地使用税问题的规定》三 (89) 国税地字第13号

12.4.1.7 供热企业，是否免征房产税、城镇土地使用税？

■自2011年7月1日至2015年12月31日，对向居民供热而收取采暖费的供热企业，为居民供热所使用的厂房、土地，免征房产税、城镇土地使用税。（房产税减免性质代码：08064001）（土地税减免税代码：10064002）

对既向居民供热，又向单位供热或者兼营其他生产经营活动的供热企业，按其向居民供热而取得的采暖费收入占企业总收入的比例免征城镇土地使用税。

《财政部　国家税务总局关于继续执行供热企业增值税房产税城镇土地使用税优惠政策的通知》二　财税〔2011〕118号

12.5 印花税

12.5.1.1 购售电合同，是否征收印花税？

■对发电厂与电网之间、电网与电网之间（国家电网公司系统、南方电网公司系统内部各级电网互供电量除外）签订的购售电合同按购销合同征收印花税。

《财政部　国家税务总局关于印花税若干政策的通知》二　财税〔2006〕162号

12.5.1.2 供用电合同，是否征收印花税？

■电网与用户之间签订的供用电合同不属于印花税列举征税的凭证，不征收印花税。

《财政部　国家税务总局关于印花税若干政策的通知》二　财税〔2006〕162号

12.6 城市维护建设税及教育费附加

12.6.1.1 对国家重大水利工程建设基金，是否免征城市维护建设税和教育费附加？

■经国务院批准，为支持国家重大水利工程建设，对国家重大水利工程建设基金免征城市维护建设税和教育费附加。（教育附加减免性质代码：61064002）（城维税减免性质代码：07064002）

《财政部　国家税务总局关于免征国家重大水利工程建设基金的城市维护建设税和教育费附加的通知》　财税〔2010〕44号

12.7 供热企业

12.7.1.1 享受税收优惠政策的供热企业范围？

■“三北”地区供热企业（以下简称供热企业）享受增值税、房产税、城镇土地使用税优惠政策。

■供热企业，是指热力产品生产企业和热力产品经营企业。热力产品生产企业包括专业供热企业、兼营供热企业和自供热单位。

■“三北”地区，是指北京市、天津市、河北省、山西省、内蒙古自治区、辽宁省、大连市、吉林省、黑龙江省、山东省、青岛市、河南省、陕西省、甘肃省、青海省、宁夏回族自治区和新疆维吾尔自治区。

《财政部　国家税务总局关于供热企业增值税、房产税、城镇土地使用税优惠政策的通知》一、三、四　财税〔2016〕94号

12.7.1.2　供热企业向居民个人收取的采暖费，是否免征增值税？

■自2011年供暖期至2015年12月31日，对“三北”地区供热企业向居民个人（居民）供热而取得的采暖费收入继续免征增值税。（减免性质代码：01064005）

向居民供热而取得的采暖费收入，包括供热企业直接向居民收取的、通过其他单位向居民收取的和由单位代居民缴纳的采暖费。

免征增值税的采暖费收入，应当单独核算。通过热力产品经营企业向居民供热的热力产品生产企业，应当根据热力产品经营企业实际从居民取得的采暖费收入占该经营企业采暖费总收入的比例确定免税收入比例。

供暖期，是指当年下半年供暖开始至次年上半年供暖结束的期间。

《财政部　国家税务总局关于继续执行供热企业增值税房产税城镇土地使用税优惠政策的通知》一　财税〔2011〕118号

■自2016年1月1日至2018年供暖期结束，对供热企业向居民个人（以下统称居民）供热而取得的采暖费收入免征增值税。

《财政部　国家税务总局关于供热企业增值税、房产税、城镇土地使用税优惠政策的通知》一　财税〔2016〕94号

12.7.1.3　向居民供热而收取采暖费的供热企业，是否免征房产税、城镇土地使用税？

■自2011年7月1日至2015年12月31日，对向居民供热而收取采暖费的供热企业，为居民供热所使用的厂房、土地，免征房产税、城镇土地使用税。（房产税减免性质代码：08064001）（土地税减免税代码：10064002）

对既向居民供热，又向单位供热或者兼营其他生产经营活动的供热企业，按其向居民供热而取得的采暖费收入占企业总收入的比例免征城镇土地使用税。

《财政部　国家税务总局关于继续执行供热企业增值税房产税城镇土地使用税优惠政策的通知》二　财税〔2011〕118号

■自2016年1月1日至2018年12月31日，对向居民供热而收取采暖费的供热企业，为居民供热所使用的厂房及土地免征房产税、城镇土地使用税；对供热企业其他厂房及土地，应当按规定征收房产税、城镇土地使用税。

对专业供热企业，按其向居民供热取得的采暖费收入占全部采暖费收入的比例计算免征的房产税、城镇土地使用税。

对兼营供热企业，视其供热所使用的厂房及土地与其他生产经营活动所使用的厂房及土地是否可以区分，按照不同方法计算免征的房产税、城镇土地使用税。可以区分的，对其供热所使用厂房及土地，按向居民供热取得的采暖费收入占全部采暖费收入的比例计算

减免税。难以区分的，对其全部厂房及土地，按向居民供热取得的采暖费收入占其营业收入的比例计算减免税。

对自供热单位，按向居民供热建筑面积占总供热建筑面积的比例计算免征供热所使用的厂房及土地的房产税、城镇土地使用税。

《财政部　国家税务总局关于供热企业增值税、房产税、城镇土地使用税优惠政策的通知》二　财税〔2016〕94号